게임 엔진
블랙 북
⇒ 둠 ⇐

게임 엔진 블랙 북: 둠

초판 1쇄 발행 2021년 4월 1일

지은이 파비앙 상글라르 / **옮긴이** 박재호 / **펴낸이** 김태헌
펴낸곳 한빛미디어(주) / **주소** 서울시 서대문구 연희로2길 62 한빛미디어(주) IT출판부
전화 02-325-5544 / **팩스** 02-336-7124
등록 1999년 6월 24일 제25100-2017-000058호 / **ISBN** 979-11-6224-409-8   93000

총괄 전정아 / **책임편집** 이상복 / **기획** 이상복, 이다인 / **편집** 이다인
디자인 표지 이아란 내지 박정화 / **전산편집** 백지선
영업 김형진, 김진불, 조유미 / **마케팅** 박상용, 송경석, 조수현, 이행은, 고광일 / **제작** 박성우, 김정우

이 책에 대한 의견이나 오탈자 및 잘못된 내용에 대한 수정 정보는 한빛미디어(주)의 홈페이지나 아래 이메일로
알려주십시오. 잘못된 책은 구입하신 서점에서 교환해드립니다. 책값은 뒤표지에 표시되어 있습니다.

한빛미디어 홈페이지 www.hanbit.co.kr / 이메일 ask@hanbit.co.kr

지금 하지 않으면 할 수 없는 일이 있습니다.
책으로 펴내고 싶은 아이디어나 원고를 메일(writer@hanbit.co.kr)로 보내주세요.
한빛미디어(주)는 여러분의 소중한 경험과 지식을 기다리고 있습니다.

게임 엔진 블랙 북 둠

파비앙 상글라르 지음

박재호 옮김

DOOM

한빛미디어
Hanbit Media, Inc.

지은이·옮긴이 소개

지은이 파비앙 상글라르 Fabien Sanglard

15년 차 베테랑 개발자. 프랑스에서 컴퓨터 과학 석사학위를 취득했다. 영어를 배우러 캐나다에 갔다가 로저스Rogers와 퀵플레이QuickPlay를 거쳐 2014년부터 구글 본사에서 소프트웨어 엔지니어로 일한다.

옮긴이 박재호 jrogue@gmail.com

포항공과대학교 컴퓨터공학과 학부와 대학원을 졸업했다. 임베디드 시스템 개발, 기업용 백업 소프트웨어 개발, 방송국 콘텐츠 수신 제한 시스템 개발과 운영 지원, 클라우드에서 동작하는 서비스 개발에 이르기까지 다양한 실무 경험을 토대로 고성능 고가용성 시스템을 설계한다. 코스닥 상장사 엑셈 CTO로 인공지능과 스마트팩토리 관련 개발을 총괄했으며, 전 아이콘(ICON) 치프 아키텍트로 퍼블릭 블록체인 개발과 운영에 대한 경험이 풍부하다. 집필과 번역한 책이 40여 권에 이른다. 최근에는 유튜브 채널(*https://www.youtube.com/c/박재호dev*)을 열고 개발자를 위한 다양한 지식을 전달하고 있다.

4

'소포모어 징크스'라는 용어가 있다. 엄청난 성공을 거뒀던 첫 제품에 뒤이어 두 번째 제품이 나올 때, 기대에 못 미치는 '망작'이 나오는 현상을 일컫는다. 그렇다면 〈울펜슈타인 3D〉가 엄청난 성공을 거둔 후, 다음으로 출시된 게임은 과연 어떤 평가를 받았을까? 여러분은 이미 답을 알고 있다. 〈둠〉은 이 징크스를 제대로 깨버렸다. 〈울펜슈타인 3D〉를 능가하는 명작이 탄생했다는 평가를 받으며 다시금 게임 업계에 지각 변동을 일으켰다. 이드 소프트웨어가 〈둠〉 개발을 시작하면서 공개한 보도자료에는 "〈둠〉이 1993년의 전 세계 비즈니스 생산성 저하의 가장 큰 원인이 될 것이라고 자부합니다"라는 문구가 있었다. 이드 소프트웨어의 게임 마법사들은 대중과의 약속을 제대로 지켰다.

〈둠〉이 성공한 이유는 무엇일까? 탄탄한 세계관이 게임 성공의 큰 요인이었다고 본다. 〈둠〉은 우울하고 공포스러운 분위기와 어두운 배경에서도 즐거운 게임을 할 수 있게 만들겠다는 상반된 목표를 달성했다. 그만큼 중요한 다른 요인은 기술적인 측면에 있다. 〈울펜슈타인 3D〉 출시 시점보다야 PC의 성능이 높아지긴 했지만, 여전히 수많은 제약이 존재했고 해결 방법을 찾아야 했다. 열악한 환경에도 불구하고 텍스처 매핑, 직각이 아닌 벽, 원근에 맞춘 조명 감소 효과, 가변 높이 바닥과 천장, 주변 환경과의 상호작용, 팔레트 변환 등을 이뤄냈다. 게다가 네트워크로 연결된 다중 사용자 지원은 게임 기술의 '최첨단'을 선도했다. 〈울펜슈타인 3D〉와 마찬가지로 사용자가 게임을 확장할 수 있도록 소스 코드를 공개했고, 향후 다양한 모드가 등장하게 되었다.

시리즈 전작인 『게임 엔진 블랙 북: 울펜슈타인 3D』에서 "CPU가 장착된 물건을 보면 〈울펜슈타인 3D〉를 포팅하려고 든다"는 표현을 썼었다. 〈둠〉은 여기서 한 걸음 더 나아갔다. 〈울펜슈타인 3D〉에서 얻은 경험을 되살려 처음부터 멀티 플랫폼을 목표로 만들어졌기에 "컴퓨터라고 주장하고 싶다면 〈둠〉이 돌아가야 한다"는 말까지 등장할 정도였다. 물론 목표는 사용자들이 가장 많이 보유하고 있는 PC(운영체제는 당연히 도스)였지만, 〈둠〉은 넥스트스텝을 사용해 개발을 시작했고 다양한 콘솔로 이식되었다. 1997년 12월에 리눅스 버전의 〈둠〉 엔진 소스 코드가 공개되었고, 이를 토대로 많은 게임 애호가가 각종 컴퓨터와 게임기로 이식을 진행했다. 흥미롭게도, 〈둠〉을 둘러싼 온갖 종류의 실험이 행해졌다. 〈둠〉을 돌리기 위한 전력원으로써 감자가 몇 개 필요한지 실험한 사례가 있었고(*https://youtu.be/KFDlVgBMomQ*), 〈둠〉만을 위해 FPGA로 만든 칩도 있었다(*https://www.engadget.com/doom-chip-fpga-173503758.html*). 심지어 한국에서도 〈둠〉을 금영 노래방 기계에서 돌린 사례가 있었다(*https://youtu.be/jAXRΓQllafDY*). 최근에 본 가장 흥미로운 사례는 카오스 엔지니어링을 지원하기 위한 쿠버네티스 클러스터에서 실행되는 〈kubedoom〉이었다(*https://github.com/storax/kubedoom*).

『해커, 광기의 랩소디』(한빛미디어, 2019)에 따르면, 해커 문화의 꽃은 게임에서 절정을 이루었다가 상업적인 물결에 휩쓸려 점차 쇠락했다. 하지만 1990년대 등장한 〈울펜슈타인 3D〉와 〈둠〉은 다시 한번 하위문화의 힘을 우리에게 일깨워준다. 단순히 게임을 하며 성취감을 느끼는 수준을 넘어 〈둠〉으로 할 수 있는 여러 재미있는 일을 찾고 직접 새로운 것을 만드는 분위기가 조성된 것이다. 〈둠〉이 게임 역사에 미친 영향은 정말 대단했다고 볼 수 있다. 〈울펜슈타인 3D〉에 이어 〈둠〉은, 게임을 직접 만들고 싶어 하는 애호가들에게 한 줄기 빛이었을 뿐만 아니라, 오픈 소스 정신을 살리면서도 상업적인 성공을 거둘 수 있다는 메시지를 업계에 널리 전파하는 데에도 성공했다.

그렇다면 우리는 이 책에 나온 경험과 교훈을 어떻게 받아들여야 할까? 실시간 렌더링이 가능한 강력한 GPU, 2D는 물론이고 3D 게임을 손쉽게 만들 수 있는 유니티와 언리얼 같은 강력한 개발 환경이 존재하는데도 추상화 수준이 낮은 기술을 이해할 필요가 있는지 곱씹고 넘어갈 필요가 있다.

먼저 창의력에 대해 생각해보자. 우리에게 주어진 시간과 자원이 무한하다면, 어차피 언젠가는 모든 문제가 해결될 테니 굳이 창의력을 발휘할 필요가 없을 것이다. 창의력은 제약이 존재하는 환경에서 싹을 틔우기 마련이다. 사무용 컴퓨터를 목표로 만든 IBM PC에서 재미있으면서도 강력한 3차원 게임을 돌리겠다는 목표를 달성하기 위해 이드 소프트웨어는 기존 방식과는 다른 획기적인 돌파구를 마련해야 했다. 이처럼 가혹한 상황에서 창의력에는 불이 붙고 환경의 제약을 해결하기 위한 기발한 아이디어가 꼬리에 꼬리를 물고 떠오르기 마련이다. 아이디어를 검증하려면 반복적인 실험과 개선 작업이 필요하고 이는 성장의 큰 원동력이 된다.

게임 자체에 대한 애정에 관해서도 생각해보자. 게임을 만들 때 핵심은 '재미있는가?'이다. 영화의 특수효과가 아무리 좋다고 해도, 내용이 별로라면 관객과 평론가의 평가가 아주 박하다. 게임도 마찬가지다. 최신 하드웨어와 기술을 동원해 겉모습이 번지르르한 게임이라도, 재미가 없으면 모두 헛수고가 된다. 샌디 피터슨과의 인터뷰에 다음과 같이 중요한 내용이 나온다. "나는 레벨을 처음 만들 때 그 레벨의 전반적인 주제, 즉 플레이어가 그 레벨에서 얻으리라 기대하는 것이 무엇일지에 대하여 열심히 생각했다." 〈둠〉의 각 레벨에는 이런 게임 제작자들의 철학과 고민이 녹아 있다. 현재에 〈둠〉을 실행해도 촌스럽지 않게 느껴지는 이유가 여기에 있다. 기술에 매몰되지 않으면서도 원하는 게임을 구현하기 위한 기술을 중요하게 생각하는 자세. 이것이 바로 이 책에서 얻어야 할 가장 큰 교훈이다.

〈둠〉이 동작하는 플랫폼 목록을 살피다 PICO-8이라는 판타지 콘솔을 접하게 되었다 (*https://www.lexaloffle.com/pico-8.php*). 128×128 해상도, 16색, 4채널 사운드 등 요즘 기준에서 볼 때는 엄청난 제약을 (일부러) 뒀음에도, 저사양 고전 게임에서 볼 수 없는 수준 높은 게임이 많이 개발되었다는 사실을 알고 깜짝 놀랐다. 인디 개발자들이 아기자기하면서도 재미있는 게임 제작 자체에만 집중할 수 있도록 도와주는 초경량 게임 엔진으로 봐도 무방하겠다. PICO-8에 이식된 〈둠〉 버전인 〈POOM〉을 브라우저에서 직접 플레이해보는 것은 어떨까(*https://freds72.itch.io/poom*). 게임 개발 과정에서 정말 중요한 것이 무엇인지 다시금 생각해보는 좋은 기회가 될 것이다.

박재호

〈둠〉은 거의 모든 면에서 '완벽한' 게임이었다.

〈둠〉을 출시한 후 20년이 훌쩍 지났다. 그동안 내가 쌓은 통찰력과 기술을 사용하면 게임 구현을 위한 더 나은 방법을 생각할 수도 있다. 그러나 타임머신을 타고 돌아가 모든 것을 수정하더라도, 아마 큰 변경 사항은 없을 것이다. 〈둠〉은 성공의 포화 상태에 도달해 있었다. 25% 더 빠르게 만들고 몇몇 기능을 추가한들 〈둠〉이라는 유산의 가치가 크게 달라지지는 않았을 것이다.

안티에일리어싱anti-aliasing이 덜된 깍두기 모양의 픽셀은 현대적인 관점에서 보면 투박하지만 〈둠〉은 그 당시의 3D 게임이 거의 하지 않았던 방식으로 만들어져 '단단함'이 느껴졌다. 원근법, 하위 픽셀의 정확한 텍스처 매핑, 높은 수준의 견고성이 이를 뒷받침한다.

풀 텍스처와 조명이 있고 임의의 2D 기하를 적용할 수 있는 게임 세계에서 게임 디자이너는 유의미한 레벨 작업을 할 수 있었다. 〈울펜슈타인 3D〉는 여전히 '미로 찾기 게임'의 일종으로 여겨질 수 있었지만, 〈둠〉에는 아키텍처가 있었으며 일부 구성에서는 웅장함마저 느껴졌다.

음향 효과는 단순한 재생을 넘어 감쇠와 공간화를 거쳐 처리됐으며, 그중 상당수는 수십 년이 지난 지금도 사람들이 떠올릴 만큼 인상적이었다.

〈둠〉 엔진은 처음부터 사용자 수정(모딩)을 염두에 두고 제작되었다. 셰어웨어 배포, 소스 코드 및 도구 배포, 초창기 온라인 커뮤니티의 시너지 덕분에 오리지널 〈둠〉은 마치 커다란 콘텐츠의 작은 일부처럼 보일 정도였다. 게임 업계에 종사하는 많은 사람의 경력이 〈둠〉을 해킹하며 시작됐다고 해도 과언이 아니다.

협동 모드에서 친구들과 함께 게임을 즐기는 것도 재미있지만, FPS 〈둠〉의 위대한 유산 중 하나는 바로 데스매치deathmatch다. 화면을 가로질러 달리는 다른 플레이어가 자신이 막 발사한 로켓의 경로와 겹치는 모습을 상상하면, 오늘날에도 수백만 명의 게이머가 미소를 띨 것이다.

〈둠〉에는 여러 교묘한 꼼수가 똑똑하게 배치되어 있었고 이것들은 〈둠〉을 최대한 멋져 보이게 했다. 많은 플레이어가 실제보다 더 많은 것이 동작한다고 착각했다는 사실은 의사결정의 품질이 좋았음을 뜻하는 증거다. 이것이 바로, 오늘날에도 여전히 중요하게 여겨져야 할 핵심 교훈이다. 제약에 비해 엄청난 이점을 얻을 수 있는 트레이드오프tradeoff가 종종 존재하는데, 이 제약은 훌륭한 디자인을 통해 성공적으로 덮을 수 있다.

존 카맥 John Carmack

나는 위대한 제품 뒤에 숨겨진 기술을 매력적이라고 생각하지만, 그 기술로 이어지게 된 '조건'에 더욱 매료되는 편이다.

나는 〈둠〉의 위대함에 대해 어떤 식으로도 공로를 느끼지 않는다. 모든 기술적인 위대함은 존 카맥 덕분이며 내 코드에서 위대함에 근접한 것이 있다면 역시나 카맥 덕분이다.

카맥을 따라잡기 위해 씨름하는 동안, 나는 종종 사무실에서 잠들었다. 카맥이 유리창 너머로 내가 열심히 일하는 모습을 보며 죄책감을 느꼈다는 이야기를 들었던 기억이 난다. 카맥의 강력한 노동 윤리를 알고 있었기에, 아마도 나의 모습이 그의 지칠 줄 모르는 발걸음에 탄력을 조금 붙여줬을지도 모르겠다.

존 카맥, 존 로메로, 에이드리언 카맥, 케빈 클라우드가 만들어 순조롭게 돌아가던 개발 팀에 나는 나중에 합류했다. 〈둠〉은 그들의 첫 작업이 아니었다.

나중에서야 이드 소프트웨어의 '발명의 어머니'가 바로 (디스켓에 흥미로운 데모를 담아 구독 방식으로 팔았던 회사인) 소프트디스크에서 요구한 가혹한 시간 제약이었다는 사실을 알게 되었다. 이드의 개발자들은 장난감 애플리케이션을 대신해 게임을 만들기를 원했을 뿐이었고, 소프트디스크 관리자는 이를 허락했지만, 그들은 마치 기계처럼 2개월마다 매번 새로운 게임을 만들어 소프트디스크에 제공해야만 했다.

당시에는 게임 엔진이란 게 없었다. 도스는 완전한 운영체제가 아니었기 때문에 게임을 작동시키려면 드라이버를 작성해야 했다. 따라서 2개월마다 새로운 게임을 만드는 것은 매우 가혹한 시간 제약이었다. 이는 그들이 각각의 게임으로 성취하고 싶은 것을 우선순위에 맞춰 끊임없이 분류^{triage}하게 했다.

나는 이 고통스러운 제약이 〈둠〉에 대한 인상적인 작업을 이끈 요인이라고 확신했다. 몇 년 후, 이드의 성공으로 나는 대학교 수업을 맡게 되었다. 다른 교수들은 내게 학생들을 친절히 대하지 말라고, 아니면 학생들이 나를 이용할 거라고 경고했다. 불친절한 교수 연기에 도전하는 기분을 즐기며 첫 수업 시간에 내가 던진 첫 마디는 이러했다. "제 이름은 데이브 테일러입니다.

나는 현업 제작자라서 여러분을 도와줄 시간이 없어요. 여러분은 매주 내게 게임을 만들어 제출해야만 합니다. 그렇지 않으면 F를 받을 겁니다."

3개의 수업과 127개의 게임 제출을 마친 후, 거의 모든 학생이 게임 업계에서 일하게 되었고 게임 디자인 학위에서 상당한 성과를 올렸다. 많은 학생이 이러한 결과가 고통스러운 시간 제약을 견뎠던 수업 덕분임을 인정했다. 공포는 효과가 있다. 추천한다.

오늘날 새로운 공포의 원천은 무엇일까. 내가 게임을 안 좋게 보는 것으로 동료들 사이에서 유명한 것은 아니다. 나는 우리가 만드는 것이 그만한 가치가 있는, 마음을 달래는 마약이라고 생각한다. 게임에 대한 열정으로 학점, 인간관계, 심지어 직업까지 위태롭게 한 많은 〈둠〉 팬을 만났다. 내가 곡선 아래 영역을 이해하기 전까지는, 그들의 말을 들으면 우습고 으쓱한 느낌이 들었다.

숫자만이 지배하는 비즈니스는 우리에게 유익한 게임을 만들 동기를 부여하지 않는다. 단지 돈을 벌 게임을 만들게 한다. 불행히도 이것은 우리를 지구를 위협하는 홀로세 절멸의 공범으로 만든다. 우리는 빠르게 행동을 바꿔야 할 필요가 있으며, 이는 행동을 바꾸는 데에 도움이 되는 게임이 우리에게 절실히 필요하다는 것을 의미한다.

공포에 질렸는가? 좋다. 일하러 가자!

=–ddt–⟩[1]

데이브 테일러^{Dave Taylor}

---

1 옮긴이_ 데이브 테일러만의 독특한 서명

1993년은 다른 어느 때보다 마법 같은 해였다. 우리가 상상한 그 이상의 좋은 게임을 만들기 위해 팀으로서 도전한 유일한 시간이었다. 〈둠〉 이전에도, 그 이후에도 이처럼 치열하게 도전한 적은 없었다. 야망을 품을 적절한 시점이었다.

우리는 놀랍게도 그리고 조금은 순진하게도, 우리가 만들 마법 같은 기술의 목록을 만들었고, 1993년 1월 모노사묘에 〈둠〉이 전 세계 비즈니스 생산성 저하의 가장 큰 원인이 될 것이라고 대담하게 썼다. 우리는 진정으로 이 말을 믿었고, 실현하기 위해 열심히 일했다. 프로젝트를 시작할 때는 보도자료를 쓰지 않는 것을 권하고 싶다, 특히 이런 식의 보도자료는.

우리는 〈둠〉을 창조하면서 많은 새로운 일을 했다. 〈둠〉은 2D 패러다임에서 탈피한 엔진을 사용하는 최초의 3D 게임이었다. 심지어 〈울펜슈타인 3D〉와 〈운명의 창〉조차도 (최소한 지도 배치에서는) 2D에 머물렀다. 우리는 비디오카메라를 이용해 무기와 괴물을 스캔하고 싶었는데, 이번에는 진짜 워크스테이션(강력한 넥스트 컴퓨터와 스티브 잡스의 운영체제)을 사용하고 있었기 때문이다.

〈둠〉 제작은 어려웠다. 우리는 크리에이티브 디렉터인 톰 홀과 함께 더 어두운 테마의 게임을 만들고 있었는데, 톰은 정말 긍정적인 사람이었고 톰의 디자인 정신과 〈둠〉의 테마는 그야말로 정반대였다. 톰 홀은 디자인 개념을 개략적으로 설명하는 「DOOM Bible(둠 바이블)」문서를 만들어 초기 디자인의 기초를 마련했으며, 그중 몇몇은 2016년에 출시된 〈둠〉의 리부트작에도 포함되었다.

〈둠〉 엔진은 그 누구도 컴퓨터 화면에서 본 적 없던 세계를 표현했다. 혁명이었다. 멀어질수록 어두워지는 각진 벽과 복도가 그 예다. 누군가에는 악몽이었던 높은 프레임 레이트는 모든 사람이 PC 게임의 잠재력에 눈뜨게 만든 엄청난 폭발과도 같았다. 오늘날의 FPS는 슈팅 게임의 정수를 마련한 〈둠〉의 혈통을 그대로 따른다. 균형 잡힌 무기들, 서서히 난도가 높아지는 레벨 디자인, 상호보완적인 적들, 빠른 액션 등.

1년 내내 우리는 게임 요소를 조정하고 추가하고 제거했다. 오락실 게임의 잔재였던 점수와 생명은 사라졌다. 이로 인해 〈둠〉은 오락실 게임보다 훨씬 나아졌고, 이 선택은 이후의 게임 디자인에도 영향을 미쳤다.

브루스 네일러의 이진 공간 분할법binary space partitioning(BSP)을 적용해 3D 렌더링 속도를 크게 향상했고, 추상 레벨 디자인 방식은 20년 동안 지속된 판에 박힌 90도 미로 벽 디자인에서 벗어나게 했다. 새로운 디자인은 텍스처를 입힌 바닥과 천장, 계단, 플랫폼, 문, 깜빡이는 조명 등을 포함했다. 우리는 이러한 디자인 팔레트로 함께 작업하는 것이 좋았고, 이는 게임의 테마인 '지옥'과도 잘 맞아떨어졌다.

우리는 몇 년 동안 〈던전 앤 드래곤〉 게임을 함께 즐겼다. 우리가 즐긴 메인 캠페인은 악마가 물질계로 순간이동하여 모든 것을 파괴하는 것이었다. 이것은 우리에게 악마의 침략이라는 아이디어를 주었고, 우리는 여기에 정말 강력한 몇 가지 무기를 제공하기로 했다. 지옥과 SF의 조합은 너무나도 훌륭해 무시할 수 없었다. 심지어 우리는 이러한 줄거리가 살짝 새롭다고까지 느꼈다.

레벨을 만드는 데 사용할 DoomEd 지도 편집기를 만드는 것이 꿈이었다. 나는 마침내 엄청난 프로그래밍 언어인 오브젝티브-C와 진짜 운영체제를 사용하고 있었고, 내가 한 번도 접해보지 않은 방식으로 프로그램을 시작하고 있었다. 1120×832 해상도의 모니터는 도스에서는 불가능한 방식으로 우리의 게임을 바라보게 했다. 이런 미래적인 도구를 사용하는 것은 엄청난 도움이 되었다.

우리가 수행한 일은 새로웠고, 어느 정도는 상상을 초월했다. 우리는 고성능 워크스테이션과 새로운 3D 엔진을 사용하고 있었다. 그 덕분에 믿을 수 없는 그래픽과 디자인 표현, 게임 스프라이트의 그래픽 스캐닝, 그리고 처음으로 다중 사용자multiplayer 기능을 게임에 집어넣을 수 있었다. 이 모드에 그럴듯한 이름인 데스매치를 붙였다.

다중 사용자 협동조합과 데스매치 모드가 포함되면서 게임의 모든 것이 바뀌었다. 〈둠〉처럼 빠르고 상식을 벗어난 게임이 새로운 시대를 열 것이라는 사실을 우리는 알고 있었다. 나는 2명의 플레이어가 넓은 방에서 서로에게 로켓을 쏜다면 E1M7이 어떻게 보일지를 시각화했는데, 〈울펜슈타인 3D〉의 체인건 오디오 이후로 겪지 못했던 흥분을 느꼈다.

플레이어들이 우리의 게임으로 무엇을 할지 빨리 보고 싶었으므로 우리가 가진 모든 데이터를 공개하여 수정할 수 있게 만들었다. 그들이 텍스처와 소리를 바꾸고 새로운 레벨을 만들기를 바랐다. 마침내 플레이어들이 자신만의 창작물을 만들 수 있게 했다. 이는 궁극적으로 소스 코드를 공개하는 결정을 내리게 된 중요한 이유였다. 소스 코드를 공개하면 플레이어들이 게임을 소비하게 되며, 훗날 우리가 없어신나고 해노 세숙 살아 있게 된다.

우리는 작은 팀이었으므로 각자 자신의 역량을 최대한 활용하려 노력했다. 우리가 만들어낸 기술적인 확장은 우리가 탐험하던 디자인적인 확장과 일치했다. 우리는 많은 벽에 부딪혔지만, 모든 어려움을 극복했다. 1993년 8월에 톰 홀이 떠났을 때, 재빨리 샌디 피터슨을 고용해 마지막 확장을 돕도록 만들었다. 데이브 테일러는 게임을 더욱 살찌우는 과정에서 우리를 돕기 위해 합류했다.

개발자 6명이 뭉친 이드는 단단한 팀이었다. 존이 코드의 핵심을 처리하는 동안 에이드리언과 케빈은 컴퓨터 아트의 예술적인 측면을 대담하게 처리했다. 나는 그들의 모든 결과물로 즐기는 것을 사랑했으며, 나와 샌디의 레벨 디자인을 지원하기 위해 상당한 코드를 게임 환경에 추가했다. 모든 작업을 끝냈을 때는 우리가 아주 훌륭한 작품을 만들었다는 사실이 몸소 느껴졌다. 어서 세상 사람 모두가 이 게임을 볼 수 있기를 기다렸다.

흥미로운 25년이 지났다. 여러 차례의 개선과 발전 속에서 〈둠〉을 지지해준 게임 언론인은 물론이고 지금까지도 〈둠〉을 살아 있게 만든 팬들에게 가장 먼저 감사를 전한다. 게임에 대한 여러분의 감상이 우리의 전부다. 또한 존, 에이드리언, 톰, 샌디, 데이브, 케빈에게 감사한다. 〈둠〉을 가능하게 만든 원동력은 우리의 미친 꿈이었다. 마지막으로 〈둠〉의 최신 버전을 위해 훌륭하게 활약해준 현재의 〈둠〉 팀에 감사한다(나는 한 명의 플레이어일 뿐이며 〈둠〉의 최신 버전 개발에는 관여하지 않았다). 모두와 마찬가지로 나 역시나 〈둠 이터널〉을 보고 엄청나게 흥분했다.

미친 듯이 날뛰었던 25년을 위하여!

건배!

존 로메로 John Romero

저작권

〈둠〉게임 엔진의 작동 방식을 설명하기 위해 이드 소프트웨어가 저작권을 보유한 스크린샷, 이미지, 스프라이트, 텍스처를 이 책에 실었다. '공정 이용 원칙'에 맞춰 다음의 항목을 사용했다.

- 인게임 스크린샷, 타이틀 화면
- 인게임 메뉴 스크린샷
- 3D 시퀀스 텍스처
- 3D 시퀀스 스프라이트
- 〈둠〉의 모든 스크린샷
- 〈둠〉상표명

'ROME.RO'라는 워터마크가 붙은 사진은 존 로메로에게 저작권이 있으며, 존 로메로의 승인하에 전제했다.

『DOOM Survivor's Strategies & Secrets(〈둠〉생존자의 전략과 비밀)』은 조너선 멘도사Jonathan Mendoza에게 저작권이 있으며, 조너선 멘도사의 승인하에 전제했다.

감사의 말

이 책을 완성하기 위해 많은 사람의 도움을 받았다. 다음 모든 이에게 감사한다.

〈둠〉개발에 대한 기억을 나눠주고, 많은 질문에 대답해준 존 카맥, 존 로메로, 데이브 테일러에게 감사한다.

고통스러운 교정 과정에 친절하게 시간을 투자해준 오랠리앵 상글라르Aurelien Sanglard, 짐 레너드Jim Leonard, 데이브 테일러, 조너선 다울런드Jonathan Dowland, 크리스토퍼 판 데르 베스트하위전Christopher Van Der Westhuizen, 엘루안 미란다Eluan Miranda, 루치아노 다다Luciano Dadda, 미크하일 나가노프Mikhail Naganov, 레온 소트히Leon Sodhi, 올리비에 카하뉴Olivier Cahagne, 앤드루 스틴Andrew Stine, 존 코라도John Corrado에게 감사한다.

사이먼 하워드Simon Howard는 교정뿐만 아니라 깃 리포지터리로 PRpull request 요청을 보내왔다. 하워드의 노력은 마감일이 걱정스럽게 다가왔을 시점에 엄청난 시간을 절약해줬다.

짐 레너드는 오디오 하드웨어와 소프트웨어 부문에서 백과사전과 같은 지식을 다시 한번 공유했다(특히 롤랜드 절은 레너드의 기사에 크게 의존했다).

포원 튜링Foone Turing은 〈둠〉을 정확하게 벤치마킹하기 위해 386, 486, ISA/VLB VGA 카드들을 제공했다.

*doomworld.com*의 창립자인 앤드루 스틴은 백과사전과 같은 지식을 공유했을 뿐만 아니라 전문가들과 연락이 닿도록 도와줬다.

제임스 밀러James Miller와 레온 자바다Leon Zawada는 〈둠〉 배경의 기원을 연구하고 발견했다. 제임스는 또한 〈둠〉 무기를 만들기 위해 사용한 모든 장난감 도구를 수집하고 사진을 찍었다.

블랙홀 사의 설립자이자 소유주인 롭 블레신Rob Blessin은 넥스트에 대한 나의 모든 질문에 대답하고 넥스트스테이션 조립을 도와주고 희귀한 넥스트디멘션 보드를 빌려줬다. 넥스트를 복원하거나 직접 구입하기를 원한다면 롭이 정말 많은 도움을 줄 것이다.

알렉세이 호콜로프Alexey Khokholov가 역이식한 〈PCDoom-v2〉는 정확한 성능 지표를 생성하는 과정에 도움이 되었다.

알렉상드르-그자비에 라봉테-라모뢰Alexandre-Xavier Labonté-Lamoureux는 〈PCDoom-v2〉에서 C 그리기 루틴을 복원하는 패치를 만들었다.

사이먼 저드Simon Judd는 렌더러의 특수한 측면을 보여주는 지도를 작성하기 위한 지도 편집기인 SLADE3을 만들었다.

콜린 리드Colin Reed와 리 킬로Lee Killough는 〈둠〉 엔진으로 지도를 주입하기 위해 사용된 노드 빌더인 BSP 5.2를 만들었다.

〈Chocolate Doom〉을 해킹하여 예시 목적의 스크린샷을 여러 장 생성했다.

브루스 네일러는 인터뷰에 친절히 임해주었고, BSP에 대한 완벽한 지식으로 나를 깨우쳐주었다.

존 맥마스터John McMaster는 인텔 486과 모토로라 68040 CPU의 고해상도 사진을 보내줬다.

로맹 기Romain Guy는 486 메인보드, 넥스트큐브 메인보드, 넥스트디멘션 메인보드 사진을 촬영해줬다.

새뮤얼 비야레알Samuel Villarreal은 BFG 미술 작품의 기원을 발견했으며 〈둠〉 콘솔에서 불길 애니메이션을 리버스 엔지니어링으로 분석했다.

3DO용 〈둠〉 개발자인 리베카 앤 하이네먼Rebecca Ann Heineman은 3DO 절의 교정과 사실 확인을 맡았다.

송버드 프로덕션Songbird Productions의 소유자이자 설립자인 칼 포한Carl Forhan은 재규어용 〈둠〉 소스 코드를 공개했으며 질문에 대답해줬다.

레온 소트히는 〈둠〉의 벽 렌더링에 대한 연구 결과를 공유했다.

존 코라도는 시계면에 대한 지식을 공유했다.

매슈 펠Matthew Fell은 이 책에 실린 지도 시각화 도구를 만드는 과정에서 중요한 역할을 맡은 「The Unofficial Doom Specs(비공식 〈둠〉 스펙)」을 집필했다.

알렉상드르-그자비에 라봉테-라모뢰는 디더링과 감소된 조명을 보여주는 SNES 스크린샷을 제공했다.

오탈자를 보고해준 독자들은 다음과 같다. 관심을 갖고 살펴준 모두에게 감사드린다.

Aiden Hoopes, Alexandre-Xavier Labonté-Lamoureux(axdoomer), Anders Montonen, coucouf, Bartosz Pikacz, Bartosz Taudul, Boris Faure @billiob, Brandon Long, Brian Gilbert, @troldann, Chris @JayceAndTheNews, Daniel Lo Nigro, Daniel Monteiro , Davide Gualano, @davesio, George Todd, Guilherme

Manika, Jamis Eichenauer, John Corrado, Klaus Post, Marcel Lanz, Marcell Baranyai, Marco Pesce, Marcus Dicander, Matt Riggott, Matthieu Nelmes, Miltiadis Koutsokeras, Olivier Cahagne, Olivier Neveu, Patrick Hresko, phg, Richard Adem @richy486, Rory Driscoll, Ryan Cook, Sam Williamson, Steve Hoelzer, Tor H. Haugen, @torh, tronster, Tzvetan Mikov, Vasil Yonkov, Frank Polster, Boris Chuprin, Rory O'Kenny, Vincent Bernat.

의견을 보내는 방법

최대한 정확하고 명확하게 책을 집필하려고 노력했다. 사실관계 오류, 철자 오류 또는 모호한 내용을 발견한 경우 잠깐 시간을 내어 이 책의 웹 페이지를 통해 알려주면 좋겠다(*http://fabiensanglard.net/gebbdoom*).

감사를 보낸다.

파비앙 상글라르

CONTENTS

CONTENTS

CHAPTER **3** 넥스트

CONTENTS

CHAPTER 6 게임 콘솔 이식

CONTENTS

프롤로그

『게임 엔진 블랙 북: 둠』은『게임 엔진 블랙 북』시리즈의 두 번째 책이다. 첫 번째 책『게임 엔진 블랙 북: 울펜슈타인 3D』에서 〈울펜슈타인 3D^{Wolfenstein 3D}〉가 출시되었던 1992년 5월부터 시작된다. 이드 소프트웨어^{id Software}의 두 번째 혁신인 〈둠^{Doom}〉을 다루며, 1993년 12월까지 줄곧 이어지는 일대기다.

『게임 엔진 블랙 북: 둠』역시 그 시절 하드웨어와 소프트웨어에 대해 자세히 다룬다. 이 책은 〈둠〉을 출시하기까지 걸린 11개월 동안 이드 소프트웨어가 직면한 다양한 문제와, 문제를 해결하기 위해 사용된 공학적인 방법을 엿본다. 시간을 거슬러 가는 창을 여는 것이다.

출시 25년이 훌쩍 지난 게임에 관한 책을 쓰는 것이 이상하게 보일지도 모른다. 오래된 운영체제를 돌릴 멸종된 하드웨어에서 사용할 수 있는 구식^{outdated} 기술에 관심 있는 사람이 대체 누구일까? 구식 기술을 사랑하는 플레이어들이 많다는 사실에 대한 증거는『게임 엔진 블랙 북: 울펜슈타인 3D』의 성공에서 엿볼 수 있다. 역사, 향수, 공학 또는 심지어 철학에 빠져 있든 그렇지 않든 상관없이, 이 책은 모두에게 호소되는 강렬함을 가졌다.

〈둠〉은 현대 역사의 일부가 될 만큼 심오하고 지속적인 영향을 미쳤다. 수백만 명을 즐겁게 했고, 많은 사람이 게임 업계에 뛰어들도록 소명 의식을 촉진했다. 의심할 여지가 없는 이정표를 세웠다. 〈둠〉의 소스 코드가 공개된 덕분에 프로그래머들은 게임 엔진 아키텍처를 배울 수 있었다. 수정하기 쉽고 여러 도구를 사용할 수 있었기에, 수많은 미래의 게임 제작자들이 애셋^{asset}을 디자인하거나 그리면서 게임 제작의 첫 경험을 쌓을 수 있었다. 결국 〈둠〉은 게임의 아이콘이 되었고, 종종 자신의 기술을 자랑하고 싶은 해커들이 명성을 얻는 수단이 되기도 했다.[1] 맥북 터치바부터 ATM, CT 스캐너, 시계, 심지어는 냉장고까지 수많은 전자제품에서 〈둠〉이 구동되었다.[2]

〈둠〉의 재정적인 성공은 PC 게임 업계의 지형을 개편하기도 했다.[3] 1994년 한 해 동안 〈둠〉은 게이머와 컴퓨터 게임 세계 양쪽에서 올해의 게임상, 『PC Magazine(PC 매거진)』의 기술 우수상, 인터랙티브 아츠 앤 사이언스Interactive Arts & Science의 최고 액션 모험 게임상을 포함해 다양한 수상 경력을 쌓았다. 200만 개 이상이 판매되었고(셰어웨어 설치는 약 2천만 번으로 추정됨) 절정기에는 하루 10만 달러에 가까운 매출을 올렸다. '1인칭 슈팅 게임'이라는 용어가 쓰이기 전, 사람들은 '둠 클론doom clone'으로 이 말을 대체했다.

'둠 클론' 또는 '1인칭 슈팅 게임'이라는 문구를 포함하는 월별 유즈넷 글 추이

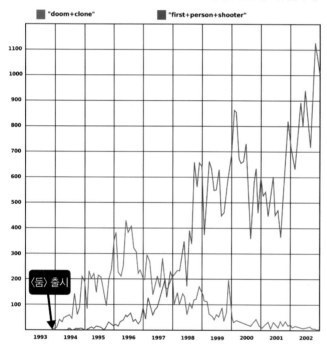

1 2018년 8월 비트파이(Bitfi) 지갑을 해킹한 해커 팀은 해당 장치에서 〈둠〉을 실행하는 방식으로 해킹을 시연했다.
   옮긴이_ https://duckduckgo.com/?q=bitfi+hackers+plays+doom
2 개발자들 사이에서 "여기에서도 〈둠〉이 돌아갈까?"는 흔한 농담으로 쓰인다. 심지어 이 질문에 대한 대답을 모아둔 웹사이트도 있다.
   https://itrunsdoom.tumblr.com
3 심지어는 아미가도 몰락시켰다. 『Commodore: The Amiga Years(코모도어: 아미가 시절들)』(Variant Press, 2019) 참고.
   옮긴이_ https://www.amazon.com/Commodore-Amiga-Years-Brian-Bagnall/dp/0994031025

감성적인 가치도 크다. 〈둠〉은 영원한 첫인상을 남긴 게임 중 하나다. 출시 직후에 〈둠〉을 접했던 사람이라면, 〈둠〉이 돌아가는 모습을 처음 목격했던 순간을 여전히 기억할 것이다. 한때 마법으로 여겨졌던 게임의 내부를 뜯어보는 것은 아주 신나는 일이다.

향수를 넘어선 이 신나는 기분은 이 책이 유효한 가장 큰 이유다. 〈둠〉 제작은 공통의 비전을 중심으로 모인 발명가, 엔지니어, 제작자 등에 관한 영원히 반복되는 이야기다. 이드 소프트웨어가 원하는 곳으로 향하는 명확한 경로는 없었다. 그저 다른 누구도 아직 그곳에 가지 않았다는 확신뿐이었다. 그들은 밤낮으로 일했고, 바닥에서 잠들었으며, 꿈을 이루기 위해 험한 강을 건넜다.

〈둠〉의 제작은 거대한 작업을 달성하기 위해 이를 수천 개에 이르는 작은 작업으로 올바르게 분해하는 방식을 요약한다. 이는 기술과 헌신과 행운을 결합해 기술, 예술 작품, 디자인의 숨 막히는 조합을 만든 몽상가 그룹의 이야기다.

이 놀라운 모험을 제대로 들려주기 위해 『게임 엔진 블랙 북: 둠』은 두 가지의 제약에 맞서야만 했다. 먼저, 보충 정보나 상호 참조 없이도 독립적으로 읽을 수 있어야 한다. 다른 한편으로는 시리즈의 전작에서 이미 다룬 콘텐츠를 반복해 충성 독자를 지루하게 만들면 안 된다. 이를 해결하기 위한 절충안은 다음과 같다. 독자들이 『게임 엔진 블랙 북: 울펜슈타인 3D』를 필수로 읽지 않더라도, 이 책에서 더 많은 내용을 얻도록 하자.

VGA 하드웨어, 도스 TSR, 386 리얼 모드, PC 스피커 사운드 합성, 프로그래머블 인터럽트 컨트롤러programmable interrupt controller (PIC)와 프로그래머블 주기적 타이머programmable interval timer (PIT), 디지털 차등 분석기digital differential analyzer (DDA) 알고리즘 등은 다시 다루어도 흥미로운 주제이지만 이미 『게임 엔진 블랙 북: 울펜슈타인 3D』에서 다루었으므로 이 책에서는 언급만 하고 넘어갔다. 목표에 도달하기 위해서는 이런 절충안이 필요했고, 덕분에 『게임 엔진 블랙 북: 둠』은 차 한 잔을 마시며 한 손에 들고 읽을 수 있는 약 470페이지짜리 책으로 완성되었다.

코드 샘플과 관련하여 몇 가지 변경이 있었다. 종이의 제한된 지면 때문에 종종 코드를 페이지에 맞춰 살짝 수정해야만 했다. 때로는 복잡성이 점진적으로 증가하여 독자가 부담을 느끼지 않도록 함수의 코드 부분을 제거했다. 몇몇 코드 예제는 오픈 소스 전환 전의 원본 소스 코드를 그대로 가져왔으므로 깃허브와 다를 수도 있다. 하지만 코드의 의미와 코드에 담긴 정신만은 그대로 유지했다고 확신한다.

이 책은 '우리가 잘 이해하는 것에 대해서 우리는 명확하게 표현한다'고 말한 니콜라 부알로 Nicolas Boileau[4]에게서 영감을 얻은 연습의 결실이다. 이 책을 내가 직접 쓰는 대신 다른 누군가가 집필한 책을 그냥 사서 읽을 수 있었다면 참 좋았겠다는 생각이 들기도 한다(나는 꽤 게으른 편이다).

부디 이 책을 읽는 과정이 즐겁기를 바란다.

---

4 옮긴이_ 프랑스의 시인이자 비평가

CHAPTER 1

들어가며

1992년 5월, 이드 소프트웨어는 PC 게임 업계의 떠오르는 별이었다. 〈울펜슈타인 3D〉는 1인 칭 슈팅 게임first-person shooter (FPS) 장르의 토대를 확립했고, 후속편 〈운명의 창Spear of Destiny〉의 판매량은 치솟았다.[1] 게임 엔진과 관련 도구를 개발하려면 수년이 걸렸으므로 이드 소프트웨어 는 경쟁사를 완전히 압도했다. 이드 소프트웨어는 효율적인 게임 제작 파이프라인pipeline, 화려 한 레벨, 애셋을 제대로 활용할 재능을 가지고 있었다. 그 누구도 이드 소프트웨어에 도전장을 내밀지 않았다. 하지만 그게 얼마나 오래갈 수 있었을까? 이드 소프트웨어는 그들의 기술을 쥐 어 짜낼 수 있었지만, 하드웨어의 발전에 따라 언젠가는 파멸doom로 내몰릴 운명이었다.

> 무어의 법칙Moore's law 때문에, 아주 영리한 그래픽 프로그래머가 개발한 모든 것이 몇 년 후에는 단지 고만고만하게 유능한 프로그래머에 의해 복제될 수 있었습니다.
>
> – 존 카맥, 프로그래머

경쟁사들은 독자적인 게임을 선보이고 있었다. 적응형 타일 화면 갱신adaptive tile refresh 기술로 혁 신이 시작된 후, 이드 소프트웨어의 핵심 가치는 혁신이었다. 이드 소프트웨어는 이미 〈울펜슈 타인 3D〉의 속편을 공개했고 이제는 더 앞으로 나아갈 시점이었다. 이드 소프트웨어가 생각하

---

1 1993년 말까지 〈울펜슈타인의 3D〉와 〈운명의 창〉을 합친 총 판매량은 20만 개 이상이었고, 1994년 말에는 30만 개로 증가했다.

는 옳은(그리고 위험한[2]) 길은 모든 것을 버리고 맨땅에서 다음 게임을 시작하는 것이었다. 애셋, 레벨, 도구, 게임 엔진까지 모든 것이 새롭고 혁신적이어야 했다.

시작하기 전, 이드 소프트웨어는 어떤 하드웨어를 대상으로 어떤 도구를 사용할지 결정해야 했다. 소비자 환경에 대한 요약 평가에 따르면 〈울펜슈타인 3D〉의 마지막 히트 이후 PC는 크게 진화했다.

- 1989년에 발표된 인텔의 최신 중앙처리장치central processing unit(CPU)인 인텔 80486에는 마침내 적당한 가격표가 붙기 시작했다. 인텔 80486은 이전 세대의 처리 능력의 두 배를 제공했고, 점점 더 많은 고객이 인텔 80386처럼 두 배 느리고 오래된 컴퓨터를 거부했다.

- 마이크로소프트Microsoft 윈도우 3.1과 하드웨어 자원에 굶주린 그래픽 사용자 인터페이스graphical user interface(GUI)가 출현한 후, 하드웨어 제조업체는 더욱 강력한 그래픽 어댑터를 제공하게 되었다. 렌더링은 여전히 소프트웨어에서 이뤄져야 했지만 칩셋chipset은 더 빨랐고 용량도 더 컸다.

- 버스 병목현상에 좌절한 제조업체들은 새로운 표준을 만들기 위한 팀을 꾸렸다. PC에는 VESA 로컬 버스(줄여서 VLB)라고 하는 기존 ISA보다 10배 더 빠른 버스가 장착되기 시작했다.

- 램 가격이 크게 떨어졌다. 2MiB 램이 한때 표준이었으나 4MiB까지 가용 범위가 늘어날 것으로 예상되었다.

- 오디오 생태계는 시장에 출시된 많은 사운드 블라스터 '호환' 오디오 카드 복제품과 그레비스 울트라사운드의 웨이브테이블 합성과 같은 혁신적인 신기술로 인해 더욱 단편화되었다.

하드웨어가 발전했을 뿐만 아니라 소프트웨어도 달라졌다. 왓콤Watcom과 같은 컴파일러compiler가 더 빠른 코드 생성을 가능하게 했다. 수작업으로 만들어 시간이 오래 걸리는 어셈블리어의 비중은 줄어들었으며, 점차 과거의 유산으로 여겨지기 시작했다.[3] 도스 확장자는 16비트 프로그래밍과 악명 높은 제한된 1MiB 주소 공간으로부터 컴퓨터가 자유로워지게 했다.

개발자 하드웨어 측면에서는 새로운 선택지가 등장했다. 전문가들은 강력한 워크스테이션을 손에 넣을 수 있었다. 애플Apple을 떠난 스티브 잡스Steve Jobs가 설립한 회사인 넥스트는 강력한 하드웨어와 효율적인 개발 도구를 결합했다. 넥스트는 유닉스 기반의 운영체제인 넥스트스텝에서 동작하는 컴퓨터를 생산했다.

....

2 조엘 스폴스키의 「Things You Should Never Do(결코 하지 말아야 하는 일)」은 『조엘 온 소프트웨어』(에이콘출판사, 2005) 또는 다음을 참고. *https://www.joelonsoftware.com/2000/04/06/things-you-should-never-do-part-i/*

3 인텔은 슈퍼스칼라(superscalar) 프로세서를 탑재하여 추세에 역행한 펜티엄을 공개해 〈퀘이크〉 개발을 어셈블리어 집약적으로 만들었지만, 이는 완전히 다른 이야기다.

창의성이 휘몰아치는 소용돌이 속에서는 잘못된 방향으로 가기도 쉬웠다. 그러나 이드 소프트웨어는 모든 경우에서 올바른 선택을 한 듯싶다. 맨땅에서 시작해 단 11개월 만에 최고의 게임인 〈둠〉을 만든 비결이 무엇일까? 이것이 바로 이 책이 대답하려는 질문이다.

1장과 2장에서는 당시의 하드웨어, 즉 〈둠〉이 돌아가는 IBM PC뿐만 아니라 이드 소프트웨어가 생산 파이프라인의 기초로 선발한 컴퓨터를 면밀히 검토한다. 3장과 4장에서는 팀을 비롯해 하드웨어와 소프트웨어를 연결하기 위해 작성한 도구에 초점을 맞춘다. 이런 모든 역량과 제약을 염두에 두고, 5장과 6장은 게임 엔진을 깊숙이 파고들어 독자들에게 게임이 설계된 방식을 이해하도록 한다.

샷건을 장전하고 메디킷을 챙겼다면, 이제 게임 안으로 뛰어들자!

그림 1-1 "〈둠〉은 두 가지를 의미한다. 바로 악마와 샷건!" – 존 카맥

CHAPTER 2

IBM PC

1991년의 〈울펜슈타인 3D〉 개발과 1993년의 〈둠〉 개발의 PC 환경을 비교하면 엄청난 변화가 있었다. 이전의 '권장 구성'은 2MiB의 램과 VGA 그래픽 카드를 장착한 인텔 80386 기반 시스템을 넘어서지 못했다.

'새로운' 상위 PC에도 여전히 여섯 개의 하위 시스템이 있었고, ① 입력, ② 버스, ③ CPU, ④ 램, ⑤ 비디오 출력, ⑥ 오디오 출력이 파이프라인을 형성했다. 각각의 시스템은 처리 속도가 더 빨라졌거나 용량이 더 커졌다.

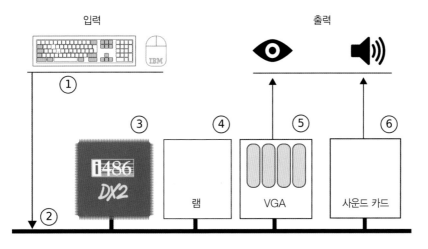

그림 2-1 IBM PC의 6가지 구성 요소

각 구성 요소를 자세히 설명하기 전에 명확하게 짚고 넘어가야 할 중요한 사안이 있다. 2장은 〈울펜슈타인 3D〉에서 사용 가능한 하드웨어와 〈둠〉에서 사용 가능한 하드웨어를 비교했다. 달라진 숫자만 보면 마치 처리 능력이 크게 향상된 것처럼 보인다.

그러나 곧 열거할 개선 사항 목록에도 불구하고, 여전히 IBM PC는 게임에 적합한 도구가 아니었음을 명심하자. IBM PC는 원래 사무용으로 만들어졌기에 한계투성이였다. 워드프로세서와 숫자 계산용 스프레드시트를 염두에 둔 PC는, 아주 가끔 정적인 그래프를 출력하도록 설계된 물건이었다. 실시간으로 70Hz 애니메이션[1]을 허용하는 뭔가를 만들 의도는 전혀 없었다.

되돌아보면, 콘솔보다 PC가 능력이 부족하다는 사실은 명백했다. 게임 스튜디오들이 PC용 게임 제작에 대한 조심성을 낮췄다고 믿기란 어렵다. 문제를 나열해보자면 다음과 같다.

- CPU가 부동 소수점 연산을 수행할 수 없었고 보조 프로세서가 없었다.
- 구식 그래픽 시스템에서는 이중 버퍼를 사용할 수 없었고 모니터와 종횡비가 다르게 보였기 때문에 이미지가 왜곡되었다.
- 업계 표준의 사운드 시스템은 성가신 '삐' 소리만을 제공했으며 고객의 구매를 방해하는 파편화된 사운드 카드 생태계가 펼쳐졌다.
- 최상급 PC의 가격표는 3,000달러에 가까웠다. SNES와 제네시스는 모두 199달러로 가격이 책정되었지만, 오락실과 같은 경험을 제공한 네오지오는 649.99달러였다.[2]

60Hz 애니메이션을 염두에 두고 만들어진 데다 스프라이트 엔진으로부터 혜택을 받는 저렴한 시스템과 비교해볼 때, PC는 매력적이지 않았고 좋은 게임을 만들기는 더욱더 어려워 보였다.

물론 몇몇 소프트웨어 트릭을 통해 PC 하드웨어는 애초 설계된 이상의 성능을 발휘할 수 있었다. PC는 특정 유형의 게임에는 적합하지 않았지만 프레임 버퍼framebuffer가 필요한 유형의 게임에서는 뛰어난 결과를 만들 수 있었다. 인터넷도 없고, 심지어는 게임 개발을 위한 문서도 거의 없던 세상에서 이는 결코 사소한 도전이 아니었다.

[그림 2-2]는 1990년대 여러 컴퓨터 잡지에서 흔히 찾아볼 수 있던 광고다. 인텔 486 CPU가 장착된 IBM PS/1 특집 광고는 사무 업무와 정적 화면에서 동작하는 애플리케이션 실행 능력을 강조한다. 생산성과 이익 증가는 (1993년 당시 미국 중위 소득의 5%에 이르는) 컴퓨터의 높은 가격을 정당화하는 유일한 수단이었다.[3]

---

1 320×200 게임에 사용된 VGA의 가장 일반적인 재생 속도는 오늘날 흔한 60Hz가 아니라 70Hz였다.
2 2018년 화폐가치로 PC는 10,476달러, SNES/제네시스는 377달러, 네오지오는 1,134달러이다.

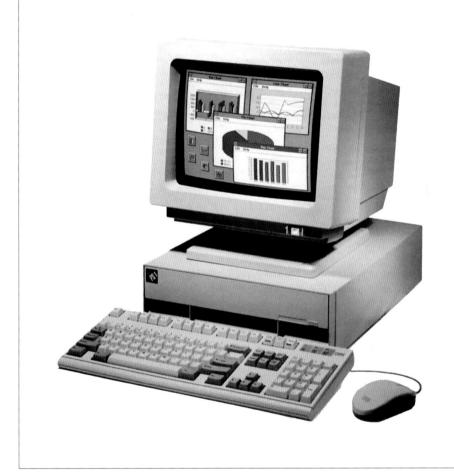

그림 2-2 1993년의 IBM PS/1 광고. 우스꽝스러울 정도로 작은 14인치 CRT 표준 모니터는 최대 800×600의 해상도를 제공했다.

---

3 *statista.com*에 따르면 1993년 미국의 중위 소득은 52,335달러였다. 1993년 『Byte Magazine(바이트 매거진)』의 광고에 표기된 486DX2-66 VESA PC의 가격은 2,575달러였다.

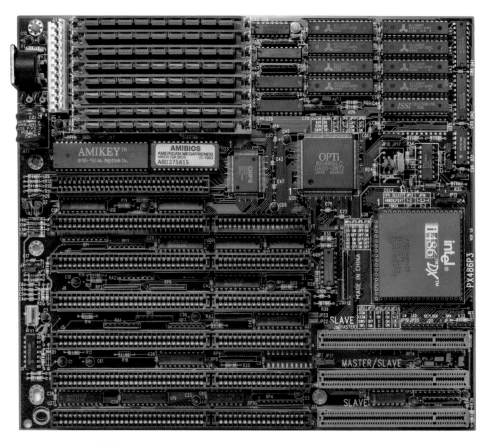

그림 2-3 QDI 컴퓨터^{QDI Computer}의 PX486P3 메인보드

하드웨어 성능을 조감하기 위해 PC를 열고 모든 것을 함께 연결하는 구성 요소를 살펴보자. 1994년의 베스트셀러 메인보드는 QDI 컴퓨터[4]의 PX486P3이었다.

물론 가장 두드러지는 참신함은 컴퓨터의 핵심인 ① 인텔 i486 CPU다. 자세히 살펴보면 〈둠〉 아키텍처에서 엄청나게 중요한 더 많은 기능이 드러난다.

검은색 커넥터는 전통적인 ISA 버스 확장 포트를 보여준다. ② 8비트 1개와 ③ 듀얼 슬롯 16비트 3개는 ISA 카드 4개를 허용한다. 또한, 추가적인 ④ 갈색 슬롯이 뒤에 붙은 새로운 유형의 커넥터 3개가 존재한다. 이들은 VLB 슬롯[5]이며 ISA보다 10배 빠른 버스다.

----

4 캐나다 회사

5 일명 VLB 또는 VESA 로컬 버스

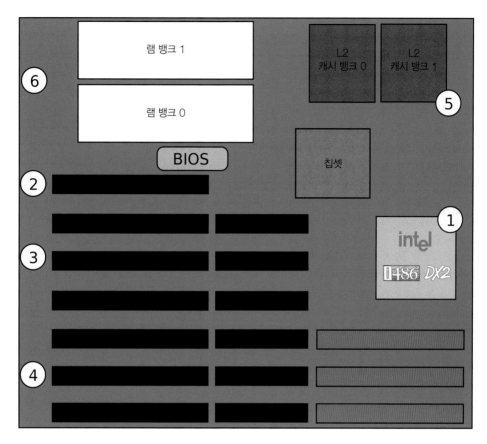

그림 2-4 PX486P3의 구성 요소 다이어그램

왼쪽 상단 ⑥의 시스템 메인 메모리는 용량, 속도, 복잡성이 증가했다. 제조 원가의 급격한 하락으로 인해 표준 동적 램dynamic random-access memory (DRAM) 용량은 4MiB[6]가 대세가 될 터였다.

마지막으로 오른쪽 위 ⑤에는 새로운 유형의 램이 새로운 PC에 들어갔다. 정적 램static random-access memory (SRAM)인 검은색 칩 8개는 L2 '캐시' 역할을 하는 기억 공간으로 총 256KiB를 제공했다. SRAM은 CPU가 데이터와 명령어 부족으로 굶주리는 현상을 방지하기 위해 새롭게 설계된 시스템에 사용되었다. SRAM은 DRAM보다 훨씬 더 빨랐지만(접근 속도가 DRAM보다 10배 더 빠른 20ns) 생산 가격이 훨씬 더 비싸고 집적도가 낮다는 단점이 있었고 사용하는 데 제약이 많았다.

---

6 〈둠〉은 2MiB만 장착된 PC에서는 작동하지 않았다.

이 시절 유명한 게임 스튜디오 대부분은 램 가격 하락을 내다봤다. 1994년, 〈둠〉을 포함한 가장 인상적인 게임들은 최소 4MiB를 요구했다. 〈스트라이크 커맨더Strike Commander〉, 〈울티마 8Ultima VII〉, 〈코만치 맥시멈 오버킬Comanche Maximum Overkill〉이 대표적인 예다.

역설적이게도, 1994년 엄청난 램 공급 부족으로 램 가격은 다시 상승했다. 다음 그림은 대만에서 발생한 석유화학 공장의 화재로 가격이 급등했던 당시 상황을 보여준다. 이러한 가격 변동에는 최소 램 8MiB PC를 권장한 마이크로소프트의 윈도우 95 발표도 한몫했다.

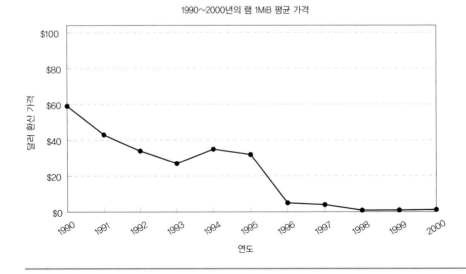

2.1 인텔 80486

1989년에 발표된 인텔 80486은 인텔 80386의 모든 병목현상을 해소하는 성능상의 진화였다. 그러나 950달러라는 가격표(2018년 화폐가치로 1,920달러) 때문에 대다수 소비자로부터 외면을 받았다. 1993년, 마침내 가격이 500달러로 적당해졌고 비로소 〈둠〉의 권장 CPU가 되었다.

이전 모델과 비교해 설계가 크게 바뀌었다. 파이프라인에는 추가 스테이지 두 개가 제공되어 깊이를 다섯 단계로 확장했다. 옵션으로 사용되었으며 메인보드 어딘가에 위치했던 부동 소수점 장치floating point unit(FPU)는 CPU 다이에 실장되었다. 가장 중요한 특성으로, 제조 개선[7]은 인텔Intel이 386으로 시도했다가 실패한 통합된 L1(Level 1) 캐시를 특징으로 하는 더 정교한 설계를 486에서 가능하도록 만들었다.

> 386에는 충분한 성능을 발휘하지 못한 채 퇴장당하는 작은 캐시가 존재했습니다. 칩에 온보드로 올릴 수 있는 캐시 크기가 작았기 때문입니다. 그러나 칩을 더 크게 만들면 플래시하는 과정에서 리소그래피lithography 기계에 맞지 않는다는 실질적인 문제가 있었습니다.
>
> – 젠 힐Gene Hill, 「Intel 386 Microprocessor Design and Development
> (인텔 386 마이크로프로세서 설계와 개발)」

---

7   제조 기술이 1.5μ 공정에서 1.0μ 공정으로 개선되어 다이에 5배 더 많은 트랜지스터를 집적했다.

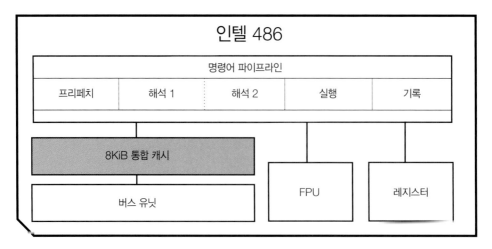

그림 2-5 인텔 486 아키텍처

인텔은 새로운 CPU를 (386과 마찬가지로) 두 가지 형태로 판매했다. DX 버전은 완전한 제품이었고 SX 버전은 FPU를 사용할 수 없었다. 수십 년간 이어진 루머에 따르면 DX/SX의 구별은 인텔이 제조 문제로 인해 오작동하는 부품이 들어 있는 양산 칩을 판매하려는 의도로 펼친 마케팅 전략이었다.[8] 실제로 이 의도적인 비즈니스 결정[9]을 통해 50% 할인된 가격과 i487 보조 프로세서를 판매할 기회를 얻게 되었다.

돌이켜 생각해보자면, 인텔의 1994년도 챔피언이자 (성능과 판매 양쪽 측면에서)[10] 의심할 여지가 없는 실세 제품은 486이었지만, 불확실한 기간에 직면하기도 했다. 386이 형제(i960)와 마주쳤던 것처럼, 486도 같은 회사에서 나온 도전자와 마주쳐야만 했다. 경쟁 제품의 이름은 '인텔 80860'이었다.

---

8 연대표가 의미 없는 이유는 486DX가 1989년 말에 대량으로 출시되기 시작했기 때문이다. 486SX는 1991년 중반이 되어서야 출시되었다. 첫 18개월까지는 수율 문제가 최악이었기에 SX는 존재하지 않았다. 미할 네차세크(Michal Necasek)가 쓴 글 「Lies, Damn Lies, and Wikipedia(거짓말, 빌어먹을 거짓말, 그리고 위키피디아)」 참고.
   옮긴이_ http://www.os2museum.com/wp/lies-damn-lies-and-wikipedia/
9 흥미롭게도 i487 FPU 업그레이드는 486SX를 완전히 쓸모없게 하는 완벽한 486DX였다.
10 2015년 말까지도 486은 여전히 제조되었으며, 네트워크 라우터 내부에서 사용되었다.

우리는 거의 동시에 출시한 매우 강력한
칩을 두 개나 보유하고 있었습니다. CISC
기술, PC 소프트웨어와 호환되는 486,
매우 빠른 RISC 기술을 주 기반으로 하지
만 무엇과도 호환되지 않는 i860이었습니
다. 우리는 무엇을 해야 할지 몰랐고, 결
국 시장이 결정할 수 있도록 두 가지 칩을
모두 출시했습니다. 그러나 상황은 우리의
생각만큼 단순하지 않았습니다. 필요한 모든 컴퓨터 관련 제품(소프트웨어, 판매, 기술 지원)으로
마이크로프로세서 아키텍처를 지원하려면 막대한 자원이 필요했습니다. 하나의 아키텍처로 적절
한 작업을 할 수 있도록 온 힘을 쏟아야만 했습니다. 두 개의 칩을 출시한 우리는, 점점 더 많은 내
부 자원을 요구하는 상이하면서도 경쟁적인 두 가지 노력을 기울여야 했습니다. 사람들은 개발 프
로젝트가 겨자씨처럼 자라기[12]를 원하는 경향이 있습니다. 자원과 마케팅에 대한 싸움으로 인해
마이크로프로세서 조직을 해체할 만큼 날카로운 내부 논쟁이 벌어졌습니다. 한편, 우리가 우왕좌
왕하는 동안 고객들은 인텔이 486 또는 i860에 대해 실제로 무엇을 지원하고 있는지 의문을 가졌
습니다.

– 앤디 그로브Andy Grove, 『승자의 법칙』(한국경제신문사, 2003)

i860은 인상적이고 진지한 경쟁자였다. VLIWvery long instruction word를 지원하는 무거운 파이프
라인 슈퍼스칼라superscalar 아키텍처를 기반으로, 병렬처리를 지원하는 유닛 세 개(X, Y, Z)가
있었다. 효율적으로 사용한다면 인텔 486 성능을 압도할 수 있었다.

펜티엄Pentium과 같은 후속 CPU는 명령어를 병렬로 자동으로 실행해 칩의 복잡성을 숨기는 방
법을 선택했지만, i860의 아키텍처는 병렬 파이프라인을 직접 조작하도록 강제했다. i860은
아무 일도 하지 않았으며, 명령을 적절히 배열하기 위해 컴파일러 작성자에 의존했다.

불행히도 당시의 컴파일러 기술은 이를 감당할 수 없었다. 귀중한 도구를 만들기 위한 인텔의
적극적인 지원이 없는 상황에서, 당시 사용이 가능했던 컴파일러는 슈퍼스칼라 기능을 제대로

....
11 옮긴이_ 겨자씨는 아주 작지만 엄청나게 빨리 자라는 특성이 있다.

활용하기 위한 명령어를 생성하는 수준에 근접하지 못했다. 이러한 이유로 i860은 최대의 잠재력을 발휘할 수 없었다. 인텔이 앞장서 도구를 개발했더라면 i860의 역사는 아마 달라졌을 것이다.

그림 2-6 인텔 486 패키지

[그림 2-6]은 패키지 내부에 트랜지스터가 1,180,235개 장착된 인텔 486 다이를 보여준다. 이때 인텔은 CPU에 상표 로고를 찍기 시작했는데, 위협적으로 성장하던 AMD/사이릭스 클론과 거리를 두려는 시도였다.

토막상식

i860은 넥스트디멘션의 비디오 프로세싱 보드에서 사용된 이후, 어쨌든 〈둠〉에서도 한 부분을 담당했다.

2.1.1 파이프라인 개선

이전 세대와의 성능 비교 차트를 살펴보면 486의 MIPS 성능 향상이 생생하게 드러난다. 더 나은 제조 공정 덕분에 상위 라인의 486은 50MHz에서 작동할 수 있었지만,[12] 주파수 증가는 개선의 주요 원인이 아니었다.

차트를 면밀히 살펴보면 같은 주파수에서도 486이 386보다 두 배가 넘는 처리 능력을 제공했음을 알 수 있다.

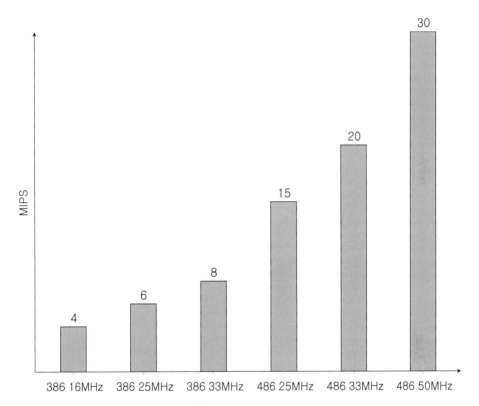

그림 2-7 인텔 CPU 사이에서의 MIPS 비교[13]

---

12 486 DX 50MHz는 1.0μ 공정에서 제조되었다.

13 「Roy Longbottom's PC Benchmark Collection(로이 롱보텀의 PC 벤치마크 모음)」 참고, *http://www.roylongbottom.org.uk/mips.htm#anchorIntel2*

더 높은 성능은 더 높은 평균 처리량을 통해 달성할 수 있다. 문서에 따르면 386은 매끄러운 3단계 파이프라인 프로세서였다. [그림 2-8]은 이상적인 조건에서 이론상으로 사이클당 명령어 하나를 어떻게 실행할 수 있는지 보여준다. [그림 2-9]와 같이 실제 CPU는 제안된 명세보다 두 배 느리게 동작했다.

그림 2-8 이론상의 386 파이프라인

프리페치prefetch 유닛과 실행 유닛에 명령어를 적절히 공급하는 경우에도 해석 유닛은 명령어를 해석하는 데 최소 2사이클을 소요했다.[14] 파이프라인의 최대 처리량은 가장 느린 단계의 속도를 초과할 수 없었으므로 인텔 386은 2사이클당 고작 하나의 명령어만을 처리할 수 있었다.

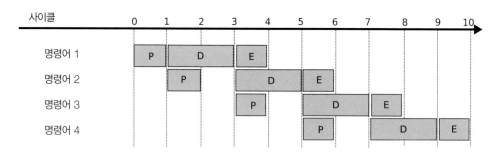

그림 2-9 실제 386 파이프라인: 명령당 2사이클

이 문제를 해결하기 위해 인텔은 3단계 파이프라인을 '프리페치, 해석 1, 해석 2, 실행, 기록'의 5단계로 분해했다. 모든 단계가 1CPI[15]에서 수행됨에 따라 486의 총처리량은 (파이프라인이 굶주리지 않는다면) 두 배가 되었다.

---

14 x86은 RISC의 고정 길이 접근 방식과는 반대로 가변 길이 명령어를 사용하므로 해석이 복잡했다.

15 명령어당 평균 사이클을 뜻한다.

| 사이클 | 0 | 1 | 2 | 3 | 4 | 5 | 6 | 7 | 8 | 9 | 10 |

명령어 1   P   D1   D2   E   W

명령어 2   P   D1   D2   E   W

명령어 3   P   D1   D2   E   W

명령어 4   P   D1   D2   E   W

그림 2-10 486 파이프라인: 명령당 1사이클

2.1.2 캐싱

파이프라인을 수정하고 각 단계를 다른 단계만큼 빠르게 실행하게 만드는 것은 올바른 방향으로 가기 위한 첫걸음이었다. 그러나 파이프라인을 깊게 만들수록 굶주리는 현상에는 더욱 취약해졌다. 빈 파이프라인에서 시작할 경우 486은 3단계만 있는 386과 비교해 대기 시간이 5사이클로 늘어났다. 파이프라인이 비어 주기적으로 멈추는 486은 386보다 느릴 것이 당연했다. 누락된 데이터 또는 명령어로 인한 정지 처리는 어떤 대가를 치르더라도 반드시 피해야만 했다.

이는 물리적인 이유로 이행하기 어려운 제약이었다. 1980년 이후, 램 성능은 CPU 성능보다 뒤떨어져 왔다. 매년 CPU 성능이 60%씩 개선될 때 DRAM은 고작 7%가 개선되었고, 결국 성능 격차는 매년 50%씩 벌어졌다. 1989년, DRAM 접근 시간은 CPU 사이클 시간보다 10배 느렸다.

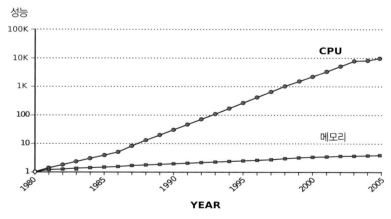

그림 2-11 램 성능과 CPU 성능의 개선 비교[16]

---

16 데이비드 패터슨과 존 헤네시의 『컴퓨터 구조 및 설계』(한티미디어, 2015) 참고

486까지는, DRAM으로 명령이나 데이터를 요청한 CPU는 항상 잠깐 멈추고 메인보드의 메모리 컨트롤러와 통신하기 위해 버스 유닛을 거쳐야 했다. ISA 버스 프로토콜이 최적화됨에 따라 최소 2사이클이 걸렸다.

첫 번째 사이클은 버스 요청을 초기화하고 주소를 주소 라인에 놓고 제어 라인을 설정한다(읽기/쓰기). 그다음 버스 반대편의 유닛이 요청을 이행하는 동안 대기 상태 사이클이 실행된다(버스 유닛을 기다리는 동안 CPU는 완전히 아무것도 하지 않으므로 인텔은 이를 대기 상태라 불렀다).

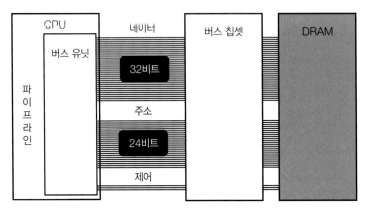

그림 2-12 386 CPU와 램 사이의 통신 구성 요소

첫 번째 대기 상태 사이클에서 유닛이 버스 요청에 응답할 수 있다면 CPU가 0 대기 상태에 도달함으로써 연산을 계속 수행할 수 있었다. 그렇지 않으면 요청이 완료될 때까지 대기하기 위해 추가 대기 상태가 삽입되었다. 성능 측면에서, 이와 같은 대기 상태는 재앙과도 같았다. 명령을 완료하는 데 오랜 시간이 걸렸을 뿐만 아니라 파이프라인에서 다른 명령어 전체를 멈추게 했기 때문이다.

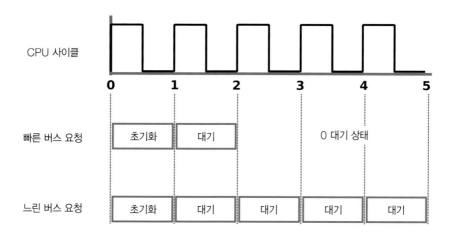

2사이클 버스 요청은 CPU가 달성할 수 있는 가장 빠른 속도였다. 실제로 DRAM 접근에는 여러 번의 대기 상태 삽입이 필요하다. 이를 피하려면 버스를 전혀 사용하지 않아야 한다. 따라서 인텔은 파이프라인과 버스 유닛 사이에 새로운 구성 요소인 L1 캐시를 삽입했다. 이는 프로그램의 시공간적인 지역성을 모두 활용하는 아이디어였다.

시간적 지역성은 프로그램의 반복적인 특성에 의존한다. 루프에 있을 때, 다음 순회에서 최근에 접근한 명령에 다시 접근할 가능성이 높다. 공간적 지역성은 프로그램이 데이터를 포함하는 배열을 순차적으로 읽거나 쓰는 방식과 관련이 있다. 특정 메모리 주소에 접근하면 잠시 후 인접 주소에도 곧바로 접근할 가능성이 높다.

이 두 가지 속성을 활용하여 CPU와 버스 유닛 사이에 위치한 잘 설계된 캐시는, 종종 요청된 데이터나 명령어를 이미 포함하고 있었고 버스 요청을 불필요하게 만들었다.

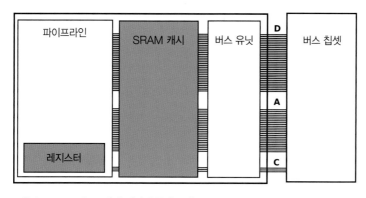

그림 2-13 486 CPU와 램 사이의 통신 구성 요소

2.1.3 L1 캐시

바라건대, 캐시가 전체 CPU의 초석이었음을 분명히 알기 바란다. 가능한 한 가장 높은 적중률을 얻을 수 있도록 캐시를 설계하고 가능한 한 이를 빠르게 만드는 것이 무엇보다 중요했다.

2.1.3.1 DRAM 대 SRAM

캐시가 자체적으로 수행하는 첫 번째 작업은 램의 대기 시간 감소다. SIMM 슬롯에 장착된 기본 램은 DRAM을 사용하지만 캐시는 접근 시간이 훨씬 더 빠른 SRAM을 사용한다. DRAM의 접근 시간은 일반적으로 200ns이고 SRAM은 10배 더 빠른 20ns다.

속도 차이는 기본 셀의 실제에서 비롯된다.

DRAM 셀은 단일 비트를 담는다. DRAM의 단순한 설계는 트랜지스터 하나와 저장 축전기 하나를 특징으로 하며 고밀도와 고용량이 가능하게 만들었다. 그러나 축전기는 시간이 지남에 따라, 또한 매번 접근할 때마다 전하를 잃었다. 셀을 읽을 때마다 해당하는 값으로 다시 써야만 했으며, 접근하지 않아도 15μs마다 새로 고쳐야만 했다.

주소 라인

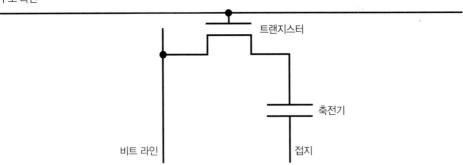

그림 2-14 DRAM과 데이터 1비트를 담고 있는 두 요소

각 셀의 높은 유지 보수 비용으로 인해 속도가 느려졌다. DRAM은 CPU에서 멀리 있다는 단점도 가졌다. 메인보드 어딘가에 위치하면 다른 장치와 공유되는 ISA 버스를 사용할 필요가 있었다.

훨씬 더 정교한 디자인(덜 조밀하지만, 제조 비용이 많이 듦) 덕분에 SRAM 셀에서는 이런 단점이 해결되었다.

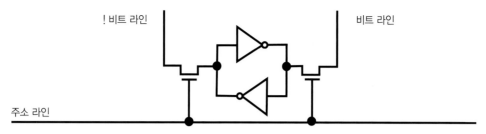

그림 2-15 6개 요소로 구성된 SRAM

축전기가 없어도 SRAM 셀은 누출되지 않는다. 주기적으로 새로 고칠 필요가 없으며 접근할 때마다 매번 다시 쓸 필요도 없다. 비트 라인 두 개는 두 배에 이르는 빠른 전압 변동 감지와 빠른 타이밍을 허용한다. SRAM은 칩 내부에 위치하므로 접근하기 위해 비싼 버스 연산을 요구하지 않으며, 다른 장비와 경합contention을 일으키지도 않는다.[17]

2.1.3.2 캐시 라인

L1 캐시는 하드웨어가 더 좋을 뿐만 아니라 영리하게 설계되었다. 8KiB의 작은 크기와 대용량 (코드와 데이터 모두를 위한 통합 캐시) 때문에 상당한 부하가 걸렸지만, 일반적인 연산 하에서 92%에 이르는 인상적인 적중률[18]을 실현했다.

이를 달성하기 위해 인텔 엔지니어들은 2^{32}개의 주소 공간을 2KiB의 2,097,152페이지로 나누는 4구역 연관 배열 설계를 사용했다. 페이지마다 16바이트로 구성된 캐시 라인 128줄이 존재했다.

그림 2-16 캐시 라인에서의 16바이트

캐시 시스템은 디렉터리 하나와 뱅크 4개(구역way이라 함)로 구성된다. 각 구역은 16바이트의 캐시 라인을 128개 저장할 수 있으므로 용량은 2KiB다. 16바이트 라인은 캐시의 기본 단위다.

---

17 DRAM 속도는 매년 증가해왔다. 고속 페이지 모드는 SDRAM 행 버퍼를 사용해 DRAM 셀의 행을 캐시한다.

18 「The i486 CPU: Executing Instructions in One Clock Cycle(i486 CPU: 1클록 사이클에서 명령 실행)」 참고. *http:// citeseerx.ist.psu.edu/viewdoc/download?doi=10.1.1.126.4216&rep=rep1&type=pdf*

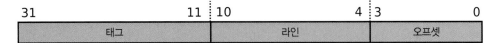

31	11	10	4	3	0
태그		라인		오프셋	

그림 2-17 캐시 컨트롤러가 메모리 주소를 해석하는 방법

32비트 주소 접근 요청을 수신하면, 캐시 컨트롤러는 이를 필드 3개로 분할한다.

1. 4에서 10까지의 라인 필드를 사용해 128개의 데이터 사전^{data dictionary} 항목 중 하나를 찾는다.

2. 찾은 항목에서 태그 4개를 살핀다. 하나가 11에서 31까지의 태그 필드와 일치하면 캐시 라인이 4구역 중 하나임을 의미한다.

3. 데이터 사전 항목에서 플래그 F를 점검해 캐시 라인이 유효한지 확인한다.

4. 캐시 라인의 16개 값 중 하나에 접근하려면 0에서 3까지의 오프셋^{offset} 필드를 사용한다.

5. LRU^{least recently used} 값을 갱신하려면 데이터 사전 항목에서 플래그 F를 갱신한다.

메모리 주소의 내용은 4구역 중 하나일 수 있지만, 항상 같은 라인 오프셋에 존재한다. 슬롯 4개를 놓고 일어나는 $2^{32}/128 = 33,554,432$개의 주소 경쟁 때문에 피할 수 없는 캐시 라인 퇴거는 LRU 정책을 통해 중재된다.[19]

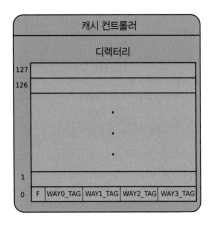

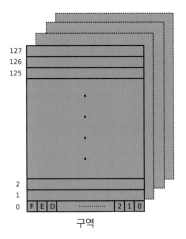

그림 2-18 캐시 컨트롤러와 4구역(뱅크)

---

19 퇴거는 읽기 과정에서 발생하지만 캐시가 쓰기–할당인 경우 쓰기에서도 발생할 수 있다. 이는 모든 인텔 486에 해당한다. 「Internal Cache Architecture of X86 Processors(X86 프로세서의 내부 캐시 아키텍처)」 참고. *http://datasheets.chipdb.org/IBM/x86/486/40010.PDF*

구역 수 또는 캐시 크기를 늘리면 어떨까? 8KiB 캐시에서 최상의 트레이드오프를 제공하는 것은 4구역이다.[20] 2구역 캐시는 실패율 14%를 산출하는데, 4구역 캐시는 실패율을 10.5%로 대폭 줄인다. 8구역으로 올리더라도 실패율은 10%로 거의 변화가 없으며, 완전히 연관될 경우에도 9%가 최선이다.

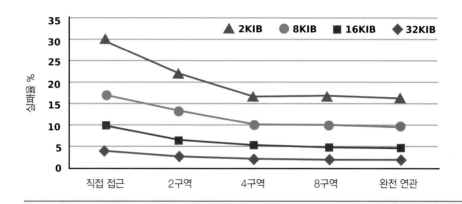

2.1.4 버스 버스트 전송

486 파이프라인 내에서 캐시 실패가 일어나면 캐시 라인 퇴거를 유발하며, 전체 16바이트를 DRAM에서 SRAM으로 전송해야만 한다.[21] 일반적으로 이 작업은 큰 비용이 들었고 CPU에 큰 문제를 일으켰다. 그러나 인텔은 '버스트 전송burst transfer' 기능을 추가하여 함께 동작하도록 했다.

원리는 간단했다. 데이터가 도착하기를 기다리는 동안 다음 요청을 잠가 CPU가 버스 요청의 초기화를 기다리지 않고서도 버스 컨트롤러가 이를 바로 사용할 수 있게 했다.

---

20 『Computer Architecture: A Quantitative Approach(컴퓨터 구조: 정량적 접근 방식)』(Morgan Kaufmann, 2017) 참고
21 프리페처 역시 16바이트 단위로 동작한다. 프리페처는 캐시 라인을 검색해 32바이트 프리페치 큐에 저장한다.

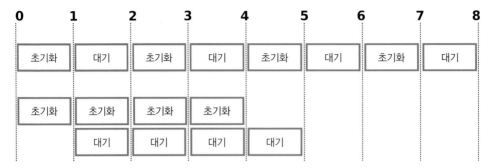

0	1	2	3	4	5	6	7	8
초기화	대기	초기화	대기	초기화	대기	초기화	대기	
초기화	초기화	초기화	초기화					
	대기	대기	대기	대기				

그림 2-19 버스트 전송은 65% 더 빠른 캐시 라인 채우기를 허용한다.

2.1.5 오버드라이브와 L1 캐시의 필요시 메모리 쓰기

인텔은 80486 오버드라이브OverDrive 칩 제품군으로 성능을 33%까지 향상했다. 이 CPU에는 버스보다 2배 더 빠른 속도(33MHz 모델 CPU는 66MHz로 실행)를 제공하는 주파수 증폭기가 탑재되었다.[22] 또한 L1 캐시 정책은 캐시와 메모리에 동시에 쓰는write-through 대신 캐시에 쓰고 필요시 메모리에 쓰는write-back 방식을 도입해 버스 통신량을 크게 줄였다.

그림 2-20 486DX2 66MHz는 업계에서 인정받는 표준이며 〈둠〉을 실행하기에 가장 적합했다.

---

22 오늘날에도 여전히, 설계자들은 버스보다 훨씬 빠른 CPU로 인한 문제를 해결하려고 시도한다.

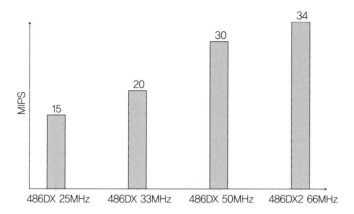

그림 2-21 MIPS와 CPU의 속도 비교[23]

위 차트에서 486DX2 66MHz가 486DX 50MHz보다 빠르지만, 주파수를 보고 예상하는 추가적인 20%만큼 온전한 성능을 내지 못함에 주목하자. DX2 버스는 33MHz로 실행되는 반면에 DX에서는 CPU와 버스가 모두 50MHz로 실행되기 때문이다.

2.1.6 다이

정사각형의 CPU 패키징은 30×30mm이고 다이는 15.5×9.9mm로, 이 책을 종이책으로 들고 있다면 축적은 1:1이다(실제 크기).

23 「Roy Longbottom's PC Benchmark Collection」참고. *http://www.roylongbottom.org.uk/mips.htm#anchorIntel2*

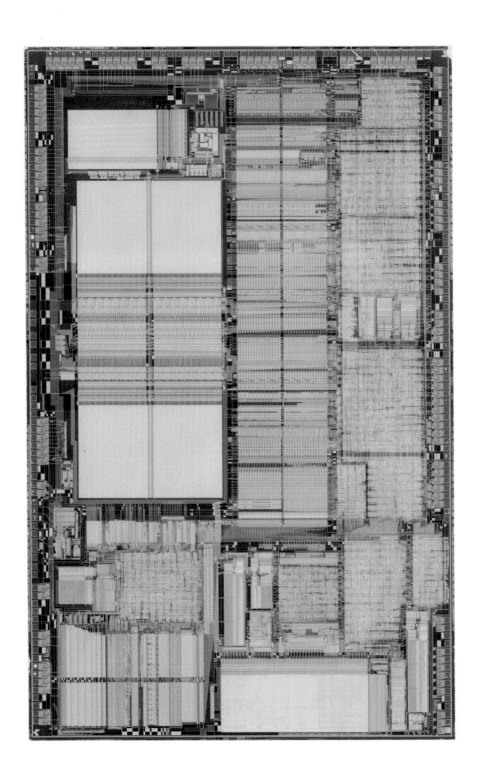

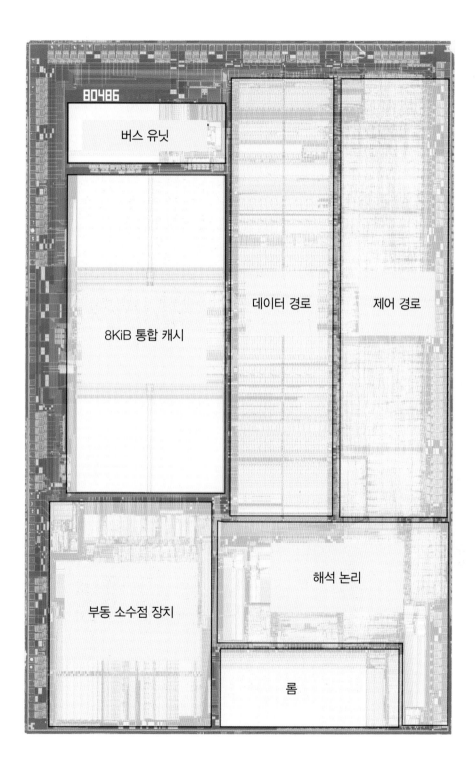

앞 페이지에서 트랜지스터 배치는 수작업으로 만들어진 데이터 경로와 486을 위해 특별히 제작된 캐드 도구를 사용해 만든 제어 경로 사이의 차이점을 보여준다.[24]

2.1.7 486 프로그래밍

아키텍처를 염두에 둔다면 486이 제공하는 최대 장점을 사용하는 방법을 이해할 수 있다. 좋은 소식이라면, 1990년대에는 대다수 성능 개선을 공짜로 얻을 수 있었다는 점이다. 새 CPU에서는 정확히 동일한 바이너리가 두 배 빠르게 실행되었다.

몇 가지 특성[25]뿐만 아니라, 프로그래머가 캐시 라인을 염두에 두고 시공간 지역성을 최대화하는 한,[26] CPU는 정수를 처리하며 날아다녔다. 실제로 i386의 FPU(i387)와 비교할 때 부동 소수점 연산이 2배 향상되었으므로 FMU는 i386 IMUL보다 더 빨랐다.

CPU	FADD	FMUL	FDIV	FXCH
i387	23–34	29–57	88–91	18
i487	8–20	16	73	4

그림 2-22 명령어당 FPU 사이클: i387 대 i487

그러나 FPU 성능은 ALU와 ALU에 속한 배럴 시프터barrel shifter와 비교할 때 현저한 차이를 보였다. 이 때문에 〈둠〉에서는 정수 연산을 배타적으로 사용하도록 요구했다.[27]

---

24 「Coping with the Complexity of Microprocessor Design at Intel – A CAD History(인텔에서 수행한 마이크로프로세서 설계의 복잡함에 대응하기: 캐드 역사)」 참고. *https://pdfs.semanticscholar.org/9ac1/28a256ea03daa61fafd9145f3fe882c 8e545.pdf?_ga=2.185618465.927210980.1578818903-617819514.1578818903*

25 마이클 아브라시의 「Pushing the 486(486 밀어붙이기)」 참고. *https://www.phatcode.net/res/224/files/html/ch12/12- 01.html*

26 그리고 분기를 피한다. 분기 예측기가 없다면, jmp는 무시되며 일반적으로 2사이클 동안 멈추는 현상을 초래한다.

27 1996년에 이르러서야 인텔의 펜티엄과 〈퀘이크〉에서 부동 소수점의 동이 트기 시작했다.

CPU	ADD	MUL	DIV
i487(FPU)	8-20	16	73
i486(ALU)	1	12-42	43

그림 2-23 명령어당 사이클: ALU 대 FPU

토막상식

정보 접근의 어려움으로 인해 〈둠〉과 부동 소수점 장치에 대한 오해가 무성했다. 1994년 *alt. games.doom*에 올라온 끝없는 스레드는 당시 상황을 이해하는 데 도움을 준다. 1994년 7월에 게시된 "486DX가 SX보다 〈둠〉을 더 빨리 실행합니까?"라는 질문과, 이에 달린 (심지어 필터 링된) 답변 다섯 개를 살펴보자. 당시 진실을 아는 게 얼마나 어려웠는지를 알 수 있다.[28]

내 친구가 컴퓨터를 사려고 하는데, DX를 사야 할 이유를 잘 모르겠대요. 혹시 다른 의견이나 확 실한 정보가 있다면 알려줄래요? :)

– Dave Gates(bestsd.sdsu.edu), 1994년 7월 23일 05시 28분

〈둠〉은 486SX/33보다 486DX/33에서 *훨씬* 더 빠르게 실행됩니다. 저를 믿으세요. 저는 같 은 방에 있는 다른 컴퓨터 두 대에서 〈둠〉이 실행되는 것을 직접 봤습니다.

– BillyBoB 4(aol.com), 1994년 7월 23일 10시 45분

CPU 속도와 관련해서는 별반 다르지 *않아요*. DX가 더 빠른 이유 중 하나는 아마도 DX가 ISA 비디오 카드를 장착하거나, 캐시가 없거나, 메모리가 적은 것과 관련이 있는 것 같아요. 〈둠〉은 FPU를 절대 절대 절대 절대로 사용하지 않으니까, SX에서 속도가 느려지지는 않을 것 같네요.

– Anson(daisy.cc.utexas.edu), 1994년 7월 23일 11시 48분

---

28 옮긴이_ 질문과 답변 스레드가 궁금하다면 다음을 참고. *https://groups.google.com/forum/#!topic/alt.games.doom/ P29wKT2zLtE*

저는 486SX/25와 486DX/50을 갖고 있으며, DX 50은 전체 화면에서 세부 보기를 켜더라도 우표 크기만 한 화면을 구동하는 SX보다 더 빠르게 실행됩니다. SX는 거의 게임이 불가능할 만큼 느립니다.

— BonesBro(aol.com), 1994년 7월 23일 12시 36분

SX는 대다수 프로세서 집약적인 애플리케이션과 〈둠〉을 포함한 게임에서 DX보다 상당히 느립니다.

— Neal W. Miller(rebecca.its.rpi.edu), 1994년 7월 23일 13시 34분

잘못된 정보입니다! 486SX는 486DX와 똑같은 속도로 〈둠〉을 실행합니다. 여러분이 동일한 VGA 카드와 메인보드를 사용하는 경우에는 말이죠.

— Grassl Wolfgang(papin.HRZ.Uni-Marburg.DE), 1994년 7월 23일 14시 24분

2.2 비디오 시스템

얼핏 보면 비디오 그래픽스 어레이Video Graphics Array(VGA)는 〈울펜슈타인 3D〉 시절과 마찬가지로 여전히 다뤄야 할 기묘한 야수와도 같다. 악명 높은 레지스터 50개를 구성하고, 팔레트 시스템을 256개 색상으로 제한하며, 인터리빙interleaving된 프레임 버퍼를 강제하는 조잡한 64KiB짜리 뱅크 4개를 갖춘 VGA는 매력 없는 프로그래밍 인터페이스였다.

그래픽 컨트롤러와 시퀀스 컨트롤러는 비디오 램 256KiB에 대한 접근을 제어했다. CRTCcathode ray tube controller는 프레임 버퍼의 샘플링 방법을 제어했다. 마지막으로 DAC는 CRT로 출력하기 위해 디지털 레벨을 아날로그 레벨로 변환했다.

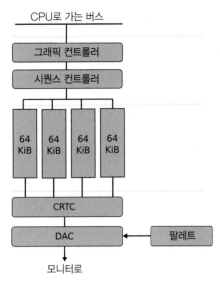

그림 2-24 VGA의 아키텍처

1990년대 초반의 대다수 PC 게임은 320×200 해상도, 픽셀당 1바이트, 256색 팔레트를 제 공하는 조정된 모드 13h(모드-Y라고도 부르는)에서 VGA를 사용했다. 개발자들은 이 문서 화되지 않은 모드를 사용해 비디오 카드의 뱅크 4개를 직접 조작했다. 프레임 버퍼가 여러 뱅 크에 어떻게 배치되었는지는 분명하지 않았다. [그림 2-25]에서 볼 수 있듯이 역사적으로 느 려터진 램 접근 시간 때문에 픽셀은 4×4로 인터리빙되었다.

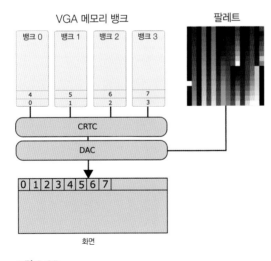

그림 2-25

첫 번째 픽셀 0이 뱅크 0에 저장되고 픽셀 1이 뱅크 1에 저장되는 방식에 주목하자. 수평 해상도 320열에, 수평이 아닌 수직으로 인접한 픽셀 80개가 각 뱅크에 저장된다.[29]

VRAM 256KB에 접근하기 위해, IBM은 램에 하드 코딩된 메모리 매핑mapping을 0xA0000에서 0xAFFFF로 설정했다. 십육진수에 익숙한 사람이라면 0xFFFF가 전체 사용 가능한 VRAM보다 훨씬 적은 64Kib 주소로 변환된다는 사실을 바로 알아챌 것이다.

주소 부족을 보완하기 위해, IBM은 지도 마스크 레지스터로 관리되는 뱅크 전환 시스템을 설계했다. 실제로 이는 0xA0000에서 0xAFFFF 범위에 있는 램 주소가 [그림 2-26]처럼 VRAM의 4개 위치에 대응할 수 있음을 의미한다. 마스크는 번거로운 작업이었지만 쓰기 연산 하나로 픽셀 4개를 기록하는 마법을 허용했다.[30]

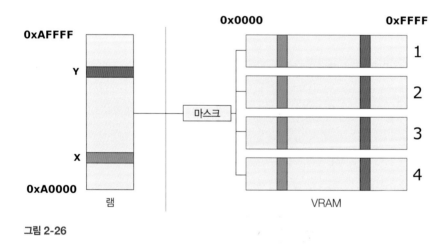

그림 2-26

또 다른 어려움은 모드-Y 프레임 버퍼 배치와 CRT 출력 장치의 종횡비 차이에 기인했으며, 이로 인해 왜곡이 발생했다.

---

29 VGA의 설계는 『게임 엔진 블랙 북: 울펜슈타인 3D』에서 광범위하게 다뤘다.
30 VGA 마스크 트릭은 『게임 엔진 블랙 북: 울펜슈타인 3D』에서 설명했다.

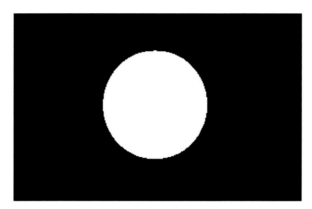

그림 2-27

[그림 2-27]에서 프로그래머는 프레임 버퍼에 원을 그렸다. 320/200 = 1.6이라는 종횡비에 주목하자.

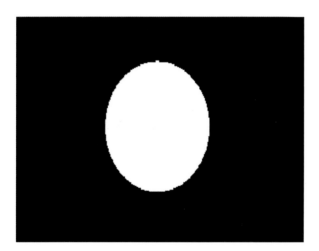

그림 2-28

[그림 2-28]은 동일한 프레임 버퍼가 모니터에 어떻게 표시되는지 보여준다. 320/240 = 1.333이라는 종횡비에 주목하자. 원은 타원처럼 보인다.

2.3 숨겨진 개선

이런 끔찍한 설명에도 불구하고 그래픽 카드의 세계를 면밀히 조사한 결과, 〈둠〉에 큰 영향을 미치는 두 가지 엄청난 변화를 발견했다.

1992년, 마이크로소프트와 IBM의 신형 운영체제(각각 윈도우 3.1과 OS/2 2.0)가 출시된 이래로 고속 그래픽 카드에 대한 수요가 급격하게 증가했다. 텍스트 모드에서 4,000바이트[31]의 정보를 밀어 넣는 대신 GUI를 위해 153,600바이트[32]를 이동하도록 설계된 장비는 엄청난 기술적 도약이었다.

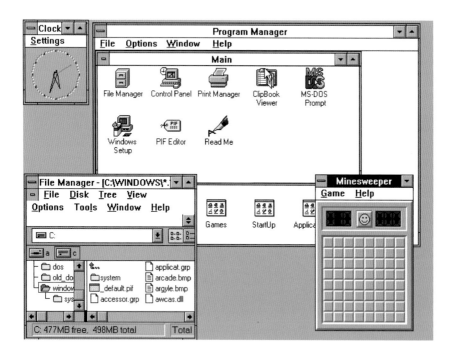

간단한 인터페이스에도 불구하고 윈도우 3.1의 640×480, 16색은 PC를 무릎 꿇게 만들 수 있었다. 내용을 보여주면서도 충분히 빠른 속도로 화면을 새로 고침할 수 있는 하드웨어가 없었기 때문에 창을 이동할 때 윤곽선만 보여주는 편법을 사용해야 했다.[33]

---

31 문자를 위해 2,000바이트, 화면 속성을 위해 2,000바이트
32 640×480에서 16색
33 넥스트 워크스테이션에서는 내용을 보여주면서 창을 이동할 수 있었고 스티브 잡스는 시연 과정에서 종종 이를 언급했다!

2.3.1 VGA 칩 제조업체

첫 번째 개선은 VGA 칩 제조업체에서 나왔다. 높은 성능에 대한 수요가 커지는 분위기를 감지한 ATI, 시러스 로직Cirrus Logic, 챙 랩스Tseng Labs 등의 회사는 더 높은 성능을 달성하여 경쟁자를 압도하기 위해 노력했다. 하드웨어 GUI 가속이 아직 주류로 자리 잡지 않은 때였으므로, 그래픽 애플리케이션의 다시 그리기 속도에서 가장 중요한 요소는 호스트 처리량이었다. 회사들은 VGA 카드의 모든 구성 요소(몇 가지만 예를 들자면 램, 램댁RAMDAC, 바이오스Basic Input/Output System(BIOS), 메모리 컨트롤러, 블리터bliter[34], 램 갱신, 캐시 컨트롤러, 타이밍 시퀀서[35])를 단일 칩에 통합하기 시작했다.

심지어 시러스 로직과 같은 몇몇 제조업체는 제조를 외주로 넘기면서 반도체 설계를 판매하는 팹리스 반도체 기업fabless semiconductor company의 비즈니스 모델을 채택했다.

다른 여러 가지 최적화 중 하나는 VGA 램이 읽기보다는 쓰기 연산에 더 많은 영향을 받는다는 사실을 활용하는 것이었다. 선입 선출first in first out(FIFO) SRAM 캐시를 사용해 연산을 버퍼링하고 엄청나게 개선된 화면 블리팅을 즉시 반환했다. 당시 챙 랩스가 만든 가장 악명 높은 칩인 ET4000가 탑재된 카드를 살펴보면 고객이 구매할 수 있었던 제품들을 알 수 있다.

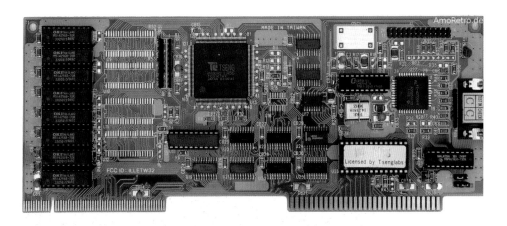

그림 2-29 ILLETW32 브리텍 일렉트로닉스[36]

----

34 옮긴이_ 비트맵 복사와 같은 그래픽 연산을 빠르게 만들기 위한 보조 프로세서
35 챙 랩스의 ET4000
36 사진 제공은 *http://www.amoretro.de/*

① ET4000 라이선스를 통해 브리텍 일렉트로닉스는 ② 램, ③ 램댁, ④ 타이머만 제공하면 되었으며, ⑤ 프로그래머블 어레이 논리Programmable Array Logic(PAL) TIBPAL16L8으로 몇 가지 설정을 수정했다. ⑥ VGA BIOS 칩은 챙 랩스에서 구입할 수 있었다.

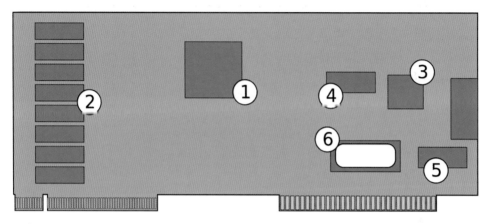

그림 2-30

2.3.2 VESA 로컬 버스

비디오 카드 제조업체가 자신들의 제품을 최적화하는 동안에도 통제할 수 없는 엄청난 병목현상은 여전히 존재했다. CPU가 기록한 정보는 여전히 ISA 버스를 통해 전송되어야만 했다.

1981년에 도입된 최초의 ISA 버스는 4.77MHz에서 실행되는 8비트 데이터 경로를 제공했다. 1984년에 업그레이드되면서 너비가 16비트로 늘어났고 6MHz에서 실행되었다. 10년 동안 서비스된 후에는 성능을 떨어뜨리는 주범으로 여겨졌다.

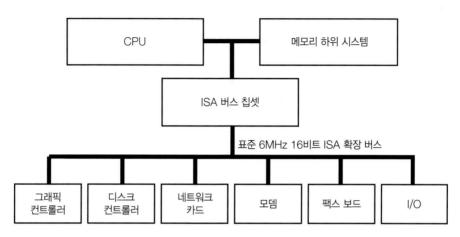

표준 AT 버스

CPU

메모리 하위 시스템

ISA 버스 칩셋

표준 6MHz 16비트 ISA 확장 버스

그래픽 컨트롤러

디스크 컨트롤러

네트워크 카드

모뎀

팩스 보드

I/O

그림 2-31 ISA 버스

이런 상황에 부응해 하드웨어 제조업체들은 비디오 전자공학 표준위원회Video Electronics Standards Association(VESA)를 구성하고 새로운 버스 표준을 만들었다. 제조업체들은 복잡함을 선호하지 않았다. 이 프로토콜은 인텔 486 버스 유닛 프로토콜과 정확히 일치했으며, 마찰이 없는 매체가 되었다.

VLB는 ISA의 버스 데이터 라인을 32비트로 두 배 늘린 데다 주파수를 33MHz로 증가시켰고, 이는 가장 느린 ISA 버스와 비교하면 최대 10배 더 빨랐다.

VLB 컨트롤러를 위한 칩 설계는 많은 핵심 명령어(인터럽트와 포트 매핑 I/O)를 여전히 메인 보드에 있는 ISA 회로가 책임지는 반면, 메모리 매핑된 I/O와 DMA 데이터 경로를 CPU가 사용하는 동일 로컬 버스에 두었기 때문에 상대적으로 간단했다(그림 2-32). 시스템 데이터 버스의 속도는 메인보드의 수정 진동자crystal oscillator 클록 속도에 기반하며, 이는 CPU와 동일한 속도로 버스가 움직임을 의미했다.

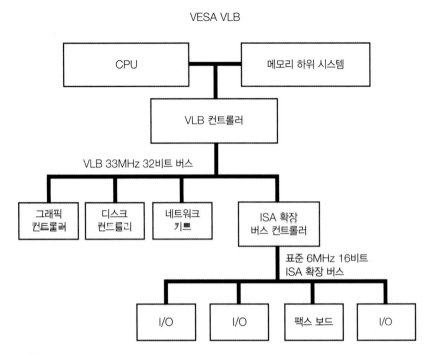

VESA VLB

그림 2-32 VLB

VLB 아키텍처를 486 버스 유닛에 밀접하게 연결하면 칩셋이 필요하지 않았다. 탁월한 성능을 제공했으며 채택하기에도 훨씬 용이해졌다. '로컬 버스'라는 용어는 주소, 데이터, 제어 신호가 프로세서에 직접 연결되었기 때문에 버스의 유닛은 전기적인 버퍼링을 통해서만 연결됨을 의미한다. 단순했지만, 많은 문제를 발생시키기도 했다.

첫 번째 문제는 다음과 같았다. CPU와 동일한 속도로 동작하도록 강요된 VLB는 주파수가 40Hz에 도달한 후 불안정해졌고 충돌crash이 발생했다. 이 속도를 넘어서자, 시스템은 타이밍 변동에 점점 더 취약해졌다.[37] 근본적인 문제는 로컬 버스가 동기식으로 동작하도록 정의되어 있다는 점이었다. 확장 카드 공급 업체는 제품을 다양한 속도로 실행할 수 있게 보증해야 한다는 어려운 과제를 안고 있었다. 이는 호환성 문제[38]의 해결책이었다.

두 번째 문제는 클록 속도가 증가함에 따라 CPU가 버스에 주는 전기 부하가 감소한다는 것이다. 33MHz에서는 슬롯 3개를 제공할 수 있었지만, 40MHz에서는 2개, 50MHz에서는 단 1

---

37 이 문제는 버스가 33MHz로만 동작하는 486DX2 66MHz에는 영향을 미치지 않았다.
38 이 문제는 AMD 80MHz 프로세서를 사용하는 40MHz 버스 클록 VLB 시스템 사용자가 겪었다.

개만 제공할 수 있었다. 메인보드 속도를 구성할 수 있었고 슬롯 3개까지를 지원하므로, 구성 과정을 혼란하게 만드는 지옥문을 열었다. 사용자는 주파수를 조율할 때 일부 VLB 슬롯이 '작동하지 않음' 또는 '작동 중지'되는 현상을 발견했다.

카드는 또한 물리적인 길이가 길었으며,[39] VLB 슬롯에 장착하는 과정에서 힘을 가해야 했기에 물리적인 파손을 일으키기도 했고, 설치도 어려웠다.

가장 나쁜 문제는 따로 있었다. 인텔의 1993 펜티엄 버스 유닛 프로토콜은 VLB 대신 완전히 호환되지 않는 PCI를 기반으로 했다. 환경에 적응할 수 없었던 VLB는 쓸모가 없어졌고 이 표준은 1년 만에 사망했다.

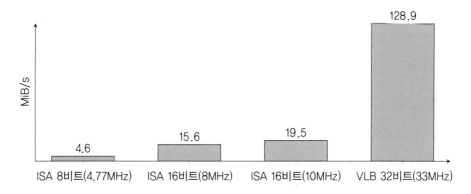

그림 2-33 이론상 최대 속도(MiB/초)[40]

다음 그림은 1994년에 사용할 수 있었던 3개의 VGA 카드를 보여준다. 커넥터는 어떤 종류의 버스와 성능을 기대할지 즉시 알려준다.

- 상위: ISA 8비트 인터페이스가 있는 ATI 8800
- 중위: ISA 16비트 인터페이스가 있는 ATI 마하3
- 하위: VLB 32비트 인터페이스가 있는 시러스 로직 마하스피드

VLB 커넥터가 ISA 커넥터의 8비트 부분만 사용하는(다른 16비트에 대한 접촉 단자가 없음) 방식에 주목하자.

---

39 농담삼아 VLB를 '아주 긴 버스(very long bus)'로 불렀다.
40 버스에 주소를 배치하는 데 최소 한 주기를 사용하므로 페이로드 대역폭이 절반으로 줄어들었다.

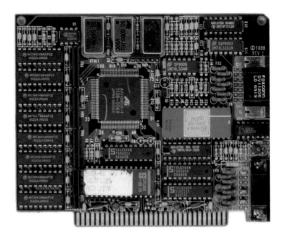

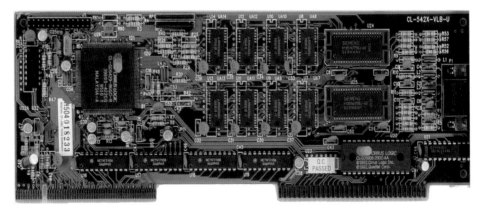

2.4 사운드 시스템

PC에는 단조롭고 성가신 '삐' 소리를 낼 수 있는 PC 스피커가 장착되어 있었다. PC를 시작할 때 하드웨어 상태를 진단하는 용도로 쓰이는 스피커였다. 한 번의 짧은 경고음은 시스템이 정상임을 의미했다. 그러나 플레이어들은 항상 사운드 카드sound card에 투자했다. 적극적인 마케팅, 우수한 기술, 저렴한 카드 덕분에 크리에이티브 랩스Creative Labs가 시장을 지배했다. 새로 시장에 진입하는 회사들은 살아남기 위해 '사운드 블라스터 호환'이라는 라벨을 붙여야만 했다. 비공식 표준은 음악용 OPL2 기반 FM 신시사이저 기능과 스테레오로 샘플당 8비트, 22KHz로 디지털 사운드를 재생할 수 있는 디지털 신호 처리 장치digital signal processor(DSP)를 의미했다.

1990년대 초반, 게임 오디오를 위한 마지막 혁신의 물결이 불었고 직전에 시장을 지배했던 주요 제조업체인 애드립AdLib은 멸종했다.[41] 신형 카드 두 개가 새로운 판을 만들었다. 크리에이티브 랩스의 사운드 블라스터 16과 어드밴스트 그래비스 컴퓨터 테크놀로지Advanced Gravis Computer Technology의 그래비스 울트라사운드가 바로 그 주인공이었다.

2.4.1 사운드 블라스터 16

1992년 6월, 크리에이티브 랩스가 CD 품질 재생(44KHz 16비트 스테레오 샘플)이 가능한 사운드 블라스터 16Sound Blaster 16을 출시하면서 게임을 위한 PC 오디오 문제를 영원히 해결했다. 이 제품은 고객들의 즉각적인 반응을 불러일으켰고 엄청난 성공을 거뒀다.

---

41 역설적으로 애드립은 OPL2 칩셋의 필요성을 확립해왔다.

그러나 오디오 문제를 영원히 해결한 것이 크리에이티브 랩스의 사업에는 악영향을 주었다. 크리에이티브 랩스가 계속해서 신제품을 출시했음에도 불구하고, 오디오 전문가들만이 관심을 보였기 때문이다. ASP와 EAX 기술로 혁신을 위한 몇 차례의 시도가 있었지만, 소비자들은 개선의 멜로디에 귀를 닫은 채였다. 오디오 칩은 점점 더 저렴해졌고, 기술적인 요구사항이 정체됨에 따라 제조업체들은 메인보드에 내장된 오디오 기능을 제공하기 시작했다.

CD-ROM 연결이 가능한 파나소닉Panasonic 커넥터가 번들 제품으로 사운드 카드의 생명을 (짧은 기간이나마) 연장했다. 그러나 사운드 카드의 죽어가는 목숨을 구하기에는 역부족이었다. 10년도 채 되지 않아 사운드 카드 시장은 사라졌다.

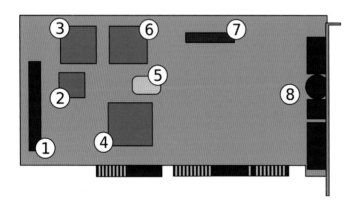

위 그림은 1994년에 출시된 사운드 블라스터 16 모델 CT1740를 보여준다. ① 파나소닉 커넥터(CD-ROM용), ② C1741 DSP 칩, ③ C1748 ASP 칩, ④ CT1746B 버스 인터페이스, ⑤ 46.61512MHz 발진기, ⑥ CT1745A 믹서, ⑦ MIDI '웨이브테이블 신디사이저' 도터보드용 웨이브블라스터 커넥터, ⑧ (위에서 아래로) 라인 입력, 마이크 입력, 볼륨 휠, 라인/스피커 출력, MIDI/조이스틱 포트.

2.4.2 그래비스 울트라사운드

어드밴스트 그래비스 컴퓨터 테크놀로지는 원래 최고의 PC 조이패드인 그래비스 PC 게임패드로 널리 채택된 하드웨어를 제작했다. 그래비스는 튼튼한 현금 흐름을 바탕으로 한 대담하고 혁신적인 하드웨어로 사운드 카드 시장에 진입하기로 했다. 그래비스 울트라사운드Gravis UltraSound(별명 GUS)는 1992년에 출시되었다.

GUS는 TSR 소프트웨어 에뮬레이션을 통한 사운드 블라스터 2.0 음악 재생이 가능했다. GUS에는 시장에 나와 있는 기존 제품과는 다른 기능이 있었다. FM 신디사이저 대신 디지털화된 악기 샘플로 음악을 재생할 수 있었다. '웨이브테이블 합성wavetable synthesis'이라는 신기술로 경쟁업체보다 훨씬 우수한 오디오 품질을 달성했다.

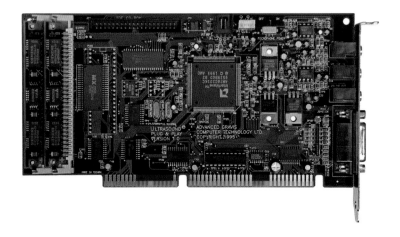

그래비스 울트라사운드 프로에는 다음 구성 요소가 탑재되어 있었다. ① 최대 8MB 램까지 허용하는 2 SIMM 슬롯, ② IDE/ATAPI 커넥터, ③ CD 오디오 커넥터, ④ IW78C21M1 칩(1MiB 플래시 롬), ⑤ HM514260ALJ7 70ns DRAM, ⑥ 메인 CPU 인터웨이브 AM78C201KC, ⑦ (위에서 아래로) 마이크 입력, 라인 입력, 라인 출력, MIDI/조이스틱 포트.

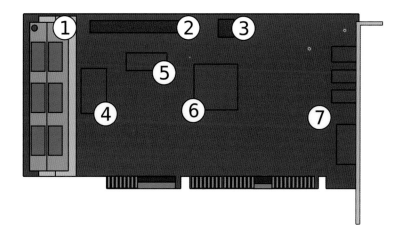

그래비스에서 나온 하드웨어 역시나 공격적이었다. 카드를 만드는 데 사용된 적색 수지는 그래비스의 제품임을 한눈에 알아보게 했다.

이 기술을 사용하기 위한 요구사항은 두 가지였다. 첫째, 카드는 오디오 샘플을 요구했다. 이는 12MiB 이상의 사운드 샘플을 설치하는 그래비스 드라이버로 해결했다.[42] 둘째, 카드는 실행 시점에 샘플에 접근할 수 있어야 했는데, 결국 자체 램을 갖춰야 함을 의미했다. 샘플은 사인 방정식보다 더 많은 공간을 차지하므로 원본 GUS는 256KiB와 함께 제공되었고 1MiB로 업그레이드할 수 있었다.

높은 음질을 사랑하는 데모 제작자 사이에서 이 기술은 열성 팬들을 빠르게 만들어냈다. 그러니 게임 시장의 경우에는 상황이 더 복잡했다. GUS의 GF1 메인 칩은 OPL2를 에뮬레이션하는 데 어려움이 있었고 설정도 복잡했다(썩 좋지 않은 품질의 TSR 에뮬레이터의 경우 사용자가 수동으로 로드해야만 했다). GUS는 운이 나쁘게도 1993/1994년의 램 부족 현상과 맞물려 출시되었고 이로 인한 어려움을 겪었다. 플레이어들은 사운드 블라스터 16보다 40달러나 더 비싼 169달러를 못마땅하게 여겼다. 초반에는 잘 팔렸지만, 1995년에 들어서자 판매는 정체되었고 1996년에는 결국 단종되었다.

이드 소프트웨어는 GUS를 지원하는 몇 안 되는 회사 중 하나였다. 〈둠〉은 MIDI 악기 ID를 그래비스의 *.pat* 악기 파일로 변환하는 매핑 파일을 포함했다.[43] 〈둠〉 OST에 실린 'At Doom's Gate(둠의 문에서)'의 전자 기타와 드럼 선율을 GUS로 듣고 있으면 사운드 블라스터가 하찮게 느껴지기도 했다. 성공을 위해서는 운때가 맞아야만 하는 법인데, 슬프게도 GUS는 시대를 너무 앞서갔다.

2.4.3 롤랜드

롤랜드Roland의 하드웨어를 언급하지 않을 수 없다. 1972년에 설립된 롤랜드 주식회사는 오디오 재생 장비의 제조뿐만 아니라 작곡과 녹음이 가능한 최고의 하드웨어를 제공했다. 도스 게임을 위한 획기적인 발전은 1991년에 출시된 롤랜드 사운드 캔버스Roland Sound Canvas(일명 SC-55)였다. 일반적인 MIDI 표준 장치[44]뿐만 아니라, 미리 녹음된 샘플과 야마하의 OPL보다 월등히 뛰어난 감산 합성법subtractive synthesis이라는 독점적인 조합을 사용해 음악을 합성했다.

---

42 비교를 위해 예를 들자면 〈둠〉의 전체 버전이 12MiB였다. 당시로서는 엄청난 크기였다.

43 또한 다양한 카드 구성에서 램에 로드되는 샘플을 제어한다.

44 모든 장치가 채택할 수 있는 악기를 128개 정의한 것을 뜻한다.

롤랜드 장비는 전적으로 MIDI 프로토콜을 중심으로 제작되었으며 특수 5핀 원형 커넥터를 사용하는 케이블을 통해 전송되었다.

SC-55의 선행 장치인 MT-32 신시사이저는 MPU-401 ISA MIDI 어댑터 카드를 통해 PC에 연결될 수 있었다. 단일 ISA 카드 내에 어댑터와 MT-32의 후속 장치인 CM-32L을 결합한 콤보 LAPC-I 카드도 있었다.

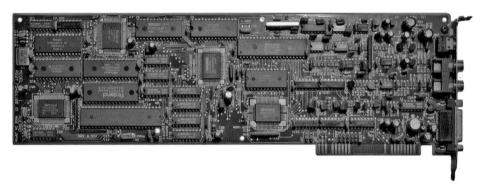

그림 2-34 롤랜드 LAPC-I

또한 롤랜드는 SC-55와 MPU-401을 하나의 ISA 카드에 결합한 SCC-1을 출시했다.

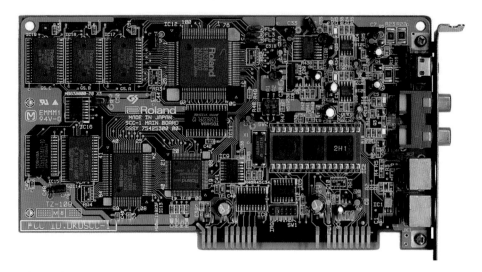

그림 2-35 롤랜드 SCC-1

녹음을 위해 음악 키보드를 MIDI 시퀀서라는 '녹음 프로그램'에 연결했다. 일단 컴퓨터에 잡히고 나면 MIDI 기반 음악을 다른 미디어처럼 수정하고 편집할 수 있었다.

재생의 경우, 조금 더 복잡했다. 1988년 시에라 온라인[Sierra On-Line]이 롤랜드 사운드 카드를 지원하기 시작했을 때, 이 게임들은 하드웨어를 활용해 아름다운 음악을 재생했다. 오디오 효과는 PC 스피커를 통해 이루어졌거나 나중에 일반 MIDI 저장 오디오 효과를 사용해 수행되었다.[45] 게임들이 점차적으로 (롤랜드 카드로는 재생할 수 없는) 펄스 부호 변조[Pulse-code modulation](PCM)로 디지털화된 효과에 공들이기 시작하자, 플레이어들은 최고의 음악을 위해서는 롤랜드가 필요하지만 최고의 사운드 효과를 위해서는 사운드 블라스터나 GUS가 필요하다는 진퇴양난의 상황에 빠졌다. 값비싼(1991년 기준으로 499달러가 필요한) 해법은 두 카드를 모두 구입하여 외부에서 스트림을 믹싱하는 방식이었다.

---

45 1991년에 출시된 〈어나더 월드(Another World)〉는 저장 오디오 효과를 사용했다.

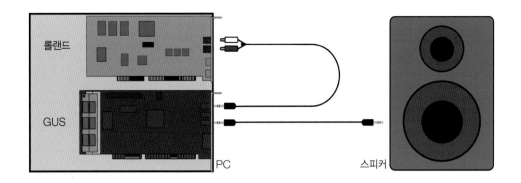

2.5 네트워크

1990년대 초반에는 인터넷과 와이파이가 흔하지 않았다. 여러 개의 컴퓨터를 서로 연결하는 것은 어렵고 비용이 많이 드는 일이었다.[46] 연결할 수단이 있다고 하더라도, 대역폭과 대기 시간은 최악의 수준이었다. 일반적으로 친구들과 함께 게임을 하는 것은 모든 컴퓨터를 같은 방의 근거리 통신망local area network (LAN)에 몰아넣었음을 의미했다. 편안한 방에서 게임을 즐기는 경우는 매우 드물었다. 흥미롭게도, 현대사회에서는 연결되지 않은 컴퓨터를 쓸모없는 것으로 간주한다. 여러 기계를 연결하는 통신은 더없이 자연스러운 것이며 컴퓨터가 가져야 할 최소한의 요건이 되었다.

1990년 초반으로 다시 돌아가보자. CRT를 포함해 20kg가 넘는 컴퓨터를 자전거에 싣고, 친구의 집을 뒤집어엎은 다음, 케이블을 꽂고, 〈둠〉을 실행하고, 마침내 여러분의 캐릭터가 다른 컴퓨터 화면에서 이동하는 모습을 본다면 어떨까? 표현이 힘들 만큼 벅찬 감정을 느낄 것이다. 당시 통신하는 컴퓨터를 목격하는 것은 너무나 비현실적이어서, 마법처럼 느껴졌다.

이를 달성하기 위해 플레이어들은 LAN의 세 가지 기술인 널 모뎀 케이블, 네트워크 카드, 모뎀을 사용했다.

---

46 1980년대 초반 이후로 컴퓨터와 컴퓨터를 연결하는 게임이 존재했다. 〈배틀 체스(Battle Chess)〉와 같은 몇몇 게임은 심지어 교차 플랫폼을 지원했다.

2.5.1 널 모뎀 케이블

가장 저렴하면서도 많은 사람이 선택한 방법은 각 PC의 COM 포트에 직접 연결되는 '널 모뎀 null modem'으로 알려진 20달러짜리 케이블이었다. 케이블은 어떤 변조 기능도 제공하지 않았고 이로 인해 '널'이라는 이름이 붙었다. 단 두 명의 플레이어만 함께 참여할 수 있었다.

그림 2-36 널 모뎀 케이블

2인용 게임은 오늘날의 기준으로 바라보면 시시할지 몰라도, 당시에는 우주에서 가장 새롭고 놀라운 게임 기술처럼 느껴졌다.

2.5.2 네트워크 카드

두 명 이상의 플레이어가 함께 게임을 즐기는 것은 훨씬 더 어려웠다. 장비를 구입하기 위한 재정적인 부담은 상대적으로 어려운 것도 아니었다. 그 전에, 집에 네 명을 초대해 밤새 비명을 지를 수 있도록 부모님을 설득하는 훨씬 더 어려운 과제를 극복해야만 했으니 말이다. 'fool me once, shame on you; fool me twice, shame on me (한 번 속지 두 번 속나)'라는 유명한 속담이 밤새도록 〈둠〉에 시달려 배신감을 느낀 부모님으로부터 유래되었다는 소문이 돌 정도였다.

용서를 구하는 창의적인 방식은 제쳐두더라도, 플레이어는 기술적인 측면에서 ISA 버스를 통해 10Base2[47] 네트워크 카드를 연결해야만 했다.

....

47 옮긴이_ 단거리 통신망 전송로 표준 중 하나로 전송 속도가 10Mbps, 신호 방식이 기저 대역, 세그먼트의 최대 길이가 200m인 규격을 말한다.

이 카드에는 T-피스로 알려진 T자형 커넥터에 연결하는
BNC 커넥터가 있다. 각 PC 노드는 10Base2 동축 케이
블을 통해 최대 2개의 다른 노드에 연결된다. 이런 유형의
네트워킹에는 중심점이 없으며, 네트워크에 참여하는 모
든 PC가 체인을 형성했다. 체인의 양쪽 끝에서 RF 신호
가 뒤로 반사되어 간섭 또는 전력 손실을 유발하지 않도록
시그널 종단기signal terminator를 연결해야 했다.

동축 케이블은 부피가 컸으며, 커넥터도 마찬가지였다.
T-피스 커넥터에 연결하려면 커플링 너트를 1/4만큼 완
전히 돌려야 했다.

일단 물리적으로 연결되고 나면 게임은 IP와 같은 네트
워크 수준 프로토콜인 IPXInternetwork Packet Exchange에 의존
했다. IP와는 반대로 IPX 프로토콜은 이더넷 MAC 주소
media access control address를 컴퓨터의 IPX 주소로 사용할 수 있어 네트워크나 호스트를 구성할 필
요가 없었다.

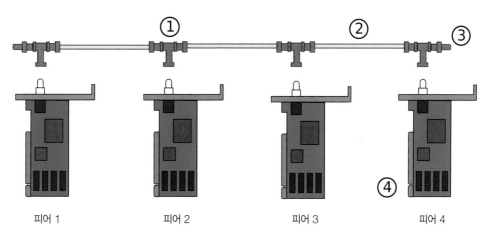

그림 2-37 10Base2 BNC 기반 네트워크

[그림 2-37]은 1994년 LAN의 네 가지 요소를 보여준다. ② 동축 케이블 두 개를 연결해 링크
를 형성하는 ① T- 피스 커넥터. 체인의 끝은 반드시 두 개의 ③ 부하 종단기load terminator로 달

혀야만 한다. 양쪽 네트워크 카드는 ④ ISA 버스 확장 슬롯과 LAN T-베이스 슬롯을 통해 양쪽 PC에 연결된다.

토막상식

네트워크에 새로운 PC를 추가할 경우 T-피스 커넥터 중 하나를 분리하거나 체인 종단기chain terminator를 분리해야 했다. 두 가지 경우 모두 중앙 버스가 망가지고 다른 모든 컴퓨터의 연결이 끊어졌다. LAN에 늦게 참여한 한 친구 때문에 모두가 연결을 끊을 수밖에 없었던 기억이 난다. 대역폭이 공유된다는 것은 이론상 속도 10Mb/s가 실제로는 5Mb/s 정도만 나왔다는 뜻이다. *.wav* 형식의 30MiB 노래를 공유하기를 원했던 친구에 관해서는 더 말하지 않겠다(그 당시 MP3는 없었다).

토막상식

누구보다 앞서 최첨단을 선도하던 사람들은 별 모양의 네트워크를 생성하기 위해 '허브hub' 중앙 장치가 필요한 10baseT 네트워크를 사용할 수 있었다.

2.5.3 모뎀

재정적인 여유가 있는 게임 애호가라면 집에서 네트워크를 연결하는 사치를 누릴 수 있었다. 모뎀을 구입해야 할 뿐만 아니라 온라인에서 보낸 시간을 1분마다 따져 연결 비용을 지불해야 했으므로 엄청나게 비쌌다. 광대역broadband 이전의 모뎀은 인터넷 제공 업체에 연결하기 위해 일반 전화선을 사용했다. 인터넷 연결이 활성화되어 있는 동안에는 전화기를 사용할 수 없었다. 누군가 집 전화기를 들면, 인터넷 연결이 끊겼다.

게임과 게시판 시스템에 접근하려면 특정한 전화번호에 직접 전화를 걸어야 했기 때문에 인터넷은 매력적이지 않았다. 전자 게시판이나 게임 파트너의 전화번호를 찾는 일은 그 자체만으로도 모험이었다. 몇몇 HTML 페이지를 정말로 읽고 싶어 하는 게임 애호가에게는, AOL이 9.95달러에 5시간 단위의 패키지를 제공했다(초과하면 시간당 3.50달러를 청구했다). 통신사는 하루 평균 2시간 정도를 사용하는 사람에게 1개월 요금으로 9.95 + 55 * 3.5 = 202달러[48]를

---
48 2018년의 화폐가치로는 약 352달러

청구했다. 물론 9600 보드 모뎀 사용료로도 399달러[49]를 내야 했다.

그림 2-38 US 로보틱스Robotics 28.8k 보드 모뎀. 1994년 최고의 제품이었다.

초기 핸드셰이크handshake를 설정하는 동안 모뎀 스피커는 열린 상태로 유지되었다. 귀가 예민한 사람은 데스매치를 연결하는 과정에서 모뎀에서 나는 '삐이이익'거리는 잊을 수 없는 멜로디 속에서 V.X bis 트랜잭션, 속도 협상, 반향 제거기 비활성화, 변조 모드 선택 같은 다양한 단계를 인식할 수 있었다.

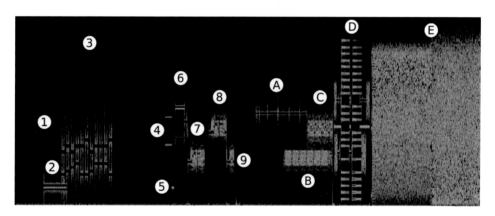

그림 2-39 V.34 핸드셰이크 과정에서 18초 동안 지속되는 스펙트럼 사진[50]

---

49 2018년의 화폐가치로는 약 696달러
50 오나 레이세넨(Oona Räisänen)의 「The sound of the dialup, pictured(전화 접속 소리, 시각화)」 참고. *http://www.windytan.com/2012/11/the-sound-of-dialup-pictured.html*

단계	설명
1	모뎀이 끊어진다.
2	전화 교환기가 발신음을 보낸다.
3	DTMF: 미국 펜실베이니아주에 있는 〈둠〉의 게임 파트너에게 1-(570)-234-0003으로 전화를 건다.
4	응답 모뎀은 V.8 bis 트랜잭션을 시작한다.
5	응답 모뎀은 발신자에게 기능 목록을 요청한다.
6	호출자는 V.8 bis 시작에 응답하고, 기능을 나열하고, 전화 통신에서 빠져나가 정보 전송 모드로 들어가도록 요청한다.
7	FSK 데이터 @ 300bp: 전체 V.8을 사용할 수 있다. ACK를 송신할 수 있다. 국가는 미국이고 Net2phone Inc.이 만들었다.
8	FSK 데이터 @ 300bps: V.8을 사용하면 어떨까?
9	Ok, 모드 승인. V.8 bis 트랜잭션을 종료한다.
A	응답하는 모뎀은 PSTN에서 반향 억제기와 소거 장치를 비활성화한다.
B	FSK 데이터 @ 300bps: 6회 반복: 내변조 모드는 다음과 같다. V.34, V.32, v.23 이중 통신
C	FSK 데이터 @ 300bps: 3회 반복: 아무 모드나 수행할 수 있다.
D	두 모뎀은 회선에서 측정을 수행하기 위해 양방향으로 넓은 스펙트럼 탐색 신호를 보낸다.
E	두 모뎀 모두 스크램블된 데이터로 이동한다.

그림 2-40

1990년대에 대역폭은 꾸준히 향상되었다. 〈둠〉 출시 무렵, 대다수 모뎀은 14.4Kbit/s가 가능했다. 1993년 12월에 셰어웨어 버전을 구하려는 사람들은 ZIP 아카이브의 2,166,955바이트를 내려받기 위해 25분을 기다려야 했다.

연도	버전	대역폭
1990	V.32	9.6Kbit/s
1991	V.32bis	14.4Kbit/s
1994	V.34	28.8Kbit/s
1995	V.34	33.6Kbit/s
1996	V.90	56.0/33.6Kbit/s
1999	V.92	56.0/48.0Kbit/s

그림 2-41 1990년대 모뎀 속도 변화[51]

V.xx 하드웨어 통신 계층 위에서 모뎀은 헤이즈 커맨드Hayes command를 사용해 구동되었다.[52] 직전 스펙트럼 사진(그림 2–39)에서 **ATDT** 명령이 DTMF로 어떻게 변환되었는지 주목하자.

모뎀 A	모뎀 B	설명
ATDT15551234		모뎀 A는 다이얼 명령을 내린다. AT – 모뎀의 주의(ATtention)를 얻기 D – 다이얼(Dial) T – 터치 톤(Touch Tone) 15551234 – 이 번호로 전화를 건다.
	RING	모뎀 A는 전화 걸기를 시작한다. 모뎀 B의 전화 회선이 울리고 모뎀이 이 사실을 보고한다.
	ATA	모뎀 B는 응답 명령을 내린다.
CONNECT abcdef	CONNECT abcdef	모뎀이 연결되고 두 모뎀 모두 연결을 보고한다. 모뎀이 연결될 때, 어느 한쪽에서 입력한 문자가 다른 쪽에 나타날 것이다.
	+++	모뎀 B는 모뎀 이스케이프 명령을 내린다.
OK		모뎀이 이를 승인한다.
	ATH	모뎀 B는 끊기 명령을 내린다.
NO CARRIER	OK	두 모뎀 모두 연결이 종료되었다고 보고한다. 모뎀 B는 명령의 예상되는 결과로 'OK'를 응답한다. 모뎀 A는 'NO CARRIER'라고 말해 원격에서 연결을 끊었다고 보고한다.

> **토막상식**
>
> 이런 연결의 취약성으로 인해 메시지를 끝내는 웃긴 방법이 등장했다. 사람들은 게시물을 끝낼 때 이렇게 쓰곤 했다. "잠깐만! 전화기 들지 ㅁ{#'$(%&'+'%NO CARRIER"

---

51 대기 시간을 희생하면서 비트 전송률이 증가했다. 9600 보드 모뎀은 56Kbit 모뎀의 기본 구성보다 〈둠〉을 더 잘 실행했다. 〈퀘이크〉는 〈둠〉의 컨트롤러 복제보다 더 많은 대역폭을 필요로 했기 때문에 다른 절충안이 필요했다.

52 멋진 추상화 계층이었지만 〈둠〉에는 여전히 49개 모뎀에 대한 초기화 매개변수를 담은 긴 파일이 있었다.

2.6 램

램 가격이 내려가면서 게임 개발자는 이제 4MiB에 의존할 수 있었다. 램 용량의 증가는 좋은 소식이었다. 더 풍부한 세계, 더 나은 애셋, 더 많은 캐릭터, 더 큰 지도를 가지는 게임을 만들 수 있었다. 그러나 메모리를 관리하는 악명 높은 방식으로 인해 복잡성이 높아졌고 두통을 유발하는 많은 문제가 생겨났다.

인텔에게는 약간의 문제가 있었고, 마이크로소프트에게는 많은 문제가 있었다. 1981년 IBM 은 인텔 8088을 기반으로 하는 첫 번째 PC인 5150을 출시했다. CPU는 16비트 레지스터로 제한되었지만, 인텔은 20비트 주소 공간에 접근할 수 있기를 원했다. 두 가지 요소를 조화시키기 위해 인텔 설계자는 16비트 레지스터 두 개를 결합해 20비트 주소를 형성하는 방법인 세그먼트segment 주소 지정이라는, 그야말로 혐오스러운 해법을 내놓았다.

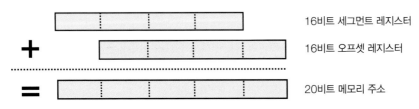

16비트 세그먼트 레지스터

16비트 오프셋 레지스터

20비트 메모리 주소

그림 2-43

다른 세그먼트/오프셋 조합이 동일한 램 위치를 가리킬 수도 있었기 때문에 포인터 조작은 오류를 일으키기 쉬웠다. 또한 오프셋이 범위를 벗어나면 세그먼트를 자동으로 갱신하지 않았으므로 포인터 산술과 관련된 문제도 있었다.

램 시스템은 24비트 주소를 처리하는 인텔 286/386SX와 32비트 주소 버스를 사용하는 386DX/486이 나오면서 엉망진창이 되었다. 주소 공간은 20비트 세그먼트 트릭으로 처리할 수 있는 범위를 넘어섰고 너무 커졌다. 해법은 *EMM386.EXE*나 *HIMEM.SYS*[53]이었는데, 둘 다 1MiB 경계를 넘어서 위치하는 바람에 주소 지정이 불가능해진 램으로 작업할 수 있는 수단을 제공했다.

더 간단한 해결책이 있었다. 인텔은 CPU가 두 가지 모드, CPU가 매우 빠른 인텔 8088처럼 하위 호환되는 리얼 모드와 CPU의 전체 성능을 발휘하는 보호 모드에서 동작하도록 허용했

---

53 16비트 프로그래밍과 메모리 관리자에 대해서는 『게임 엔진 블랙 북: 울펜슈타인 3D』에서 다뤘다.

다. 보호 모드에서, 32비트 레지스터는 보드의 모든 램을 주소 지정할 만큼 충분히 컸다(흔히 선형 주소 지정이라고 부른다).

만일 운영체제가 보호 모드에서 실행될 수 있었다면 문제는 쉽게 풀렸을 것이다. 그러나 하위 호환성을 위해 마이크로소프트의 도스는 리얼 모드만 다룰 수 있었고, 이는 사실상 개발자를 16비트 프로그래밍에 가둬버린 것과 다름없었다.

도스의 고통과 좌절이 커지면서, 몇몇 사람들은 기회를 엿봤다.

이 문제를 해결할 수 있는 제품은 많았지만, 특히 두 회사가 두각을 나타냈다. 왓콤의 C 컴파일러와 래셔널 시스템즈Rational Systems의 도스/4GW '도스 확장자DOS extender' 조합은 여전히 16비트 도스 기능에 접근하면서 프로그램을 보호 모드로 실행할 수 있도록 했다.

2.6.1 도스/4GW 확장자

도스에서 '시스템 호출'을 수행하는 일반적인 방법은 매개변수 21h와 함께 소프트웨어 인터럽트 명령어를 사용하는 것이다. C 프로그래밍에서, 무대 뒤에서 저수준의 모든 작업을 수행하는 *DOS.H* 헤더가 이를 추상화했다.

그림 2-44

애플리케이션을 특정 모드에서 실행하고 운영체제를 다른 모드에서 실행하려면 두 세계를 연결해야만 했다. 도스 확장자라는 중간 계층(두 모드에서 모두 실행 가능)이 프로그램과 운영체제 사이에 삽입되었다.

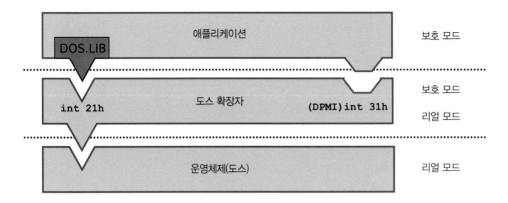

시각 과정에서 도스 확장자는 운영체제의 인터럽트 벡터 테이블을 가로채고 그곳에 자체 루틴을 배치한다. 애플리케이션의 입장에서 모든 것이 투명했기 때문에 개발자는 변경할 코드가 없었다. 도스 확장자가 가로채지 않은 시스템 호출을 처리하기 위해(그 예로 마우스 입력을 읽기 위한 int 33h), 확장자는 int 31h에 도스 보호 모드 인터페이스^{DOS Protected Mode Interface}(DPMI)라 부르는 특수한 인터페이스를 제공했고 32비트 레지스터 요청을 16비트로 변환하여 인터럽트 벡터 테이블이 이를 이해하게 했다.

토막상식

DPMI는 원래 윈도우 3.0이 32비트 응용프로그램을 실행하고 OS/2라는 IBM과의 공동 운영 체제 프로젝트와 호환되도록 보장하기 위해 만들어졌다.

도스 확장자가 운영체제 호출을 가로챌 때 수행해야 할 작업이 많았다.

1. 필요한 모든 변환을 수행한다(그 예로 32비트 주소는 16비트 세그먼트와 16비트 오프셋으로 표현되어야만 했다).
2. CPU를 리얼 모드로 전환한다.
3. 호출을 도스로 전달한다.
4. 결과를 인출해 16비트 레지스터 값을 다시 32비트로 변환한다.
5. CPU를 다시 보호 모드로 전환한다.

성능에 민감한 연산은 리얼 모드와 보호 모드 사이의 전환 과정이었다. 인텔은 프로그래머가 보호 모드에서 리얼 모드로의 전환을 원할 거라고는 상상조차 못 했으므로 원래 이런 과정은 인텔 80286 CPU의 문제였다. 다양한 편법을 사용해야만 했으며,[54] 그중에서도 키보드 Ctrl-Alt-Del로 재부팅을 흉내 내는 방법으로 실제 재부팅 없이 CPU를 리셋하는 방법이 유명했다.

반면에 리얼 모드에서 보호 모드로 전환하는 것은 간단했다. 비트 0에서 1로 제어 레지스터를 설정하려면 명령어 6개가 필요했다.

```
cli              ; 인터럽트를 비활성화한다
lgdt [gdtr]      ; GDT(Global Descriptor Table) 주소를 설정한다
mov eax, cr0
or al, 1         ; 보호 모드를 준비한다
mov cr0, eax

; far jmp 명령어를 통해 파이프라인을 비운다
JMP 08h:PModeMain

PModeMain:
; DS , ES , FS , GS , SS , ESP 로드
```

〈둠〉은 래셔널 시스템즈의 도스/4GW 확장자를 사용했다. 확장자의 존재는 시동 과정에서 간단히 확인할 수 있다. *DOOM.EXE*를 실행하면 도스가 작은 확장자를 로드하도록 유도했다. 일단 로드되고 나면 도스/4GW는 CPU를 보호 모드로 전환하고, 〈둠〉 코드를 메모리에 로드한 후에 main 함수로 분기했다.

```
C:\DOOM>doom
DOS/4GW Professional Protected Mode Run-time Version 1.95
Copyright (c) Rational Systems, Inc. 1990-1993
```

----
[54] 세부 사항은 『게임 엔진 블랙 북: 울펜슈타인 3D』에서 자세히 다뤘다.

2.7 왓콤

도스 확장자는 마법 같았지만, 단독 제품standalone product에서 설정하기는 어려웠다. *DOS4GW.EXE*와 실행할 프로그램을 찾아서 둘 다 설정하는 부트스트랩bootstrap 과정은 여러 단계를 거쳐야 했고 100줄 정도의 C 코드가 필요했다.[55] 준비 시간이 길고 진입 장벽이 높았다. 정말 필요한 것은 컴파일러와 링커가 하나의 실행 파일로 도스 확장자와 응용 프로그램을 묶는 작업을 처리하는 통합 환경이었다. 해결책은 또다시 캐나다에서 찾을 수 있었다.

왓콤 컴파일러 프로젝트는 1979년 캐나다 온타리오주 워털루 대학교에서 시작되었다. 처음에는 베이식(BASIC)만 지원했지만, 학생들이 새로운 운영체제와 언어를 지원하면서 수년에 걸쳐 개선했다. 1987년에 세 명의 박사(프레드 크리거Fred Crigger, 이안 맥피Ian McPhee, 잭 슐러Jack Schueler)가 IBM PC에서 실행되는 최초의 C 컴파일러를 만들었다.

상업적인 잠재력을 감지한 세 사람은 왓콤 인터네셔널을 설립했고, 성능에 초점을 맞추었다는 사실을 강조하기 위해 번개 모양의 로고를 만들었다. 5년 후인 1993년에 왓콤 C는 상당한 개선을 이뤘다. 최신 버전(9.0)의 가격은 무려 639달러였지만,[56] MS-도스에서 사용할 수 있는 가장 뛰어난 제품으로 여겨졌다.[57]

세 사람은 프로그래밍뿐만 아니라 제품 마케팅에도 유능했다. 1990년대 초, 수많은 독자는 컴퓨터 잡지를 읽기 위해 왓콤의 컴파일러를 광고하는 전면 페이지를 넘겨야만 했다. 악명 높은 16비트 모드와 해방되지 않은 32비트의 위력에서 프로그래머를 자유롭게 만드는 도스 확장자를 알리는 광고였다.

---

55 「Watcom C/C++ Programmer's Guide(왓콤 C/C++ 프로그래머 가이드)」 참고

56 2018년의 화폐가치로 1,116달러. 요즘에는 컴파일러가 '무료'로 제공되므로 사실상 의미는 없다.

57 「Editor's choice(편집자의 선택)」,「PC Magazine」 1995년 4월

언론뿐만 아니라 BBS와 유즈넷에서 온라인 광고도 진행했다.

> 왓콤 C/C++는 현재 16비트 컴파일러보다 *최소* 2배, 일반적으로 대략 5배 빠른 코드를 생성합니다.
>
> – 유즈넷 rec.games.programmer

왓콤의 마케팅 방법 중 하나는 '버전 6.0(Watcom C 6.0)'에서 시작하는 것이었다. 버전 1.0 또는 2.0을 출시한 적이 없었음에도 숫자를 건너뛰었다. 이는 경쟁사인 볼랜드[Borland]와 마이크로소프트보다 최소한 한 버전 앞서 있었다. 더 높은 숫자는 무의식적으로 '경쟁사보다 더 진보된' 느낌을 주었다. 버전 1에는 많은 버그가 있을 것 같지만, 버전 6은 실전에 단련되어 강해 보인다.

2.7.0.1 왓콤의 인기

이드 소프트웨어가 왓콤 솔루션의 가치를 인정한 유일한 팀은 아니었다. 다른 많은 스튜디오에서도 왓콤 컴파일러에 코드를 맡겼으며 그 결과 1990년대를 주름잡은 유명한 소프트웨어들이 왓콤의 기술로 제작되었다.

1. 이드 소프트웨어

   (a) 〈둠(1993)〉

   (b) 〈둠 2[Doom II](1994)〉

2. 블리자드 엔터테인먼트[Blizzard Entertainment]

   (a) 〈워크래프트[Warcraft](1994)〉

   (b) 〈워크래프트 2[Warcraft II](1995)〉

3. 켄 실버맨[Ken Silverman]의 빌드[Build] 엔진 기반 게임

   (a) 〈듀크 뉴켐 3D[Duke Nukem 3D](1996)〉

   (b) 〈섀도 워리어[Shadow Warrior](1997)〉

   (c) 〈블러드[Blood](1997)〉

4. 루카스아츠[LucasArts Entertainment Company]

   (a) 〈풀 스로틀[Full Throttle](1995)〉

   (b) 〈더 디그[The Dig](1995)〉

   (c) 〈스타워즈: 다크 포스[Star Wars: Dark Forces](1995)〉

   (d) 〈스타워즈: 저항군의 반격 2[Star Wars: Rebel Assault II](1995)〉

2.7.1 ANSI C

왓콤/확장자 콤보는 프로그래밍을 훨씬 더 단순하게 만들었으며, 실행 속도도 더 빨랐다. 하지만 최고의 장점은 아직 언급하지 않았다. (확실성은 낮지만 매우 중요한) 보호 모드 프로그래밍의 세 번째 측면이 〈둠〉에 큰 영향을 미쳤다.

C를 PC/도스의 리얼 모드 세계로 가져와 세그먼트 조작을 수용하기 위해, C는 '증강augmented'되어왔다. 〈울펜슈타인 3D〉에서 가져온 메모리 관리자의 예는 '도스를 위한 C'가 어떤지 보여준다.

```
void MM_Startup (void) {
  int i;
  unsigned long length;
  void far      *start;
  unsigned      segstart,seglength,endfree;

  // 모든 가능한 near 기본 메모리 세그먼트를 얻는다
  length=coreleft();
  start = (void far *)(nearheap = malloc(length));

  length -= 16-(FP_OFF(start)&15);
  length -= SAVENEARHEAP;
  seglength = length / 16;      // 페이지 단위
  segstart = FP_SEG(start)+(FP_OFF(start)+15)/16;
  MML_UseSpace (segstart,seglength);
  mminfo.nearheap = length;

  // 모든 가능한 far 기본 메모리 세그먼트를 얻는다
  length=farcoreleft();
  start = farheap = farmalloc(length);
  length -= 16-(FP_OFF(start)&15);
  length -= SAVEFARHEAP;
  seglength = length / 16;      // 세그먼트 단위
  segstart = FP_SEG(start)+(FP_OFF(start)+15)/16;
  MML_UseSpace (segstart,seglength);
  mminfo.farheap = length;
  mminfo.mainmem = mminfo.nearheap + mminfo.farheap;
}
```

near, far와 같은 나쁜 키워드, FP_OFF, FP_SEG와 같은 매크로, farmalloc, coreleft, farcoreleft와 같은 *DOS.H* 라이브러리 함수에 주목하자. 도스를 위한 C나 I/O 함수들은 이식성이 없었다. 결과적으로 유닉스 프로그램을 가져와 도스에서 직접 컴파일하기란 불가능했다.

왓콤 컴파일러를 사용하면 ANSI 표준을 사용해 C를 작성할 수 있었고, 이는 다른 운영체제를 실행하는 다른 시스템에서 프로그램을 작성하는 문을 열어줬다.

특히 하나의 시스템이 이드 소프트웨어의 관심을 끌었다. 그 주인공은 바로 넥스트에서 제조한 하드웨어에서 실행되는 넥스트스텝이었다.

CHAPTER 3

넥스트

3.1 역사

넥스트NeXT의 역사는 애플에서 시작된다(또한 재미나게도 애플에서 끝난다). 1985년 5월, 매킨토시Macintosh의 썩 좋지 않은 판매 실적으로 인해 회사의 미래는 암울해 보였다. 공동 창립자이자 맥 부서의 총괄 책임자였던 스티브 잡스는 맥을 부양하기 위해 가격을 낮추고 마케팅을 늘리기를 원했다. 당시 CEO였던 존 스컬리John Sculley는 잡스와 의견이 달랐다. 맥을 포기하고, 당시 애플이 시장에 내놓은 제품 중 유일하게 수익성이 있었던 애플 IIApple II에 회사의 자원을 집중하기를 원했다.

투표가 이뤄졌고 이사회는 스컬리 편에 섰다. 잡스는 자신이 모든 권한을 잃었다는 사실을 알았다. 몇 달 후인 1985년 9월 13일, 그는 사임했고 다음 프로젝트를 계속 진행했다.

넥스트는 잡스가 자금 7백만 달러를 투자하여 1986년 2월에 설립했다. 맥 부서의 많은 인력이 애플을 떠나 넥스트에 합류했고 그중에서도 조애나 호프먼Joanna Hoffman, 가이 버드 트리블Guy Bud Tribble(소프트웨어 부문장), 조지 크로George Crow, 리치 페이지Rich Page, 수전 바르네스Susan Barnes, 수전 케어Susan Kare, 데닐 르윈Dan'l Lewin이 유명했다.

넥스트에서 잡스는 1985년 8월 애플을 위해 고려해뒀던 프로젝트로 돌아갔다. 맥의 판매를 늘리기 위해 대학교를 방문하는 동안 잡스는 노벨 화학상 수상자인 폴 버그Paul Berg를 만났다. 폴은 습식 실험실[1]에서 학생들에게 재조합 DNA에 대해 가르치기 위해 들어가는 엄청난 비용[2]에 좌절하고 있었다. 재조합 DNA를 시뮬레이션하는 편이 더 저렴했을 정도였다. 대학교와 학생을 겨냥한 3M[3] 시장의 가능성이 보였다.[4] 넥스트는 학생들이 감당할 수 있을 만큼 저렴하지만 강력한 제품을 만들기로 했다.

> 저는 스탠퍼드 대학교의 학생들이 기숙사 방에서 암을 치료할 수 있기를 원했습니다.
>
> – 스티브 잡스, 1987년

잡스는 비용을 아끼지 않았다. 전설적인 그래픽 디자이너 폴 랜드Paul Rand는 로고를 디자인하고 100,000달러라는 수수료를 받았다. 매월 10,000개 유닛을 생산하기 위해 자동 표면 실장 메인보드 조립[5] 능력을 가진 자동화된 공장은 캘리포니아주 프리몬트에 만들어졌다. 애플 II로 입증된 디자인 회사인 프락디자인Frogdesign을 고용했다. 목표는 1986년 말까지 배송을 마치는 것이었다.

이 기계는 하드웨어 및 소프트웨어를 모두 만들겠다는 앨런 커티스 케이Alan Curtis Kay의 제작 신념에 따라 완벽해야 했다.

> 소프트웨어에 진지한 사람들은 자신의 하드웨어를 만들어야만 합니다.
>
> – 앨런 커티스 케이, 1980년

애플에서 얻은 경험과 특히 매킨토시에서 얻은 경험을 토대로 회사는 넥스트 컴퓨터의 세 기둥을 '그래픽 사용자 인터페이스, 네트워킹, 객체 지향 프로그래밍'으로 정의했다.

> 저는 제록스 PARCXerox PARC[6]에 갔습니다. 그들은 매우 친절했고, 그들이 무엇을 하고 있는지 제게 보여줬습니다. 끝내주는 세 가지를 보여줬는데, 저는 첫 번째에 이미 눈이 멀어 다른 두 가지는

---

1 옮긴이_다양한 화학 물질과 잠재적인 위험을 처리해야 하는 실험실 유형
2 약 100,000달러라는 높은 비용이었다.
3 1MB 램, 메가픽셀 디스플레이, 메가플롭스 성능
4 『The Second Coming of Steve Jobs(스티브 잡스의 재림)』(2001, Broadway Books) 참고

제대로 보지 못했습니다. 그들이 보여준 것 중 하나는 객체 지향 프로그래밍이었습니다. 제대로 보지 못했습니다. 그들이 보여준 또 다른 것은 네트워크로 연결된 컴퓨터 시스템이었죠. 이메일 등을 사용하기 위해 100대가 넘는 제록스 알토 컴퓨터가 연결되어 있었지만, 그것도 제대로 보지 못했습니다. 저는 그들이 처음으로 보여준 그래픽 사용자 인터페이스에 눈이 멀어버렸습니다. 살아온 인생을 통틀어, 제가 본 것 중에 최고였습니다.

– 스티브 잡스, 1995년

3.2 넥스트 컴퓨터

넥스트의 첫 번째 컴퓨터는 3년간의 노력 끝에 1989년 출시되었다. 출시 지연에 대한 견해를 밝혀달라는 기자의 요구에 잡스는 "지연되었다뇨? 이 컴퓨터는 동시대보다 5년은 앞서 있습니다!"라고 답변했다. 초기 출시 목표를 맞추지 못한 것은 전혀 문제가 되지 않았다.

8MB 램과 모토로라^Motorola 68030 25MHz를 기반으로 DSP/FPU와 같은 강력한 보조 프로세서를 가진 고성능 하드웨어가 배송되었다. 컴퓨터의 외관 역시나 화려했다. 대다수의 컴퓨터 케이스가 베이지색 플라스틱으로 만들어지던 시절에, 마그네슘으로 만들어진 30cm짜리 완벽한 정육면체 케이스의 우아함은 단연 돋보였다.

그림 3-1 넥스트 컴퓨터

5　미니 다큐멘터리 〈The Machine to Build the Machines(기계를 만드는 기계)〉 참고. *https://www.youtube.com/watch?v=dSj6kvv7_Sg*

6　옮긴이_ 현재의 명칭은 팰로앨토 연구소(Palo Alto Research Center, PARC)

모니터는 예술 작품 그 자체였다. 17인치 메가디스플레이의 밀도는 92DPI였고 1120×832픽셀의 고해상도[7]를 지원했다. 큐브의 256KiB VRAM은 픽셀당 회색 음영 4단계를 허용했다. 출시 시점의 공급망이 너무 빡빡해서, 넥스트 컴퓨터를 주문했던 고객은 두 개의 소포 꾸러미를 받았다. CPU를 포함하는 꾸러미는 프레몬트Fremont에서, 메가디스플레이를 포함하는 다른 꾸러미는 소니Sony에서 보냈다.

그림 3-2 모토로라 68030

넥스트 컴퓨터의 많은 혁신 중 하나는 256MiB 광자기 드라이브에 의존하는 설계다. HDD와 플로피 디스크라는 두 가지 사용 사례 모두를 충족하도록 만들어 하이브리드로 시장을 겨냥했

---

7   그 무렵 PC에서 640×480의 해상도를 제공하는 14인치 모니터가 PC에서 최고급 표준이었다.

다. 잡스가 원한 것은 사용자가 '전 세계를 가방에 싣고 다니는 것'이었다.

컴퓨터의 심장인 32비트 68030은 모토로라의 68000 시리즈 중 가장 최신 제품이었다. 넥스트 하드웨어 엔지니어가 매킨토시와 애플 리사Apple Lisa (둘 다 68000으로 구동)에서 작업했던 경험을 토대로 한 선택이었을 것이다.

25MHz의 주파수에서 작동하며, 거의 5MIPS를 실행할 수 있었다. 68030에는 내장 FPU가 없었으므로 모토로라 68882가 메인보드의 CPU 옆에 배치되었다.

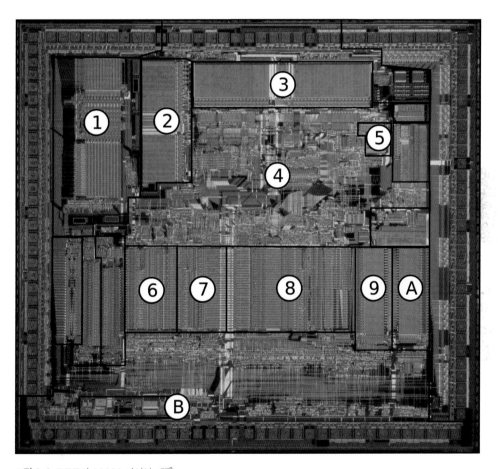

그림 3-3 모토로라 68030 다이어그램[8]

----

8 『The NeXT Book』(Addison-Wesley, 1989) 참고

위 그림에서 68030의 273,000개 트랜지스터는 다음과 같이 구성된다. ① 메모리 관리 유닛, ② µROM, ③ nROM, ④ 제어 섹션, ⑤ 명령어 파이프, ⑥ 프로그램 카운터 실행 유닛, ⑦ 주소 실행 유닛, ⑧ 데이터 실행 유닛, ⑨ 256바이트 i-캐시, ⓐ 256바이트 d-캐시, ⓑ 클록 생성기다.

제공된 두 캐시가 성능을 얼마나 향상했는지는 확실하지 않다. 각각 256바이트라는 작은 캐시 크기는 상당한 캐시 실패율을 의미했다(이런 이유로 인텔은 386에서 다이에 장착된 캐시를 버렸다). 흥미롭게도 설계자는 마이크로 코드와 나노 코드를 모두 사용하기로 했다. 인출과 저장을 수동으로 수행해야 하는, RISC 아키텍처에 상당히 흔한 범용 레지스터 16개를 사용할 수 있었다.[9]

배선이 엉망인 PC와는 달리 넥스트 컴퓨터는 체인을 형성했다. 마우스는 키보드에 연결되고 키보드는 화면에 연결되고, 화면은 큐브에 연결되었다.

넥스트 컴퓨터가 사양으로는 찬사를 받았지만, 가격에는 심각한 문제가 있었다. 시장 조사에 따르면 학생과 연구원은 워크스테이션의 이상적인 가격으로 3,000달러를 원했다. 그러나 넥스트 컴퓨터는 그 두 배 이상인 6,500달러에서 시작했다. 설상가상으로, 기본 구성에 들어 있는 광자기 드라이브는 백업에는 좋지만, 실행 과정에서는 너무 느렸다. 소음이 크고 불안정했음은 물론, 하드 드라이브보다 10배 느린 90ms 접근 시간을 제공하여 운영체제를 기어가게[crawl] 만들었다. 이로 인해 '옵션'인 3,500달러짜리 330MiB SCSI 하드 드라이브가 절대적으로 필요하게 되었고 결국 최종 가격표는 10,000달러가 되었다! 컬러 출력조차 할 수 없는 컴퓨터에 붙기에는 과하게 비싼 가격표였다.

....

9 인텔의 CISC 기반 486에는 레지스터가 8개 있다.

3.3 제품 라인

넥스트 컴퓨터의 판매량이 적었기 때문에 기존의 컴퓨터는 단종되고 새로운 제품 라인이 만들어졌다. 1991년, 넥스트는 신제품 세 가지를 출시했다.[10] '넥스트큐브'는 넥스트 컴퓨터의 직접적인 후계자였다. '넥스트스테이션'이라는 넥스트큐브의 더 작고 평평한 버전은 내장 색상 기능을 제공했지만, 확장 슬롯은 제공하지 않았다. 마지막으로 '넥스트디멘션'이라는 그래픽과 비디오 프로세서 확장 보드가 있었다.

이름	연도	CPU	가격	2018년 기준
넥스트 컴퓨터	1989	68030 25MHz	6,500달러	12,938달러
넥스트스테이션	1991	68040 25MHz	4,995달러	9,157달러
넥스트큐브	1991	68040 25MHz	12,395달러	21,171달러
넥스트디멘션	1991	i860 33MHz	3,995달러	7,552달러
넥스트스테이션 컬러	1991	68040 25MHz	7,995달러	14,656달러
넥스트큐브 터보	1992	68040 33MHz	10,000달러	18,121달러
넥스트스테이션 터보	1992	68040 33MHz	5,995달러	11,932달러
넥스트스테이션 터보컬러	1992	68040 33MHz	8,995달러	17,904달러

그림 3-4 1989년부터 1993년까지 출시된 제품[11]

1992년에는 터보 버전을 출시하여 전체 제품 라인을 더욱 매력적으로 만들었고, 이드 소프트웨어에서 확고한 표준으로 자리 잡은 넥스트스테이션 터보컬러NeXTstation TurboColor가 등장했다.

3.4 넥스트큐브

넥스트큐브NeXTcube의 12인치 정육면체 중앙 장치를 외부에서 보면 이전의 넥스트 컴퓨터와 똑같아 보인다. 하지만 내부는 완전히 달랐다.

---

10 1990년 9월 18일에 4개월 앞서 발표되었다.

11 경쟁 하드웨어 비교는 https://simson.net/ref/NeXT/specifications.htm와 『The Second Coming of Steve Jobs(스티브 잡스의 재림)』(2001, Broadway Books) 참고

CPU는 68030의 처리량의 3배인 15MIPS를[12] 지원하는 모토로라 68040 25MHz가 채택되었다. 이 시스템의 램 용량은 16MiB으로 두 배가 되었고, 64MiB까지 확장이 가능했다. 광자기 디스크는 기본 HDD, 플로피 디스크, 선택인 CD-ROM 드라이브를 위해 퇴출되었다. 400MiB, 1.4GiB, 2.8GiB SCSI 드라이브를 선택할 수 있도록 만들어 HDD 용량을 확장했다. 플로피 디스크는 2.88MiB로 PC 용량의 두 배였다.

1992년에 출시된 넥스트큐브 터보NeXTcube Turbo는 68040의 주파수가 33MHz로 증가하고 최대 램 용량이 128MiB로 증가한 점을 제외하고는 거의 동일했다.

표준과 터보 버전의 유일한 약점은 디스플레이였다. 256KiB의 VRAM과 함께 제공되는 이 시스템은 네 가지 색상(흰색, 검은색, 두 단계 회색 음영)만을 출력할 수 있었다. 넥스트큐브에 색상을 제공하기 위해 고객은 넥스트디멘션 보드에 투자해야만 했다.

토막상식

넥스트큐브 터보 확장 슬롯은 68040 33MHz를 68040 40MHz로 대체할 수 있는 니트로 보드Nitro board를 받아들였다. 니트로 보드는 전 세계에 단 10개만이 존재한다고 알려져 있는데, 엄청나게 드문 이 물건은 수집가들의 수집 목표가 되었다.

---

12 「Fast New Systems from NeXT(넥스트에서 출시된 빠른 신형 시스템)」, 『Byte Magazine』, 1990년 11월

그림 3-5 넥스트큐브 메인보드

컴퓨터 본체를 열어보면 넥스트가 표준으로 채택한 세부 사항을 알 수 있다. 위 그림의 넥스트 큐브 메인보드는 성능을 위해 미학이 희생되지 않았음을 보여준다. 표면 장착 기술을 사용하여 (일반적인 보드와 비교할 때) 구성 부품을 훨씬 더 가깝게 배치했다.

히트 싱크heat sink[13] 아래에 숨겨져 있으며 트랜지스터 120만 개가 패키징된 CPU는 큰 발전 이었다. 68040은 하버드 아키텍처Harvard architecture(명령과 데이터를 위한 별도 저장소와 시그 널 경로), 라이트 백write-back 기능, 8KiB 캐시(4KiB 데이터와 4KiB 명령), 68030과 비교해

---

13 열 방출은 고주파수 동작을 방해했기에 68040에서 항상 문제로 여겨졌으며, 66MHz로 동작하는 인텔의 486과 비교해 불리한 조건이 었다.

3배 처리량을 제공하는 통합된 FPU가 특징이었다.

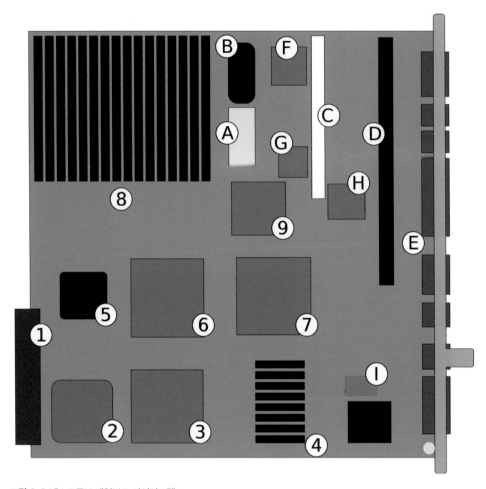

그림 3-6 넥스트큐브 메인보드 다이어그램

넥스트큐브 메인보드의 칩셋과 구성 부품은 다음과 같다.

① 넥스트버스 커넥터, ② VLSI 넥스트버스 인터페이스 칩, ③ CPU 모토로라 68040, ④ 256 KiB VRAM, ⑤ DRAM 컨트롤러 CS38PG017CG01, ⑥ 통합 채널 프로세서(DMA 컨트롤러 후지쯔Fujitsu MB610313), ⑦ 광 저장소 프로세서(후지쯔 MB600310), ⑧ SIMM 슬롯 16개(최대 4MB, 총 64MiB), ⑨ DSP−56001RC20, ⓐ 배터리, ⓑ 넥스트 BIOS PROM, ⓒ

DSP 768K 슬롯, ⓓ 하드 드라이브와 플로피 커넥터, ⓔ (위에서 아래로) 56001 DSP, 직렬 포트 A&B, SCSI2, 프린터, 이더넷 RJ45CoaxBNC, DB19 모니터 등 여러 커넥터들, ⓕ 인텔 n82077 디스크 컨트롤러, ⓖ DSP SRAM (8KiB) MCM56824A, ⓗ SCSI 컨트롤러(NCR 53C90A), ⓘ 100,000MHz 발진기 K1149AA.

3.5 넥스트스테이션

비싼 가격이 제품 라인의 주요한 문제로 여겨졌기에, 넥스트는 더 저렴한 제품을 출시하기 위해 노력했다. 넥스트는 넥스트큐브에 가까운 컴퓨터를 설계했지만 3배 더 저렴한 올인원 컴퓨터를 제작하기 위해 불필요한 요소들을 제거했다.

넥스트스테이션NeXTstation의 가격과 외관은 스팍스테이션SPARCstation의 직접적인 경쟁자였다. 더는 완벽한 정육면체가 아니었으며 '슬래브slab'(또한 스티브 박스가 금지한 '피자 박스')라는 별명을 가진 케이스를 고객은 환영했고, 넥스트가 만든 가장 성공적인 컴퓨터가 되었다.

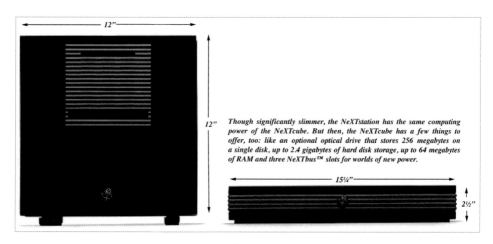

Though significantly slimmer, the NeXTstation has the same computing power of the NeXTcube. But then, the NeXTcube has a few things to offer, too: like an optional optical drive that stores 256 megabytes on a single disk, up to 2.4 gigabytes of hard disk storage, up to 64 megabytes of RAM and three NeXTbus™ slots for worlds of new power.

그림 3-7 『NeXTWorld magazine(넥스트월드 매거진)』(1991)에 실린 넥스트스테이션 광고

디자이너는 확장 불가능한 올인원 컴퓨터를 만들기 위해 넥스트큐브와 넥스트디멘션에서 구성 부품을 골라냈다. 넥스트버스 확장 슬롯 3개와 CD-ROM이 제거되었다. 오른쪽에 2.88MiB 플로피 디스크가 추가되었다. 가장 주목할 만한 차이점은 2MiB VRAM을 탑재해 16비트

RGB 컬러 기능을 제공한 컬러 버전이었다. 증가한 대역폭 요구 사항을 수용하기 위해, Bt463 램댁을 포함하도록 메인보드를 재설계했다.

> 16비트 색상은 4444에 불과했고, 1555는 지원되지 않았습니다. 우리에게는 불행한 일이었죠. 따라서 sRGB가 된 비선형 PC 표준과 달리 선형 컬러 공간을 지원했습니다. 그 당시에는 제대로 된 변환 방법을 몰랐기 때문에 우리의 그래픽은 넥스트 시스템에서 항상 색이 바랜 듯이 보였습니다.
> – 존 카맥

그림 3-8 넥스트스테이션 터보컬러(비ADB)

스티브 잡스만의 스타일로, 미묘한 차이를 강조하기 위해 여러 구성 요소의 이름이 바뀌었다. 중앙 장치 팬은 '속삭임 팬whisper fan'이라고 불렀다.[14] 전원 공급 장치는 전통적인 전원 공급 장치보다 훨씬 작은 폼 팩터form factor를 허용하는 '병렬 공진 스위칭parallel resonant switching'이라는 새로운 기술을 사용하는 120와트 유닛이었다.

크기가 작아졌음에도 불구하고 넥스트스테이션의 성능은 넥스트큐브와 비교해도 뒤처지지 않았다. 넥스트스테이션, 넥스트스테이션 컬러NeXTstation Color, 넥스트스테이션 터보, 넥스트스테이션 터보컬러라는 네 가지 변종은 모두 12MiB 램이 탑재된 68040에 의존했다.

---

14 「Fast New Systems from NeXT(넥스트에서 출시된 빠른 신형 시스템)」, 『Byte Magazine』, 1990년 11월

컴퓨터 자체에는 버튼이나 스위치가 없었다. 키보드로만 컴퓨터를 켜고 끌 수 있었는데 당시로서는 참신한 기능이었다. 1996년에 발표된 USB 표준과 비슷한 점이 많은 스티브 워즈니악 Steve Wozniak의 애플 데스크톱 버스Apple Desktop Bus(ADB)가 업그레이드 과정에서 도입되었다.

3.6 넥스트디멘션

넥스트큐브의 256KiB VRAM은 썩 좋지 않아 보이는 네 가지 회색 음영만을 허용했다. 넥스트디멘션NeXTdimension은 워크스테이션을 완전히 새로운 차원으로 끌어올렸다. VRAM 4MiB/램 8MiB(32MiB까지 확장 가능)이 함께 제공되었으므로 픽셀당 24비트 컬러 GUI와 비디오 신호의 실시간 기록/재생이 가능했다. 보드가 넥스트버스 포트를 통해 연결되었기 때문에 최대 세 개의 넥스트디멘션을 연결할 수 있었고, 넥스트큐브는 동시에 확장 화면 네 개를 구동할 수 있었다.

프레젠테이션 당일, 스티브 잡스는 화려한 스타일로 획기적인 기능을 선보였다. 흑백 영화 〈이상한 나라의 앨리스Alice in Wonderland〉의 장면이 (당시 이미 역작이었던) 넥스트큐브에서 생중계되었다. 청중은 엄청나게 감동했지만, 아직 최고의 순간이 오기 전이었다. 앨리스가 이상한 나라에 들어서면서 프레임은 컬러로 바뀌었다. 이를 본 청중은 펄쩍펄쩍 뛰었다.

넥스트디멘션은 실시간 비디오 압축 기능을 지원하도록 계획되었지만, 칩 제조업체의 문제로 인해 결국 실현되지 못했다.

> 넥스트는 넥스트디멘션에서 C-큐브 마이크로시스템즈 CL-550 JPEG 칩을 제거했습니다. 공급업체인 C-큐브 마이크로시스템즈가 사양을 충족하는 칩을 제공하지 못했기 때문입니다.
>
> – Felipe_Fuster@NeXT.COM

넥스트디멘션은 단순한 확장 보드가 아니라 모든 기능을 갖춘 컴퓨터 속의 컴퓨터였다. 자체적인 운영체제, 램, 클록 생성기가 있었으며, 먹Mach[15] 커널로 넥스트스텝과 통신했다.

---

15 옮긴이_ 자세한 내용은 다음을 참고. *https://en.wikipedia.org/wiki/Mach_(kernel)*

넥스트디멘션은 단일 주소 공간 내에서 여러 스레드를 실시간으로 관리하고, 요청에 기반해 페이징된 가상 메모리를 제공하며, 렌더맨 백엔드와 포스트스크립트 장치 계층을 구현하기에 충분한 최소한의 유닉스 시스템 호출 API는 물론, 소스 호환이 가능한 먹 API 부분 집합과 전체 먹 메시징 인터페이스를 제공하는 전용 커널을 실행했습니다. 커널은 'Graphics aCcelerator Kernel' 또는 'GaCK'라고 불렀습니다. 그렇습니다, 이 약어는 회사 이름처럼 익살스럽게 만든 두문자어였습니다. 먹, BSD, 미닉스, 리눅스와는 다르게요.

— 마이크 파켓Mike Paquette, 넥스트 엔지니어

이 카드에는 비디오 편집과 프레임 캡처가 가능한 *NeXTtv.app*이 포함되어 있었다.

스티브 잡스의 '취미' 벤처기업인 픽사Pixar 덕분에 넥스트디멘션은 렌더맨RenderMan과도 밀접한 관련이 있었다. 넥스트디멘션에는 퀵 렌더맨이라는 하드웨어 가속 모듈이 내장되었다.

렌더맨 컨텍스트의 설정에 따라 RIB 스트림은 호스트 CPU(검은색 하드웨어의 경우 m68k)에서 실행되는 렌더맨 또는 요청 시 윈도 서버에 로드된 퀵 렌더맨 구현으로 스풀^{spool}될 수 있습니다. 대상 윈도가 넥스트디멘션에 있는 경우 윈도 서버의 퀵 렌더맨 구현은 렌더링 작업을 넥스트디멘션 보드에서 실행되고 있는 퀵 렌더맨 컨텍스트로 전달합니다.

– 마이크 파켓

그림 3-9 넥스트디멘션 보드

넥스트큐브와 넥스트스테이션 메인보드와 마찬가지로 넥스트디멘션 하드웨어는 훌륭했고 동일한 '표면 장착$^{surface\ mount}$' 제조 프로세스의 이점을 살렸다. 가장 눈에 띄는 구성 요소는 물론 인텔 860이었다.

인텔 860은 시장에서 인텔의 486 CPU를 능가하지는 못했지만 〈둠〉 현상에 참여하겠다는 열의 덕분에 넥스트 도구 팀에 입성할 수 있었다.

넥스트스테이션에도 사용된 Bt463 램댁에 주목하자.

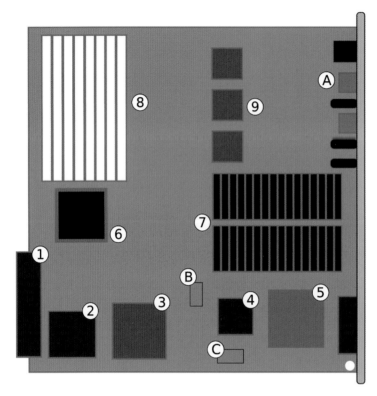

그림 3-10 넥스트디멘션 보드 다이어그램

넥스트디멘션 메인보드의 칩셋과 구성 부품의 목록은 다음과 같다.

① 넥스트버스 커넥터, ② VLSI 넥스트버스 인터페이스 칩(NBIC), ③ 인텔 i860 CPU 33MHz 64비트 RISC CPU, ④ 모토로라 U88 메모리 컨트롤러, ⑤ Bt463 램댁, ⑥ 모토로라 U52 데이터 포매터, ⑦ 4MiB VRAM, ⑧ SIMM 확장 슬롯 8개(최대 4MB, 총 32MiB), ⑨ 비디오 색 공간 변환과 비디오 입력 (SAA 7191 WP & SAA 7192 WP), ⓐ (위에서 아래로) 비디오 출력(EGA/VGA, S-비디오, 컴포지트), 비디오 입력(S-비디오, 컴포지트, 컴포지트), DB19 모니터 등 여러 커넥터들, ⓑ 33,000MHz 발진기 K1100AA, ⓒ 100,000MHz 발진기 K1149AA.

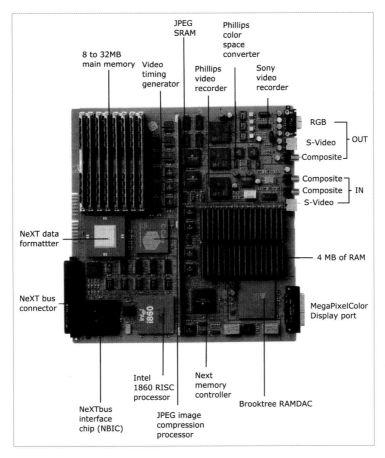

그림 3-11 『NeXTWorld magazine』(1991)에 실린 넥스트디멘션 광고

최종 설계에서 제거된 C-큐브 마이크로시스템즈 JPEG 칩과 메인보드의 색상이 바뀌는 데 일조한 다른 색상의 수지에 주목하자. 색조는 넥스트 본사에서 일어난 주요 논쟁의 대상이었다. '영원히 불운한' 인텔 i860의 레이블은 '1860'으로 잘못 표기되었다.

그래픽 카드를 위한 메인 칩으로 i860을 선택한 결정은 과해 보이기도 했지만, 신중했고, 궁극적으로는 올바른 결정이었다. 비디오 처리는 집약적인 CPU 작업이다. i860 SIMD 파이프라인에서 많은 장점을 얻었으며, 인텔이 만든 '칩에 담긴 슈퍼컴퓨터Cray on a Chip'[16]를 제외한 다른 칩으로는 이런 작업을 수행할 수 없었다.

---

16 옮긴이_ Cray는 슈퍼컴퓨터로 유명한 기업으로, 슈퍼컴퓨터처럼 강력한 성능을 단 하나의 칩에 담았다는 뜻으로 인텔 80860에 붙은 별명이었다.

인텔 80860은 실제 애플리케이션에서 (당시 다른 CPU의 일반적인 성능인 5~10MFLOPS와 비교해) 33MHz에서 66MFLOPS에 가까운 최고 속도를 발휘할 수 있는 인상적인 칩이었습니다. 이와 같은 내용은 마케팅의 과대광고였으며, 대부분의 신형 CPU나 DSP보다 성능이 뒤떨어졌기 때문에 인기를 얻지 못했습니다. 860에는 일반 스케일러 모드부터 사이클당 명령어 두 개를 실행하는 슈퍼스칼라 모드와 사용자에게 보이는 파이프라인 모드(다중 사이클 op의 결과 레지스터를 사용하는 명령어가 정지해서 결괏값을 받기 위해 대기하는 대신 현재의 값을 가져오는 모드)까지 여러 가지 모드가 있습니다. 작은 벡터 레지스터(예를 들어 슈퍼컴퓨터의 레지스터)와 같이 제한적인 방식으로 8K 데이터 캐시를 사용할 수 있습니다. 이렇게 흔치 않은 캐시는 물리 주소 대신 가상 주소를 사용하므로, 심지어 데이터가 변경되지 않더라도 페이지 테이블이 변경되면 언제든지 캐시를 비워야만 합니다. 명령어와 데이터버스는 세그먼트를 사용해 4G 메모리로 분리됩니다. 가상 스토리지를 위한 메모리 관리 유닛도 포함되어 있습니다.

860에는 32개의 32비트 레지스터, 32개의 32비트 부동 소수점 레지스터(또는 16개의 64비트)가 있습니다. 정수 ALU뿐만 아니라 FPU를 포함하는 첫 번째 마이크로프로세서 중 하나이며, 선 그리기, 구로 셰이딩Gouraud shading, 은선 제거를 위한 Z- 버퍼링을 지원하고 FPU와 함께 연산을 수행하기 위해 FPU에 붙어 있는 3D 그래픽 장치를 포함했습니다. 또한 정수 명령어와 (그 당시로써는 고유하게) 곱하기와 더하기, (명령어 세 개와 동일한) 부동 소수점 명령어를 동시에 수행할 수 있었습니다.

그러나 실제로 칩을 최고 속도로 동작하게 만들려면 일반적으로 어셈블리어를 사용해야 했습니다. 표준 컴파일러를 사용하면 다른 프로세서에 더 가까운 속도를 얻을 수 있었습니다. 이 때문에 워크스테이션용 병렬 유닛에 추가하는 방식과 같이 그래픽 또는 부동 소수점 가속을 위한 보조 프로세서로 사용되어왔습니다. 860을 범용 CPU로 사용할 때의 또 다른 문제는 인터럽트 처리가 어렵다는 것이었습니다. 한 번에 최대 4개의 파이프가 작동하는 광범위한 파이프라인이므로, 인터럽트가 발생하면 복잡한 코드를 사용해 정리하지 않는 한 파이프가 새서 데이터가 손실될 수 있었습니다. 지연 범위는 62사이클(가장 좋은 경우)부터 거의 2,000사이클(50µs)까지 다양했습니다.

– 존 베이코John Bayko, 「Great Microprocessors of the Past and Present

(과거와 현재의 위대한 마이크로프로세서)」[17]

---

17 옮긴이_ 원문은 다음을 참고. http://www.cpushack.com/CPU/cpu.html

3.7 넥스트스텝

넥스트가 1990년에 펴낸 24페이지짜리 팸플릿인 『Welcome to the NeXT decade(넥스트가 10주년을 맞이합니다)』에는 넥스트가 구축하려는 일곱 개의 혁신이 정리되어 있었다.

고등교육기관과 맺은 협력 관계는 궁극적으로 넥스트 컴퓨터를 정의할 수 있는 일곱 가지 혁신을 시각화하는 데 필요한 통찰력을 제공했습니다.

1. 개별 구성 요소 벤치마크뿐만 아니라 전체 시스템 처리량에 최적화된 새로운 아키텍처
2. 방대하고 안정적인 스토리지를 위한 선구적인 기술로 정보에 접근하고 사용할 수 있는 새로운 방법을 제공
3. CD 품질의 내장 사운드로 매일 사용되는 애플리케이션에 사운드를 통합
4. 디스플레이와 프린터 모두를 위한 통합: 이미징 시스템인 디스플레이 포스트스크립트, 화면에 보이는 것을 종이에 그대로 인쇄
5. 네트워킹과 멀티태스킹을 위한 모든 기능을 갖춘 유닉스에 누구나 접근할 수 있는 직관적인 인터페이스
6. 텍스트, 그래픽, 음성을 결합해 통신하는 멀티미디어 메일 시스템
7. 소프트웨어 개발과 개인화에 드는 시간을 크게 단축하는 새로운 개발 환경

처음 세 가지 항목은 하드웨어 팀의 책임이었다. 나머지 모든 항목은 소프트웨어 팀이 책임졌는데, 소프트웨어 팀 앞에 밀어닥친 작업량은 가히 압도적이었다. 앞서 설명한 마법의 운영체제는 존재하지 않았다. 비전을 전달하기 위해서는 비전을 만들어야만 했다.

운영체제를 처음부터 만들기 위해서는 엄청난 노력이 필요했다. 시간을 절약하기 위해 소프트웨어 팀은 사용 가능한 구성 요소를 재사용하기로 했다. 소프트웨어 팀은 카네기 멜런 대학교에서 만든 먹이라는 마이크로 커널을 선택하고 이를 네트워크 스택stack, 다중 사용자, 다중 처리, 파일 시스템 등 BSD^Berkeley Software Distribution에서 가져온 요소와 결합했다. 이러한 노력은 명령 프롬프트command prompt를 띄우기에 충분했다.

3.7.1 GUI

'통합 이미징 시스템'을 달성하기 위해 넥스트 엔지니어들은 어도비에서 고급 프린터용으로 설계된 언어인 포스트스크립트PostScript에서 시작해 외형과 느낌은 물론이고 성능 측면에서 GUI의 요구를 충족하도록 수정했다. 결과는 디스플레이 포스트스크립트Display PostScript였다.[18]

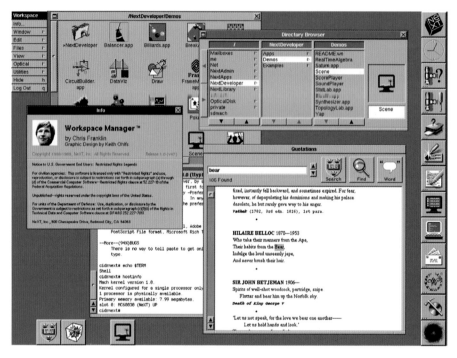

그림 3-12 네 가지 색상 모드로 넥스트 컴퓨터에서 실행되는 넥스트스텝 1.0

완성된 그래픽 시스템에는 인상적인 기능이 많았다.

창을 이동하는 동안 창의 내용을 보여주는 기능은 놀라운 성능 개선이었다. 모든 경쟁 GUI 기반 운영체제에서는 그래픽 카드와 대역폭 제한으로 인해 창을 이동하는 동안 윤곽만 보이게 할 수 있었다. 다른 요소들은 우월한 디자인을 기반으로 했으며 그 토대가 아주 튼튼했기에, 애플 컴퓨터에서 실행되는 2018년 맥OS X까지도 비슷한 형태가 유지되었다. 데스크톱 메타포

---

18 애플에서 랩소디를 빌드하기 위해 오픈스텝을 사용했을 때, 디스플레이 시스템은 PDF(Portable Document Format) 이미징 모델로 변경되었다.

desktop metaphor, 통합된 제목 표시줄 체계, 독Dock, 번들, 파일 관리자 열 보기 인터페이스는 GUI 혁신의 수많은 목록 중 가장 유명한 사례일 뿐이다.

디스플레이 포스트스크립트 시스템은 포스트스크립트 해석기와 장치라는 두 부분으로 나눌 수 있습니다. 해석기는 언어를 처리하고 표시, 이미징, 이미지 구성 방향을 장치 계층에 전달합니다.

장치 계층은 높은 수준의 표시, 이미징, 이미지 구성 연산을 수행하고 (최종적으로) 비트맵 수준 연산으로 변환합니다. 디스플레이 포스트스크립트 시스템은 여기서 대부분의 시간을 소비합니다. 넥스트디멘션 보드의 경우, 장치 계층은 넥스트디멘션 보드에서 구현됩니다. 표시, 이미징, 이미지 구성 작업은 처리를 위해 넥스트디멘션으로 비동기식으로 전송되며 추가 포스트스크립트는 68k 프로세서에서 해석됩니다. 정상적인 연산 과정에서는 우수한 수준의 병렬처리가 이루어집니다.

– 마이크 파켓

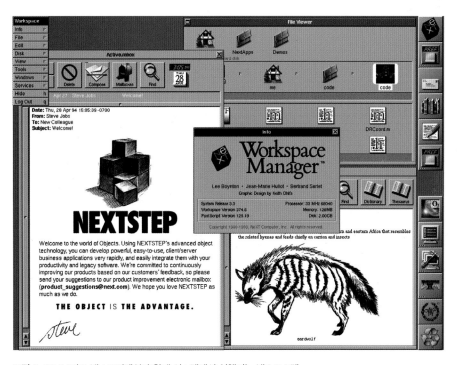

그림 3-13 24비트 넥스트디멘션과 함께 시스템에서 실행되는 넥스트스텝

[그림 3-13]은 24비트 컬러 컴퓨터에서 실행되는 넥스트스텝^{NeXTSTEP}을 보여준다. 이미지 구성이 경쟁사에 비해 화려했다. *Mail.app*에 기본 제공되는 메일에서 스티브 잡스가 객체 지향 프로그래밍의 장점을 찬양한 것을 볼 수 있다.

3.8 이드 소프트웨어가 본 넥스트

모든 개발자가 넥스트에 미쳐 있었다고 가정한다면, 조금 곤란하다. 모든 개발자가 넥스트에 대한 확고한 의견을 가지고 있었다고 말하는 편이 더 확실하겠다. 몇몇 개발자는 넥스트를 싫어했나.

> 넥스트를 위해 개발하라고? 그럴 바에는 오줌이나 쌀래!
>
> – 빌 게이츠[19]

몇몇 개발자는 강력한 GUI를 갖춘 유닉스 시스템을 사용할 기회에 큰 흥미를 보였다.

> 1991년 겨울, 이드 소프트웨어는 위스콘신주 매디슨에 자리를 잡았고, 존 카맥을 제외한 팀원들은 크리스마스 휴가를 떠났습니다. 카맥은 자비 11,000달러를 들여 넥스트를 구입했고 현금을 인출하기 위해 눈보라를 뚫고 은행까지 갔습니다.[20] 휴가 중에 도착한 컴퓨터를 붙잡고 카맥은 모든 시간을 투입해 컴퓨터로 할 수 있는 일을 속속들이 파악했으며, 그래픽 압축을 위한 벡터 양자화 알고리즘 개발을 시작했습니다. 카맥의 테스트용 그래픽은 〈킹스 퀘스트 5^{King's Quest V}〉에서 가져온 256색 화면이었습니다.
>
> 카맥의 연구가 끝나고 전체 회사 직원은 다음 게임을 넥스트스텝을 사용해 개발할 필요가 있다는 사실에 동의했습니다.
>
> – 존 로메로, 2006년 12월 20일

---

19 월터 아이작슨(Walter Isaacson)의 저서 『스티브 잡스』(민음사, 2015)에서 나오는 말이지만 출처는 없다. 사실상 빌 게이츠는 이러한 말을 한 적이 없을 수도 있다.

20 이 과정에서 통장이 텅텅 비었다.

카맥의 구입 시점을 고려할 때 넥스트는 〈울펜슈타인 3D〉의 공식 힌트 매뉴얼을 제작하는 과정에서 처음으로 사용되었다. 당시 최고의 DTP 애플리케이션 중 하나인 *FrameMaker.app*는 이 작업에 완벽한 도구였다. 그 후로 넥스트는 다른 모든 운영 과정에서 이드 소프트웨어를 빠르게 정복했다. PC는 주로 디럭스 페인트Deluxe Paint와 출시 대상 게임을 테스트하는 목적으로 사용되었다.

이드의 요구가 점점 더 복잡해짐에 따라, 이드는 HP와 인텔에서 나온 다양한 플랫폼('백색 하드웨어'라고 부르는)을 돌리기 위해 넥스트스텝의 능력을 활용했다.

이드는 25년 동안 엄청나게 많은 하드웨어를 구입해왔기에 어떤 넥스트를 가장 먼저 구입했는지에 대한 답변이 사람마다 달랐다. 존 카맥의 기억에 따르면, 넥스트스테이션이었다.

단지 개인적인 관심사 때문에 첫 넥스트(컬러스테이션)를 구입했습니다. 제이슨 브워호비아크 Jason Błochowiak는 대학 시절 경험한 유닉스의 이점에 관해 이야기했으며, 저는 스티브 잡스가 다음으로 출시할 엄청난 제품이 무엇일지가 궁금했습니다. 과거를 회상하니 재밌네요. 솔직하게 말하자면, 저는 도스나 우리가 사용하고 있었던 예전의 애플 환경과 비교해 실제 멀티 프로세스 개발 환경의 장점이 무엇인지를 궁금해했습니다. "컴파일러가 실행될 때 또 어떤 작업을 하시나요?"라고 물어봤던 기억도 있습니다. 우리가 처음 만났을 때 제이슨은 이미 레이스에서 앞서있었습니다. 제이슨은 저가형 애플 IIGS를 교차 개발하기 위한 목적으로 값비싼 매킨토시 II 시스템을 사용하고 있었습니다. 제이슨의 판단이 옳았습니다. 실제로 넥스트 사용은 새로운 눈을 뜨게 하는 놀라운 경험이었고, 우리에게 있어 실질적인 장점을 준다는 사실이 금세 명백해졌기에, (도스의 디럭스 페인트에서 여전히 이루어진) 픽셀 아트를 제외한 모든 작업을 옮겼습니다. 게임 편집기를 위한 인터페이스 빌더 사용은 넥스트의 독특한 장점이었지만, 대다수 유닉스 시스템도 유사한 범용 목적의 소프트웨어 개발에 장점이 있음을 증명해왔습니다(물론 터보 디버거 386 수준을 따라잡을 만큼 디버거가 좋지는 않았습니다). 심지어 케빈 클라우드Kevin Cloud는 〈울펜슈타인 3D〉에서 시작된 게임 매뉴얼도 넥스트의 프레임메이커로 만들었습니다.

이는 모두 도스 또는 윈도우 3.x라는 맥락에서 이루어졌습니다. 항상 충돌하지 않는 컴퓨터 시스템이 있다는 것은 환상적이었습니다. 〈퀘이크 2Quake II〉가 등장할 무렵에 윈도우 NT는 비슷한 수준으로 충돌을 일으키지 않았고, 오픈GL을 하드웨어로 가속했으며, 마이크로소프트 비주얼

스튜디오는 점점 개선되었으므로 엄청나게 나쁘다는 생각은 들지 않았습니다. 전환 시점에서 저는 다른 주요 유닉스 워크스테이션을 평가했으며, 마이크로소프트 데스크톱 시스템 대신에 유닉스를 사용할 충분한 이유를 찾지 못했습니다.

〈둠〉과 〈퀘이크〉의 전체 개발 과정에서 우리는 넥스트 컴퓨터에 100,000달러를 지출했는데, 대규모 개발 체계에서 그다지 큰 비용은 아니었습니다. 우리는 나중에 〈퀘이크〉 시리즈를 위해 시간 소모적인 조명과 가시성 계산을 실행하기 위해 유닉스 SMP 서버 시스템(처음에는 쿼드 알파, 궁극적으로는 16웨이 SGI 시스템)에 훨씬 큰 비용을 투자했습니다. 상위 500대 슈퍼 컴퓨터를 보고 SGI를 32개 프로세서로 확장했다면 맨 마지막에 이름을 올렸을 수도 있었겠다고 생각했던 기억이 납니다.

— 존 카맥, *quora.com*

존 로메로는 처음 구입한 컴퓨터를 흑백 넥스트큐브로 기억했다.

넥스트큐브는 1991년 12월에 구입했습니다. 이것은 〈둠〉 개발을 결정하고 나서 넥스트스테이션 세 대(내 것, 존 카맥의 새로운 기계, 톰 홀의 것)를 구입한 1992년 12월까지 우리가 보유했던 유일한 넥스트 컴퓨터였습니다. 존 카맥의 오리지널 넥스트큐브는 점토 모델, 총 장난감, 라텍스 모델을 스캔하는 데 사용되었습니다.

이드의 최초 넥스트 하드웨어는 큐브와 스테이션 모두 검은색이었습니다. 몇 년 동안 터보 모델로 업그레이드를 한 다음, HP 9000 모델과 같은 다른 하드웨어를 거쳤고, 마지막으로 인텔 하드웨어로 옮겨갔습니다. 우리는 사무실에 있는 세 가지 프로세서 모두에서 동작하는 도구를 위한 뚱뚱한 이진binary 파일을 작성하고 있었습니다. 하나의 *.app* 파일에 세 개의 프로세서를 지원하는 코드가 모두 들어 있었고 실행하는 기계에 따라서 올바른 코드를 수행했습니다. 모든 데이터는 노벨 3.11 서버에 저장되며 넥스트스텝 노벨 게이트웨이 객체를 지속적으로 사용해 마치 로컬 NTFS 드라이브인 듯이 파일을 투명하게 복사했습니다. 무려 1993년에 이런 작업이 가능했던 겁니다!

실제로 넥스트스텝의 강력한 기능을 활용해 만든 DoomEd의 가장 초기 버전 중 하나는 제 사무실에서, 다른 하나는 카맥의 사무실에서 동작했습니다. 두 컴퓨터에서 실행되는 DoomEd는 저와 카

> 맥이 동시에 지도 하나를 함께 편집할 수 있게 만들었습니다. 제가 새로운 벽을 그릴 때 존이 화면에서 엔티티entity를 움직이는 모습을 볼 수 있었습니다. 공유 메모리 공간과 분산 객체를 사용한 마법이었습니다.
>
> – 존 로메로

존 로메로는 특히 제작 파이프라인을 마음에 들어했고, 이를 앞장서서 사용하기로 결정했다. 로메로는 다른 게임 스튜디오에도 넥스트스텝을 성공적으로 광고했다.

> 넥스트스텝에서 개발된 게임은 〈둠〉, 〈둠 2〉, 〈퀘이크〉만이 아닙니다. 우리를 위해 레이븐 소프트웨어Raven Software가 〈헤레틱Heretic〉 개발에 동의했을 때, 저는 (인텔 기반의) 엡손Epson 넥스트 컴퓨터를 구입하게 만들었고, 매디슨으로 날아가서 넥스트 컴퓨터를 설정하고 우리가 가진 도구와 엔진으로 게임을 개발하는 방법을 가르쳐줬습니다. 제게는 잊지 못할 멋진 시간이었습니다. 팀원들이 새로운 환경의 위력에 흥분하는 모습을 봤고, 1년도 안 되어 이 친구들은 게임을 출시했습니다. 레이븐은 또 다른 타이틀 개발 계약을 맺었고, 역시 넥스트스텝에서 〈헥센Hexen〉을 개발했습니다.
>
> – 존 로메로, 2006년 12월 20일

3.9 롤러코스터

7년 동안 사업을 진행하면서, 넥스트는 우여곡절을 겪었다. 법인 설립 첫 달에 애플이 넥스트를 고소했다(스티브 잡스가 애플을 나가면서 다섯 명의 유능한 직원을 함께 데려가버렸기 때문이었다). 스티브 잡스의 '현실 왜곡장reality distortion field'에 기반을 둔 이 회사는 아직 아무것도 생산하지 않았음에도 몇 년 동안 칭찬을 받았다. 많은 마케팅 전문가들 덕분에 매번 출시될 때마다 영광을 누렸지만, 나중에는 실제 고객을 찾는 데 어려움을 겪었다. 실망스러운 판매 실적은 (넥스트가 다시 자신을 혁신하기 전까지) 넥스트를 거의 죽음으로까지 내몰았다.

3.9.1 몰락

검은색 하드웨어만큼 우아하고 강력하면서도 높은 가격표는 판매의 방해 요인이었다. 상대적으로 '저렴한' 넥스트스테이션조차도 대다수 개발자의 예산을 훨씬 넘어선 가격이었다.

1988년에 넥스트 공장은 한 달에 400대를 생산하고 있었으며 이는 공장이 최대로 생산 가능했던 10,000대/월 용량보다 훨씬 낮은 수치였다. 1989년 한 해 동안 한 달에 360대만이 판매되면서 매출이 악화되었다. 창고를 가득 채운 재고를 피하고자 생산량을 월 100대까지 떨어뜨려야만 했다. 1990년에는 2,800만 달러의 매출로 상황이 살짝 개선되었지만, 같은 해에 썬 마이크로시스템즈Sun Microsystems가 벌어들인 28억 달러와 비교할 때 엄청난 격차가 있었다. 1991년에는 20,000대 판매와 1억 2,700만 달러의 매출로 조금 개선되었다. 하지만 여전히 연 매출 금액은 애플이 1주일 동안 판매한 금액보다도 적었다. 1992년이 되어서야 매출은 1억 4,000만 달러[21]에 도달했으며, 넥스트는 창립 7년 만에 처음으로 이익을 거둔 분기 실적[22]을 발표했다.

꾸준한 개선에도 불구하고, 넥스트는 여전히 4,000만 달러의 적자에 시달렸다. 넥스트가 존재한 시간 동안 오직 50,000대[23](그 당시 미국 국가 정찰국에 납품한 수천 대를 포함) 판매한 후, 잡스는 넥스트를 하드웨어 제조업체로 계속 남길 수 없다고 결정했다. 거래를 성사시키고 대규모 적자를 줄이려 애쓰던 1993년 2월의 어느 화요일, 직원 500명 중 300명을 해고하면서 넥스트는 소프트웨어 전용 회사가 되었다.

넥스트의 목적은 변경되었다. 검은색 하드웨어를 노래하는 운영체제에서 백색 하드웨어를 뒷받침하는 형태로만 수익을 창출하는 회사가 되었다. 넥스트스텝은 이식성을 높여 인텔, 스팍, PA-RISC CPU에서 실행할 수 있도록 리팩터링 되었다. 운영체제와 객체 지향 개발 환경을 결합해 판매했다. 인텔용 넥스트스텝은 대기업, 특히 금융 기관 맞춤형 소프트웨어를 신속하게 개발해 배포하는 데 사용되는 인기 제품이 되었다. 또한 넥스트는 오픈스텝OpenStep이라는 가벼운 넥스트스텝 버전을 토대로 썬 마이크로시스템즈와 협력하기 시작했다.

신기하게도 넥스트는 (심지어 가장 암흑기에도) 이드 소프트웨어의 플랫폼에 대한 좋은 평가에 흥미가 없었다.[24] 스티브 잡스가 게임을 업신여겼기 때문에, 그들은 엄청난 도움이 될만한

---

21 『Steve Jobs and the NeXT Big Thing(스티브 잡스와 넥스트)』(Scribner, 1993) 참고
22 실제로는 손익분기점에서 4천만 달러를 초과 달성했다.
23 1993년 애플은 6일마다 50,000대씩 판매했다.
24 자세한 내용을 다음을 참고. 『DOOM: NeXTstep's Most Successful App(둠: 넥스트스텝의 가장 성공적인 앱)』(*comp.sys.next.advocacy*)

이드의 제안을 거절하기도 했다.

> 우리는 넥스트를 좋아했어요. 〈둠〉의 시작 프로세스에 '넥스트 컴퓨터에서 개발됨'이라는 로고를 붙이고 싶었지만,[25] 요청은 거절당했죠.
>
> – 존 카맥

그림 3-14 〈둠〉 알파 버전의 '넥스트 컴퓨터'를 특징으로 삼은 제작자 소개 화면

〈둠〉은 전 세계적인 '대박' 상품이 되었고, 넥스트는 뒤늦게 결정을 뒤집으려 시도했다. 하지만 존 카맥이 회상한 바에 따르면 그 무렵 '배는 이미 떠난 후였다'.[26]

----

25 톰 홀의 「둠 바이블」은 '넥스트처럼 보이는 많은 컴퓨터'를 특징으로 하는 실험실을 포함한 지도를 설계했다고 언급했다.

26 존 카맥이 2018년 5월 14일 페이스북에 올린 글. 원문은 다음을 참고. *https://www.facebook.com/SteveJobsFeed/posts/john-carmack-remembers-his-work-relationship-with-steve-jobs-his-last-sentence-s/1660796817337666/*

3.9.2 부활

할리우드 영화에나 등장하는 반전이 넥스트 역사의 나머지 부분에 등장했다. 1995년, 프로젝트 '코플랜드Copland'로 독자적인 운영체제를 만드려던 애플 컴퓨터의 시도가 실패했으며, 구식 시스템을 대체할 방법이 없는 위험한 상황에 부닥쳤다.

BeOS를 짧게 고려한 다음, 애플은 1996년 4억 2,900만 달러로 넥스트를 구매하기로 했다. 파산 직전이던 넥스트에게 이보다 더 좋은 타이밍은 없었다. 스티브 잡스는 20년 전에 공동 창립한 회사로 돌아왔다. 매각 후 잡스는 고문으로 일하다 CEO로 임명되었다. 이는 넥스트의 부활이었을 뿐만 아니라, 파산까지 90일 남은 상태[27]를 극복하고 세계에서 가장 가치 있는 회사가 된 애플에게도 마찬가지였다.

넥스트스텝은 랩소디Rhapsody 프로젝트의 기초로 사용되었고 이는 이후 애플 운영체제의 핵심인 다윈Darwin이 되었다. 새로운 운영체제는 디자인, 외관, 느낌, 안정성을 높이 평가한 고객과 전문가의 기대에 부응했다. 다윈은 2008년에 세상을 뒤흔들었던 아이폰의 기반으로도 사용되었다. 한때 넥스트스텝에서 실행되었고 〈둠〉에도 기여했던 몇몇 옛날 코드는, 오늘날에도 전 세계 수백만 대의 애플 컴퓨터와 iOS 스마트폰에서도 돌아가고 있을 가능성이 매우 높다.

---

27 D컨퍼런스(All things Digital Conference), 2010년 6월 1일

CHAPTER 4

팀과 도구

1992년 5월 〈울펜슈타인 3D〉를 출시한 직후, 이드 소프트웨어는 바로 후속 작업을 시작했다. 5명으로 구성된 팀(존 카맥, 존 로메로, 에이드리언 카맥, 톰 홀, 케빈 클라우드)은 둘로 나뉘었다. 한 팀은 〈울펜슈타인 3D〉의 힌트 매뉴얼과 〈운명의 창〉에 중점을 두었고, 다른 팀은 다음 게임을 강화하기 위한 기술 개발에 착수했다.

혁신적인 기술과 전례 없는 게임 경험을 약속하는 톰 홀의 인상적인 보도자료(부록 D 참고)와 함께 〈둠〉의 개발은 실제로 1993년 1월에 시작되었다. 불과 11개월 만에 그들은 크리스마스를 위한 셰어웨어 버전을 실행할 준비를 마쳤다. 〈둠〉 개발에는 최종적으로 14명이 참여했다.

이름	나이	맡은 일	이름	나이	맡은 일
존 카맥	22	프로그래머	데이브 테일러	24	프로그래머
존 로메로	24	프로그래머/디자이너	샌디 피터슨Sandy Petersen	39	디자이너
에이드리언 카맥[1]	23	컴퓨터 아티스트	숀 그린Shawn Green	28	소프트웨어 지원
톰 홀[2]	29	크리에이티브 디렉터	아메리칸 맥기American McGee	22	기술 지원
제이 윌버Jay Wilbur	31	비즈니스 담당	폴 라덱Paul Radek	28	DMX 오디오 라이브러리
케빈 클라우드	28	컴퓨터 아티스트	그레그 펀차츠Greg Punchatz	27	컴퓨터 아티스트
도나 잭슨Donna Jackson	55	이드의 대모	보비 프린스Bobby Prince	39	음악 작곡가

---

1 팀의 두 '카맥'은 친척 관계가 아니다.

2 창의성에 대한 의견 차이로 인해, 톰 홀은 「둠 바이블」 설계 문서를 완료한 6개월 뒤에 떠났다. 톰 홀은 3D 렐름으로 가서 〈울펜슈타인 3D〉 엔진의 개선된 버전을 사용해 〈라이즈 오브 더 트라이어드(Rise of the Triad)〉를 개발한다.

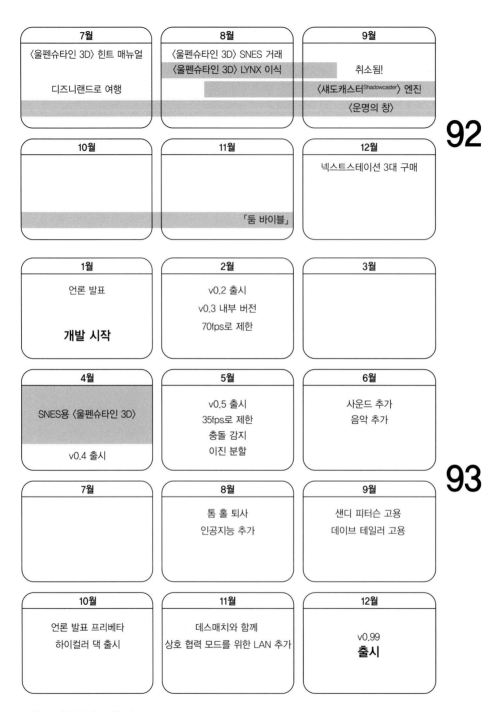

7월	8월	9월
〈울펜슈타인 3D〉 힌트 매뉴얼	〈울펜슈타인 3D〉 SNES 거래	취소됨!
	〈울펜슈타인 3D〉 LYNX 이식	
디즈니랜드로 여행		〈섀도캐스터Shadowcaster〉 엔진
		〈운명의 창〉

92

10월	11월	12월
		넥스트스테이션 3대 구매
	「둠 바이블」	

1월	2월	3월
언론 발표	v0.2 출시	
	v0.3 내부 버전	
개발 시작	70fps로 제한	

4월	5월	6월
SNES용 〈울펜슈타인 3D〉	v0.5 출시	사운드 추가
	35fps로 제한	음악 추가
	충돌 감지	
v0.4 출시	이진 분할	

93

7월	8월	9월
	톰 홀 퇴사	샌디 피터슨 고용
	인공지능 추가	데이브 테일러 고용

10월	11월	12월
언론 발표 프리베타	데스매치와 함께	v0.99
하이컬러 댁 출시	상호 협력 모드를 위한 LAN 추가	**출시**

그림 4-1 〈둠〉 연대표 만들기

1995년 1월, 『Electronic Games(일렉트로닉 게임즈)』는 〈둠 2〉 출시를 위해 세 꼭지로 나뉜 일련의 기사를 발행했다. 이드 소프트웨어의 모든 구성원이 기사를 위해 단체 사진을 찍었다.

뒷줄은 왼쪽부터 케빈 클라우드, 아메리칸 맥기, 존 카맥, 에이드리언 카맥, 샌디 피터슨 순서다. 앞줄은 왼쪽부터 데이브 테일러, 존 로메로, 숀 그린 순서다.

사진의 '판자'는 존 로메로의 사무실 문이며, 구멍은 존 카맥의 작품이었다.

어느 날 로메로의 문이 고장 났습니다. 로메로가 자신의 사무실에 갇혔는데, 우리는 문을 열 수 없었습니다. 근무 시간이 지났기에 건물 관리인을 부를 수도 없었죠. 우리는 무엇을 해야 할지 파악하면서 모두 서성거렸습니다. 저는 갑자기 번뜩 떠오른 생각을 말했습니다. "모두 알다시피 내 사무실에는 도끼battle axe가 있어."

도끼는 정말 효과가 좋았습니다.

— 존 카맥

4.1 위치

이드 소프트웨어는 1992년 4월 1일에 스튜디오를 옮겼다. 그들은 매디슨의 강추위를 뒤로하고 '검은색 정육면체'처럼 생겼다고 알려진 텍사스주 메스키트시의 이스트 타워로 이사했다.

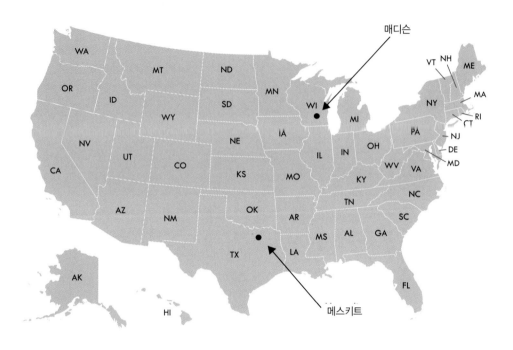

톰 홀은 『둠』(미디어 2.0, 2006)에서 팀원이 새로운 환경에 어떻게 정착했는지 회고했다.

첫날, 팀원들은 각자 쓸 공간을 선택했습니다. 카맥과 로메로는 나란히 붙어 있는 사무실을 가져갔고, 점점 친해지는 중이었던 에이드리언과 케빈은 하나의 사무실을 함께 쓰기로 했습니다. 톰은 창문이 있는 넓은 방의 모퉁이를 좋아했습니다. "여기는 훌륭한 사무실 공간이 될 것 같아. 그래도 벽을 세울 필요는 있겠네." 톰은 말했고 나머지도 동의했습니다. 그러나 벽은 세워지지 않았습니다. 톰이 제이에게 벽을 언제 세울 거냐고 재촉할 때마다 제이는 곧 세우겠다고 말만 했습니다. 결국, 톰은 자신만의 창작 공간을 만들기 위해 벽이 들어섰어야 할 자리에 마스킹 테이프를 길게 둘러놨습니다.

– 데이비드 커시너, 『둠』(미디어 2.0, 2006)

그림 4-2 존 로메로의 미니 다큐멘터리 〈A Visit to id Software(이드 소프트웨어 방문)〉[3]에서 볼 수 있는 이드 소프트웨어 사무실 배치

데이브 테일러는 이드 팀원들의 특이한 정신세계를 엿볼 수 있는 에피소드를 공유했다.

> 저는 자주 바닥에서 잠들곤 했습니다. 하루는 팀원들이 소파를 가져와서 편안한지 한번 자보라고
> 했는데, 깨어나 보니 팀원들이 제 몸을 소파에 테이프로 감아뒀더군요. 테이프가 한동안 떨어지지
> 않았습니다.
>
> – 데이브 테일러

> 우리에게 사운드 카드를 공짜로 보내주던 회사들을 기억합니다. 어떤 때는 사운드 카드가 너무 많
> 이 쌓여서 닌자의 표창처럼 사운드 카드를 집어 제 책상의 반대편에 있는 부엌 벽을 향해 던지곤
> 했죠.
>
> – 데이브 테일러

---

3   옮긴이_ 주소는 다음을 참고. https://vimeo.com/4022128

4.2 창조적인 방향

새로운 게임의 분위기는 이전 게임보다 훨씬 더 어두웠다. 처음에는 영화 〈에이리언Alien〉을 각색하려 했지만, 창의성을 최대한으로 유지하기 위해 그만뒀다.[4] 그들은 〈이블 데드Evil Dead〉 또는 〈괴물The Thing〉과 같은 영화에서 영감을 받았고 무서운 분위기를 원했다. 그들이 때때로 듣는 헤비메탈만큼 공격적인 게임을 만들고 싶었다.

다음 게임은 이름부터 공포스러울 예정이었다. 게임 이름의 아이디어는 존 카맥이 영화 〈컬러 오브 머니The Color of Money〉를 보다가 떠올렸다.

영화의 중간 즈음, 톰 크루즈가 연기한 빈센트는 세계 치고의 당구 큐대인 빌 나부시카를 들고 당구장으로 향한다. 자기 기술에 자신감이 넘치는 빈센트를 토박이 중 한 명인 모젤이 주목한다. 큐대 케이스에 흥미를 느낀 모젤은 빈센트에게 묻는다. "여기에는 뭐가 들었지?" 빈센트는 "여기에?"라고 물은 다음, 모젤을 쳐다보면서 심술궂게 미소 지으며 "둠!"이라고 답한다.[5]

그림 4-3 "여기에? ……둠!"

---

4 흥미롭게도, 역대 최고의 모드 중 하나는 〈에이리언 TC〉일 것이다.

5 옮긴이_ 영화의 하이라이트는 다음을 참고. *https://www.youtube.com/watch?v=ZrjSqK7xPLE*

그들이 상상한 게임은 〈울펜슈타인 3D〉와 〈운명의 창〉으로 달성한 업적을 훌쩍 뛰어넘을 운명이었다. 〈둠〉은 8가지의 무기와 17가지의 적을 가졌다. 영웅은 셀 수 없는 악마들과 싸울 것이다. 그리고 엄청난 깁스^{gibs}가 나올 터였다.[6]

4.3 그래픽 애셋

4.3.1 스프라이트

그들의 야망을 모두 충족하려면, 작업해야 할 그래픽이 상당했다. 무기를 발사할 때 애니메이션이 적용되었다. 괴물은 시야각에 따라 여덟 가지 자세를 가져야 했다. 벽면, 천장, 바닥을 위한 텍스처가 필요했다. 메뉴, 중간 휴식, 최종 화면에 대한 모든 '유틸리티' 기술은 말할 것도 없다. 디럭스 페인트만으로 작업하는 컴퓨터 아티스트 두 명으로 구성된 팀에게는 엄청나게 많은 작업량이었다.

대다수 작업은 괴물에 할당되었다. 주인공과 마주보는 스프라이트를 그리는 것은 쉽다. 그러나 각 동작에 대해 각도를 점차 증가시키면서 일곱 번(45도, 90도, 135도, 180도, 225도, 270도, 315도)을 그리는 작업은 지옥이었다. 이런 문제를 해결하기 위해, 넥스트디멘션의 기술적인 위력과 아티스트의 재능을 지렛대로 삼은 새로운 작업 과정이 만들어졌다. 먼저 종이 위에 그렸고, 자세를 바꿀 수 있는 작은 나무 마네킹에 점토를 발랐다.

----

6 닭 등의 식용 내장을 뜻하는 지블리츠(giblets)의 약자이며 올바른 발음에 대해서는 논란이 있다.
   옮긴이_ 자세한 내용은 다음을 참고. *http://www.structuretoobig.com/post/2004/11/11/Online-Gaming-Pronunciation-Guide.aspx*

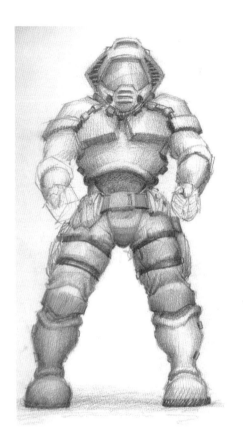

이렇게 캐릭터를 만들고 나면, 마음대로 자세를 바꿀 수 있었다. 핸디캡 Hi8 소니 비디오카메라를 넥스트디멘션에 연결한 후, 회전 선반에 점토 모델을 놓고 여덟 가지 방향에서 조명을 쏴 디지털화했다. 훨씬 빠르고 재미있는 과정이었다.

넥스트디멘션의 출력은 24비트 트루컬러 이미지이며, 퍼지 펌프 팔레트 숍Fuzzy Pumper Palette Shop 이라는 도구를 사용해 256컬러의 〈둠〉 팔레트(5장 참고)로 변환해야만 했다. 각 스프라이트를 완성하기 위해, 아티스트는 디럭스 페인트로 손질하고 채색 작업을 수행했다.

점토가 건조되면 접히는 대신 부서졌기 때문에 작업 과정의 자체적인 결함이 되었다. 그럼에도 불구하고 〈둠〉과 〈둠 2〉를 위한 캐릭터 일곱 개가 조소로 만들어졌다. 첫 번째 모델인 둠가이Doomguy, 바론 오브 헬Baron of Hell, 사이버데몬Cyberdemon은 모두 에이드리언 카맥이 만들었다. 〈둠〉의 상징인 임프Imp, 좀비맨Zombieman, 서전트Sergeant는 모두 케빈 클라우드가 마우스로 그렸다.

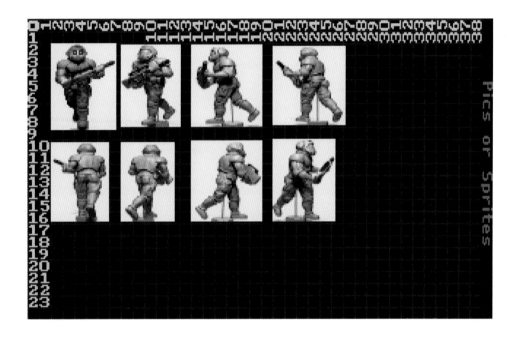

대부분의 모델은 살아남았다. 일부는 여전히 존 로메로가 소유하고 있으며 다른 일부는 이드 소프트웨어 본사에서 볼 수 있다. 몇몇 모델은 야생으로 탈출했으며 지금은 수집가들로부터 높은 평가를 받는다.

그림 4-4 카맥은 예비 도면에서 작업해 바론 오브 헬을 만들었다.

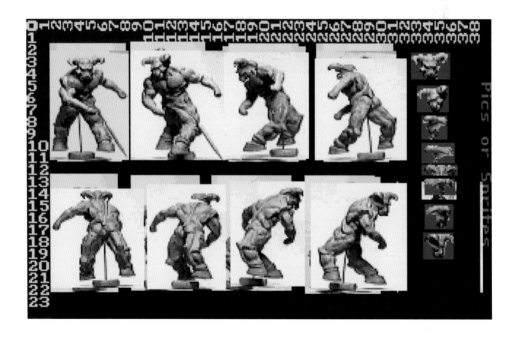

손으로 그리는 것보다 점토 모형을 사용하는 것이 빠르긴 했지만, 여전히 필요한 괴물을 모두 만들어내기에는 역부족이었다. 또한 금속과 같은 반사성 재료를 렌더링할 수 없었기 때문에 텍스처 측면에서 기능이 제한되었다. 점토 모형 제작으로 실현하기에는 너무 세밀하고 복잡한 사항들도 있어 문제가 되었다. 더 나은 모델, 스톱 모션stop motion이 가능한 모델이 필요했다.

이전에 〈둠〉 패키지 아트와 로고를 맡았던 돈 이반 펀차츠Don Ivan Punchatz는 자신의 아들이 이 작업을 정확하게 수행할 수 있다고 말했다. 그의 아들은 그레그 펀차츠로, 〈나이트메어 2: 프레디의 복수A Nightmare On Elm Street Part 2: Freddy's Revenge〉, 〈로보캅RoboCop〉과 속편, 〈구혼 작전Coming to America〉과 같은 할리우드 블록버스터 영화를 위한 스톱 모션 애니메이션을 성공리에 완료했었다.

케빈 클라우드는 그레그 펀차츠를 섭외했고, 젊은 아티스트는 곧바로 아크 바일Arch-Vile, 맨큐버스Mancubus, 레버넌트Revenant, 스파이더 마스터 마인드Spider Master Mind를 맡아 진행했다.

> 스파이더 마스터 마인드는 하드웨어, 취미 상점에서 발견한 타파웨어 플라스틱 용기, PVC 파이프 부품으로 만들어졌습니다. 본체는 조각품으로 시작한 다음 석고 모형 틀을 만들었습니다. 그다음에는 갑옷을 금형에 맞췄고 인조 고무를 금형에 주입해 오븐에 넣었습니다.
>
> 스파이더 마스터 마인드의 다리와 팔이 마구 움직였지만, 입은 움직이지 않았습니다. 작업이 계속 진행됨에 따라, 축소 모형은 완전한 절굿공이 골조가 되었기에 전방위 움직임이 가능해졌습니다. 몇 가지 방식으로, 이러한 스톱 모션 축소 모형은 CG보다 올바른 자세를 더 쉽게 얻을 수 있었습니다. 스톱 모션 모델에서 피부를 크게 고려할 필요가 없는 이유는 금속 골조에서 벗어나지 않기 때문입니다.
>
> – 그레그 펀차츠, *develop-online.net*과의 인터뷰

그레그는 한 가지의 강렬한 후회를 빼고는 전반적으로 즐거운 추억을 만든 듯했다.

이드 소프트웨어는 캐릭터에 대한 지불 금액을 하나당 500달러 깎는 대신, 제게 수익 배분 모델을 제안했어요. 저는 이를 거절했고, 나중에 참 많이 후회했죠. 사람들에게 강렬한 인상을 남기는 게임의 일부가 되는 것은 엄청난 일입니다. 사람들은 〈둠〉에 남아 있는 제 작업을 발견할 테고, 이는 내가 비틀즈의 〈The Beatles〉 앨범에 참여한 것과 마찬가지입니다.

– 그레그 펀차츠, *develop-online.net*과의 인터뷰

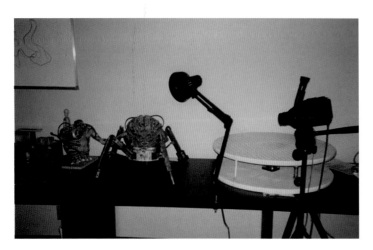

그림 4-5 테이블에 놓인 회전 선반, 카메라, 나무 모델에 주목

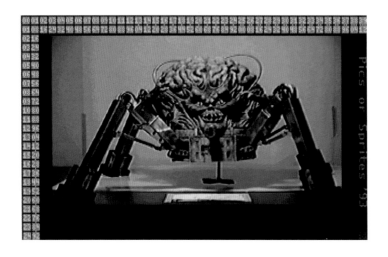

4.3.2 무기

무기는 대부분 장난감으로 시작했고, 넥스트디멘션으로 디지털화했으며, 디럭스 페인트로 깔끔하게 정리했다.

샷건shotgun은 스트롬베커Strombecker에서 제조한 '투시토이 다코타TootsieToy Takota' 캡 샷건이었다.

그림 4-6 제임스 밀러James Miller가 제공한 투시토이 다코타 사진. 소총 사격 모드가 있었다.

체인톱chainsaw은 매컬러McCulloch에서 제조한 실제로 판매하는 제품 '이거 비버Eager Beaver'였다. 톰 홀의 여자 친구가 빌려줬다.

그림 4-7 제임스 밀러가 제공한 매컬러 이거 비버 사진

운 좋게도 이 체인톱은 로메로가 사무실에 갇혔던 사건 이후에 생겼다. 갇히기 전에 사무실에 체인톱이 있었다면 흥미로운 일이 벌어졌을 텐데.

체인톱은 잘 작동했지만 기름이 엄청나게 샜다. 그래서 그릇 위에 보관해야만 했다.

아래 사진에서 볼 수 있는 체인건은 '올 페인리스Ol' Painless'라는 이름의 또 다른 투시토이 장난감이었다. 9V 배터리를 장착하면 엄청난 사격음을 냈기 때문에 많은 부모의 원성을 샀다.

주먹은 실제로 손가락 마디에 끼는 장갑을 착용한 케빈 클라우드의 손이었다. 플라스마 건Plasma Gun은 〈람보 3Rambo III〉 M-60 장난감 세트의 유탄 발사기grenade launcher (상자의 왼쪽 상단 부품)를 기반으로 했다.

BFG[7] 9000은 크리에이토이Creatoy가 만든 '로어건RoarGun'이었다. 옆으로 촬영한 후 좌우 반전해서 붙였고, 깊이감을 더 주기 위해 기울인 모습을 사용했다.

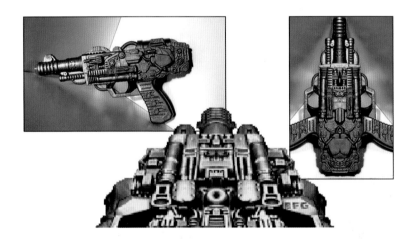

4.3.3 하늘

화성의 여러 위성이 배경이었으므로 알맞은 하늘 텍스처를 만들어야만 했다.

원하는 '실제' 느낌을 만들어내기 위해, 케빈과 에이드리언은 미디어클립MediaClips이라는 로열티가 없는 10장짜리 CD-ROM 세트를 구입했다. 각 CD에는 제트기, 장엄한 장소, 소품, 야생

---

7   옮긴이_ Big Fucking Gun의 앞글자를 딴 이름이다.

장소, 세계 모습 등의 테마가 있었고, CD마다 고해상도(640×480) 사진 100장이 650MB의 용량만큼 들어 있었다.

12월에 에피소드 1의 셰어웨어를 출시해야만 했으므로 제작 시간이 넉넉하지 않았다. 간단하게 중국의 양쒀현Yángshuò Xiàn 동굴 이미지를 잘라 표준 256×128 해상도로 하늘을 만들었다. 다른 에피소드는 시간이 넉넉했으므로, 다양한 자료를 합성하여 더 창의적인 이미지를 만들었다. 화성의 위성인 포보스Phobos와 데이모스Deimos, 지옥의 하늘과

맞닿은 윤곽선은 중국, 시온Zion, 하와이 등의 장소에서 빌려왔다.

엔진에서 하늘이 네 번 반복되므로 가장자리를 부드럽게 보이도록 텍스처를 패치해야만 했다. 오른쪽과 왼쪽 가장자리가 중단 없이 연결되도록 만드는 방법에 주목하자.

토막상식

〈둠 2〉 에피소드 2 하늘의 구름이 어디에서 왔는지 추측할 수 있는가?

〈둠〉 에피소드 2는 시온의 파수꾼 암석 대형과 붉은 색조의 일몰로 구성되었다.

〈둠〉 에피소드 1은 중국의 양쒀현 동굴이었다(제임스 밀러가 모든 작품을 제공했다).

〈둠 2〉 지도 1은 하와이 해변의 일몰 장면이었다.

〈둠 2〉 지도 13은 불타오르는 도시 구름을 위해 챌린저 우주왕복선Space Shuttle Challenger의 이륙 장면을 사용했다.

4.4 지도

지도는 위에서 내려다보는 시각으로 설계되었다. 벽과 바닥이 수직이고 바닥과 천장은 수평이므로, 지도를 2차원으로 그렸다는 제약이 있다. 디자이너는 VERTEX[8], LINE, SIDEDEF, SECTOR, THING이라는 다섯 가지로 작업했다.

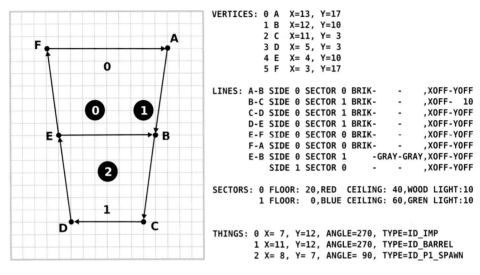

```
VERTICES: 0 A  X=13, Y=17
          1 B  X=12, Y=10
          2 C  X=11, Y= 3
          3 D  X= 5, Y= 3
          4 E  X= 4, Y=10
          5 F  X= 3, Y=17

LINES: A-B SIDE 0 SECTOR 0 BRIK-    -    ,XOFF-YOFF
       B-C SIDE 0 SECTOR 1 BRIK-    -    ,XOFF- 10
       C-D SIDE 0 SECTOR 1 BRIK-    -    ,XOFF-YOFF
       D-E SIDE 0 SECTOR 1 BRIK-    -    ,XOFF-YOFF
       E-F SIDE 0 SECTOR 0 BRIK-    -    ,XOFF-YOFF
       F-A SIDE 0 SECTOR 0 BRIK-    -    ,XOFF-YOFF
       E-B SIDE 0 SECTOR 1      -GRAY-GRAY,XOFF-YOFF
           SIDE 1 SECTOR 0      -    -    ,XOFF-YOFF

SECTORS: 0 FLOOR: 20,RED  CEILING: 40,WOOD LIGHT:10
         1 FLOOR:  0,BLUE CEILING: 60,GREN LIGHT:10

THINGS: 0 X= 7, Y=12, ANGLE=270, TYPE=ID_IMP
        1 X=11, Y=12, ANGLE=270, TYPE=ID_BARREL
        2 X= 8, Y= 7, ANGLE= 90, TYPE=ID_P1_SPAWN
```

그림 4-8 〈둠〉 지도와 DoomEd로 만든 결과 데이터

SECTOR는 지정된 바닥 높이, 바닥 텍스처, 천장 높이, 천장 텍스처, 조명 수준과 함께 LINE으로 둘러싸인 닫힌 영역이다. 섹터는 오목할 수 있지만, 선들은 서로 교차할 수 없다.

LINE은 단단한 벽이거나 두 SECTOR 사이의 포털일 수 있다. 차이점은 이와 관련된 SIDEDEF의 수다. 벽은 오른쪽에 SIDEDEF가 하나만 있으며 완전히 불투명하다. 포털에는 SIDEDEF가 두 개 있으며, 부분적으로 투명하다.

SIDEDEF는 LINE의 한쪽 면을 기술한다. 벽과 포털의 텍스처를 수용하기 위해 텍스처를 최대 3개까지 가질 수 있다. 벽은 전체 영역을 덮기 위해 중간 텍스처를 사용한다. 또한 SIDEDEF는 천장/바닥 높이가 다른 SECTOR를 연결하는 포털을 위해 상단 텍스처와 하단 텍스처를 가지

---

8 꼭짓점 좌표는 부호 있는 signed short 정수[-32768, 32767]로 표시되었으며, 32단위는 대략 1m(영국식 도량형 시스템을 사용해야만 하는 불쌍한 영혼의 경우 3.28피트)로 변환된다.

고 있다. 포털이 더 높은 층으로 이어지는 경우, 하단 텍스처가 '계단'을 렌더링하기 위해 사용된다. SECTOR가 천장이 낮은 SECTOR에 연결되면 상단 텍스처가 '내려가는 계단'을 렌더링하기 위해 사용된다. 문과 버튼의 정렬을 돕기 위해 SIDEDEF 텍스처는 수직/수평 오프셋을 가질 수 있다.

다른 요소와 비교하면 THING은 훨씬 간단하다. 2D 좌표 X, Y, 각도, 유형을 제어하는 식별자만 있다. 지도에는 최소한 THING으로 지정된 플레이어 생성 위치가 존재해야 한다.

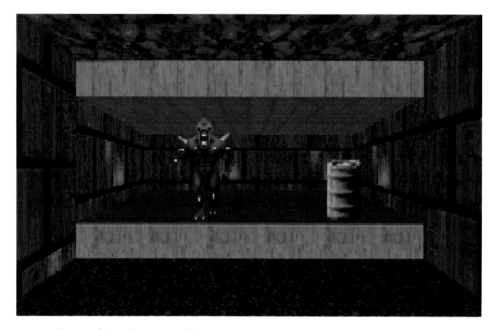

그림 4-9 [그림 4-8]에 표시된 지도의 렌더링 결과

[그림 4-9]처럼 렌더링 결과는 보기 흉하지만, 튀는 색상은 다양한 요소들을 식별하는 데 도움을 줄 것이다. E-B를 제외한 나머지 모든 LINE은 벽이며, E-B는 SIDEDEF가 두 개이므로 포털이다. 상단과 하단 양쪽에 GRAY를 사용하는 포털을 제외하고 모든 벽은 BRIK 중간 텍스처를 사용한다.

SECTOR #0은 RED 바닥 텍스처와 WOOD 천장 텍스처를 사용한다. 바닥의 높이는 20이고 천장의 높이는 40이다. SECTOR #1은 BLUE 바닥 텍스처와 GREEN 천장 텍스처를 사용한다. 바닥은 0, 천장은 60이다. 두 섹터의 조명 수준은 10으로 동일하다.

중간 텍스처가 없지만, 상단 텍스처와 하단 텍스처가 있는 벽 **E-B**에 주목해야 한다. 두 텍스처는 **SECTOR #0**을 향한 상향 계단과 하향 계단을 그리는 데 사용되었다.

또한 중간 텍스처 수직 오프셋이 올바르게 설정되지 않은 벽 **D-E**가 벽 **E-F**와 연결될 때 수직으로 찢어졌음에 주목하자. 벽 **B-C**의 수직 오프셋은 올바르게 설정되었으며 시각적인 거슬림이 없다. 수평 오프셋을 사용하는 벽은 없지만, 대응하는 필드는 **XOFF**로 레이블을 붙여 [그림 4-8]에서 위치를 표시했다.

4.4.1 DoomEd

지도 형식의 복잡성을 다루기 위해 TED5[9]를 대체하는 새로운 도구를 만들었다. 〈둠〉 지도 편집기는 DoomEd라 불렸다. 이 지도 편집기는 넥스트가 가장 큰 영향을 미친 프로그램이다. 고해상도 디스플레이는 작은 세부 사항과 많은 위젯을 보여주는 넓은 공간을 허용했다. 넥스트스텝의 안정성으로 인해 DoomEd를 개발하거나 지도를 작성하는 동안 결코 작업을 날리는 일이 없었다. 오브젝티브-C의 설계 또한 엄청난 영향을 미쳤다. 이 언어의 메시지 디스패칭 시스템은 **nullptr** 역참조[10]를 우아하게 처리했으며, 그 결과 결함이 있는 기능은 작동하지 않으며 충돌하지도 않는 결함 포용 환경이 만들어졌다.

전체 위젯 라이브러리와 함께 제공될 뿐만 아니라, 새 위젯을 작성해 비즈니스 논리에 즉시 연결할 수 있는 인터페이스 빌더가 넥스트의 핵심 기능이었다.

---

9   그 당시까지 사용하던 이드 소프트웨어의 지도 편집기

10 콜린 휠러(Colin Wheeler)가 작성한 「Understanding the Objective-C Runtime(오브젝티브-C 런타임 이해)」
    옮긴이_ 한국어 번역은 다음을 참고. *https://www.letmecompile.com/objective-c-%EB%9F%B0ED%83%80%EC%9E%84runtime-*
    %EB%82%B4%EB%B6%80-%EB%8F%99%EC%9E%91-%EB%B6%84%EC%84%9D/

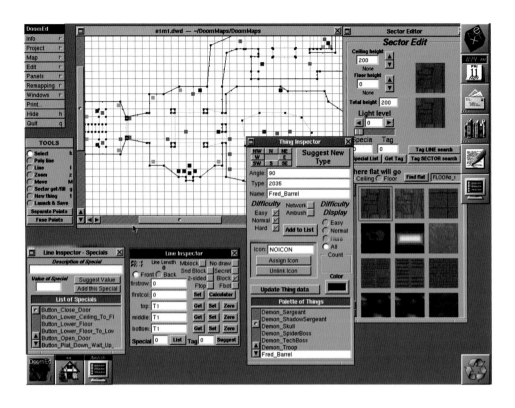

2015년 4월, 소스 코드가 공개되어 프로그래머는 게임 내부를 들여다볼 수 있었다. 게임 엔진 과 비교해 코드 크기는 절반 정도였다(〈둠〉은 32클록, DoomEd는 20클록). 넥스트의 위력 이 없었다면 편집기는 최소한 두 배 이상의 시간을 작성을 위해 소비했을 것이다.

```
$ ./cloc.pl DoomEd

--------------------------------------------------------------------
Language              files        blank      comment         code
--------------------------------------------------------------------
Objective C              78         4806         5111        18638
C/C++ Header             72          638          222         2083
C                         1            8           12           69
make                      1           18            8           52
--------------------------------------------------------------------
SUM:                    152         5470         5353        20842
--------------------------------------------------------------------
```

DoomEd는 디자이너가 단순히 선을 그리고, 섹터를 선택하고, 텍스처를 고르는 '세계 지도를 위한 어도비 일러스트레이터'로 설계되었다.

DoomEd 아이콘은 바론 오브 헬과 비슷하다. 시작하면 임프의 으르렁거리는 소리가 재생된다.

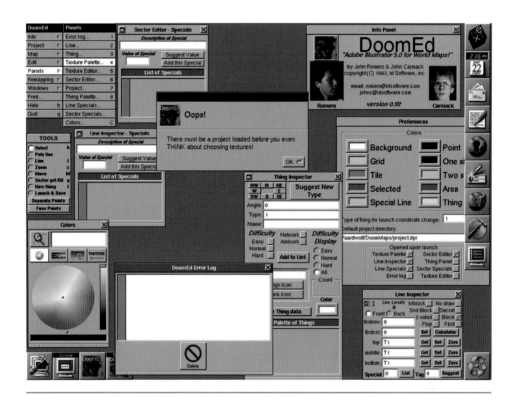

DoomEd는 게임 엔진에서 사용 가능한 데이터를 직접 출력하지 않았다. 그 대신 DWD라는 텍스트 형식을 생성했다. 헤더는 매직 넘버로 사용되었으며 LINE 목록(SIDEDEF 포함)과 THING 목록이 뒤따랐다. 섹터는 LINE의 천장/바닥 텍스처, 천장/바닥 높이, 조명 속성에서 추론되었다.

```
WorldServer version 4
lines:475
(1088,-3680) to (1024,-3680) : 1 : 0 : 0
    0 (0 : - / - / DOOR3)
```

```
    0 : FLOOR4_8 72 : CEIL3_5 255 1 0
[...]
things:138
(1056,-3616, 90) :1, 7
[...]
```

DWD는 공간 효율성을 염두에 두고 설계되지는 않았지만, 노드 빌더 도구인 doombsp가 후행 처리했기 때문에 구문을 분석하기가 쉬웠다.

그림 4-10 나중에 E2M7이라고 불릴 지도를 연구하면서 기뻐하는 톰 홀. 모니터에 붙여진 스티커에는 '품질quality'이라고 적혀 있었다.

4.5 지도 전처리기(노드 빌더)

이드에게 지도 전처리map preprocessing는 새로운 것이 아니었다. 1991년부터 〈울펜슈타인 3D〉와 함께 지도는 이미 빠른 사운드 전파를 위해 사전 처리되었다. 〈둠〉에서는 복잡성과 처리 시간 측면에서 완전히 새로운 수준에 이르렀다.

당면한 주요 문제는 DDA 알고리즘[11]을 사용하지 않는 동시에 〈울펜슈타인 3D〉의 직교 격자 제약을 완화하면서도 동일한 렌더링 속도를 유지하는 것이었다. 각 지도에 대해 여러 가지 가속 데이터 구조를 생성하는 해법을 선택했으며, 각각은 특정 문제를 해결하기 위한 목표에 전념했다.

이를 위한 도구는 doombsp였다. *.DWD* 지도를 입력으로 받아 *.WAD*를 출력했다. 지도는 공간 효율적인 형식으로 표현되었을 뿐만 아니라(예를 들어 꼭짓점을 한 번만 표시하고 색인을 통해 이를 참조) 데이터 구조 3개를 함께 생성했다. 지도의 BSP 버전은 노트 트리를 표현해 렌더링을 가속했다. 블록맵blockmap은 충돌 감지를 가속했다. 마지막으로 거부 테이블은 AI를 가속했다.

토막상식

지도 전처리에 상당한 시간이 걸렸다. 넥스트스테이션 터보컬러를 사용하면 E1M1에서 doombsp를 실행하는 데 10초가 걸렸다. E1M2에서는 30초 정도 걸렸다. E2M7에서는 꼬박 1분이 걸렸다. 셰어웨어의 처음 지도 9개는 처리하는 과정에서 3분 26초가 걸렸다. 등록된 버전의 전체 지도 27개를 처리하려면 11분이 필요했다.

```
$ ./cloc.pl doombsp

38 text files.
36 unique files.


-------------------------------------------------------------------
Language              files        blank       comment         code
-------------------------------------------------------------------
Objective C              19         1112          1464         4529
C/C++ Header              9          285           190          613
```

---

11 DDA는 가시적 표면 결정(visible surface determination, VSD), 충돌 감지, 시선 처리 계산을 위해 광범위하게 사용되었다. 〈둠〉에서는 이 모든 것이 사라졌다.

C	2	244	184	603
make	1	16		20
SUM:	31	1657	1846	5765

토막상식

DoomED.app, doom, doombsp는 밀접하게 결합되어 있었다. 에디터의 버튼 하나만으로도 지도를 저장하고 노드 빌더를 호출하고 WIP 지도로 게임을 시작하기에 충분했다.

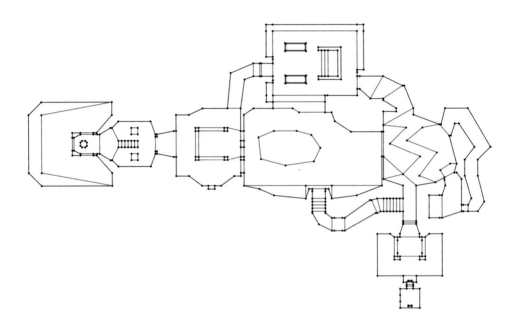

DoomEd로 생성한 지도다. 포털은 빨간색이다. 벽은 검은색이다.

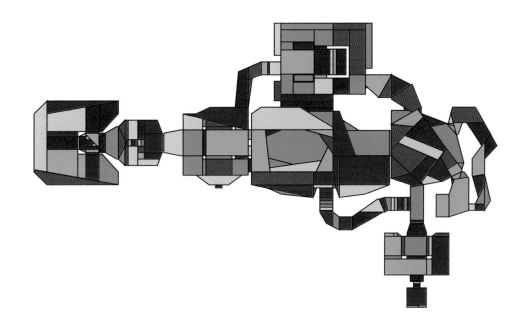

섹터가 하위 섹터라는 볼록한 하위 공간으로 분할되는 BSP 노드 트리다.

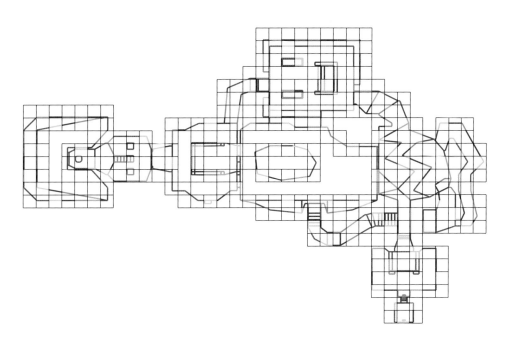

각 블록이 128×128인 블록맵 조각을 통해 충돌 감지를 가속한다.

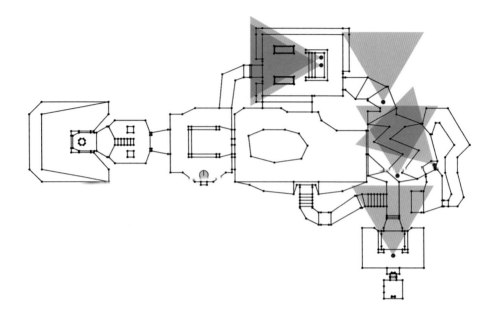

REJECT 자료 구조는 적과 괴물의 시선 처리 계산 속도를 높였다.

노드 빌더의 소스 코드는 1994년 5월, 게임 출시 직후 공개되었다. 넥스트스텝 버전이었지만 도스로 신속하게 변환된 후 IDBSP라는 이름으로 출시되어 수많은 모더modder[12]들을 기쁘게 만들었다.

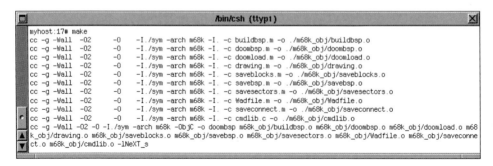

그림 4-11 넥스트스텝에서 doombsp 빌드

....

12 옮긴이_ 게임에 수정을 가하는 것(모딩)을 즐기는 게임 애호가

각 .dwd에 대해 doombsp는 일련의 이진 데이터 덩어리를 출력해 .WAD 파일에 저장한다 (4.10.1절 참고).

이진 데이터 덩어리 이름	설명
EXMY	X는 에피소드이며, Y는 지도 번호인 지도 시작 표식. 이어지는 모든 후속 데이터 덩어리는 이 지도 '블록'의 일부다.
MAPXY	EXMY와 동일하지만 〈둠 2〉에서 사용된다.
VERTEXES	signed short X, Y 쌍의 배열. 이 지도의 모든 좌표는 이 배열의 색인이다.
LINEDEFS	두 꼭짓점을 참조하는 선의 배열. 이것은 DoomEd에 사용된 라인을 직접 변환한 것이다. 또한 선이 벽인지 포털인지에 따라 하나 또는 두 개의 SIDEDEF를 가리킨다.
SIDEDEFS	상단, 하단, 중간 텍스처를 정의한다. 또한 텍스처 수평과 수직 오프셋도 정의한다.
SECTORS	선으로 둘러싸인 영역이며, 조명 수준과 함께 천장과 바닥 텍스처/높이가 성해서 있다.
THINGS	모든 괴물, 파워 업, 생성 장소에 대한 위치와 각도
NODES	SEGS, NODES, SSECTORS 잎이 있는 BSP
SEGS	BSP(5.12.1절 참고)로 인해 잘린 선의 일부
SSECTORS	볼록한 하위 공간을 나타내는 SEGS의 집합
REJECT	시선 처리 계산 속도를 높이기 위한 섹터 사이의 가시성 행렬
BLOCKMAP	충돌 감지를 가속하기 위해 지도 LINEDEFS의 128×128 격자 눈금 분할

그림 4-12 「The Unofficial Doom Specs(비공식 〈둠〉 스펙)」[13] v1.666에 문서화된 지도 데이터 덩어리

BSP로 지도를 분할하는 작업은 쉽지 않다. doombsp의 발견적인 시도는 균형 트리를 생성하고 축이 정렬된 분할 선을 선택하는 동안 생성된 세그먼트 수를 최소화하려고 시도한다. 디버그 플래그 -draw는 무슨 일이 일어나고 있는지 모니터링하게 해준다. BSP 트리와 이진 분할에 대해서는 5.12.1절에서 자세히 설명한다.

---

13 옮긴이_자세한 내용은 다음을 참고. https://doomwiki.org/wiki/Unofficial_Doom_Specs

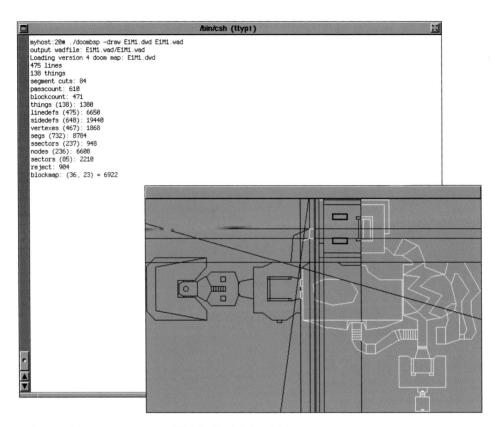

```
/bin/csh (ttyp1)
myhost:20# ./doombsp -draw E1M1.dwd E1M1.wad
output wadfile: E1M1.wad/E1M1.wad
Loading version 4 doom map: E1M1.dwd
475 lines
138 things
segment cuts: 84
passcount: 610
blockcount: 471
things (138): 1380
linedefs (475): 6650
sidedefs (648): 19440
vertexes (467): 1868
segs (732): 8784
ssectors (237): 948
nodes (236): 6608
sectors (85): 2210
reject: 904
blockmap: (36, 23) = 6922
```

그림 4-13 디버그 모드로 doombsp를 실행하면 분할 선택이 표시된다.

4.6 홍보

페이스북, 인스타그램, 트위터 등 SNS가 없었고 심지어는 인터넷도 없던 시절, 잠재 고객과 접촉할 방법이 거의 없었다.

신문과 잡지는 부정확한 정보를 드물게 전달했으며, 이는 독자에게 해답을 주기보다는 더 많은 의문을 안겨주고는 했다.

이드 소프트웨어는 넥스트 하드웨어와 함께 제공된 유닉스 시스템의 도구 finger에 주목했다. 완전한 텍스트 기반인 finger는 원격으로 유닉스 시스템을 탐색할 수 있었다. fingerd 데몬은 TCP 포트 79번으로 들어오는 연결을 수신해 요청에 응답할 준비가 되어 있었다. 도메인 이름으로 **finger**를 실행하면 해당 컴퓨터에 등록된 모든 계정의 주소록이 반환되었다.

```
$ finger idsoftware.com

[idsoftware.com]

Welcome to id Software's Finger Service V1.5!

The following people have information available:

User       Name               Description   Project
---------  -----------------  ------------  --------
johnc      John Carmack       Programmer
johnr      John Romero        Programmer
ddt        Dave Taylor        Programmer
adrianc    Adrian Carmack     Artist
kevinc     Kevin Cloud        Artist
donnaj     Donna Jackson      id Mom
.
.
.
.
```

토막상식

finger가 만들어졌을 때, 'finger(손가락)'라는 단어에는 1970년대의 '고자질snitch'이라는 의미가 함축되어 있었다. 이 가상의 '고자질하는 손가락질'은 유닉스 명령의 의미론을 상기시켜주는 훌륭한 암시/연상 기호였다.

이드 소프트웨어의 직원들은 워크스테이션의 홈 디렉터리에 위치한 *.plan* 텍스트 파일을 작성할 수 있었다. 인터넷 연결이 가능한 사람이라면 누구든지 *.plan*의 내용을 참고할 수 있었다. 도메인 이름 앞에 사용자 이름을 추가하면 되었다. 그 결과로 개발자와 소비자 사이의 직접적인 단방향 연결과 오늘날의 블로그처럼 정보를 전달하는 고유한 방식이 되었다.

이 시스템이 처음 시작되었을 때 이런 사실을 알고 있는 사람은 거의 없었으며, 심지어 **finger** 식별자가 무엇을 의미하는지 아는 사람은 정말 극소수였다. 업데이트 기능이나 알림도 없었다.

존 카맥과 같은 일부 사람들은 매일 *.plan*을 갱신했다. 원래 버그 수정의 글머리 기호 목록인 *.plan*은 존 카맥의 유명한「오픈GL 대 다이렉트3D」[14]와 같이 블로그와 유사한 내용으로 변형되었다. 1996년 2월 18일, 퀘이크 개발 과정에서 작성된 가장 오래된 *.plan*은 다음과 같이 보존되고 있다.

$ finger johnc@idsoftware.com

[idsoftware.com]
Welcome to id Software's Finger Service V1.5!

Login name: johnc In real life: John Carmack
Directory: /raid/nardo/johnc Shell: /bin/csh
Never logged in.
Plan:

이는 내 일상 작업이다.

내가 뭔가를 달성할 때, 그날 * 행을 작성한다.

하루 동안 버그/빠진 기능이 언급되어 수정을 못 할 때마다, 노트에 기록한다.
몇몇은 수정되기 전까지 여러 차례 노트에 올라왔다.

가끔 나는 예전 노트를 거슬러 올라가면서 지금까지 수정한 내용에 + 기호를 붙인다.

--- 존 카맥

= 2월 18일 ===================================
* 빌어먹을 페이지 전환
* 콘솔 늘이기
* 더 빠른 수영 속도
* 피해 방향 프로토콜
* 장갑 색 번쩍임
* gib 죽음
* 수류탄 수정
* 대역 모델에게 활기를 주기
* 못 박는 기계 뒤처짐
* 게임 끝에서 전용 서버 종료
+ 점수판
+ 선택적인 전체 크기

---

14 자세한 내용은 부록 J 참고

+ 중심 키 보기
+ 빌어먹을 비디오 모드 15
+ sbar에서 탄약 상자 교체
+ 프로그램 오류 후 '재시작' 허용
+ 핏자국 재등장?
+ 로켓에서 −1 탄약의 값

4.7 음악

이전 게임과 마찬가지로 이드는 보비 프린스에게 음악과 여러 가지 오디오 효과 제작을 요청했다. 보비 프린스는 프로젝트가 시작되기 전에 연락을 받았다. 분위기를 파악하기 위해 톰 홀이 저술한 문서인 「둠 바이블」만 받았는데, 이 책은 게임의 분위기를 설명하는 디자인 문서로 사용되었다.

「둠 바이블」에 있던 대다수 내용은 게임에 등장하지는 않았지만, 프로젝트 시작을 위해 게임 분위기를 설명하는 데 쓰였습니다. 이 문서를 받고 몇 개월 후에 저는 많은 음악과 최종 사운드 효과가 될 개략적인 내용을 만들었습니다.

– 보비 프린스

심지어 이드 소프트웨어가 일반적인 방향을 설정했음에도 불구하고, 보비가 혁신을 일으키고 주도권을 잡는 상황을 막지는 못했다.

이드 소프트웨어 개발 팀은 저에게 오직 〈둠〉을 위한 헤비메탈 노래 작곡만을 원했습니다. 저는 이런 종류의 음악이 게임에 적절하다고 생각하지는 않았지만, 일부 원곡을 개략적으로 만들고 몇몇 대표곡을 위한 MIDI 시퀀스도 만들었습니다. 레벨 디자인 이전이었고 대부분의 삽화가 만들어지기 이전이었습니다. 게임이 합쳐지면서, 이드의 친구들은 이런 유형의 음악은 〈둠〉에 등장하는 여러 레벨에 적합하지 않다고 느꼈습니다. 의견에 동의하면서도, 저는 또다시 주변 분위기를 살린 배경 음악을 개략적으로 만들었고, 결국 그중 많은 부분이 실제 게임에 들어갔습니다. 'At Doom's Gate(둠의 문에서)'는 제가 이런 유형으로 만든 최초의 작품 중 하나였죠. 나중에서야 안 사실인데, (모든 음악을 레벨에 올린) 존 로메로는 제 곡이 첫 번째 레벨을 위한 완벽한 음악이라고 생각했다는군요.

– 보비 프린스

1990년대 초반에 인기를 끌던 헤비메탈 밴드인 메탈리카Metallica, 빌리버Believer, 슬레이어Slayer, 앨리스 인 체인스Alice in Chains, AC/DC, 특히 판테라Pantera가 영감의 원천이었다.

4.8 사운드

오디오 효과를 위해 '제너럴 시리즈 6000' 팩을 사운드 아이디어스Sound Ideas에서 구입했다. 이 로열티 프리 5CD 세트는 고품질 음원으로 이루어졌고 오늘날까지도 샘플로 쓰인다. 귀가 예민한 사람은 〈둠〉에서 문이 열리는 사운드가 비스티 보이즈Beastie Boys의 'Body Moving' 뮤직비디오[15]나 〈닥터 후Doctor who〉 TV 시리즈에도 등장했다는 것을 알아챌 수 있다.

토막상식

임프가 죽을 때 내는 으르렁거리는 소리에 사용된 샘플이 궁금한가? 정답은 평범하고 단순하다. 낙타 울음소리였다.

4.9 프로그래밍

도스의 볼랜드 C++ 편집기에서 넥스트스텝의 TextEdit로 이주한 결과 장단점이 생겼다. 한편으로는 구문 강조와 같은 편리한 기능이 사라졌다. 다른 한편으로는 애플리케이션 충돌이 사

---

15 옮긴이_ *https://www.youtube.com/watch?v=uvRBUw_Ls2o* 뮤직비디오의 5분 9초 지점

라졌다. 소중한 작업 시간을 절대 날려버리지 않았다. TextEdit에는 탐색과 가독성을 향상하기 위해 코드를 '접을' 수 있는 표식(//)이 있었다.

메가디스플레이의 높은 해상도(1120×832)는 수직으로 더 많은 코드를 보여줬고 수평으로도 도스 80열짜리 윈도를 세 줄로 나란히 세운 것과 같았다. 볼랜드의 IDE는 기본 모드[16]에서 코드 21행을 보여주지만, TextEdit는 57행을 표시할 수 있었다.

```
≡  File  Edit  Search  Run  Compile  Debug  Project  Options     Window  Help
[■]                              \CODE\D_MAIN.C                        1=[‡]
void D_DoomMain (void)
{
        int             p;
        char                    file[256];

        FindResponseFile ();

        IdentifyVersion ();

        setbuf (stdout, NULL);
        modifiedgame = false;

        nomonsters = M_CheckParm ("-nomonsters");
        respawnparm = M_CheckParm ("-respawn");
        fastparm = M_CheckParm ("-fast");
        devparm = M_CheckParm ("-devparm");
        if (M_CheckParm ("-altdeath"))
                deathmatch = 2;
        else if (M_CheckParm ("-deathmatch"))
                deathmatch = 1;

     1:1
 F1 Help   F2 Save   F3 Open   Alt-F9 Compile   F9 Make   F10 Menu
```

---

16 볼랜드의 C++ IDE는 50행을 얻기 위해 80열 모드를 사용하는 설정이 가능했지만, 가독성이 크게 저하되었다.

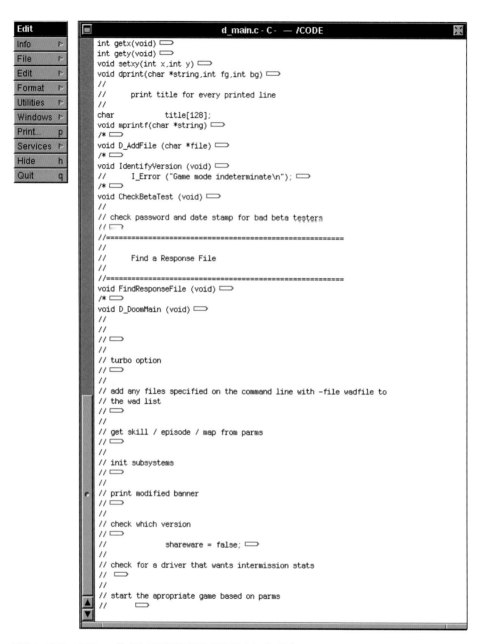

```
int getx(void) ⊐
int gety(void) ⊐
void setxy(int x,int y) ⊐
void dprint(char *string,int fg,int bg) ⊐
//
//      print title for every printed line
//
char            title[128];
void mprintf(char *string) ⊐
/* ⊐
void D_AddFile (char *file) ⊐
/* ⊐
void IdentifyVersion (void) ⊐
//      I_Error ("Game mode indeterminate\n"); ⊐
/* ⊐
void CheckBetaTest (void) ⊐
//
// check password and date stamp for bad beta testers
// ⊐
//======================================================
//
//      Find a Response File
//
//======================================================
void FindResponseFile (void) ⊐
/* ⊐
void D_DoomMain (void) ⊐
//
//
// ⊐
//
// turbo option
// ⊐
//
// add any files specified on the command line with -file wadfile to
// the wad list
// ⊐
//
// get skill / episode / map from parms
// ⊐
//
// init subsystems
// ⊐
//
// print modified banner
// ⊐
//
// check which version
// ⊐
//              shareware = false; ⊐
//
// check for a driver that wants intermission stats
// ⊐
//
// start the apropriate game based on parms
// ⊐
```

그림 4-14 *TextEdit.app*은 특수 표식(//)을 통해 섹션 접기가 가능했다.

[그림 4-14]에서 TextEdit 태그와 접기는 *d_main.c*의 1,181행을 700행에 가깝게 보여준다. 이런 특성을 활용해 개발자는 기능 대신 시스템 측면에서 생각할 수 있었다.

4.9.1 인터페이스 빌더, 객체 지향 프로그래밍, 오브젝티브-C

4.9.1.1 인터페이스 빌더

많은 사람이 넥스트스텝의 킬러 앱으로 간주하는 간판 주자, 인터페이스 빌더Interface Builder를 언급하지 않는다면 도구 목록은 완성되지 않을 것이다.

인터페이스 빌더는 1984년 장 마리 홀로Jean-Marie Hullot가 Lisp 언어로 처음 작성했고 1986년에 'SOS 인터페이스'[17]로 상용화되었다. 넥스트는 홀로를 채용했으며 홀로는 팀과 함께 오브젝티브-C를 기반으로 유사한 도구를 만들었다.

홀로가 제작을 관리한 넥스트스텝 버전은 GUI 구축 비용을 5~10배 줄였다.[18]

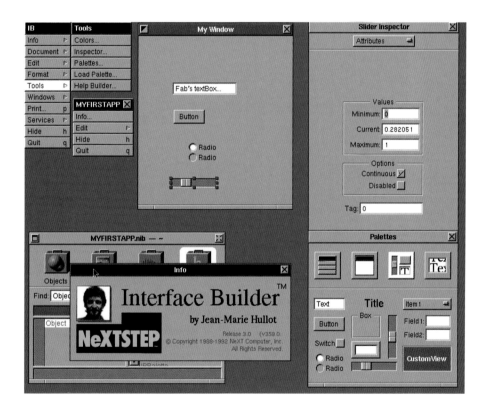

----

17 「A Brief History of Human Computer Interaction Technology(인간 컴퓨터 상호작용 기술의 간략한 역사)」. 내용은 다음을 참고. https://www.researchgate.net/publication/245033301_A_Brief_History_of_Human_Computer_Interaction_Technology

18 1991년 제작된 홍보용 비디오 〈NeXT vs Sun(넥스트 대 썬)〉. 자세한 내용은 다음을 참고. https://www.youtube.com/watch?v=UGhfB-NICzg

인터페이스 빌더를 사용하면 GUI 작성과 관련된 모든 고되고 단조로운 작업을 눈 깜짝할 새 마우스로 처리할 수 있었다. 코드 작성에서 가장 '따분한' 부분은 비즈니스 논리 계층에 존재하는 애플리케이션의 실제 핵심을 위해 마지못해 수행하는 작업에 지나지 않았다. GUI 작성은 2단계 프로세스다. 먼저 모든 요소를 그린 다음, UI 요소를 객체 모델에 연결한다.

첫 번째 부분은 스티브 잡스가 보증하듯이 GUI 요소 팔레트에서 캔버스로 끌어서 놓는 작업만으로 인터페이스 구축이 가능해졌기에 '엄청나게 쉬워졌다'. 인스펙터로 요소의 속성을 확인할 수 있었다. 슬라이더의 최대/최소부터 텍스트 필드의 기본값까지 모든 것을 쉽게 조정할 수 있었다.

시각적 요소를 비즈니스 논리 객체에 마우스로 연결하는 두 번째 부분도 시각적인 상자를 대상과 행위에 연결하는 방법으로 수행했다. 체크 박스 UI 요소의 대상으로는 불리언Boolean 속성을 지정하고, 버튼 UI 요소는 메서드를 지정하는 식이었다.

4.9.1.2 객체 지향 프로그래밍

혁신적인 디자인 외에도 인터페이스 빌더는 오브젝티브–C라는 프로그래머 친화적인 객체 지향 프로그래밍object-oriented programming (OOP) 설계로 멋지게 보완되었다.

> 이 업계에 몸담은 20년 동안 '객체 지향 프로그래밍'만큼 심오한 혁명을 본 적은 없습니다. 그야말로 5~10배 빠르게 소프트웨어를 구축할 수 있었고, 소프트웨어는 훨씬 더 안정적이었으며, 유지 관리가 쉽고, 또한 강력했습니다. 언젠가는 이 객체 기술을 사용해 모든 소프트웨어를 작성하게 될 것입니다.
>
> – 스티브 잡스, 1994년 6월 16일 『롤링 스톤Rolling Stone』과의 인터뷰에서

OOP의 캡슐화, 상속, 다형성은 인간 프로그래머가 처리할 수 있는 복잡성의 한계를 뛰어넘게 했다. 프로그램은 잠재적으로 중첩된 하위 시스템의 모음으로 개념화된다. 정신적 이미지는 복잡한 모놀리식 블록일 필요가 없었다. 이해하기 어려운 시스템을 더 작고 요약하기 쉽게 분해할 수 있었다.

4.9.1.3 오브젝티브-C

오브젝티브-C는 C++와 거의 같은 시기에 개발되었다. 그러나 공동 제작자인 브래드 콕스Brad Cox는 자신의 창작물과 비야네 스트롭스트룹Bjarne Stroustrup의 아이디어는 반대의 철학을 가졌었다고 회상한다. C++가 성능을 최우선으로 삼았다면, 오브젝티브-C의 경우 프로그래머의 생산성을 최우선으로 삼았다.

> 1980년으로 돌아가 두 언어가 모두 만들어지고 있었을 때, 저는 비야네 스트롭스트룹을 찾아갔습니다. 그와는 언어 설계 방식에 대한 근본적인 견해가 달랐습니다. 기계 효율과 프로그래머 효율의 중요성을 서로 다르게 생각했죠. 결국 우리는 합의점을 찾는 데 실패했습니다.
>
> – 브래드 콕스

넥스트 컴퓨터와 함께 배포된 버전은 파운데이션 키트Foundation Kit라는 중요한 라이브러리를 특징으로 했다. `NSObject`라는 구성 요소 중 하나는 `retain`과 `release` 메서드를 통해 참조 횟수를 제공하여 오류가 발생하기 쉬운 메모리 관리 부담에서 개발자를 해방했다. `NSArray`, `NSDictionary`, `NSSet`, `NSData`와 같은 만능 도구 컨테이너 모음은 기반 구조에 허비하는 시간을 줄이고 핵심 기능에 더욱 집중할 수 있도록 도왔다.

토막상식

처음에 접두사 NX를 사용한 모든 객체는 OpenSTEP을 위해 NS로 시작하도록 이름이 바뀌었다. 이는 넥스트와 썬 마이크로시스템즈의 제휴를 나타내기 위한 의도였다. 이 모든 객체는 오늘날에도 여전히 맥OS와 iOS의 핵심이며, 접두사 NS는 결코 제거되지 않았다.

디스패치 메서드인 `objc_msgSend`를 통해 라우팅routing된 메시지를 기반으로 하는 오브젝티브-C 아키텍처의 핵심은 프로그램이 오류에 대해 더 강한 회복성을 발휘할 수 있게 만들었다. (최소한 C++ 개발자에게) 가장 흥미로운 기교는 `nullptr`에 메시지를 보낼 수 있는 기능이다. 예를 들어 개발자가 다음 구문을 통해 객체에 메시지를 보낸다고 하자.

```
[obj message]
```

그러면 배후에서는 디스패처에 대한 호출이 실제로 이루어지는 식이었다.

```
objc_msgSend(obj, @selector(message));
```

고도로 최적화된[19] 수작업으로 만든 어셈블리는 넥스트가 부팅될 때까지 수백만 번 호출되었다. ObjC 객체의 복잡한 가변 특질(메서드는 실행 시간에 추가될 수 있으며, 덕 타입duck type을 변경함)에도 불구하고, objc_msgSend는 적절한 대상을 찾기 위해 실행 시간 동안 상속 체인을 따라갈 수 있었다. 더 중요한 특징은 nullptr를 삼시해 전체 프로세스를 중단시키는 대신에 단순히 값 0을 반환할 수 있었다는 점이다.

넥스트 개발의 4대 기둥(유닉스, 인터페이스 빌더, 객체 지향 프로그래밍, 오브젝티브-C)은 DoomEd, doombsp, wadlink의 개발 속도를 도스 기반 도구가 넘볼 수 없는 수준까지 가속했다.[20]

4.10 배포

〈둠〉을 배포하기 위해 이드 소프트웨어는 다시 한번 게임의 일부를 무료로 제공하는 셰어웨어 모델을 채택했다. 9개의 지도로 구성된 에피소드 1 'Knee-Deep in the Dead(무릎까지 죽음에 잠겨)'는 무료로 다운로드할 수 있었고, 게임 애호가들에게 가능한 한 많은 사본을 복사해 주변에 나눠주라고 권장했다. 이를 위해 이드 소프트웨어는 게임 엔진과 첫 번째 에피소드를 3.5인치 플로피 디스크 2개에 맞춰 잘라 압축했다.

셰어웨어에서 목격한 장면에 만족한 게임 애호가들은 이드 소프트웨어에 돈을 지불하고 나머지 에피소드 2 'The Shores of Hell(지옥의 해안)'과 후속편 'Inferno(지옥)'를 우편으로 받을 수 있었다.

....

19 마이크 애슈(mike ash)의 「objc_msgSend on ARM64(ARM64의 objc_msgSend)」 참고. *https://www.mikeash.com/pyblog/friday-qa-2017-06-30-dissecting-objc_msgsend-on-arm64.html*

20 수년 후 정적 코드 분석을 전도하는 도중에 존 카맥은 오브젝티브-C와 같은 동적 언어가 허용하는 느슨한 프로그래밍이 얼마나 좋지 않은지에 대해 살짝 불평했다.

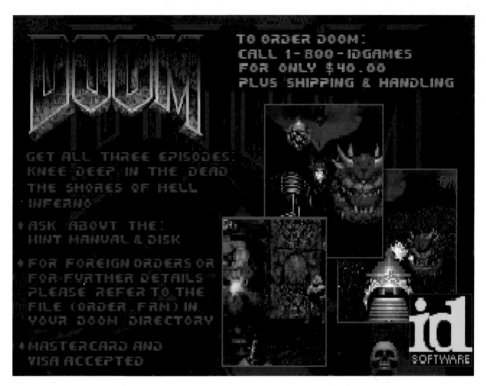

그림 4-15 셰어웨어 에피소드의 끝에 표시되는 광고 화면은 더 많은 에피소드를 얻기 위해 플레이어가 따라야 할 지침을 알려주었다.

이드는 한 단계 위로 올라서기를 원했다. 그들은 게임 애호가 사이에서 게임이 배포되기를 원했을 뿐만 아니라 오프라인으로 유통되기를 원했다. 그러나 포장과 재고 관리라는 귀찮음을 감수하기는 싫었다.

제이 윌버의 아이디어 덕분에 불가능해 보이는 작업을 달성하는 방법이 밝혀졌다.

우리는 소매 업체들에게 "이 셰어웨어 데모로 돈을 벌어도 상관없다"라고 말했습니다. "서두르세요, 그리고 대량으로 뿌리세요"라는 말을 듣고, 소매 업체는 믿지 못했습니다. 이전의 누구도 로열티를 지불하지 말라고 한 적이 없었으니까요. "〈둠〉을 공짜로 가져가서 이익을 취하십시오!" 제 목표는 금전적 이익이 아니라 배포였으니까요. "〈둠〉은 〈울펜슈타인 3D〉보다 끝내주는 게임입니다. 저는 여러분의 상점에 〈둠〉 상자를 높이 쌓아두기를 원합니다. 또한 여러분이 돈을 벌기 위해 〈둠〉을 광고하기를 원합니다. 저에게 지불했어야 하는 로열티만큼의 돈을 〈둠〉 판매 광고를 위해 사용하세요!!!"

–제이 윌버

존 로메로 역시나 같은 사건에 대한 기억을 더듬었고, 목격했던 창의성에 대해 자세히 설명했다.

"게임 애호가들이 오프라인 상점에서 〈둠〉을 얻게 만드는 방법이 없을까? 무료로 〈둠〉을 선반에 쌓아 놓을 방법이 없을까?"가 우리가 가진 유일한 문제였습니다.

우리에게는 계획이 다 있었습니다. 〈둠〉의 제목 화면에 '제안 소매가 9달러'라는 메시지를 표시한 다음, 이미 상점에 입점한 소매 업체들에게 말했습니다. "상점 선반에 〈둠〉 게임 상자를 쌓아 놓고 돈은 챙기기만 하면 됩니다. 우리는 〈둠〉을 정해진 상자에 넣어 팔기를 원하지 않습니다."

실제로 효과가 있었냐고요? 모두 제정신이 아니었습니다. 〈둠〉은 어디에나 있었습니다. 1994년에 CompUSA에 갔다면 서로 다른 열 가지의 〈둠〉 게임 상자를 볼 수 있었을 겁니다. 누군가는 이것들이 모든 다른 게임이라고 생각할지도 모르지만, 사실 모두 동일한 셰어웨어 게임이었죠. 모두가 셰어웨어 판매를 허락받았기에, 유통업자들은 자신들의 경쟁자를 압도하기 위해 가장 멋진 게임 상자를 만들려고 앞다투어 애썼습니다.

– 존 로메로

기대를 훌쩍 뛰어넘는 성공이었다. 셰어웨어 버전은 심지어 엄청나게 멋지고 놀라운 상자에 포장되어 도처에 깔렸다.

제조상의 어려움에도 불구하고 『DOOM Strategy guides(〈둠〉 전략 안내서)』책 뒤표지에 붉은 봉투에는 플로피 두 장이 담겨 있었다. 플로피를 담기 위해 잡지를 플라스틱으로 싸야 했지만, 기회를 놓칠 수는 없었다.

그림 4-16 셰어웨어 플로피 디스크

[그림 4-16]은 『DOOM Survivor's Strategies & Secrets(〈둠〉 생존자의 전략과 비밀)』 책과 함께 제공되는 〈둠〉 셰어웨어가 포함된 3.5인치 플로피 디스크 두 장을 보여준다. 출판사는 이에 대한 로열티를 지불하지 않았다.

이진 패키징은 이전의 게임들과 완전히 달랐다. 〈울펜슈타인 3D〉는 *WOLF3D.EXE* 엔진과 여러 *.WL6* 파일과 함께 제공되었지만, 〈둠〉에는 관련 파일이 두 개뿐이었다. 설치하고 나면, 몇몇 *TXT* 파일과 네트워크 드라이버를 제외하고는, 게임 경험은 엔진인 *DOOM.EXE*와 *DOOM.WAD*에 포함된 모든 애셋에 온전히 담겨 있었다.

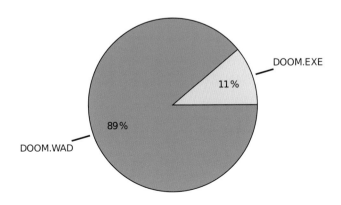

등록된 버전은 HDD에서 11,869,745바이트를 차지하며, *DOOM.EXE*는 709,905바이트, *DOOM.WAD*는 11,159,840바이트였다.

등록된 유료 버전과 등록되지 않은 무료 버전의 두 *DOOM.EXE* 사이에는 차이가 없다 에지은 현재 디렉터리를 탐색하고 WAD 아카이브의 파일 이름을 인식한 후 이에 따라 분기했다.

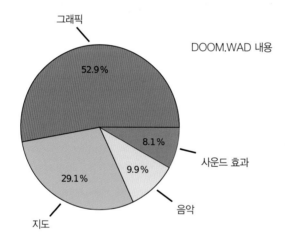

4.10.1 WAD 아카이브: 모든 데이터는 어디에 있을까?

WAD 형식의 목표는 부분적으로 OS 파일 시스템을 대체하는 것이었지만 대부분 모드 커뮤니티를 수용하는 것이었다. WAD에서 각 애셋은 '덩어리lump'에 저장된다. WAD는 헤더, 덩어리 콘텐트, 끝부분에 존재하는 디렉터리로 만들어진다.

```c
typedef struct {
    char magicNumber[4];       // "IWAD" 또는 "PWAD"
    int32_t numDirectories;    // 디렉터리에 존재하는 덩어리 수
    int32_t directoryOffset;   // 디렉터리에 대한 오프셋
} header;
```

```
typedef struct {
    int32_t offset;          // 덩어리에 대한 오프셋
    int32_t size;            // 덩어리 크기
    char name[8];            // 덩어리 이름
} directoryEntry;
```

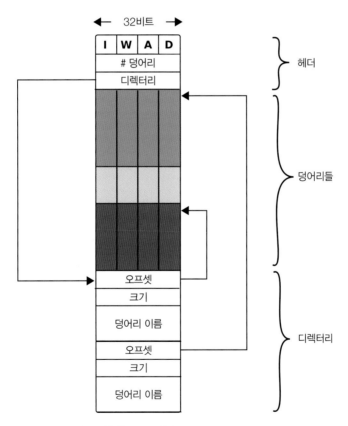

그림 4-17 덩어리 두 개를 포함하는 wad 파일

아카이브 형식은 두 가지 도구로 조작했다. lumpy는 작은 덩어리를 가져와 WAD 내부에 있는 덩어리 속에 포장했다. wadlink는 여러 WAD를 가져와 단일 WAD로 만들거나 단일 WAD에 추가했다. WAD 구조 덕분에 끝부분에 있는 작은 디렉터리를 옮기고 헤더 오프셋만 갱신하면 되었고, 덩어리를 쉽게 추가하거나 삭제할 수 있었다.

*DOOM.EXE*에는 명령 줄 매개변수가 있어 모드 제작자가 자신의 WAD를 로드해 *DOOM.WAD* 덩어리 항목을 덮어쓸 수 있었다. 이 메커니즘을 통해 거의 모든 것을 사용자 정의할 수 있었다. E1M1 덩어리를 포함하는 사용자 정의 WAD는 간단한 *doom -file mylevel.WAD* 명령을 통해 사용할 수 있었다(자세한 내용은 5.8.1절을 참고).

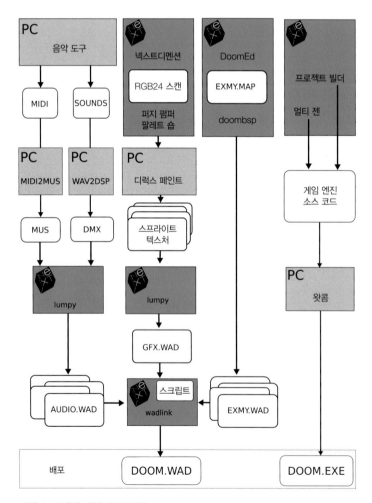

그림 4-18 〈둠〉 애셋 파이프라인

CHAPTER 5

소프트웨어: idTech 1

5.1 소스 코드

게임 상용 배포 후 대략 4년이 지난 1997년 12월 23일, 〈둠〉의 소스 코드가 공개되었다. 원래 이드 소프트웨어의 FTP 서버에서 제공된 이 코드는 오늘날에도 계속 찾을 수 있도록 *github.com*으로 옮겨졌다.

```
git clone git@github.com:id-Software/DOOM.git
```

이드 소프트웨어의 긴 소스 코드 출시 역사에서,[1] 〈둠〉은 공개된 소스 코드가 게임 출시에 사용된 것이 아니라는 점에서 다른 게임과는 달랐다. 여기에 대한 비하인드 스토리가 있다.

1997년 초, 베른트 크라이마이어Bernd Kreimeier는 사업 제안서를 들고 이드 소프트웨어에 접근했다. 베른트는 게임 엔진의 내부, 컴파일 방법, 수정 방법을 설명하는 책을 쓰기를 원했다. 소스 코드와 함께 책을 공개하자는 아이디어였다.

이드, 특히 존 카맥은 그것이 '옳은 길'이라고 생각했다.[2] 이드 소프트웨어는 즉시 베른트에게 소스 코드를 보냈다. 소스 코드를 검토한 후, 베른트는 몇 가지 중요한 결정을 해야만 했다. 개발 요구 사항과 데이브 테일러의 이식 사이에는 플랫폼에 관련된 코드가 많았다. 엔진은 운영

---

1 1993년부터 2012년까지 이드 소프트웨어는 자사가 만든 모든 게임에 대한 코드를 공개했다.
2 '옳은 길'은 스티브 레비의 『해커, 광기의 랩소디』(한빛미디어, 2019)에 언급된 개념이다. 종종 존 카맥의 *finger.plan*에서 인용된다.

체제 다섯 가지 이상에서 컴파일할 수 있었다. 리눅스, 넥스트스텝, SGI 아이릭스IRIX, MS-도스를 지원했다. 이해하기 쉬운 코드를 만들기 위해 베른트는 플랫폼 하나를 선택하고 관련 없는 모든 내용을 삭제하기로 했다.

MS-도스 버전이 이상적인 선택이었을 것이다. MS-도스는 지배적인 운영체제였으며 많은 사람이 게임을 경험할 수 있는 버전이었다. 그러나 저작권 문제가 있었다. 이드 소프트웨어는 오디오 라이브러리 DMX에 대한 라이선스를 얻었는데, 이 코드는 독점적이어서 소스에 포함할 수 없었다. MS-도스는 탈락했다.

다음으로, 가장 널리 쓰이고 두 번째로 안정적인 넥스트스텝 버전을 내보내는 선택이 있었다. 그러나 넥스트는 1994년부터 워크스테이션 제조를 중단했으며 그동안 50,000대 미만을 판매했다. 넥스트에서 즐길 소프트웨어를 손에 쥔 사람은 거의 없었다. 넥스트스텝에는 또 다른 문제도 있었다. 이 플랫폼은 사운드와 음악 시스템을 구현한 적이 없었다. 넥스트스텝도 탈락했다.

세 번째로 사용 가능한 선택은 리눅스 빌드였는데, 베른트는 이것을 골랐다. 베른트가 리눅스와 관련되지 않은 모든 코드를 제거하며 책을 집필하는 동안, 소프트웨어와 하드웨어는 계속해서 발전했다. 결국, 게임 세계는 베른트가 글을 쓸 수 있는 속도보다 훨씬 더 빠르게 변화했다. 베른트가 작업을 마치기도 전에 〈퀘이크〉와 〈듀크 뉴켐 3D〉와 같은 최신 엔진이 등장했기에, 게임 애호가의 관심이 사라져버렸다.

벤처의 수익성이 훼손되면서 출판사는 책을 포기했고 도서 프로젝트는 자연스레 중단되었다.[3] 이드 소프트웨어의 승인으로 베른트는 자신이 정리한 리눅스 코드를 공개했으며 이후 이 이식은 그 이후 진행된 수백 가지 이식의 기반이 되었다.[4]

----

3 로버트 포스먼(Robert Forsman)과 베른트 크라이마이어가 작성한 고품질의 「A Brief Summary of DOOM-style Rendering(《둠》 스타일 렌더링에 대한 간략한 요약)」 문서는 살아남았다.
   옮긴이_ 자세한 내용은 다음을 참고. *http://citeseerx.ist.psu.edu/viewdoc/download?doi=10.1.1.141.1923&rep=rep1&type=pdf*

4 DMX 관련 코드에 대해 훨씬 덜 보수적인 레이븐 덕분에 원래의 MS-도스 코드는 크게 재구성될 수 있었다. `i_sound.c`, `i_ibm.c`와 같이 소스에서 이전에 검열된 부분의 대부분은 〈헤러틱 앤 위치스(Heretic and Witches)〉 소스 코드에서 찾을 수 있다.

5.2 아키텍처

코드와 코드의 구조에 대해 알아보기 전, 잠깐 시간을 들여 이드의 개발자들이 어떻게 작업했는지 살펴보자. 〈둠〉 이전에는 모든 작업을 PC로 수행했다. 코드를 작성하고 컴파일했으며 결과로 만들어진 실행 파일을 동일한 시스템에서 실행했다. 넥스트 워크스테이션을 도입하면서 개발 과정은 달라져야만 했다.

개발자는 넥스트 워크스테이션과 PC 두 대를 사용했다. 모든 저작 작업authoring work은 넥스트에서 이뤄졌다. 코드는 *TextEdit.app*로 작성했으며, `gcc`로 컴파일하고 `ld`로 링크하면 그 실행 파일은 넥스트스테이션에서 동작했다. 유닉스 시스템 작업의 가장 큰 장점은 안정성이었다. 개발자는 IDE 충돌로 인해 작업을 날리는 일이 없었다.[5]

개발자가 결과에 만족하고 나면 두 번째 컴퓨터로 이동했다. 이를 위해 워크스테이션의 하드 드라이브를 NFS를 통해 PC로 마운트했다. PC는 동일 소스 코드[6]를 두 번째로 컴파일하기 위해 *WATCOM.EXE*와 *WLINK.EXE* 링커를 사용해 *DOOM.EXE*를 생성했다.

이 설정에서 PC는 '오직' 게임을 실행하고 성능을 평가하기 위한 목적으로만 사용되었다. PC의 하드 드라이브는 실제로 컴퓨터를 부팅하고 *WATCOM* 컴파일러를 실행하는 과정에만 사용되었다. *DOOM.EXE* 실행 파일을 포함한 다른 결과물은 모두 넥스트의 SCSI HDD에 저장되었다.

이러한 방법에는 상당한 난관이 있었다. 우선, 도스 프로그램은 하드웨어에 직접 접근할 수 있었지만 넥스트 프로세스는 '공식' API를 사용해야만 했다. 둘째, 가장 주요하고 큰 난관은 두 컴퓨터의 엔디언 차이였다. PC는 리틀 엔디언 시스템인 인텔 CPU에서 실행되었지만, 넥스트 컴퓨터는 빅 엔디언인 모토로라 68040 CPU를 사용했다.

---

5   존 카맥의 경험에 따르면, 볼랜드 C++에서는 매일 충돌이 발생했다.
6   몇몇 플랫폼과 밀접한 내용이 담긴 소스 코드였다.

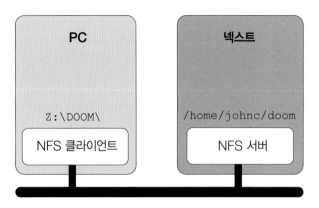

그림 5-1 넥스트의 사용자 *home* 폴더는 도스 시스템에 Z 드라이브로 마운트된다.

5.2.1 엔디언 해결

엔디언endian은 대니 코언Danny Cohen이 「On holy wars and a plea for peace(성전과 평화를 위한 탄원)」[7]에서 소개한 용어다. 코언의 풍자는 삶은 달걀을 깰 때 어느 쪽이 먼저인지를 놓고 큰 모서리파와 작은 모서리파 사이에 촉발된 내전을 다룬 걸리버 여행기를 기반으로 하고 있으며, CPU 제조업체 사이에서 일어난 두 학파의 충돌을 비유했다. 몇몇은 메모리에서 왼쪽에서 오른쪽으로 구성된 바이트를 원했고, 몇몇은 오른쪽에서 왼쪽으로 구성된 바이트를 원했다. 각자 자신의 방식이 더 낫다고 생각했다.

프로그래머들은, 얻는 이득이 없는 전쟁에서 평화를 선택할 이유가 없었다.

바이트 내부의 비트 순서는 보편적으로 합의되었지만, short(16비트) 또는 int(32비트)와 같은 더 큰 구조에서의 바이트 순서는 제조업체 내부 아키텍처에 따라 다르게 해석되었다. 스트림 0x12, 0x34, 0x56, 0x78은 두 가지 방식으로 해석될 수 있었다. 인텔 리틀 엔디언 컴퓨터에서는 0x78563412가 되었고, 모토로라 빅 엔디언 컴퓨터에서는 0x12345678이 되었다.

---

7 옮긴이_ 자세한 내용은 다음을 참고. *https://www.ietf.org/rfc/ien/ien137.txt*

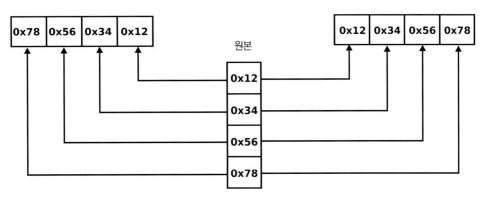

리틀 엔디언 메모리

| 0x78 | 0x56 | 0x34 | 0x12 |

원본

| 0x12 |
| 0x34 |
| 0x56 |
| 0x78 |

빅 엔디언 메모리

| 0x12 | 0x34 | 0x56 | 0x78 |

그림 5-2 살짝 다른 배선은 CPU 워드 사이에서 넘기 어려운 경계를 초래했다.

게임 엔진 수준에서, 이 문제는 간단한 매크로를 사용한 간접 지정 계층을 통해 해결했다.[8] 디스크에서 읽을 때 엔진은 항상 LONG 또는 SHORT 매크로를 사용해 데이터를 해석한다.

```
#ifdef __BIG_ENDIAN__
long LongSwap(long);
#define LONG(x)          LongSwap (x)
#else
#define LONG(x)          (x)
#endif
```

```
long LongSwap (long dat) {
   return  ( dat>>24)              |
           ((dat>>8) & 0xff00)     |
           ((dat<<8) & 0xff0000)   |
           ( dat<<24);
}
```

〈둠〉이 넥스트에서 처음 작성되긴 했지만, 넥스트 플랫폼은 우선순위가 아니었다. 플레이어들은 MS-도스를 사용할 텐데, 인텔 기반 하드웨어에서 데이터는 리틀 엔디언에 저장되고 LONG과 SHORT 매크로는 0 명령어로 해석되기 때문이었다.[9]

---

8 2018년 기준으로, 전쟁은 끝난 듯이 보인다. 인텔, AMD, ARM이 속한 리틀 엔디언 부족이 승리했다.

9 옮긴이_ 도스에서는 LONG(x) 매크로가 x가 되므로 넥스트와는 달리 추가적인 연산이 필요하지 않다. 물론, 나중에 인텔 x86 기반에서 운영체제로 넥스트스텝을 사용할 경우에는 엔디언 문제가 사라지게 될 것이다.

5.2.2 API 해결

다른 운영체제에서 실행하기 위한 작업은 훨씬 더 어려웠다. 이를 해결할 방법은 플랫폼에 구애받지 않는 공통 '코어'를 만들어내는 것이었다. I/O를 수행하기 위해 코어는 목표로 하는 플랫폼에 특정한 하위 시스템을 활용했다.

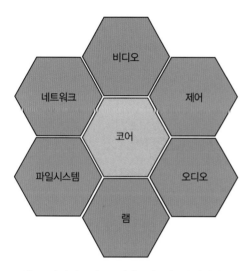

그림 5-3 〈둠〉의 코어를 둘러싼 플랫폼에 종속적인 I/O 시스템. 운영체제 설계와의 유사점에 주목하자.

비디오 시스템의 경우, MS-도스에서는 VGA 하드웨어를 사용하지만 넥스트에서는 NSWindow API를 사용한다. 말 그대로의 순수한 구현은 각 I/O 호출을 처리하기 위한 간접 계층으로 작동하는 함수 포인터가 필요했다. 더 나은 해법은 C의 링크 단계를 활용했다.

C 프로그램을 빌드하는 동안, 모든 컴파일 단위(.c) 파일은 독립적으로 컴파일된다. 컴파일 단계가 끝나면 모든 .c 파일이 목적(.o) 파일로 변환되었다. 목적 파일은 서로 참조할지도 모르지만 독립적으로 생성되었기 때문에 '미해결 심벌unresolved symbol'이라는 '빈 구멍hole'이 있었다. 실행 파일을 생성하기 위해 모든 객체는 링커에 제공되었으며, 모든 객체에서 해결되지 않은 심벌을 인식하고 구멍을 패치했다.

코어의 일부인 *s_sound.c*를 예로 들어 목적 파일인 *s_sound.o*를 살펴보면, 이 해석 유닛이 플랫폼에 밀접한 사운드 시스템에 정의된 I_PlaySong이나 I_StartSound 등의 함수를 사용했음을 확인할 수 있다.

정의되지 않은 심벌을 nm에 요청하면 객체 파일의 빈 구멍을 보여준다.

```
$ clang -c -o s_sound.o s_sound.c

$ nm -u s_sound.o ¦ grep I_
U _I_Error
U _I_GetSfxLumpNum
U _I_PauseSong
U _I_PlaySong
U _I_RegisterSong
U _I_ResumeSong
U _I_SetChannels
U _I_SetMusicVolume
U _I_SoundIsPlaying
U _I_StartSound
U _I_StopSong
U _I_StopSound
U _I_UnRegisterSong
U _I_UpdateSoundParams
```

링커 작업이 완료되면 더는 해결되지 않은 심벌이 없다. 최종 실행 파일을 실행할 준비가 끝났다.

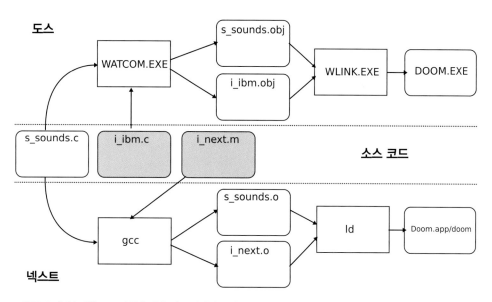

그림 5-4 대다수 〈둠〉 코드가 공유된다. 일부 파일만 플랫폼에 종속적이었다.

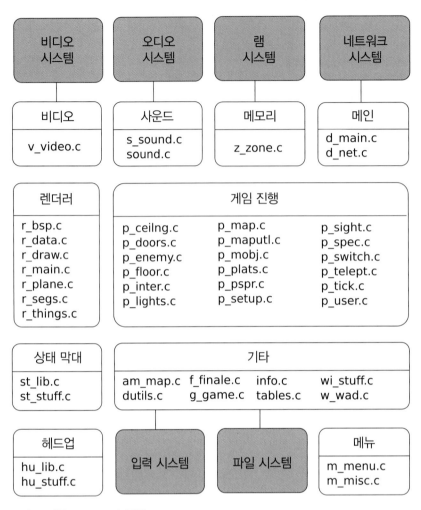

그림 5-5 〈둠〉 소스 코드 아키텍처

[그림 5-5]에서 흰색 박스는 코어 구성 요소다. 회색 박스는 플랫폼에 밀접한 코드를 요구하는 I/O 시스템이다. 도스에서는 *imain.c*, *iibm.c*, *planar.asm*, *iibma.asm*, *isound.c*, *icyber.c*라는 추가 파일 여섯 개를 제공한다.

```
                           /bin/csh (ttyp1)                                    X
myhost:78# make
cc -g -Wall      -O2      -I./sym -arch m68k -I. -c DRCoord.m -o ./m68k_obj/DRCoord.o
cc -g -Wall      -O2      -I./sym -arch m68k -I. -c VGAView.m -o ./m68k_obj/VGAView.o
cc -g -Wall      -O2      -I./sym -arch m68k -I. -c Doom_main.m -o ./m68k_obj/Doom_main.o
cc -g -Wall      -O2      -I./sym -arch m68k -I. -c i_next.m -o ./m68k_obj/i_next.o
cc -g -Wall      -O2      -I./sym -arch m68k -I. -c r_debug.m -o ./m68k_obj/r_debug.o
cc -g -Wall      -O2      -I./sym -arch m68k -I. -c am_map.c -o ./m68k_obj/am_map.o
cc -g -Wall      -O2      -I./sym -arch m68k -I. -c dutils.c -o ./m68k_obj/dutils.o
cc -g -Wall      -O2      -I./sym -arch m68k -I. -c d_main.c -o ./m68k_obj/d_main.o
cc -g -Wall      -O2      -I./sym -arch m68k -I. -c f_finale.c -o ./m68k_obj/f_finale.o
cc -g -Wall      -O2      -I./sym -arch m68k -I. -c g_game.c -o ./m68k_obj/g_game.o
cc -g -Wall      -O2      -I./sym -arch m68k -I. -c hu_lib.c -o ./m68k_obj/hu_lib.o
cc -g -Wall      -O2      -I./sym -arch m68k -I. -c hu_stuff.c -o ./m68k_obj/hu_stuff.o
cc -g -Wall      -O2      -I./sym -arch m68k -I. -c info.c -o ./m68k_obj/info.o
cc -g -Wall      -O2      -I./sym -arch m68k -I. -c m_menu.c -o ./m68k_obj/m_menu.o
cc -g -Wall      -O2      -I./sym -arch m68k -I. -c m_misc.c -o ./m68k_obj/m_misc.o
cc -g -Wall      -O2      -I./sym -arch m68k -I. -c p_ceilng.c -o ./m68k_obj/p_ceilng.o
cc -g -Wall      -O2      -I./sym -arch m68k -I. -c p_doors.c -o ./m68k_obj/p_doors.o
cc -g -Wall      -O2      -I./sym -arch m68k -I. -c p_enemy.c -o ./m68k_obj/p_enemy.o
cc -g -Wall      -O2      -I./sym -arch m68k -I. -c p_floor.c -o ./m68k_obj/p_floor.o
cc -g -Wall      -O2      -I./sym -arch m68k -I. -c p_inter.c -o ./m68k_obj/p_inter.o
cc -g -Wall      -O2      -I./sym -arch m68k -I. -c p_lights.c -o ./m68k_obj/p_lights.o
cc -g -Wall      -O2      -I./sym -arch m68k -I. -c p_map.c -o ./m68k_obj/p_map.o
cc -g -Wall      -O2      -I./sym -arch m68k -I. -c p_maputl.c -o ./m68k_obj/p_maputl.o
cc -g -Wall      -O2      -I./sym -arch m68k -I. -c p_mobj.c -o ./m68k_obj/p_mobj.o
cc -g -Wall      -O2      -I./sym -arch m68k -I. -c p_plats.c -o ./m68k_obj/p_plats.o
cc -g -Wall      -O2      -I./sym -arch m68k -I. -c p_pspr.c -o ./m68k_obj/p_pspr.o
cc -g -Wall      -O2      -I./sym -arch m68k -I. -c p_setup.c -o ./m68k_obj/p_setup.o
cc -g -Wall      -O2      -I./sym -arch m68k -I. -c p_sight.c -o ./m68k_obj/p_sight.o
cc -g -Wall      -O2      -I./sym -arch m68k -I. -c p_spec.c -o ./m68k_obj/p_spec.o
cc -g -Wall      -O2      -I./sym -arch m68k -I. -c p_switch.c -o ./m68k_obj/p_switch.o
cc -g -Wall      -O2      -I./sym -arch m68k -I. -c p_telept.c -o ./m68k_obj/p_telept.o
cc -g -Wall      -O2      -I./sym -arch m68k -I. -c p_tick.c -o ./m68k_obj/p_tick.o
cc -g -Wall      -O2      -I./sym -arch m68k -I. -c p_user.c -o ./m68k_obj/p_user.o
cc -g -Wall      -O2      -I./sym -arch m68k -I. -c r_bsp.c -o ./m68k_obj/r_bsp.o
cc -g -Wall      -O2      -I./sym -arch m68k -I. -c r_data.c -o ./m68k_obj/r_data.o
cc -g -Wall      -O2      -I./sym -arch m68k -I. -c r_draw.c -o ./m68k_obj/r_draw.o
cc -g -Wall      -O2      -I./sym -arch m68k -I. -c r_main.c -o ./m68k_obj/r_main.o
cc -g -Wall      -O2      -I./sym -arch m68k -I. -c r_plane.c -o ./m68k_obj/r_plane.o
cc -g -Wall      -O2      -I./sym -arch m68k -I. -c r_segs.c -o ./m68k_obj/r_segs.o
cc -g -Wall      -O2      -I./sym -arch m68k -I. -c r_things.c -o ./m68k_obj/r_things.o
cc -g -Wall      -O2      -I./sym -arch m68k -I. -c sounds.c -o ./m68k_obj/sounds.o
cc -g -Wall      -O2      -I./sym -arch m68k -I. -c st_lib.c -o ./m68k_obj/st_lib.o
cc -g -Wall      -O2      -I./sym -arch m68k -I. -c st_stuff.c -o ./m68k_obj/st_stuff.o
cc -g -Wall      -O2      -I./sym -arch m68k -I. -c s_sound.c -o ./m68k_obj/s_sound.o
cc -g -Wall      -O2      -I./sym -arch m68k -I. -c tables.c -o ./m68k_obj/tables.o
cc -g -Wall      -O2      -I./sym -arch m68k -I. -c v_video.c -o ./m68k_obj/v_video.o
cc -g -Wall      -O2      -I./sym -arch m68k -I. -c wi_stuff.c -o ./m68k_obj/wi_stuff.o
cc -g -Wall      -O2      -I./sym -arch m68k -I. -c w_wad.c -o ./m68k_obj/w_wad.o
cc -g -Wall      -O2      -I./sym -arch m68k -I. -c z_zone.c -o ./m68k_obj/z_zone.o
cc -g -Wall      -O2      -I./sym -arch m68k -I. -c d_net.c -o ./m68k_obj/d_net.o
cc -g -Wall      -O2      -I./sym -arch m68k -I. -c fpfunc.s -o ./m68k_obj/fpfunc.o
cc -g -Wall -O2 -I./sym -arch m68k -ObjC -sectcreate __ICON __header Doom.iconheader -segprot _
_ICON r r -sectcreate __ICON app doom.tiff -o Doom.app/Doom m68k_obj/* -lInterceptor_s -lMedia_
s -lNeXT_s
myhost:79# []
```

```
wcc386p % CFLAGS % i_main .c /fo= pc_obj \ i_main . obj
wcc386p % CFLAGS % i_ibm .c /fo= pc_obj \ i_ibm .obj
tasm /mx i_ibm_a . asm
wcc386p % CFLAGS % i_sound .c /fo= pc_obj \ i_sound .obj
wcc386p % CFLAGS % i_cyber .c /fo= pc_obj \ i_cyber .obj
tasm /mx planar . asm
wcc386p % CFLAGS % tables .c /fo= pc_obj \ tables . obj
wcc386p % CFLAGS % f_finale .c /fo= pc_obj \ f_finale . obj
wcc386p % CFLAGS % d_main .c /fo= pc_obj \ d_main . obj
wcc386p % CFLAGS % d_net .c /fo= pc_obj \ d_net . obj
wcc386p % CFLAGS % g_game .c /fo= pc_obj \ g_game . obj
wcc386p % CFLAGS % m_menu .c /fo= pc_obj \ m_menu . obj
wcc386p % CFLAGS % m_misc .c /fo= pc_obj \ m_misc . obj
wcc386p % CFLAGS % am_map .c /fo= pc_obj \ am_map . obj
wcc386p % CFLAGS % p_ceilng .c /fo= pc_obj \ p_ceilng . obj
wcc386p % CFLAGS % p_doors .c /fo= pc_obj \ p_doors .obj
wcc386p % CFLAGS % p_enemy .c /fo= pc_obj \ p_enemy .obj
wcc386p % CFLAGS % p_floor .c /fo= pc_obj \ p_floor .obj
wcc386p % CFLAGS % p_inter .c /fo= pc_obj \ p_inter . obj
wcc386p % CFLAGS % p_lights .c /fo= pc_obj \ p_lights . obj
wcc386p % CFLAGS % p_map .c /fo= pc_obj \ p_map .obj
wcc386p % CFLAGS % p_maputl .c /fo= pc_obj \ p_maputl . obj
wcc386p % CFLAGS % p_plats .c /fo= pc_obj \ p_plats .obj
wcc386p % CFLAGS % p_pspr .c /fo= pc_obj \ p_pspr . obj
wcc386p % CFLAGS % p_setup .c /fo= pc_obj \ p_setup .obj
wcc386p % CFLAGS % p_sight .c /fo= pc_obj \ p_sight .obj
wcc386p % CFLAGS % p_spec .c /fo= pc_obj \ p_spec . obj
wcc386p % CFLAGS % p_switch .c /fo= pc_obj \ p_switch . obj
wcc386p % CFLAGS % p_mobj .c /fo= pc_obj \ p_mobj . obj
wcc386p % CFLAGS % p_telept .c /fo= pc_obj \ p_telept . obj
wcc386p % CFLAGS % p_tick .c /fo= pc_obj \ p_tick . obj
wcc386p % CFLAGS % p_user .c /fo= pc_obj \ p_user . obj
wcc386p % CFLAGS % r_bsp .c /fo= pc_obj \ r_bsp .obj
wcc386p % CFLAGS % r_data .c /fo= pc_obj \ r_data . obj
wcc386p % CFLAGS % r_draw .c /fo= pc_obj \ r_draw . obj
wcc386p % CFLAGS % r_main .c /fo= pc_obj \ r_main . obj
wcc386p % CFLAGS % r_plane .c /fo= pc_obj \ r_plane . obj
wcc386p % CFLAGS % r_segs .c /fo= pc_obj \ r_segs . obj
wcc386p % CFLAGS % r_things .c /fo= pc_obj \ r_things . obj
wcc386p % CFLAGS % w_wad .c /fo= pc_obj \ w_wad .obj
wcc386p % CFLAGS % wi_stuff .c /fo= pc_obj \ wi_stuff . obj
wcc386p % CFLAGS % v_video .c /fo= pc_obj \ v_video .obj
wcc386p % CFLAGS % st_lib .c /fo= pc_obj \ st_lib . obj
wcc386p % CFLAGS % st_stuff .c /fo= pc_obj \ st_stuff . obj
wcc386p % CFLAGS % hu_stuff .c /fo= pc_obj \ hu_stuff . obj
wcc386p % CFLAGS % hu_lib .c /fo= pc_obj \ hu_lib . obj
wcc386p % CFLAGS % s_sound .c /fo= pc_obj \ s_sound .obj
wcc386p % CFLAGS % z_zone .c /fo= pc_obj \ z_zone . obj
wcc386p % CFLAGS % info .c /fo= pc_obj \ info . obj
wcc386p % CFLAGS % sounds .c /fo= pc_obj \ sounds . obj
wcc386p % CFLAGS % dutils .c /fo= pc_obj \ dutils . obj
wlink @newdoom . lnk ..\ dmx \ lib \ dmx_r . lib
wstrip newdoom
c :\4 gwpro95 \4 gwbind c :\4 gwpro95 \4 gwpro .exe newdoom . exe doom . exe -v
```

전체 도스 빌드는 평균 3분 19초가 걸렸다. 링크 과정에만 19초가 걸렸다. 증분 빌드incremental build조차도 시간이 오래 걸렸다(예를 들어 *rsky.c* 변경에 27초).

[그림 5-5]에서 접두사가 붙은 파일 이름에 주목하자. C에는 네임 스페이스가 없으므로 이런 접두사는 함수 이름에도 적용된다. *I_*는 '구현 관련', *P_*는 '게임 진행', *R_*은 '렌더러'를 의미한다.

이 아키텍처의 가장 아름다운 점은 일단 플랫폼과 밀접한 시스템을 작성하고 나면 여러 플랫폼에서 실행되는 코드를 작성하는 과정에 부하가 없었다는 것이다. 대다수 코드가 코어로 들어가고, 플랫폼과 밀접한 코드는 더는 건드릴 필요가 없다.

이식성은 나중에 고려된 것이 아니라 개발 과정에 통합된 부분이었으므로 〈둠〉의 코드 계층화를 절대 위반하지 않았다. 이처럼 엄격한 디자인은 〈둠〉이 왜 그렇게 많은 시스템에 이식되었는지를 부분적으로 설명한다. 다름이 아니라 작성할 코드가 아주 적었기 때문이다.[10]

또한 gcc나 왓콤과 같은 여러 컴파일러를 사용해 많은 버그를 발견했을 뿐만 아니라 코드가 ANSI 표준을 준수하는지도 확인했다.

5.3 다이빙!

뛰어들기 전에 마지막으로, 코드의 양을 파악하기 위해 cloc 도구로 수집한 몇 가지 통계를 살펴보자. 〈둠〉의 코드는 〈울펜슈타인 3D〉에 비해 거의 두 배였다.

```
$ ./cloc.pl doom-dos-src
    167 text files.
    163 unique files.
     54 files ignored.
-----------------------------------------------------------------------
Language                    files        blank        comment         code
```

---

10 MVG의 동영상 〈ported DOOM to the Nintendo Switch in 45 minutes! (45분 만에 〈둠〉을 닌텐도 스위치로 이식하기!)〉를 참고. *https://www.youtube.com/watch?v=F4Dv32-PoU4*

C	63	6069	6034	31226
C/C++ Header	39	1022	760	4665
Objective C	5	354	310	1061
Assembly	3	167	151	668
make	1	20	8	34
C Shell	4	14	0	23
DOS Batch	2	2	4	9
SUM:	114	7648	7267	37686

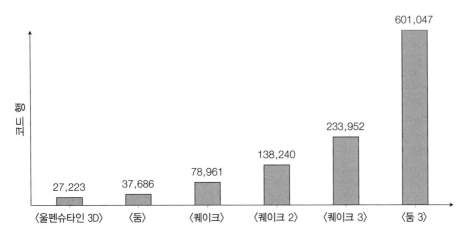

그림 5-6 이드 소프트웨어 게임 엔진의 코드 행

5.3.1 내 main은 어디에

소스 코드 탐색은 항상 운영체제가 엔트리 포인트entry point로 선택하려는 항목을 찾는 작업부터 시작한다. 99%의 경우, int main(int, char**) 함수[11]를 탐색하는 것을 의미한다. 〈둠〉의 경우 운영체제마다 엔트리 포인트가 하나만 존재하며, 모두 구현 관련(I_ *) 파일에 있다. 도스의 경우 *i_main.c*에 있다.[12]

---

11 물론 마이크로소프트 윈도우에서는 다르며, WinMain()을 검색해야만 한다.

12 넥스트에서 main 함수는 *Doom_main.nib*에 위치하며, *DoomRef.nib*를 윈도 시스템으로 로드하는 역할을 한다.

모든 엔트리 포인트는 플랫폼과 관계없이 *d_main.c*에 있는 **D_DoomMain**이라는 코어 **main** 함수에 수렴된다.

시스템	도스 구현	넥스트 구현
비디오 시스템	VGA	NSWindow/libinterceptor
오디오 시스템	DMX	구현되지 않음
컨트롤 시스템	DPMI 인터럽트	NSWindow/NXEvent
파일 시스템	WAD/엔디언 매크로	WAD/엔디언 매크로
네트워크 시스템	직접 인터럽트	BSD 소켓
램 시스템	욕심 많은greedy malloc	엄격한 4MiB malloc

그림 5-7 플랫폼에 밀접한 코드

넥스트의 플랫폼에 밀접한 코드는 오브젝티브-C로 작성되었다. 모든 코드는 *DRCoord.m*, *VGAView.m*, *Doom_main.m*, *i_next.m*, *r_debug.m*이라는 파일 5개에 있다.

```
#include "doomdef.h"

void main (int argc, char **argv) {
  myargc = argc;
  myargv = argv;
  D_DoomMain ();
}                                        /* i_main.c */
```

```
void D_DoomMain (void) {
  FindResponseFile ();   // doom.wad , doom1.wad ... 검색
  IdentifyVersion ();    // 셰어웨어 또는 등록된 시스템?

  V_Init ();             // 비디오 시스템
  M_LoadDefaults ();     // 기본 .cfg에서 매개변수 로드
  Z_Init ();             // 영역 메모리 할당자
  M_Init ();             // 메뉴
  R_Init ();             // 렌더러
```

```
    P_Init ();              // 게임 진행
    I_Init ();              // 구현 의존
    D_CheckNetGame ();      //
    S_Init ();              // 사운드
    HU_Init ();             // HUD
    ST_Init ();             // 상태 표시줄

    D_DoomLoop ();          // 결코 반환하지 않음
}                                                          /* d_main.c */
```

D_DoomMain에서는 놀랄만한 작업이 없으며, 결코 반환하지 않는 루프로 점프하기 전에 D_
DoomLoop 엔진은 모든 하위 시스템을 초기화하는 작업부터 시작한다.

해석 유닛의 접두사(그리고 내부의 함수 이름)는 다양한 하위 시스템의 마인드맵을 구축하는
데 도움이 된다. V_는 비디오, M_은 메뉴, Z_는 영역 메모리 할당자, R_은 렌더러, P_는 게임
진행, I_는 구현 의존, D_는 〈둠〉, S_는 사운드, HU_는 HUD, ST_는 상태 표시줄을 뜻한다.

개발자들은 시작하는 과정에서 일어나는 일을 숨기려 하지 않았다. 〈둠〉의 개방성으로 인해 스
플래시 스크린splash screen이 필요하지 않았다. 텍스트 모드 메시지는 플레이어들에게 무대 뒤에
서 무슨 일이 일어나고 있는지 보여주었다(그림 5-8). 각 초기화 단계마다 오른쪽 도스 화면
에 D_DoomMain에 있는 소스 코드를 근접하게 반영하는 한 행이 출력되었다.

완료하기까지 오랜 시간이 걸리는 R_Init의 까다로운 렌더러 초기화를 제외하고는 시작 단계
가 매우 빠르게 진행되었다. 컴퓨터의 하드 드라이브 접근 시간에 따라 전체 버전을 완료하기
위해서는 종종 1분 정도 걸렸기에 출력 행뿐만 아니라 진행 상태를 표시하는 점dot으로 구성된
막대기도 보여주었다. 각 점에 숨어 있는 세부 사항과 의미는 부록 B.1에서 자세히 설명한다.

[토막상식]

-devparm 명령 줄 매개변수는 더 많은 텍스트 출력을 표시한다. 이 중 하나는 켜졌을 때 낡은
스피커로 사운드를 낸다는 사실을 언급하는 'I_StartupSound: Hope you hear a pop'이
다. 플러그 앤 플레이Plug&Play와 인터넷이 없던 시절이었으니, 사운드 카드의 신비로운 IRQ와
DMA 매개변수를 구성했다는 사실 자체가 업적으로 여겨질 만했다.

```
                   DOOM System Startup v1 .9
P_Init : Checking cmd - line parameters ...
V_Init : allocate screens .
M_LoadDefaults : Load system defaults .
Z_Init : Init zone memory allocation daemon .
DPMI memory : 0 xd59000 , 0 x800000 allocated for zone
W_Init : Init WADfiles .
        adding ./ doom .wad
        registered version .
=======================================================
    This version is NOT SHAREWARE , do not distribute !
  Please report software piracy to the SPA: 1 -800 -388 - PIR8
=======================================================
M_Init : Init miscellaneous info .
R_Init : Init DOOM refresh daemon - [.....................]
P_Init : Init Playloop state .
I_Init : Setting on machine state .
I_StartupDPMI
I_StartupJoystick
I_StartupSound
I_StartupTimer ()
  calling DMX_Init
D_CheckNetGame : Checking network game status .
startskill 2 deathmatch : 0 startmap : 1 startepisode : 1
player 1 of 1 (1 nodes )
S_Init : Setting up sound .
HU_Init : Setting up heads up display .
ST_Init : Init status bar.
```

그림 5-8 *DOOM.EXE* 시작 시 도스 출력

등록된 버전의 게임과 함께 제공된 게임 엔진 실행 파일은 셰어웨어 버전과 함께 제공된 파일과 동일했다. FindResponseFile과 IdentificationVersion이라는 두 함수는 단순히 자원 파일을 찾은 후, *DOOM1.WAD* 또는 *DOOM.WAD* 중 어떤 WAD를 발견했는지에 따라 플래그를 전환했다.

5.4 고정 시간 단계

D_DoomLoop 내부를 들여다보면 사용자 입력과 인공지능에 따라 게임 시뮬레이션을 업데이트한 다음 비디오와 오디오 출력을 생성하는(이를 위해 컴퓨터가 최대한 빨리 실행하는) 표준 루프가 드러난다.

```
void D_DoomLoop (void) {
  I_InitGraphics ();
  while (1) {
    I_StartFrame ();        // 입출력 연산과 동기화된 프레임
    TryRunTics ();          // 입출력과 인공지능에 기반한 시뮬레이션
    S_UpdateSounds ();  // 오디오를 생성
    D_Display ();           // 비디오를 생성
  }
}
```

게임 시뮬레이션은 **TryRunTics**에서 일어나며 고정 시간 단계fixed time step를 사용한다. 함수의 본문은 다음과 같이 요약된다.

```
void TryRunTics (void) {
    int        availabletics;
    int        entertic;
    static int  oldentertics;

    // 실행을 위해 얼마나 많은 틱이 필요한지 결정
    entertic = I_GetTime ();
    realtics = entertic - oldentertics;
    int counts = realtics;

    // 필요에 따라 여러 틱으로 실행
    while (counts--){
        M_Ticker ();
        G_Ticker ();
        gametic++;
        NetUpdate ();
    }
}
```

〈둠〉의 시간 단위는 **tic**(틱)이다. 1초에 35번의 틱이 있으며(틱이 28ms임을 의미함) **I_GetTime**의 시간 단위 또한 틱이다. **D_DoomLoop**의 반복마다 엔진은 지나간 틱 수를 계산하고 해당 수만큼 시뮬레이션을 진행한다. 완전히 지나간 틱만 시뮬레이션된다. 35라는 값은 무작위가 아니다. VGA 모드−Y의 절반이다. 일단 게임 상태가 업데이트되면 비디오와 오디오를 생성한다.

그림 5-9

이와 같은 설계는 논란의 여지가 있었다. 한편으로는, 게임 세션 기록이나 동기화를 해제하지 않고도 어떤 기계에서든 재생하는 문제를 해결했다. 또한 네트워크 경기와 다중 화면 재생을 가능하게 했다. 반면에 렌더러가 아무리 빠르게 동작하더라도 게임은 펜티엄 CPU에 기반한 차세대 PC의 프레임율 상한에 맞춰 35Hz로만 갱신되었다.

5.5 게임 스레드/사운드 스레드

MS-도스는 프로세스나 스레드를 지원하지 않았지만 비디오와 오디오를 동시에 출력해야만 했다. 이를 달성하기 위해 오디오 시스템은 일정 간격으로 생성된 인터럽트를 기반으로 동작했다. 5.15절의 오디오 시스템 절에서 이를 자세히 설명한다.

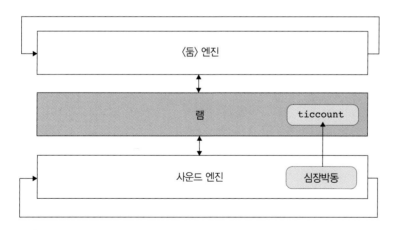

그림 5-10

레지스터 캐싱(무한 루프를 초래하는)을 비활성화하기 위해, 사운드 엔진에서 쓰고 〈둠〉 엔진에서 읽는 변수를 volatile int ticcount로 선언했다.

5.6 고정 소수점 산술

인텔 486 CPU는 부동 소수점 명령어를 충분히 빠르게 실행할 수 없으므로 프로그래머가 계산 과정에서 분수를 처리하고 저장하는 방법을 찾아야만 했다. 이 문제에 대한 답은 고정 소수점 산술fixed-point arithmetic을 사용하는 것이었다.

인텔 설계자는 두 가지 유형의 32비트 정수를 처리할 수 있도록 CPU를 설계했다. 부호 없는 정수에서 각 비트는 [0 ~ 4,294,967,295]라는 십진수 범위 내에서 0에서 $2^{32} - 1$까지의 값을 표현했다.

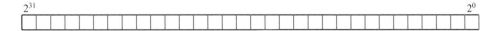

그림 5-11 32비트 부호 없는 정수 비트 값

부호 있는 정수는 2의 보수를 사용해 음숫값을 위한 마지막 비트를 제외한 모든 비트가 양숫값을 표현한다. 부호 있는 정수는 [−2,147,483,648 ~ 2,147,483,647]라는 십진수 범위 내에서 -2^{31}부터 $2^{31} - 1$까지 값을 표현할 수 있다.

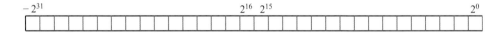

그림 5-12 32비트 부호 있는 2의 보수 비트 값

특정 유형의 계산을 위해 〈둠〉은 다른 배치 방식을 사용한다. 부호 있는 고정 소수점 형식은 **16:16**이며 여기서 비트 31은 음의 정수(-2^{15})를 인코딩하고, 비트 [30-16]은 양의 정수를 저장하며, 비트 [15-0]은 소수 부분을 저장하는 데 사용된다. 십진수 범위는 [−32768.0 ~ 32767.9999847]이다.[13]

....
13 1로 설정된 모든 32비트는 음수 비트(-2^{15} = −32768)가 양숫값에 추가된다($2^{14}+2^{13}+2^{12}+2^{11}+2^{10}+2^9+2^8+2^7+2^6+2^5+2^4+2^3+2^2+2^1+2^0+2^{-1}+2^{-2}+2^{-3}+2^{-4}+2^{-5}+2^{-6}+2^{-7}+2^{-8}+2^{-9}+2^{-10}+2^{-11}+2^{-12}+2^{-13}+2^{-14}+2^{-15}+2^{-16}$ = 32767.9999847).

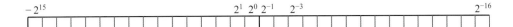

그림 5-13 32비트 〈둠〉 고정 소수점 비트 값

'정규^{regular}' 변수를 '고정 소수점' 변수와 구별하기 위해 간단한 typedef fixed_t를 사용한다.

```
#define FRACBITS      16
#define FRACUNIT      (1<< FRACBITS)
typedef int fixed_t;
```

고정 소수점 시스템이 아름다운 이유는 ALU 수준에서 '바로 작동^{just work}'하기 때문이다. CPU 는 동일 방식으로 명령을 수행한다. 한 유형을 다른 유형으로 변환하는 작업은 매우 간단하다. 정수에서 고정 소수점까지는 값이 싼 << 16 비트 단위 왼쪽 시프트다. 고정 소수점에서 징수 까지는 >> 16 비트 단위 오른쪽 시프트인 역연산이다.

예를 들어, 0.5 + 3.75 = 4.25는 올바른 결과를 비트 단위로 산출한다.

| 0 | 0 | 0 | 0 | 0 | 0 | 0 | 0 | 0 | 0 | 0 | 0 | 0 | 0 | 0 | 0 | 1 | 0 | 0 | 0 | 0 | 0 | 0 | 0 | 0 | 0 | 0 | 0 | 0 | 0 | 0 | 0 |

그림 5-14 0.5의 고정 소수점 표현

| 0 | 0 | 0 | 0 | 0 | 0 | 0 | 0 | 0 | 0 | 0 | 0 | 0 | 0 | 0 | 1 | 1 | 1 | 1 | 0 | 0 | 0 | 0 | 0 | 0 | 0 | 0 | 0 | 0 | 0 | 0 | 0 |

그림 5-15 3.75의 고정 소수점 표현

| 0 | 0 | 0 | 0 | 0 | 0 | 0 | 0 | 0 | 0 | 0 | 0 | 0 | 1 | 0 | 0 | 0 | 1 | 0 | 0 | 0 | 0 | 0 | 0 | 0 | 0 | 0 | 0 | 0 | 0 | 0 | 0 |

그림 5-16 4.25의 고정 소수점 표현

비트 단위 연산조차도 왼쪽 이동(<<)과 오른쪽 이동(>>)으로 빠른 나누기/곱하기처럼 동작한다.

| 0 | 0 | 0 | 0 | 0 | 0 | 0 | 0 | 0 | 0 | 0 | 0 | 1 | 0 | 0 | 0 | 1 | 0 | 0 | 0 | 0 | 0 | 0 | 0 | 0 | 0 | 0 | 0 | 0 | 0 | 0 | 0 |

그림 5-17 4.25 << 1 = 8.5의 고정 소수점 표현

이 시스템에는 두 가지 제약이 있다.

- 부동 소수점과는 반대로, 오버플로^{overflow}를 피하고 정밀도^{precision}를 조정하는 슬라이딩 윈도^{sliding} ^{window} 보상이 없다. 오버플로는 피해야만 하며, 그렇지 않으면 정보가 손실된다(이런 문제로 인해 지도가 엄청나게 큰 경우에 디스플레이 버그가 있었다).

- 연산 중에는 정수와 고정 소수점 변수를 혼합할 수 없다. C언어는 타입을 자동으로 '승격^{promote}'하지 않기 때문에, 프로그래머가 수동으로 특정 타입에서 다른 타입으로 변환해야만 했다.

5.7 영역 메모리 관리자

그 시절의 모든 게임 엔진과 마찬가지로 〈둠〉 역시나 미리 갖춰진 `malloc`을 신뢰하지 않았으며 심지어 왓콤이 `libc`에서 제공한 `malloc`도 신뢰하지 않았다. 메모리 파편화로 이어질 수 있었기에 표준 할당자^{standard allocator}는 엔진의 안정성을 위협했다. 또한 표준 할당자는 엔진이 원하는 바가 아닌 큰 덩어리 할당에 최적화되어 작은 할당에도 낭비가 심했다. 표준 할당자는 메모리 누수와 버퍼 오버플로를 추적하기 위한 좋은 디버깅 도구도 부족했다. 게다가 어디에도 이식할 수 없었다. 이러한 이유로 〈둠〉은 자체 메모리 관리자를 사용했다.

토막상식

엔진은 명확하게 설정된 메모리 예산으로 실행된다. 넥스트에서 시작할 때, 메모리 관리자는 4MiB 램을 할당하며, 한 바이트도 초과하지 않는다. 이는 알려진 최소 4MiB 구성이 충분한지 확인하기 위해 수행된다. MS-도스에서 메모리 관리자는 컴퓨터에 최소 4MiB가 있는지 점검하지만, 만일 캐시 유지를 개선할 목적으로 가능하다면 8MiB까지 사용할 것이다.

메모리 관리자의 첫 번째 구체화는 영역을 기반으로 했다. 각 영역에는 램에서 할당할 수 있는 메모리 풀^{memory pool}이 있다. 이런 설계는 할당자 이름에 '영역 할당자^{zone allocator}'라는 접두사 `Z_`를 부여했고 파일 이름에는 `z_zone.c`를 부여했다. 나중에 다중 영역 아이디어는 포기했으며 (아마도 램을 통합한 도스/4GW 덕분에), 여러 블록의 체인을 포함하는 영역 하나를 갖춘 설계를 선호했다. `Zone`이라는 이름은 여전히 멋졌기에 그대로 유지되었다.

코드의 `struct`를 살펴보면 메모리 관리자의 작동 방식이 드러난다.

```
typedef struct memblock_s {
```

```
    int             size;           // 헤더와 조각들
    void            **user;         // 자유 블록이면 NULL
    int             tag;            // 레벨에서 제거 표식
    int             id;             // ZONEID가 되어야 마땅함
    struct memblock_s *next, *prev; // 이중 연결 리스트
} memblock_t;

typedef struct {
    int             size;           // 할당된 총 바이트
    memblock_t      blocklist;      // 시작/끝 연결 리스트
    memblock_t      *rover;
} memzone_t;

memzone_t *mainzone;
```

메모리 할당자는 사용 가능한 전체 램에 대해 영역 히나만을 사용한다. 이 '주^{main}' 영역은 블록으로 구성된 이중 연결 순회 리스트다. **user 값을 가질 경우 블록은 사용 중인 램을 표현하며, user가 NULL인 경우 사용 가능한 램을 표현할 수 있다. 블록들의 체인은 언제나 컴퓨터의 모든 램을 추적한다.

블록마다 제거 힌트$^{purge\ hint}$로 태그를 지정하고 있으므로 할당자는 할당 요청에 응답할 때 이 블록이 사용 가능한지를 알 수 있다.

```
// -----------
// 메모리 영역
// -----------
// 해제될 때까지 tags < 100는 덮어쓸 수 없음
#define PU_STATIC       1   // 실행 시간 동안 완전히 STATIC
#define PU_SOUND        2   // 결코 사용되지 않음
#define PU_MUSIC        3   // 게임 도중에는 STATIC
#define PU_DAVE         4   // 데이브의 STATIC - 결코 사용되지 않음
#define PU_LEVEL        50  // 레벨을 끝낼 때까지 STATIC
#define PU_LEVSPEC      51  // 레벨에서 특수하게 사고하는 적
// tags >= 100은 필요할 때면 언제든지 제거 가능
#define PU_PURGELEVEL   100
#define PU_CACHE        101
```

초기 상태(전체 램을 8,000바이트로 가정)에서 모든 램은 STATIC으로 표시된 단일 블록에 있다. 사용 가능한 블록임을 의미하는 NULL user가 있다. size는 8,000바이트다. next와 prev

모두 자신을 가리킨다. rover는 존재하는 유일한 블록을 가리킨다.

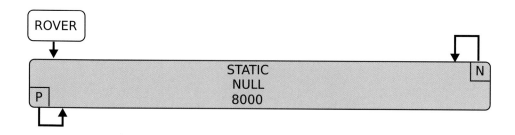

Z_Malloc을 호출할 때마다 rover는 사용 가능한 충분히 큰 블록을 검색한다. 발견되면 블록을 만들고 사용 가능한 블록을 축소한다. 크기가 1,000과 3,000인 호출을 하고 나면 체인에서 블록 세 개를 생성한다. 나중에 설명할 기본 user 값인 2에 주목하자.

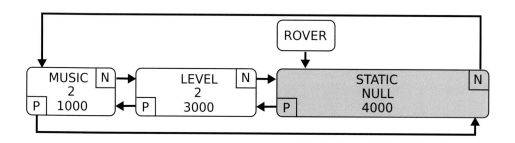

궁극적으로 할당자는 rover가 가리키는 '사용 가능한free' 블록을 넘어서는 램에 대한 요청을 받을 것이다. 다음 구성에서 사용 가능한 블록에는 500바이트만 존재한다. 해당 바이트를 넘어서는 할당 요청은 실패할 것이다.

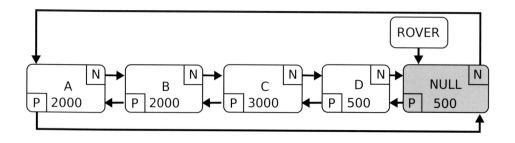

메모리 요청을 수행하기 위해 rover는 현재 위치를 표시하고 충분히 큰 여유 블록을 찾기 시작

할 것이다. rover가 같은 위치로 돌아오면 요청을 충족할 만큼 충분히 큰 사용 가능한 블록이 없다. 여기서 엔진은 오류를 발생시키고 종료할 것이다.

그동안 Z_Free로 몇몇 블록이 해제될 경우 어떤 일이 일어날까? 블록이 해제될 때, 해당 user는 다시 NULL로 설정되고 인접한 사용 가능한 블록이 병합된다. 블록 B와 블록 C가 해제되었다고 가정하자. 두 블록이 사용 가능한(user = NULL) 5,000바이트짜리 블록으로 병합되었다.

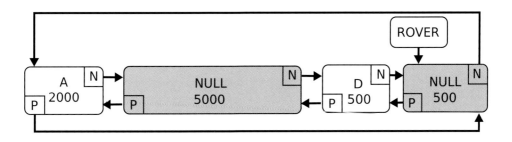

1KB를 할당하기 위해 rover는 '다음으로 넘어갈roll over' 것이다. 사용 가능한 블록을 발견하고 블록 E를 위해 이 영역을 사용한다.

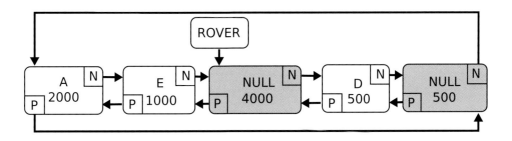

훨씬 더 흥미로운 세 번째 경우가 있다. 지금까지는 STATIC, MUSIC 또는 LEVEL과 같이 정적으로 할당된 블록에 관해서만 설명했다. 그러나 '제거 가능purgeable' 범주에 속하는 세 번째 태그 유형이 존재한다.

다음 절에서 설명하는 WAD/덩어리 관리자가 이 유형을 주로 사용한다. 블록이 PU_CACHE로 표시된 것은 지금 당장은 엔진에 데이터가 필요하지 않지만 미래에는 데이터가 필요할지도 모른다는 의미이다. 그러나 메모리 할당자는 이를 해제할 수 있다. 다음 구성에서는 블록에 1,000바이트를 성공적으로 할당할 만큼의 충분한 공간이 없기 때문이다.

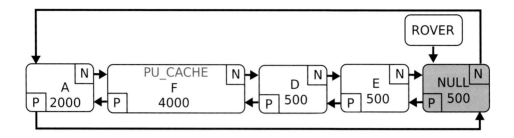

로버는 체인을 따라 블록 F를 찾아서 (심지어 user가 있더라도) 할당을 해제해 사용할 것이다. 결과는 블록 F가 새로운 블록 G에 이어 크기가 3,000인 사용 가능한 블록으로 나눠진다.

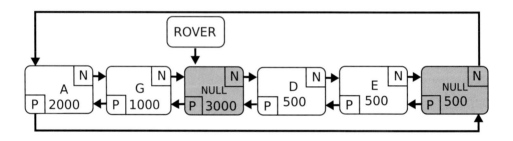

메모리 관리자에는 libc의 malloc보다 많은 다른 기능이 있다. 필드 id는 메모리 오버플로를 감지하기 위한 카나리canary 표식으로 사용된다(값은 항상 ZONEID가 되어야 마땅하다). Z_Free는 이중 해제와 같은 잘못된 관리를 감지할 수 있다. Z_DumpHeap을 통해 접근 가능한 덤프 시스템은 메모리 검사를 지원한다. 심지어 무결성 검사기integrity checker인 Z_CheckHeap도 있다. 이 검사기는 각 블록이 다음 블록에 '연결되어' 있고 연속 여유 블록이 없는지를 검증한다.

토막상식

Z_ChangeTag 함수를 통해 블록을 '재태그' 할 수 있다. 애셋으로 작업하는 동안 엔진이 PU_STATIC 태그로 메모리 블록을 할당하는 경우가 종종 있으며, 작업이 완료되고 나면 태그를 PU_CACHE로 변경한다. 이렇게 하면 블록이 다시 필요한 상황에도 여전히 램에 있을 경우 잠재적으로 HDD까지 왕복하는 상황을 피하면서도 필요시 메모리를 해제할 수 있다.

5.8 파일 시스템

〈둠〉은 운영체제의 파일 시스템과 거의 상호작용하지 않는다. 일반적인 게임 세션이라면, 엔진 *DOOM.EXE*는 자원에 접근할 목적으로만 *DOOM.WAD*를 열 필요가 있다. 따라서 엔진은 파일을 직접 처리하는 것이 아니라, *.WAD* 아카이브의 원자적인 단위인 덩어리와 그에 해당하는 캐시 시스템을 처리했다.

*DOOM.EXE*는 상대적으로 안정된 상태로 남아 있지만 다음 *.WAD* 목록에서 볼 수 있듯이 새로운 게임이 이전의 게임보다 정교해질수록 애셋은 계속 증가한다.

게임	아카이브 이름	덩어리의 수	크기(바이트 단위)
〈둠〉 셰어웨어	*DOOM1.WAD*	1264	4,196,020
〈둠〉 등록판	*DOOM.WAD*	2194	11,159,840
〈둠 2〉	*DOOM2.WAD*	2918	14,604,584
〈Ultimate Doom〉	*UDOOM.WAD*	2306	12,408,292
〈지옥의 실험〉	*PLUTONIA.WAD*	2984	17,420,824
〈TNT: 에빌루션〉	*TNT.WAD*	3101	18,195,736
〈둠 2〉 프랑스 버전	*DOOM2F.WAD*	2913	14,607,420
〈헤레틱〉 셰어웨어	*HERETIC1.WAD*	1374	5,120,920
〈헤레틱〉 등록판	*HERETIC.WAD*	2633	14,189,976
〈헥센〉 데모	*HEXENDEMO.WAD*	2856	10,644,136
〈헥센〉 등록판	*HEXEN.WAD*	4270	20,083,672
〈헥센: 죽음의 왕〉	*HEXDD.WAD*	326	4,440,584

그림 5-18 여러 버전의 *WAD* 파일[14]

토막상식

운영체제 파일 시스템에 접근하기 위해서는 I_* 추상화 계층이 필요하지 않았다. 운 좋게도 모든 시스템은 open, lseek, read, close와 같은 표준 함수를 제공했다.

---

14 *doomgod.com*의 「Internal War Allocation Daemons(내부 전쟁 할당 데몬)」 참고. 옮긴이_ *https://github.com/Gaytes/iwad*

덩어리는 최대 8자로 구성된 고유 이름으로 식별했다(편의상 도스의 파일 이름 길이 제한과 일치한다).

```
typedef struct {
  char      name[8];
  int       handle,position,size;
} lumpinfo_t;
```

30가지 유형이 넘는 덩어리가 있었다. 덩어리는 명명 규칙에 따라 지도나 음악과 관련되었기에 그룹으로 묶을 수 있었다. 모든 덩어리에 내용이 담겨있는 것은 아니다. 일부는 덩어리 그룹의 시작과 끝을 표시하는 데만 사용되었다.

덩어리 이름	용법
PLAYPAL	실행 과정에서 사용되는 팔레트 14개. 5.13절에서 자세히 설명한다.
COLORMAP	각 256색의 32가지 음영을 시뮬레이션하기 위한 변환 표. 5.12.8절에서 자세히 설명한다.
DEMO?	이드 소프트웨어에서 녹화한 게임 세션. '오락실 스타일' 데모로서 게임 시작 과정에서 재생된다.
EXMY	일련의 지도 덩어리의 시작을 나타내는 표식 역할을 하는 크기가 0인 덩어리. X는 에피소드 번호이고 Y는 지도 ID다. MAPXY 변형은 나중에 동일 목적으로 사용되었다.
THINGS	현재 지도에서 모든 괴물, 무기, 탄약, 스프라이트
LINEDEFS	SECTORS에서 참조한 모든 선
SIDEDEFS	LINEDEFS가 참조한 모든 면. 선은 1면 또는 2면을 가질 수 있다.
VERTEXES	현재 지도에서 모든 꼭짓점
NODES	효율적인 세그먼트 정렬을 위한 이진 트리
SSECTORS	NODES에서 이진 트리의 잎인 하위 섹터
SEGS	SSECTORS 덩어리가 가리키는 세그먼트
SECTORS	SSECTORS가 참조함. 천장/바닥 높이, 텍스처와 조명 속성을 명세한다.
BLOCKMAP	충돌 감지 가속 구조체로 지도를 128x128블록으로 자른다. 지도상의 어떤 지점에서도 모든 LINEDEFS 인접 항목에 빠른 접근을 제공한다. 5.17절에서 자세히 설명한다.
REJECT	가시선 가속 데이터 구조체
DP.*	PC 스피커 형식의 음향 효과

덩어리 이름	용법
DS.*	PCM 모노, 8비트 11KHz(22KHz를 지원하지만 〈둠 2〉의 슈퍼 샷건에만 사용)에서의 사운드 효과
D_.*	MUS 형식의 음악(살짝 변경된 MIDI 형식)
ENDOOM	정식 버전을 구매하도록 유도하는 텍스트 모드 종료 화면
DMXGUS	그래비스 울트라사운드 샘플 파일로 MIDI 악기를 일치시키는 변환표
GENMIDI	OPL 오디오 칩으로 MIDI 음악을 재생하기 위한 악기 데이터 뱅크
PNAMES	벽 패치로 사용된 모든 덩어리 이름을 열거한다.
TEXTURE1	SIDEDEFS가 참조하는 모든 벽 텍스쳐 덩어리 사전. 실행 과정에서 접근과 할당 속도를 높이기 위해 사용한다.
F_START	평면 텍스처의 시작 표식을 위한 크기가 0인 덩어리
F_END	평면 텍스처의 끝 표식을 위한 크기가 0인 덩어리
S_START	아이템/괴물 '스프라이트' 섹션의 시작 표식을 위한 크기가 0인 덩어리
P_START	벽 질감의 시작 표식을 위한 크기가 0인 덩어리
P_END	벽 질감의 끝 표식을 위한 크기가 0인 덩어리
.*	다른 많은 글꼴, TITLEPIC, HELP 화면, 중간 휴식 화면, VICTORY 화면

5.8.1 덩어리

덩어리[lump] 시스템은 엔진에서 가장 매력적이지 않은 부분이지만, 구현 과정에서는 가장 멋진 부분이며 플레이어들에게 제공해야 하는 필수 요소 중 하나였다.

처음 구동될 때, 덩어리 시스템은 모든 WAD 아카이브를 훑으며 그 안에서 찾은 모든 덩어리를 lumpinfo_t로 이루어진 lumpinfo라는 엄청나게 거대한 배열에 색인한다. -file 명령 줄 매개변수를 통해 제공된 추가 아카이브가 있다면, 공식 이드 소프트웨어에 속한 덩어리 WAD(*DOOM.WAD*, *DOOM2.WAD*, …)가 먼저 lumpinfo 배열에 추가된다.

다음 예에서 〈둠〉은 명령 줄로 시작한다.

```
C:\ DOOM > DOOM -file MYMUSIC .WAD -file MYSPRITE .WAD
```

아래 예시에서 *DOOM.WAD*에는 덩어리 3개만이 표시되며 추가로 WAD 아카이브 2개에는 각각 덩어리가 하나씩만 있다. 색인에 *DOOM.WAD*가 먼저 나열되는 방식과 덩어리 이름이 여러 번 나타날 수 있는 방식(MUSIC1이라는 두 덩어리가 있음)에 주목하자.

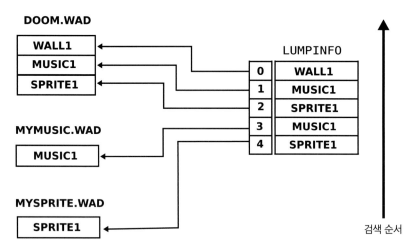

그림 5-19 덩어리 시스템 색인

덩어리 시스템에 대한 요청은 char[8] 이름을 통해 전달된다. 첫 번째 작업은 덩어리 이름을
int 덩어리 색인 ID와 연결하는 것이다. 덩어리 배열은 W_CheckNumForName 함수에서 순차
적으로 검색되며 속도를 높이기 위해 멋진 트릭을 사용한다. 매번 문자 8개를 비교하는 대신
32비트 정수 두 개를 비교한다.

```
int W_CheckNumForName (char *name) {
  union {
   char s[9];
   int x[2];
  } name8;
  int        v1, v2;
  lumpinfo_t *lump_p;

  // 쉬운 비교를 위해 이름을 두 정수로 만든다
  Strncpy (name8.s,name,8);
  name8.s[8] = 0;    // 이름이 8자를 꽉 채울 경우
  strupr (name8.s);  // 대소문자 구분하지 않음

  v1 = name8.x[0];
  v2 = name8.x[1];

  // 패치 덩어리 파일에 우선순위를 주기 위해 뒤에서부터 탐색
```

```
  lump_p = lumpinfo + numlumps;

  while (lump_p-- != lumpinfo)
    if (*(int *) lump_p->name    == v1 &&
        *(int *)&lump_p->name[4] == v2)
          return lump_p - lumpinfo;
  return -1;
}
```

위의 코드 목록을 보면, 색인이 끝부터 시작해 검색된다는 사실을 알 수 있다. 이는 모더가 자신의 애셋을 WAD 아카이브에 제공해 이드 소프트웨어의 덩어리를 덮어쓰도록 만들려고 일부러 수행한다.

이 시스템의 아름다움은 원본 *DOOM.WAD*가 결코 수정되거나 패치될 필요가 없다는 사실에서 온다. 간단한 명령 줄을 사용해 지도, 음악, sfx, 그래픽[15]에서 모든 애셋을 덮어쓸 수 있었다.

토막상식

공식 WAD와 모더가 만든 WAD를 구별하기 위해 WAD 아카이브의 시작 부분에 있는 마법의 숫자가 달랐다. 'IWAD'는 이드 소프트웨어용으로 예약되었으며, 모더가 만든 WAD에는 'PWAD'를 사용하라고 요청했다.

일단 덩어리 위치가 발견되면 메모리 할당자로부터 메모리 블록이 요청되었다. 덩어리의 내용은 HDD에서 램으로 복사되어 호출자에게 반환된다.

lumpinfo 배열은 lump 캐싱 시스템이 미러링한다. 덩어리를 요청할 때, lumpcache 배열(W_CacheLumpNum)을 먼저 찾기 위해 색인 ID가 사용된다. null이 아닌 포인터는 덩어리가 이미 영역 블록에 있음을 의미한다. 덩어리 캐시 슬롯은 메모리 블록의 user로 자신을 할당하므로 블록이 해제되면 자동으로 무효화됨을 의미한다. 이 메커니즘은 메모리 블록이 소유하지만 캐시되지는 않음을 의미하는 2로 owner 값을 설정하는 방식을 설명한다(따라서 할당 해제 과정에서 무효화할 캐시가 없다). [그림 5-20]에서 덩어리 0과 2는 캐시에 없으며 WAD 접근을 요청할 것이다.

---

15 인공지능과 실행 파일에 하드 코딩된 지도 이름 제외

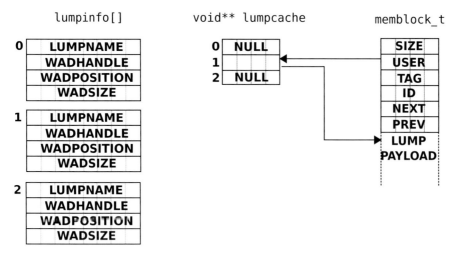

그림 5-20 덩어리 1이 캐시에 있다. 덩어리 0과 2는 그렇지 않다.

```c
void* W_CacheLumpNum(int lump, int tag) {
  byte *ptr;
  if ((unsigned)lump >= numlumps)
    I_Error ("W_CacheLumpNum: %i >= numlumps", lump);

  if (!lumpcache[lump]) {
    //printf ("cache miss on lump %i\n",lump);
    ptr = Z_Malloc(W_LumpLength (lump), tag, &lumpcache[lump]);
    W_ReadLump(lump, lumpcache[lump]);
  } else {
    //printf ("cache hit on lump %i\n", lump);
    Z_ChangeTag(lumpcache[lump],tag);
  }

  return lumpcache[lump];
}
```

이드 소프트웨어는 커뮤니티의 몇몇 플레이어들을 위해 자원 파일 형식을 설명했다. 한 달 안에 WAD 형식을 뒤집어 속속들이 설명하는 「The Unofficial Doom Specs」가 온라인에 배포되었다. 알려진 형식과 새로운 덩어리를 주입하는 방식으로 모드 커뮤니티가 번성했다.

몇몇 팬은 시스템을 사용해 원본 게임의 거의 모든 측면을 대체했다. 이런 모드를 완전 변환total

conversion(TC)[16]이라고 부른다. 가장 유명한 모드로 〈에이리언 TC^Aliens total conversion〉가 있었다.

1994년 12월에 배포된 이 모드는, 저스틴 피셔^Justin Fisher가 1년 동안 노력해 완성했다. 흥미롭게도 이 버전은 이드 소프트웨어가 악마 테마로 가기 전에 잠깐 고려했던 〈에이리언〉 테마를 다시 다뤘다.

문, 무기, 폭발과 같은 많은 음향 효과는 영화에서 직접 따왔다. 배우의 대사 "let's rock!"과 비명도 디지털화되었다. 모든 데몬은 외계 생명체(에이리언), 에이리언 알, 페이스허거^facehugger, 에이리언 퀸으로 대체되었다. 펄스 소총, 수류탄 발사기, 스마트 건이 등장했고, 심지어 동력 체인톱은 'P-5000 파워로더'로 대체되었다. 지도 디자인도 반영되었다. 〈에이리언 TC〉는 첫 번째 레벨에서 적을 등장시키지 않음으로써 편집증적이고 공포스러운 영화의 분위기를 재현했다!

---

16 옮긴이_ 잘 알려진 TC 목록은 다음을 참고. *http://www.doomwadstation.net/main/tc.html*

5.9 비디오 관리자

코드를 통해 우리의 여정을 계속하고 D_Display에서 렌더링하는 모습을 살펴보기에 앞서, 몇 페이지를 투자해 각 프레임을 저장하고 조작하는 그래픽 스택을 먼저 알아보자. 비디오 시스템은 코어에 위치한다. 프레임 버퍼 다섯 개 한 세트와 더티박스dirtybox (dirty rectangle이라고도 불렸다) 한 개라는 두 가지 데이터 구조체를 유지하고 외부에 공개한다. 모든 쓰기 작업은 프레임 버퍼와 박스를 업데이트한다.

```
// doomdef.h
#define SCREENWIDTH  320
#define SCREENHEIGHT 200
extern byte *screens[5];

// v_video.c
byte *base = I_AllocLow(SCREENWIDTH * SCREENHEIGHT *4);
for (i=0; i<4; i++)
    screens[i] = base + i*SCREENWIDTH*SCREENHEIGHT;

// st_stuff.c
screens[4] = (byte *) Z_Malloc(ST_WIDTH*ST_HEIGHT,
    PU_STATIC, 0);
```

그림 5-21 프레임 버퍼 5개

```
// doomdef.h
enum {BOXTOP,BOXBOTTOM,BOXLEFT,BOXRIGHT};
extern int dirtybox[4];
```

그림 5-22 더티박스

비디오 시스템 구현은 코어에 네 가지 함수를 제공해야만 한다. I_InitGraphics는 자신을 초기화해야 할 때를 알려준다. I_UpdateNoBlit은 프레임 버퍼의 일부가 변경될 때 호출된다. I_FinishUpdate는 프레임 버퍼가 완전히 구성될 때 호출되어 화면에 표시된다. I_WaitVBL은 차단되어 다음 수직 동기화vertical synchronization (VSync)에서 반환된다.

함수	도스 구현
I_InitGraphics	모드-Y에서 VGA 설정(320×200, 256색상을 4:3으로 늘림)
I_UpdateNoBlit	VGA 하드웨어로 업데이트된 화면 영역을 전송
I_FinishUpdate	뒤집기 버퍼(CRTC 시작 스캔 주소를 업데이트)
I_WaitVBL	VSync를 기다림(팔레트 업데이트에 앞서 기다리기 위해 사용)

비디오 시스템 자체가 아닌 코어에서 프레임 버퍼를 호스팅하는 방식은 대담한 절충안이었다. 화면에 도달하기 전, 데이터를 두 번 복사해야 했기 때문에 성능이 저하되었다. 그러나 프레임 버퍼가 추상화된 이후 이식성은 크게 향상되었다. 또한 코어 프레임 버퍼에서 다시 읽을 수 있는 문을 열었다. 이 기능은 '스펙터spectre' 악마에서 볼 수 있는 '프레데터predator' 투명도와 같은 새로운 효과를 허용했다.

토막상식

〈둠〉은 프레임마다 전체 화면을 렌더링하므로 〈울펜슈타인 3D〉처럼 프레임 버퍼를 '지울clear' 필요가 없다. 만약 프레임 버퍼 #0 내부를 들여다보기 위해 프레임을 렌더링하는 도중에 엔진에 인터럽트를 건다면, 직전 프레임과 완성되지 않은 새 프레임이 혼합물처럼 보일 것이다.

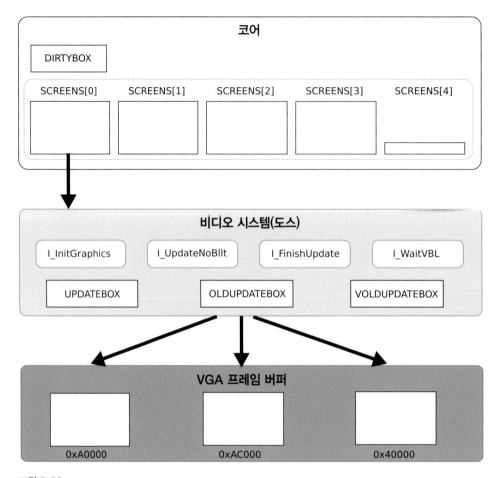

그림 5-23

게임의 렌더링 내용과 관계없이, 프레임의 수명은 항상 같다.

1. 모든 쓰기 연산은 프레임 버퍼 #0에서 수행된다. 엔진이 이 버퍼를 업데이트할 때마다 dirtybox를 업데이트해 변경된 영역을 표시한다.

2. 연이은 주요 쓰기 연산 후 엔진은 I_UpdateNoBlit을 호출해 비디오 시스템이 프레임 버퍼 #0을 읽게 만들어 dirtybox를 통해 가능한 한 가장 작은 데이터 전송을 위한 최적화를 진행한다. 도스에서 VGA 하위 시스템은 VRAM 프레임 버퍼 셋 중 하나에서 VGA 하드웨어로 내용을 복사한다. 각 VGA 버퍼마다 자체 더티박스인 updatebox가 있어 블리팅 속도를 높이지만, 이는 여전히 값비싼 연산이다.

3. 일단 프레임이 완료되고 나면, 엔진은 I_FinishUpdate를 호출해, 비디오 시스템에 프레임 버퍼

#0이 더는 업데이트되지 않을 것임을 알려준다. 도스에서 I_FinishUpdate의 구현은 경량 연산인 CRTC의 시작 주소만을 단순하게 업데이트한다.

```c
void I_FinishUpdate (void) {
  static int     lasttic;
  int            tics, i;

  // 페이지 뒤집기
  outpw(CRTC_INDEX, CRTC_STARTHIGH+(destscreen&0xff00));

  destscreen += 0x4000;
  if ( (int)destscreen == 0xac000)
    destscreen = (byte *)0xa0000;
}
```

코어의 다른 프레임 버퍼 네 개는 임시 저장소를 위해 간헐적으로 사용된다.

- 프레임 버퍼 #1은 스크린샷을 찍을 때뿐만 아니라 3D 보기가 전체 화면이 아닌 경우 배경을 저장하는 데 사용된다(R_FillBackScreen).
- 프레임 버퍼 #2와 #3은 지우는 애니메이션 도중에 프레임 버퍼 #1에서 합성되는 동안 시작과 종료 화면을 저장하기 위해 사용된다(자세한 내용은 5.11.6절을 참고).
- 프레임 버퍼 #4는 더 작으며, 내용이 델타delta 업데이트될 수 없으며 완전히 새로 그릴 필요가 있을 때 단순히 상태 막대만 있는 그대로 저장한다.

램에서 VRAM으로 데이터를 전송하는 I_UpdateBox 함수의 내용이 놀라울 수도 있겠다. 32비트 CPU와 32비트 VLB에 대한 모든 하드웨어 토론 후에 한 번에 16비트를 전송하는 루프(short *dest;)를 보면 묘한 기분이 든다. 하지만 이 모두는 계획된 선택이었다.

우리의 예술 작품은 8×8 블록(톰은 이를 'ebe'라고 표기하곤 했습니다)을 기준으로 진행되었습니다. 32비트 루프는 홀수 개의 블록을 처리하기 위해 더 많은 코드가 필요했습니다. 속력을 높일지는 몰라도 버스와 비디오 카드가 32비트 쓰기를 다뤄야만 했기에, 그 당시 일반적인 방식은 아니었습니다. 많은 VLB 카드는 여전히 ISA 카드에 사용된 것과 동일한 기본 칩셋이었고 여전히 16비트이므로 32비트 쓰기는 단지 2배 오래 걸림을 의미했습니다.

– 존 카맥

```
void I_UpdateBox (int x, int y, int width, int height) {
    int      ofs;
    byte     *source;
    short    *dest;
    int      p,x1, x2;
    int      srcdelta, destdelta;
    int      wwide;

    x1 = x>>3;
    x2 = (x+width)>>3;
    wwide = x2-x1+1;

    ofs = y*SCREENWIDTH+(x1<<3);
    srcdelta = SCREENWIDTH - (wwide<<3);
    destdelta = PLANEWIDTH/2 - wwide;
    outp (SC_INDEX, SC_MAPMASK);

    for (p = 0 ; p < 4; p++) {          // 각 VGA 뱅크에 대해
      outp (SC_INDEX +1, 1<<p);         // 뱅크를 선택하고
      source = screens[0] + ofs + p;  // 프레임 버퍼 #0에서 읽는다
      dest = (short *)(destscreen + (ofs>>2));
      for (y=0 ; y<height ; y++) {
        for (x=wwide ; x ; x--) {
          *dest++ = *source + (source[4]<<8);
          source += 8;
        }
        source+=srcdelta;
        dest+=destdelta;
      }
    }
}
```

5.10 렌더러

그래픽 스택을 염두에 두고 이제 게임의 모든 렌더러를 포함하는 렌더링 루틴인 **D_Display**에 뛰어들 차례다.

```
void D_Display (void) {
  R_ExecuteSetViewSize ();
```

```
// 2D 그리기
switch (gamestate) {
  case GS_LEVEL:
    if (automapactive)
      AM_Drawer ();
    ST_Drawer (); break;
  case GS_INTERMISSION: WI_Drawer (); break;
  case GS_FINALE: F_Drawer (); break;
  case GS_DEMOSCREEN: D_PageDrawer (); break;
}

// 몇몇 내용이 변경되었다고 비디오에게 알림
I_UpdateNoBlit ();

// 3D 그리기
if (gamestate == GS_LEVEL && !automapactive && gametic)
  R_RenderPlayerView (&players[displayplayer]);

HU_Drawer ();

I_SetPalette (W_CacheLumpName ("PLAYPAL",PU_CACHE));

R_FillBackScreen (); // 전체 화면이 아닐 때 배경 채우기

M_Drawer ();  // 메뉴는 모든 것의 상단에 그려짐
NetUpdate (); // 새롭게 축적된 내용을 보내기

I_FinishUpdate ();  // 페이지 뒤집기 또는 버퍼 블리팅
}
```

2D 렌더러(코드에서 'Drawer'라고 함) 여러 개와 3D 렌더러 한 개가 있다. gamestate에 따라 switch/case문을 통해 D_Display의 다른 부분을 활성화한다.

대다수 Drawer는 3D 뷰를 그리기 전에 요청되고, 그런 다음에 HUD(무엇을 집어 들었는지 알려주는 문구)가 따라오며, 마지막으로 나머지 보이는 모든 것의 상단에 메뉴가 등장한다.

5.11 2D 렌더러

〈둠〉에서 모든 'Drawer'는 데이브 테일러의 작품이었다. 자칭 '땜빵 코더spackle coder[17]는 게임이 출시되기 불과 3개월 전에 고용되었지만 많은 시스템을 만들어냈다. 테일러의 코드 스타일과 변수 명명 규칙이 존 카맥과 달랐으므로 누구의 코드인지를 즉시 인식할 수 있었다.

- 중간 휴식: WI_Drawer()
- 상태 표시줄: ST_Drawer()
- 메뉴: M_Drawer()
- HUD: HU_Drawer()
- 자동 지도: AM_Drawer()
- 전환 화면: wipe_StartScreen()

5.11.1 중간 휴식

중간 휴식 화면은 간단하며 *wi_stuff.c*에 전체가 다 포함되어 있다. WAD 아카이브에서 램으로 초기 배경 지도를 로드하고 이를 프레임 버퍼 #1에 배치하면서 시작한다.

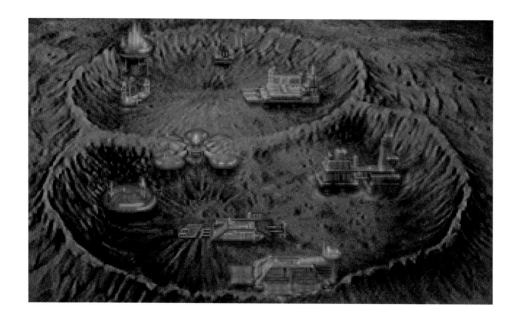

---

17 *blankmaninc.com*의 데이브 테일러 인터뷰에서 나온 말이다.

화면 갱신이 필요할 때, 중간 휴식 코드는 memcpy(코드에서 'slam'이라고 함)를 사용해 프레임 버퍼 #1에서 프레임 버퍼 #0으로 복사한 다음에 스프라이트를 그리고, 그 위에 글자를 쓴다.

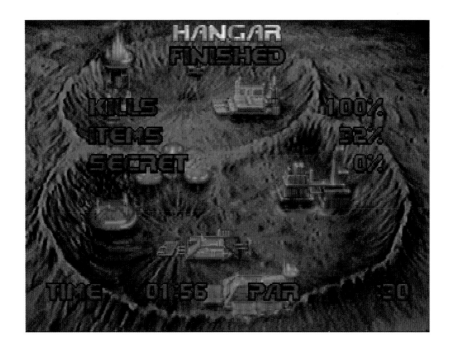

중간 휴식을 완료하면 WI_unloadData 함수는 램을 해제하지 않고 필요한 모든 요소를 PU_CACHE로 표시할 뿐이다.

5.11.2 상태 표시줄

상태 표시줄의 디자인은 중간 휴식 Drawer와 유사하다. *st_lib.c*와 *st_stuff.c*에 포함된 코드는 해당 요소를 '위젯widget'이라고 부른다. 아래 그림의 왼쪽에서 오른쪽으로 일곱 가지 위젯이 있다. 순서대로 준비된 무기 탄약, 체력 비율, 무기, 얼굴, 방어력 비율, 키 상자, 네 개로 나누어진 탄약 수다.

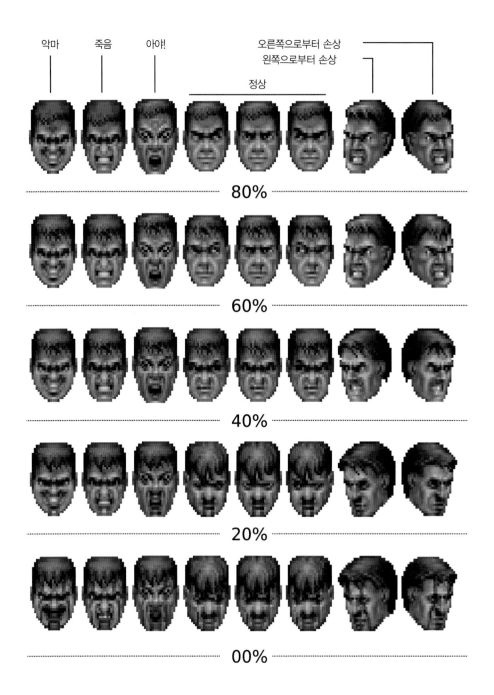

대부분의 경우, 얼굴 위젯은 눈이 좌우로 왔다 갔다 하는 '정상' 상태의 애니메이션을 보여준다. 다섯 가지 체력 단계에 대해 상태 집합이 어떻게 되어 있는지에 주목하자.

전투 중에는 정신이 없기 때문에, 아마도 많은 플레이어가 손상이 비롯된 방향(왼쪽/오른쪽)을 보여주는 위젯의 존재를 알지 못할 것이다. 무기를 주울 때는 '악마'가 표시된다. '죽음'은 플레이어가 폭발 버튼을 누르고 있을 때, 정면 공격 피해를 입을 때, *st_stuff.c*의 코드 주석과 말 그대로 일치하는 'getting hurt because of your own damn stupidity(자신의 어리석음으로 인해 상처를 입은)' 시점에 표시되었다.

〈둠〉에서 많은 시간을 보낸 플레이어들조차 '아야' 얼굴[18]을 보지 못했을 가능성이 높다. 주인공이 막대한 양(20HP 초과)의 피해를 입었을 때 보이는 얼굴인데, 이는 두 단계 아래로 움직일 만큼 큰 양이기 때문이다. 이를 방해하는 버그는 다음과 같다.

```c
#define ST_MUCHPAIN 20

void ST_updateFaceWidget(void) {
  // 공격 받는 중
  if (plyr->damagecount && plyr->attacker && plyr->attacker
    != plyr->mo) {
      if (plyr->health - st_oldhealth > ST_MUCHPAIN) {
        // 아야 얼굴을 보여줌
        ...
      }
    }
}
```

if 내부의 테스트 조건은 의도한 로직과 반대였다. 코드는 20을 초과하는 HP를 획득해야 아야 얼굴을 보여주게 작성되어 있었지만, 게임에서 그런 상황은 거의 발생하지 않았다. if 테스트는 사실 거꾸로 되어야 마땅했다.

```c
    if (st_oldhealth - plyr->health > ST_MUCHPAIN) {
      // 아야 얼굴을 보여줌
      ...
    }
```

비디오 시스템과의 상호작용을 살펴보면, 상태 표시줄은 중간 휴식 모듈과 유사하다. 시작할 때 초기 상태를 프레임 버퍼 #4에 그린다. 상태 표시줄을 새로 고칠 필요가 있을 때, 프레임 버

---

18 옮긴이_ 자세한 내용은 다음을 참고. *https://doom.fandom.com/wiki/Ouch_face*

퍼 #4에서 프레임 버퍼 #0으로 memcpy를 수행하고 그 위에 모든 위젯을 그린다.

5.11.3 메뉴

메뉴는 총 10개로 m_menu.c와 m_misc.c에 모두 하드 코딩되어 있다.
menuitem_t의 목록을 포함한 단순한 menu_t로 설계는 단순하다. 각 메뉴 항목을 위한 name 필드는 적절한 스프라이트를 인출하기 위해 사용된다.

```
typedef struct {
  short   status;            // {no cursor, ok, arrow ok}
  char    name[10];
  void    (*routine)(int choice); // choice = 메뉴 항목 번호
  char    alphaKey;          // 메뉴에서 핫키
} menuitem_t;

typedef struct menu_s {
  short numitems;            // 메뉴 항목 수
  struct menu_s   *prevMenu; // 직전 메뉴
  menuitem_t      *menuitems; // 메뉴 항목
  void    (*routine)();      // 그리기 루틴
  short   x,y;               // 메뉴의 x, y
  short   lastOn;            // 마지막 메뉴 menuitem 색인
} menu_t;
```

menu_t*는 메뉴 그리기 루틴이 소비하며 현재 선택된 menuitem_t의 왼쪽에 해골이 그려진다.

```
menuitem_t MainMenu[] = {
  {1, "M_NGAME",  M_NewGame,  'n'},
  {1, "M_OPTION", M_Options,  'o'},
  {1, "M_LOADG",  M_LoadGame, 'l'},
  {1, "M_SAVEG",  M_SaveGame, 's'},
  {1, "M_RDTHIS", M_ReadThis, 'r'},
  {1, "M_QUITG",  M_QuitDOOM, 'q'}
};
```

```
menu_t  MainDef = {
  main_end,
  NULL,
  MainMenu,
  M_DrawMainMenu,
  97, 64,
  0
};
```

```
void M_DrawMainMenu(void) {
  V_DrawPatchDirect (94,2,0, W_CacheLumpName("M_DOOM", PU_CACHE));
}
```

주 메뉴를 설명하는 이전 코드 샘플에서, 문자열 **M_NGAME, M_OPTION, M_DOOM**이 WAD 아카
이브에서 발견되는 모든 덩어리 이름이라는 사실에 주목하자.

5.11.4 헤드업 디스플레이

초기 버전에서 〈둠〉의 헤드업 디스플레이^{head-up display}(HUD)는 둠가이의 헬멧을 특징으로 삼
았다.

시간이 지남에 따라 디자인이 바뀌었고 HUD는 텍스트 행으로 줄어들었다. 작은 코드는 *hu_lib.c*과 *hu_stuff.c*에 포함되어 있다.

PICKED UP 4 SHOTGUN SHELLS.

5.11.5 자동 지도

자동 지도^{automap}는 *am_map.c*에 포함된 작고 단순한 구성 요소다. 플레이어가 레벨을 탐색함에 따라, 지도는 무엇을 목격했는지 추적한다. 빨간색 선은 단단한 벽을 나타낸다. 노란색 선은 천장 높이(예를 들어 문)의 변화를 나타낸다. 갈색 선은 바닥 높이의 변화를 나타낸다.

안타깝게도 자동 지도가 활성화될 때 방문한 선의 표시를 비활성화된 3D 렌더러가 수행하므로 이 모드에서 게임을 진행하기란 불가능했다(모두가 시도해봤지만, 헛수고로 돌아갔다).

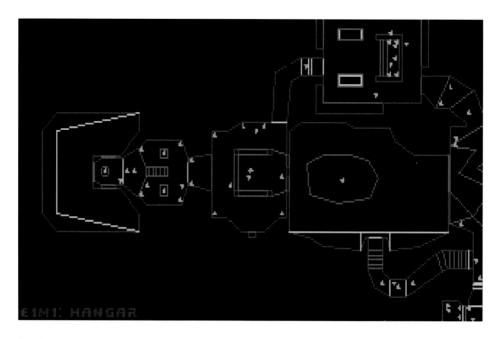

E1M1: HANGAR

토막상식

자동 지도는 이스터 에그^{Easter egg}로 등장했다. *am_oids.h/c* 파일은 〈아스테로이드^{Asteroid}〉의 리메이크 게임을 하기 위해 만들어졌다. 불행히도 이스터 에그는 미완성 상태로 남겨졌다.

5.11.6 화면 지우기

'화면 지우기screen wipe'라고 부르는 기능은 게임의 섹션 간 전환에 사용된다.

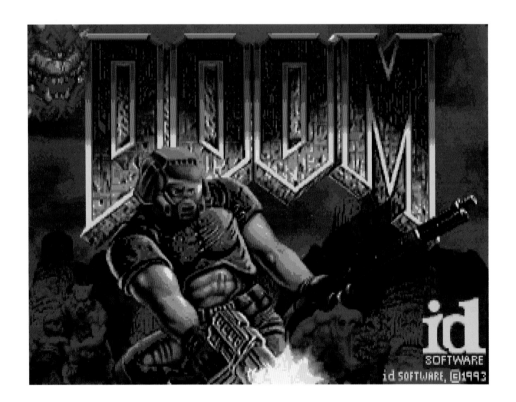

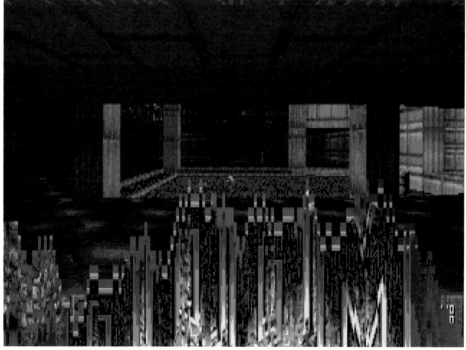

화면 지우기는 프레임 버퍼 #2에 있는 모든 것을 가져와서 프레임 버퍼 #3에 저장된 내용으로 점차 변환해 출력을 프레임 버퍼 #0에 보낸다.

첫 번째 단계는 데이터 원본 두 개를 행 중심에서 열 중심으로 재구성하는 것이다. 이렇게 하면 수직 조각에 대한 읽기 연산이 486 캐시 라인cacheline과 멋지게 맞아떨어진다.

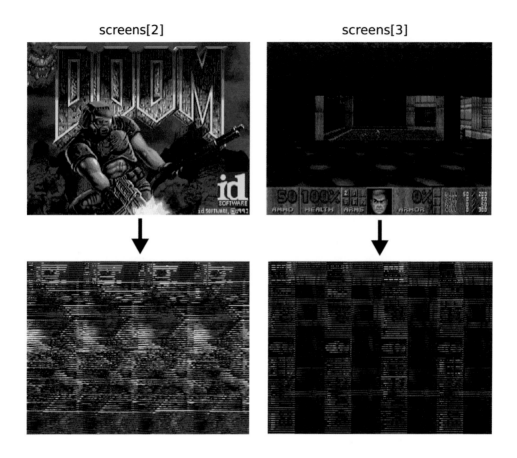

screens[2]　　　　　　　　　screens[3]

그 후, 160개 숫자의 무작위 수열random sequence이 배열에 생성되고 각 값은 이웃한 두 값의 16개 단위 내에 있게 된다. 이들은 상단 '물결wave'을 형성하기 위해 사용된다.

원본에서 픽셀의 열이 떨어지는 형태로 애니메이션을 진행하므로, 원본 이미지가 마치 화면에서 지워지듯이 보이면서 변경 대상 화면이 뒤에 등장하게 만든다.

애니메이션 중에는 2픽셀 너비와 200픽셀 높이의 열이 항상 반복적으로 src와 dest에서 프레임 버퍼 #0으로 복사된다. 모든 열은 y 값을 변위로 계산해 동일 속도로 떨어지므로 지워지는 듯한 환영을 생성한다.

5.12 3D 렌더러

〈둠〉의 3D 렌더러는 적절한 3D 기술과 화면 공간 기법의 절묘한 조합이었다. 핵심 함수(R_ RenderPlayerView)에 대한 요약은 세 가지 사항에 대한 렌더링 능력을 보여준다.

```
void R_RenderPlayerView (player_t *player) {
  R_RenderBSPNode (numnodes-1);    // 루트 노드가 마지막
  R_DrawPlanes ();                 // 시계면 그리기
  R_DrawMasked ();
}
```

- 세그먼트(항상 수직인 벽과 포털)
- 평면flat(천장과 바닥은 항상 수평)
- 괴물, 무기, 탄약, 스프라이트 뿐만 아니라 부분적으로 투명한 벽인 사물('마스크 되었다masked'라고도 부름)

가장 숨 막히는 특징은 덮어써서 그리지 않고(각 픽셀은 정확하게 한 번만 그린다) 벽과 평면을 렌더링하는 기능이다. 스프라이트와 투명한 벽은 약간 덮어쓰긴 하지만 이를 최소로 줄인다.

3D 프레임의 수명은 다음과 같이 요약할 수 있다.

- 주인공의 시점에서 앞에서 뒤로 정렬된 벽 세그먼트를 렌더링한다. 양쪽 벽의 끝은 화면 공간 축 X로 투영된다. 벽이 속한 섹터의 거리와 바닥/천장 높이를 기준으로 Y 오프셋과 높이를 계산한다.
- 전체 벽을 렌더링하려면, 끝이 만나도록 열 집합을 생성한다. 높이와 Y 세로 열을 써넣는다. 렌더링하는 동안에는 다음 작업을 수행한다.
  - 벽과 화면 경계 사이 또는 벽 사이의 화면 영역 수직 간격을 기록한다. 천장(중간 화면 위인 경우)과 바닥 영역(중간 화면 아래인 경우)을 추론하고, 해당 영역을 '시계면visplane'이라고 하는 구조체 배열에 저장한다.
  - '시계스프라이트vissprites'라는 구조체 배열로 그릴 스프라이트를 저장한다.
- 시계면에서 모든 천장과 바닥을 렌더링한다.
- 투명한 요소와 스프라이트를 뒤에서 앞으로 렌더링한다.
- 주인공 스프라이트(둠가이가 들고 있는 무기)를 렌더링한다.

가장 중요한 (그리고 〈둠〉 엔진에서 가장 유명한) 부분은 벽과 사물을 엄청나게 효율적으로 정리하는 능력이다. 이는 BSP 트리 덕분에 가능하다. 흥미롭게도 BSP가 게임 엔진의 핵심 부

분으로 자리 잡게 된 데는 비하인드 스토리가 있다.

이전 버전의 엔진은 설계자가 만든 그대로, 즉 선과 섹터로 정확하게 작동했다. 주인공이 있는 섹터에서 시작하여, 엔진은 양면 선들을 찾아 이를 포털로 취급해 지도를 앞뒤 순서로 순회한다. 각 포털은 프로세스가 재귀적으로 반복되는 인접 섹터로 이끈다.

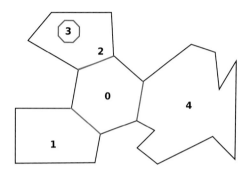

위의 지도에서 주인공이 섹터 0에 있으면 렌더러는 빨간색 포털을 사용하는 다른 섹터를 채울 것이다. 볼록한 섹터 1은 비교적 다루기가 쉽다. 4와 같은 오목한 부분을 만날 때는 상황이 조금 더 복잡해진다. 이보다 훨씬 복잡한 경우는 또 다른 섹터 3을 포함한 섹터 2처럼 중첩이 발생할 때다.

토막상식

여기서 설명하는 설계는 켄 실버맨Ken Silverman의 빌드 엔진이 1996년 〈듀크 뉴켐 3D〉를 작동시켰던 설계 방식과 정확히 동일하다. 그 무렵 펜티엄은 전 세계를 장악했고 복잡한 폴리곤을 처리할 충분한 준비가 되었다.

> 〈둠〉 엔진은 바닥/천장의 질감과 높이가 공통으로 복잡한 폴리곤 영역인 섹터로 만들어졌지만, BSP로 잘린 '하위 섹터subsector'가 없었습니다. 뷰 섹터에서 시작해 인접 섹터로 재귀적으로 도달했지만, 모두 복잡한 폴리곤일 수 있기 때문에 이미 방문했거나 어딘가 스택에 쌓여 있었던 부분을 알기 위해 많은 기록을 보관했습니다. 이런 기법은 효과가 있었고 단순한 영역은 빠르게 그렸지만, 복잡성으로 인해 속도가 급격히 느려졌습니다.
>
> – 존 카맥

존 로메로가 만든 특정 지도에서는 모든 것이 정말 느리게 돌아갔다.

> 1993년 4월 무렵의 저는 E1M2을 작업하고 있었고, 나선식 계단 집합을 만들었습니다. 존 카맥은 무엇을 렌더링해야 하는지를 알기 위해 섹터 목록으로 렌더러를 작성했습니다. 문제는 이 계단 집합이 섹터 목록 구축 코드의 실행을 정말 오래 걸리게 한다는 데 있었습니다. 동일 섹터를 목록에 반복해서 추가하도록 알고리즘을 짰기 때문이었습니다.
>
> – 존 로메로

이드의 3D 기술이 아직 출시할 만큼 충분하지 않다는 소식과 함께 또 다른 심각한 문제가 발생했다.

1992년 8월, 이드 소프트웨어는 〈울펜슈타인 3D〉를 SNES로 이식하기 위해 닌텐도와 계약을 체결했다. 1994년 5월 1일로 예정된 배포 일정에 따라, 이드 소프트웨어는 프로젝트를 하청으로 넘겼으며 〈울펜슈타인 3D〉를 잊어버리고 〈둠〉에만 집중했다. 1994년 4월, 하청업자는 잠적했다. 닌텐도에 배포할 제품이 단 하나도 없었다. 엄청난 위약금이 걸린 큰 거래였다.

〈둠〉을 위한 개발은 즉각 중단되었다. 팀은 필사적으로 합심하여 자신들이 원하는 바를 수행하기 위해 원격에 구축하지 않은 진짜 컴퓨터로 〈울펜슈타인 3D〉를 우당탕 밀어 넣었다. 톰 홀이 6502 어셈블리 기술을 오랜만에 꺼내는 동안, 존 카맥은 다양한 문제에 직면했다. 〈울펜슈타인 3D〉가 의존했던 광선 투사ray casting 기술은 닌텐도 콘솔에 큰 부담을 줬다. SNES와 끝내주는 6502는 DDA 알고리즘을 위한 충분한 위력을 제대로 제공하지 못했다.[19]

존 카맥은 3D 연구 논문 검색을 시작했습니다. 그 당시에는 게임 서적이 드물었기 때문에 존 카맥은 수학 학회의 여러 VHS 테이프와 학회에서 나온 그래픽 논문의 개요를 살펴보곤 했습니다. 그러나 우리가 구축하고 있던 엔진을 만들기 위해 도움이 되는 인쇄물은 하나도 없었죠. 그는 게임에 직접 적용할 수 없는 정보를 어디서 얻을 수 있는지 생각해내야 했고, 자신의 문제에 적용하는 방법까지 알아내야만 했습니다.

브루스 네일러가 집필한 1993년 5월 AT&T 벨 연구소 논문은 「Constructing Good Partitioning Trees(좋은 분할 트리를 구성하기)」라는 제목으로 그래픽스 인터페이스 1993 프로시딩에 게재되었습니다. 존 카맥은 이 책을 소장했습니다. BSP에 대한 브루스의 설명은 주로 3D 모델에서 후면을 제거하기 위한 내용이었지만, 알고리즘에 대한 설명이 유익했으므로 존 카맥은 〈울펜슈타인 3D〉에 이 알고리즘을 적용했습니다.

– 존 로메로

저는 SNES용 〈울펜슈타인 3D〉에 BSP를 처음으로 사용했던 것을 분명히 기억합니다. 이는 축이 있는 모든 것에 우아하게 도입되었고 시각화하기가 쉬웠습니다. 작업을 마치고 〈둠〉으로 다시 돌아왔을 때, 제대로 작동하도록 만들 수 있겠다는 확신이 들었습니다.

– 존 카맥

광선 투사가 아니라 BSP를 기반으로 하는 시각적 표면 결정과 저해상도(모드 7에서 최대 224×192로 확대된 112×96)를 사용해 SNES용 〈울펜슈타인 3D〉는 수용 가능한 프레임 레

---

19 『게임 엔진 블랙 북: 울펜슈타인 3D』에서 DDA에 관한 모든 것을 읽을 수 있다.

이트에 도달했다.

닌텐도의 엄격한 비폭력 정책 때문에, 게임은 어린이 친화적인 품질에 도달하기 위해 엄청난 검열을 통과해야만 했다. 흐르는 피는 땀으로 대체되었고, 군견은 돌연변이 쥐로 대체되었고, 히틀러는 '슈타트마이스터Staatmeister'(번역하면 영토국가의 주인)로 이름이 바뀌었다.

이 문제가 해결되면서 SNES용 〈울펜슈타인 3D〉가 예정대로 출시되었다. 전체 팀은 〈둠〉을 위해 강제 감금 상태로 돌아갔고, 렌더러는 역시 BSP의 위력을 활용하기 위해 변경되었다.

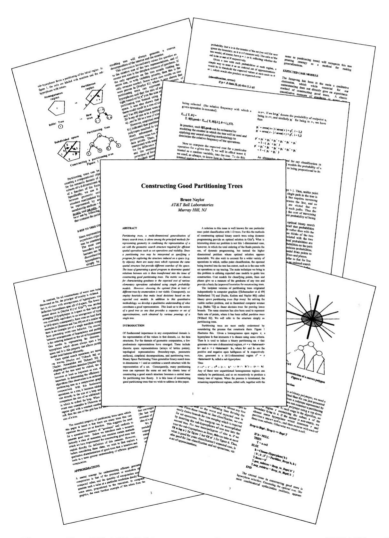

그림 5-24 브루스 네일러의 논문 「Constructing Good Partitioning Trees(좋은 분할 트리를 구성하기)」

5.12.1 이진 공간 분할법: 이론

이진 공간 분할법binary space partitioning(BSP) 트리에는 많은 응용 분야가 있다. 우리가 관심을 가졌던 분야는 이진 분할 트리를 사용해 벽을 빠르고 일관되게 정렬하는 방식이었다. 브루스 네일러의 논문인 「On visible surface generation by a priori tree structures(선험적 트리 구조에 의한 가시적 표면 생성)」은 상당히 훌륭한 요약을 포함한다.

> 각 픽셀에서의 가시적 표면을 결정하기 위해, 일반적으로 관찰 위치에서 픽셀을 매핑하는 각 폴리곤까지의 타일 거리를 계산합니다. 대다수의 기법은 고려할 다각형의 수를 최소화하려고 시도합니다. 우리의 접근 방식은 이러한 거리 계산을 완전히 없앴습니다. 대신에 (필요할 때 폴리곤을 나누는) 폴리곤 데이터베이스를 이진 트리로 변환했으며, 이런 이진 트리는 개별 폴리곤을 위한 가시적인 우선순위 z 값을 만들기 위해 이미지 생성 시점에서 탐색이 가능합니다.
>
> 제가 BSP에 대한 초기 작업을 할 때,[20] 브루스 네일러가 방문하더니 제게 수많은 논문 사본을 줬습니다. 사람들과 옛날의 일을 이야기하는 건 참 흥미롭습니다. 물론, 지금은 인터넷이 생겼죠. 덕분에 요즘에는 무엇이든 검색할 수 있습니다. 그러나 그 당시에 정보를 습득하려면 실제로 오래된 학술 논문의 사본을 구해야만 했어요. 제가 주로 활용했던 정보 센터가 있었습니다. 25달러를 지불하면, 직원이 오래된 연구 논문의 사본을 우편으로 보내줬습니다. 지금과는 정말 너무나 다른 세상이었습니다. 참고할 책이 딱 세 권 있을 때, 저는 프로그래밍을 배우기 시작했습니다. 다른 모든 것을 스스로 알아내야만 했어요. 저는 허프먼 부호화Huffman coding나 LZWLempel-Ziv-Welch 인코딩과 같은 많은 고전적인 이론을 재발명하고 있음을 발견했습니다. 고전적인 방법을 알아낸 스스로가 자랑스러웠고, 다른 사람들이 저보다 훨씬 더 잘 개발했다는 사실도 알게 되었습니다.
>
> – 존 카맥, 『DOOM: SCARYDARKFAST(둠: 무섭고 어둡고 빠른)』(2013) 인터뷰[21]

BSP를 연구하기 위해 DoomEd로 만든 지도를 예로 들어보자. 간단하게 말하자면, 우리가 작업할 지도는 꼭짓점 8개로 구성되며, 꼭짓점 4개는 연결되어 4개의 선(A, B, C, D)으로 방을 형성한다. 방 안에는 4개의 선(E, F, G, H)으로 구성된 기둥이 있다. 지도는 복잡한 섹터 하나

---

20 〈퀘이크〉 개발 과정에서 일어난 일이다. 존과 브루스는 〈둠〉이 출시된 이후에야 만났다.

21 자세한 내용은 다음을 참고. *http://library.oapen.org/bitstream/id/a055cd21-fa02-4165-a8c9-093a655d58ac/1006111.pdf*

로만 구성되어 있다(내부에 구멍이 있음). 모든 선에는 방향이 있고, 모든 선에는 한쪽 면(오른쪽)만 있다는 사실에 주목하자. 단순성에도 불구하고, 관찰 위치에 따라 선/벽을 그리는 순서가 달라져야 하기 때문에 렌더러에서 풀기 어려운 문제다. 단순한[naive] 해법에는 복잡한 정렬 알고리즘이 필요할 것이다.

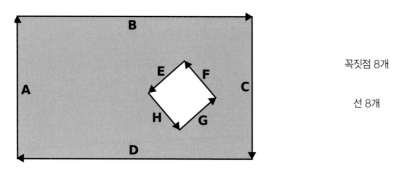

꼭짓점 8개

선 8개

그림 5-25

지도에서 BSP 트리를 만들기 위해서는, 지도를 두 개로 분할할 선을 반복적으로 선택하는 것이 핵심 아이디어다. 분리된 선은 SEGMENTS가 되며, 분리된 영역은 S(UB-)SECTORS가 된다.

분할 선[splitter]의 선택은 매우 중요하다. 좋은 선택과 나쁜 선택이 있다. 첫 번째 분할 선에 대한 잘못된 선택 목록이 A, B, C, D인 이유는 지도를 균등하게 나누지 않기 때문이다.

편하게 방을 절반으로 나누는, 귀납적으로 선택된 선인 H를 사용한다고 가정하자. 일부 선은 전적으로 H의 왼쪽이고 일부 선은 전적으로 H의 오른쪽이다. 양쪽의 선은 세그먼트로 분할되어야만 한다. 분할 후 BSP의 두 잎에는 하위 섹터 두 개가 포함된다. 하나는 볼록하고({A, B1, H, D1}) 더는 건드리지 않을 것이다. 다른 하나는 오목하고({E, F, G, B2, C, D2}) 추가 분할이 필요할 것이다.

모든 하위 섹터가 볼록해질 때까지 이 과정을 반복한다.

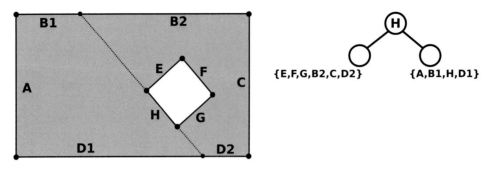

그림 5-26

BSP가 공간을 볼록한 하위 섹터로 분해할 때까지의 과정을 단계별로 따라가보자. 이진 트리가 커짐에 따라 분할 선이 노드와 나뭇잎leave의 세그먼트에 저장되는 방식에 주목하자. 다음 단계에서는 선 G가 분할 선으로 선택된다.

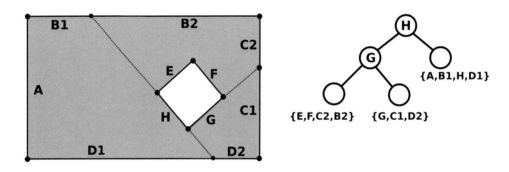

이 시점에서는 작업이 아직 끝나지 않았다. B2, C2, E, F 사이의 영역은 오목하다. F를 분할 선으로 선택하는 마지막 분할 작업이 필요하다.

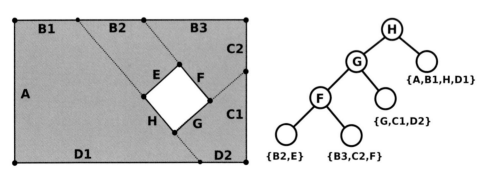

그림 5-27

나뭇잎의 모든 하위 섹터가 볼록한 상태로 BSP 구성이 끝났다. 다뤄야 하는 꼭짓점과 세그먼트 수는 50%로 늘어났지만, 모든 세그먼트를 세 번만 비교하는 비용으로 어느 관찰 시점에서도 정렬할 수 있는 능력을 갖춘 데이터 구조를 확보했다.

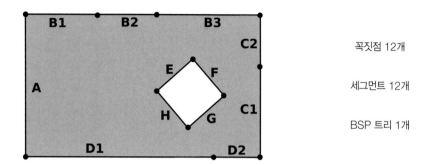

꼭짓점 12개

세그먼트 12개

BSP 트리 1개

이 트리는 지도에서 생성될 수 있는 많은 트리 중 하나일 뿐이다. 알파벳 순서로 분할 선을 선택했다면 비효율적인 BSP가 생성되었을 것이다.

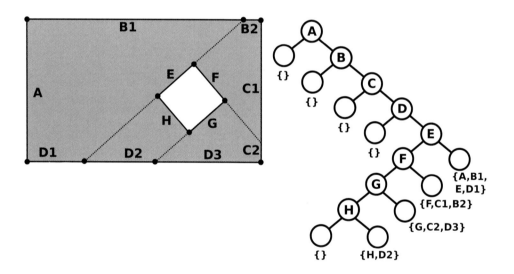

5.12.1.1 용법

BSP를 사용하기 위해서는, 먼저 깊이를 탐색한 후 지도에서의 위치에 기반한 가지branch를 선택하기만 하면 된다. [그림 5-27]의 BSP를 사용하는 두 가지 예를 살펴보겠다. 기호 표시를 편하게 하기 위해 하위 섹터는 1에서 4까지로 표시하고 분할 선만 표시한다.

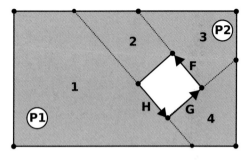

관찰 시점 P1에서 BSP 탐색은 세 가지 테스트를 수행한다. P1은 H의 오른쪽에 있고,[22] G의 왼쪽, F의 왼쪽에 있다. 이는 앞에서 뒤로 가는 순서를 1, 2, 3, 4로 정한다. 모든 하위 섹터가 볼록하므로 하위 섹터 내에서 어떤 순서로 세그먼트를 그릴지는 중요하지 않다.

관찰 시점 P2에서 BSP 탐색은 세 가지 테스트를 수행한다. P2는 H의 왼쪽, G의 왼쪽, F의 오른쪽에 있다. 이는 근처에서 멀리 가는 순서를 3, 2, 4, 1로 정한다.

이진 트리의 장점은 순회하는 과정에서 항상 같은 양의 계산이 필요하다는 것이다. 주인공을 이 지도의 어디에 배치하려고 시도하든지, 모든 하위 섹터와 해당 세그먼트를 정렬하려면 항상 세 가지 테스트만이 필요할 것이다.

5.12.2 이진 공간 분할법: 실전

doombsp라는 사내 도구 노드 빌더를 통해 넥스트스테이션 터보에서 지도를 사전 처리할 수 있었다.

도구가 최상의 BSP를 구축하기 위해서는 귀납적인 분할 선 선택 방식을 수립해야만 했다. 좋은 분할 선은 지도를 최대로 균등하게 나누고(트리의 깊이를 제한), 축으로 정렬된 선을 선호한다. 디버그하기 쉽고 측면 테스트가 더 빠르기 때문이다.

doombsp는 하위 공간의 모든 선을 재귀적으로 검사해 각각에 대한 분할 점수를 제공한다. 평가가 끝나면 점수가 가장 높은 선을 선택한다. 지도는 두 개로 분할되고 볼록한 하위 섹터만

---

22 그림에서는 왼쪽에 있지만 분할 선에는 방향이 있다는 사실을 기억하자(화살표 머리로 표시). 만일 페이지를 거꾸로 뒤집으면 하위 섹터 1은 실제로 H의 오른쪽에 있게 된다.

남을 때까지 과정이 반복된다. 이는 E1M1[23]의 경우 8초가 걸리는 CPU 집약적인 작업이다. *DOOM.WAD*의 모든 지도 30개를 처리하는 과정에는 11분이 소요된다.

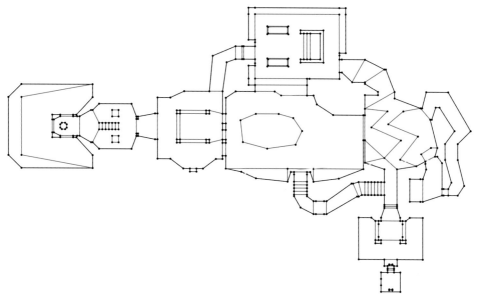

그림 5-28 E1M1

[그림 5-29]는 E1M1에서 선택된 처음의 분할 선 7개를 보여준다. 첫 번째 수준은 빨간색, 두 번째 수준은 파란색, 세 번째 수준은 두꺼운 검은색이다. AA 분할 선이 선호되는 방식에 주목하자.

섹터 채우기 알고리즘에서 이진 공간으로 분할하는 알고리즘으로 전환하는 것은 지도 디자이너에게 전처리 시간과 대기 시간을 추가했다. 이뿐만 아니라, 플레이어에 영향을 미치는 또 다른 부작용이 생겼다. BSP가 새로운 꼭짓점을 생성했기 때문에 벽 위치는 고정되었고, 실행 시점에서 벽을 이동할 방법이 없어졌다.

....

23 옮긴이_에피소드 1의 지도 1을 뜻한다.

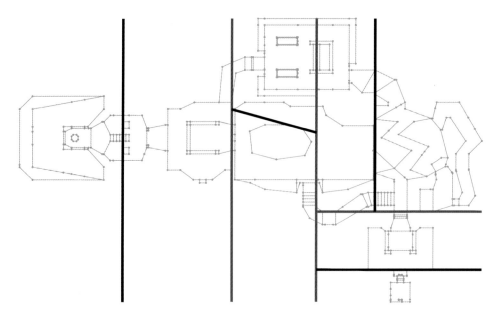

그림 5-29 E1M1 BSP의 첫 번째 분할 선 7개(BSP 가지 3개)

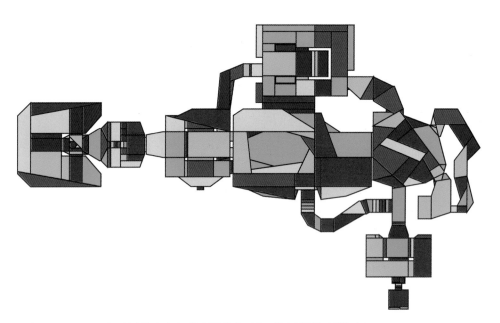

그림 5-30 E1M1 트리 구성이 끝날 때의 모든 하위 섹터: 각각 모두가 볼록한 나뭇잎이다.

5.12.3 벽 그리기

BSP에 대한 전문 지식을 염두에 두고, 장면 렌더링의 첫 번째 단계인 벽 렌더링을 살펴보자. 예상처럼 **R_RenderBSPNode**는 이진 트리를 앞에서 뒤로 순회한다. 각 하위 섹터의 나뭇잎은 **R_Subsector**를 통해 렌더러에 전송된다.

```
void R_RenderBSPNode (int bspnum)
{
    node_t*     bsp;
    int         side;

    // 하위 섹터를 찾았나?
    if (bspnum & NF_SUBSECTOR)
    {
      if (bspnum == -1)
        R_Subsector (0);
      else
        R_Subsector (bspnum&(~NF_SUBSECTOR));
      return;
    }

    bsp = &nodes[bspnum];

    // 관찰 시점에서 어떤 쪽 면인지 결정
    side = R_PointOnSide(viewx, viewy, bsp);

    // 전면 영역을 재귀적으로 분할
    R_RenderBSPNode(bsp->children[side]);

    // 가능하다면 후면 영역을 분할
    if (R_CheckBBox (bsp->bbox[side^1]))
        R_RenderBSPNode (bsp->children[side^1]);
}
```

측면 테스트(**R_PointOnSide**)를 수행하기 위해 기하학책은 거리 d와 결합한 벡터 (a, b)를 사용해 평면을 일반적인 형태로 표현하는 방법을 설명한다.

$$ax + by + d = 0$$

벡터 내적 연산을 사용하면 테스트 지점의 좌표 $P = (x, y)$가 평면 방정식에 주입되어 본질적으로 P를 평면에 직각인 선에 투영한다. 결과로 나온 부호는 P가 평면의 앞 또는 뒤에 있는지를 드러낸다(0 = 평면에 존재).

이 기법은 최적의 방법은 아니었다. 외적의 놀라운 힘을 사용하는, 부동/고정 소수점 산술과는 무관한 더 좋은 방법이 있었다.

```
typedef struct {
  fixed_t     x,y,dx,dy;        // 분할 선
  fixed_t     bbox[2][4];       // 자식 경계 상자
  unsigned short children[2];   // NF_SUBSECTOR = 하위 섹터
} node_t;
```

```
int R_PointOnSide(fixed_t x, fixed_t y, node_t* node){
    fixed_t    dx, dy, left, right;

    if (!node->dx) { // 노드가 수직이면 지름길로
      if (x <= node->x) {
        return node->dy > 0;
      }
      return node->dy < 0;
    }

    if (!node->dy) { // 노드가 수평이면 지름길로
      if (y <= node->y) {
        return node->dx < 0;
      }
      return node->dx > 0;
    }
    // POV 벡터로 노드 계산
    dx = (x - node->x);
    dy = (y - node->y);

    if ( (node->dy ^ node->dx ^ dx ^ dy)&0x80000000 ) {
      if ( (node->dy ^ dx) & 0x80000000 ) {
        // (왼쪽은 음수)
        return 1;
      }
      return 0;
    }
    // 여기서 벡터 외적을 구한다
    left = FixedMul ( node->dy>>FRACBITS , dx );
```

```
    right = FixedMul ( dy , node->dx>>FRACBITS );

    if (right < left) { // 전면
      return 0;
    }
    return 1; // 후면
  }
```

직전 코드에서 노드가 두 꼭짓점(점 1, 점 2)의 좌표로 저장되지 않고 (점 1, 점 2로 가는 벡터)로 저장되는 방식에 주목하자. 이런 저장 기술을 사용하면 (노드로부터) 벡터 중 하나가 이미 계산되었으므로 벡터 외적을 더 빠르게 구할 수 있다.

5.12.3.1 벽 투영

이제 하위 섹터의 모든 세그먼트를 순서대로 렌더링하는 R_Subsector 함수에 도달했다. 파이프라인의 이 부분은 간격 [0, 360]의 각도가 32비트 정수의 전체 범위에 매핑되는 이진 각도 측정binary angular measurement (BAM)에 전적으로 의존하고 있다.

```
// 이진 각도 측정
#define ANG45   0x20000000
#define ANG90   0x40000000
#define ANG180  0x80000000
#define ANG270  0xc0000000
typedef unsigned angle_t;
```

먼저, 고등학교 수준인 각도 = $arctan(O/A)$를 통해 세그먼트의 양쪽 끝을 주인공의 위치와 관련된 각도로 변환한다. 각도가 음인(각도 1 – 각도 2 <0) 세그먼트는 카메라를 향하지 않기 때문에 제외된다. 각도 테스트를 통과한 세그먼트는 간단한 오른쪽 시프트로 32비트에서 13비트로 줄어든다. 다음으로, 화면 공간 X 좌표를 제공하기 위해 각도는 조회 테이블 viewangletox[4096]에 주입된다.

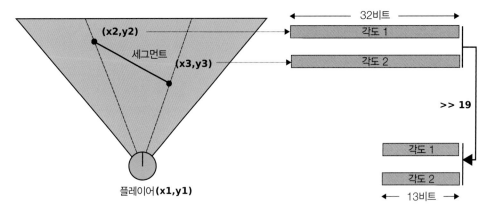

그림 5-31

플레이어에게 90도 시야각을 제공하기 위해 시작 시점에서 `viewangletox`에 값이 생성된다. 이 테이블은 90도 내에 없는 모든 것을 화면 가장자리에 투영되도록 만들어졌다.

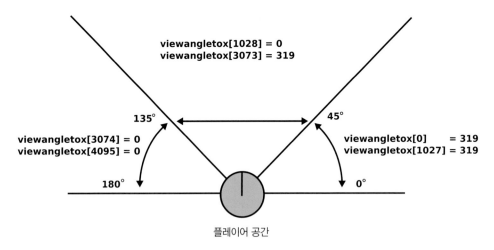

그림 5-32

이 시점에서 엔진은 세그먼트의 양쪽 끝의 화면 공간 X 좌표와 플레이어에서 떨어진 거리 z를 계산했다. 그러나 아직은 그릴 때가 아니다. 약간의 클리핑^{clipping}이 발생해야만 한다.

5.12.3.2 벽 클리핑

여기서 코드는 하위 섹터에서 발생할 수 있는 두 가지 유형의 세그먼트에 따라 분기된다. 먼저 불투명한 한쪽 면과 '중간 텍스처'만 있는 세그먼트가 존재한다. 이를 '벽wall'이라고 부른다. 다음으로 중간 텍스처는 없지만 '상단 텍스처'와 '하단 텍스처'가 있는 투명한 (두 섹터를 연결하는) 두 면이 존재하는 세그먼트가 존재한다. 이를 '포털portal'이라고 부른다.

클리핑은 스크린 공간에서 발생하는 2단계 과정이다. 첫 번째, 조잡하게 대충 진행하는 단계는 수평 기반이다. 벽만 수평으로 폐쇄된 배열에 영향을 주며 모든 세그먼트는 배열 위에 클리핑된다.

두 번째, 세밀한 단계는 수직 기반이다. 벽과 포털은 모두 수직으로 폐쇄된 배열에 영향을 주며. 둘 다 폐쇄된 배열에 대해 클리핑된다.

5.12.3.3 대강 진행하는 수평 벽 클리핑

첫 번째 클리핑 패스는 조잡하며, 수평 폐색occlusion에만 관심이 있다. 화면 공간의 수평 폐색을 추적하는 solidsegs 배열을 유지한다. 포털은 일부만 보이므로 solidsegs에는 영향을 미치지 않는다. 이 단계에 진입하는 세그먼트는 폐색 때문에 분할될지도 모르므로 여러 세그먼트 '조각fragment'으로 보인다.

```
typedef struct {
    int first;
    int last;
} cliprange_t;

cliprange_t*    newend;
cliprange_t     solidsegs[32];
```

간단한 예를 들어 단계별로 진행해보자. 아래의 방에서 플레이어는 북쪽을 향하고 있으며, 벽 4개(A, B, C, D)를 렌더링할 필요가 있다.

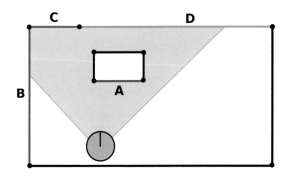

초기에 폐쇄된 배열에는 항목이 두 개 있다. 하나는 화면 왼쪽에 있는 것을 무한대에서 −1까지 표현하며, 다른 하나는 화면 오른쪽에 있는 것을 320에서 무한대까지 표현한다.

```
solidsegs[0] first = -0x7fffffff
             last  =          -1
solidsegs[1] first =         320
             last  = 0x7fffffff
```

첫 번째 벽(A)을 렌더링한다. 이 벽을 가리는 것은 없으며 화면 중앙에 위치한다. 폐색 상태를 표현하는 항목이 추가된다.

```
solidsegs [0] first = -0x7fffffff
              last  =          -1
solidsegs [1] first =         100
              last  =         220
solidsegs [2] first =         320
              last  = 0x7fffffff
```

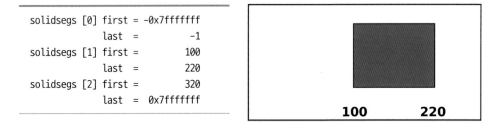

두 번째 벽(B)을 렌더링한다. 왼쪽은 각도 조정을 통해 고정되며 오른쪽은 폐쇄되지 않는다. 화면의 왼쪽 가장자리에 닿기 때문에 폐색 배열에 항목을 추가하지 않는다. 들어가는 경계만 조정될 필요가 있다.

```
solidsegs [0] first = -0x7fffffff
              last =          50
solidsegs [1] first =         100
              last =          220
solidsegs [2] first =         320
              last =  0x7fffffff
```

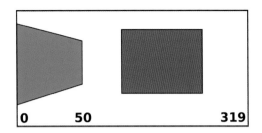

세 번째 벽(C)을 렌더링한다. 세 번째 벽은 두 번째 벽의 바로 옆에 위치한다. 벽 조각으로 완전히 변환되며 아무것도 버리지 않는다. 폐색 배열을 갱신한다.

```
solidsegs [0] first = -0x7fffffff
              last =          70
solidsegs [1] first =         100
              last =          220
solidsegs [2] first =         320
              last =  0x7fffffff
```

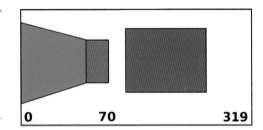

마지막으로 네 번째 벽(D)을 렌더링한다. 폐색 배열에 대해 가려져 있으므로, 두 조각으로 나 눈다. 폐색 배열을 갱신한다. 모든 세그먼트가 서로 맞닿게 된다.

```
solidsegs [0] first = -0x7fffffff
              last =  0x7fffffff
```

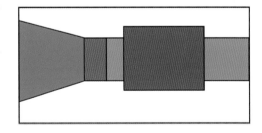

폐색 상태를 유지하는 과정에서 램을 얼마나 적게 사용하는지, 전체 화면이 폐쇄된 경우를 점 검하는 과정이 얼마나 빠른지에 주목하자. 전체 화면 폐쇄를 알기 위해 엔진은 배열의 크기가 1이고 범위가 - 무한대에서 + 무한대까지인지를 확인하면 된다.

5.12.3.4 미세한 수직 벽 클리핑

두 번째 단계는 더 미세하게 진행되며 첫 번째 단계에서 나오는 수직 세그먼트 조각을 클리핑한다. 3D 캔버스의 폭만큼 넓은 두 개의 배열을 기반으로 하는 데이터 구조가 유지된다. 각 열에 사용할 수 있는 수직 공간이 얼마나 남아 있는지를 추적한다.

렌더링된 각 세그먼트는 ceilingclip을 증가시키고 floorclip을 감소시키는 방법으로 구조체를 갱신한다. ceilingclip의 높이와 floorclip의 높이가 같은 경우에는 열이 완전히 불투명하다고 간주한다. 벽 조각은 열이 완전히 폐쇄된 것으로 표시하는 반면, 포털 조각은 폐색 열을 실제 화면 공간에서 덮어쓰는 열로만 업데이트할 것이다.

```
#define SCREENWIDTH  320
#define SCREENHEIGHT 200
// 클리핑 값은 범위를 묶는 단색 픽셀이다.
// floorclip은 SCREENHEIGHT에서 시작
// ceilingclip은 -1에서 시작
short floorclip[SCREENWIDTH];
short ceilingclip[SCREENWIDTH];
```

포털 (B와 F) 두 개로 연결되고 벽으로 둘러싸인 섹터(1, 2, 3)로 구성된 간단한 방을 예로 들어 보자. 섹터 1과 섹터 3은 천장과 바닥 높이가 동일하지만 섹터 2는 더 높은 바닥과 낮은 천장으로 설정되어 창처럼 보인다.

하위 섹터는 1, 2, 3 순서로 가까운 곳에서 먼 곳으로 렌더링된다. 이는 세그먼트 {A, B, C, D}, {E, F}, {G, H}를 의미한다(지도가 선 B와 F로 나누어진다고 가정하자). 다음 페이지 그림을 보면 수직 폐색의 이중 배열에서 각 벽과 포털의 효과를 볼 수 있다.

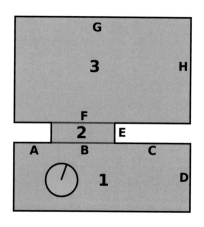

벽 A, C, D는 각 열에 대해 전체 높이를 불투명하게 표시한다. 첫 번째 포털 B에는 중간 텍스처가 없다. 따라서 상단 텍스처(하위 섹터 2의 낮은 천장을 수용하기 위해)와 하단 텍스처(하위 섹터 2의 높은 바닥을 수용하기 위해)로 렌더링하며, 폐색 배열 역시 여기에 맞춰 조정된다. 벽 E는 자신이 덮는 모든 열을 완전히 불투명하다고 표시한다.

포털 F의 하단과 상위 텍스처가 렌더링되지 않지만 폐색 배열이 여전히 갱신되는 방식에 주목하자. 벽 G와 H는 전체 화면을 불투명하게 표시하면서 끝난다. 단, 가시적인 윈도 공간보다 작기 때문에 대충 진행하는 수평 벽 클리핑 단계 과정에서 잘린다.

이 모든 클리핑 작업이 끝나면, 마침내 벽과 포털을 렌더링한다. 각 조각의 끝에서 화면 공간 Y 오프셋은 섹터 바닥을 기준으로 계산되며, 열 높이는 바닥/천장과 거리를 기준으로 계산된다. 이들은 완전한 픽셀의 열 집합을 생성하기 위해 보간된다interpolated (포털은 상단 텍스처, 중간 텍스처, 하단 텍스처에 따라 열의 조합으로 그려지지만, 벽은 중간 텍스처만 있다). 렌더링은 colfunc 함수 포인터를 통해 수직으로 수행된다(자세한 내용은 5.22절 참고).

5.12.4 하위 픽셀 정확도

벽의 상단과 하단 가장자리의 화면 좌표를 계산할 때 엔진이 하위 픽셀subpixel의 정확도를 유지한다는 사실을 언급하고 넘어갈 가치가 있다. 하위 픽셀 정확도는 애니메이션 화면으로 봐야 제대로 이해가 가능한, 미묘한 개념이다. 아래에 제시되는 정적인 도면이 이해를 도울 것이다.

화면에 나타날 두 점 A = (0.7, 0.7)과 B = (5.3, 3.6)을 예로 들어보자.

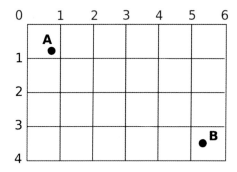

그림 5-33

여기서 해결해야 할 문제는 다음과 같다. "A와 B 사이에서 어떤 픽셀을 선택할까?" 여기서 다양한 절충안을 제공하는 많은 해법이 있다. 〈둠〉 엔진이 나올 무렵, 대다수의 게임은 점의 소수 부분을 버린 다음 floor(A) = (0,0)에서 floor(B) = (5,3)으로 이동했다. 이것을 '픽셀 정확도pixel-accurate'라고 부른다.

하위 픽셀 정확도는 수행하기가 조금 더 어렵다. 여기서는 분수 부분을 버리지 않고 A에서 B로 이동하는 데 사용한다.

[그림 5-34]는 두 가지 방법을 나란히 보여준다. 차이점은 무시해도 될 정도지만, 이는 세상이 '꽉 찬' 느낌이 들게 만드는 엔진의 가장 중요한 기능 중 하나다.

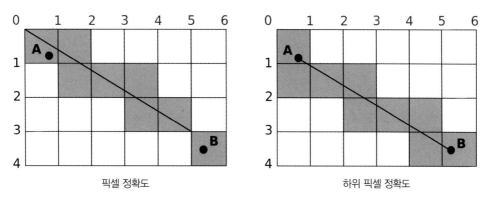

그림 5-34

언뜻 보기에 두 방식은 다르면서도 비슷하게 보인다. 하나의 예로, A가 0.3 아래로 내려가는 경우와 같이 사물이 움직이기 시작할 때를 살펴보자.

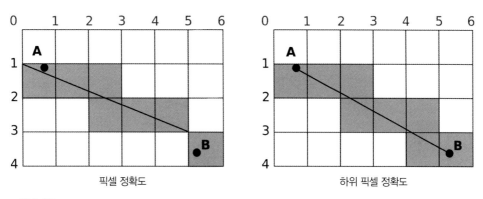

그림 5-35

픽셀 정확도 방식은 픽셀 다섯 개를 다르게 선택한다. 하위 픽셀 정확도 방식으로는 결과적으로 픽셀 하나가 달라진다. 하위 픽셀 정확도로 그린 선은 더 안정적인 경향을 보인다.

당시 다른 텍스처 매핑 게임은 대부분이 삼각형 꼭짓점을 정수 픽셀 값으로 끊어버려서 작은 움직임에도 표면의 개별 텍셀texel이 픽셀 단위로 화면에서 마구 움직였습니다. 기본적으로 모든 것이 느슨하게 연결되어 있을 뿐이라, 다소 자글자글하게 보이게 됩니다. 〈둠〉에는 이런 문제가 없었습니다.

– 존 카맥

5.12.5 원근법이 교정된 텍스처 매핑

〈둠〉이 평면을 그리는 방법을 알아보기에 앞서, 열을 그리기 위해 아핀affine 텍스처를 사용함에도 불구하고, 시각적인 결과는 여전히 원근법을 지켜야 한다는 사실에 주목해야 한다.

이 개념을 설명하기 위해 먼저 아핀 텍스처 매핑이 어떻게 생겼는지 연구해보자. 우리는 흰색과 컬러 사각형의 패턴으로 텍스처를 입힌, 벽이 3개인 방을 사용할 것이다.

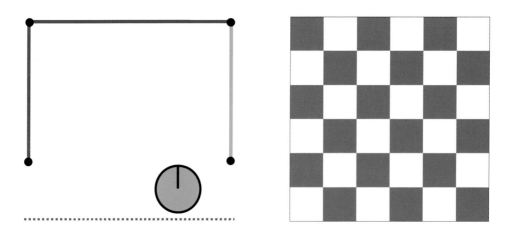

벽에 초점을 맞추기 위해, 바닥과 천장은 의도적으로 연한 회색으로 렌더링했다.

이 장면에서 벽 꼭짓점은 화면 공간 좌표 (x, y)로 투영된다. 화면 공간 너비와 행 x 좌표의 선형 보간을 기반으로, 그릴 각 열에 대한 텍스처 좌표 u가 생성된다. 텍스처 좌표 v는 열의 높이와 열에 상대적인 y 좌표를 기준으로 선형 보간 기법을 사용해 구한다. 선형 보간 공식은 다음과 같다.

$$u_\alpha = (1-\alpha)u_0 + \alpha u_1 \quad where \quad 0 \le \alpha \le 1$$

이런 텍스처 기법은 시각적으로 부정확하다는 단점이 있다. 특히 벽기둥이 멀어지더라도 각 사각형의 '너비'가 일정하게 보인다는 사실에 주목하자. 올바른 텍스처 좌표를 생성하려면 주인공으로부터 떨어진 거리를 고려해야 한다. 이 효과를 위해 (화면 공간에서 선형인) $\frac{1}{z}$ 값을 사용한다.

$$u_\alpha = \frac{(1-\alpha)\dfrac{u_0}{z_0} + \alpha \dfrac{u_1}{z_1}}{(1-\alpha)\dfrac{1}{z_0} + \alpha \dfrac{1}{z_1}} \quad where \quad 0 \le \alpha \le 1$$

계산이 훨씬 더 복잡하지만, 결과적으로 원근법이 교정되었다.

〈둠〉이 경사진 벽을 허용했더라면, 텍스처는 픽셀마다 여섯 번에 걸친 원근법 교정 계산이 필요했을 테고(사각형의 수직과 수평 가장자리를 따라 u와 v를 두 번 보간함), 그 결과 엄청난 CPU를 요구하는 작업이 되어버렸을 것이다.

벽이 엄격하게 수직이 되도록 설정했기에, 〈둠〉은 픽셀 열마다 한 번만 고가의 원근법 교정 계산을 수행했고, 각 열을 그리기 위해 선형 보간을 사용했으며, 여전히 시각적으로 올바른 결과를 얻을 수 있었다. 열을 따라 주인공과의 거리가 일정하기 때문에 이렇게 작동한다. 이 기법은 아핀 텍스처를 계산하는 비용을 들여 원근법이 교정된 올바른 텍스처 매핑을 효과적으로 만들어냈다.

이전 스크린샷을 보면, 원근법 교정이 중요한 이유와 엔진이 '교정'을 위한 범위까지 확장되어야 하는 이유가 명확하지 않다고 생각할지도 모르겠다. 이것들은 단지 문제를 설명하기 위한 예시일 뿐이라는 사실을 기억하자. 실제 텍스처를 보면(아래에 보여주는 〈둠〉의 대리석 텍스처 사용), 시각적인 장애를 무시하고 넘어갈 수 없다.

그림 5-36 MWALL4_1

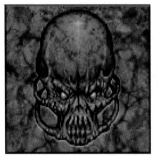

그림 5-37 MWALL4_2

그림 5-38 MWALL5_1

특히 다음 페이지에 나오는 **MWALL4_1**의 오른쪽 상단 오각형 가장자리가 직선이 아닌 아치 모양으로 나타난다는 사실에 주목하자. 왼쪽 뿔이 오른쪽처럼 보이지 않는 **MWALL5_1**도 마찬가지다. **MWALL4_2**는 시야각과 평행하므로 이러한 두 가지 문제가 발생하지 않는다.

플레이스테이션, 3DO, 세가 새턴[24]과 같은 몇 가지 게임 콘솔은 하드웨어 가속 그래픽이 특징이지만 원근법 교정이 되지 않았다. 이런 게임기에서 아핀 텍스처 매핑 산출물은, 삼각형의 세분화 또는 텍스처링을 완전히 방지하여 보정되어야 했다. 이것이 바로 플레이스테이션 게임 〈크래쉬 밴디쿳Crash Bandicoot〉의 주인공에게 구로 셰이딩을 위한 텍스처링이 전혀 없는 이유다.

존 카맥은 아핀 텍스처링을 너무나도 싫어했기에 부정확한 원근법을 시도하는 모든 이식을 거부했고, 이는 종종 심각한 결과를 초래했다.

---

24 SGI와 밀접한 공동 작업 덕분에 닌텐도는 닌텐도 64에 원근법 교정 텍스처 기능을 넣었으며, 덕분에 젤다와 마리오를 놀라게 만들었다.

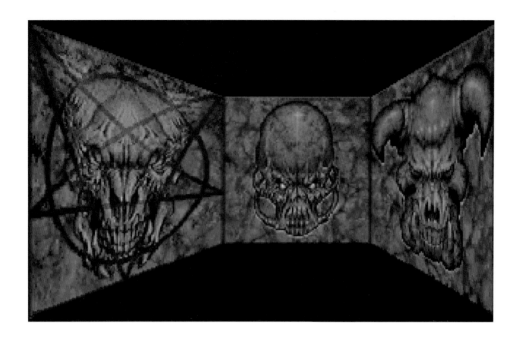

상단을 보면 아핀 텍스처링으로 인해 벽이 왜곡되었다. 하단의 그림은 원근법이 교정되었을 경우의 텍스처다.

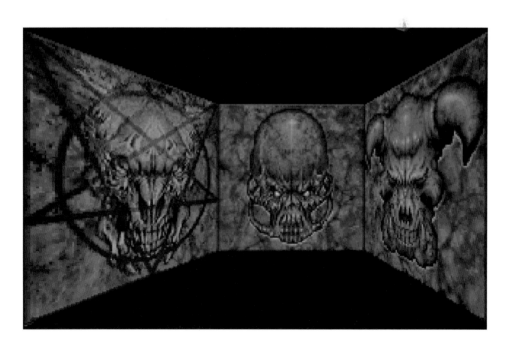

5.12.6 평면 그리기

프레임을 렌더링하는 시점에서 프레임 버퍼를 살펴보면 으깬 감자처럼 보일 것이다(시각화하기 위해 평면이 흰색으로 표시된 다음 페이지를 참고). 〈둠〉은 결코 프레임 버퍼를 지우지 않으므로 흰색 대신 마지막 프레임에 그려진 내용이 남아 있을 것이다.

평면을 렌더링하기 위해 엔진은 벽과 포털이 렌더링되는 동안 생성된 데이터 구조를 사용한다. 이것을 '시계면visplane'이라고 한다.

```
// 아무튼 여기가 시계면이다
typedef struct {
    fixed_t    height;
    int        picnum;
    int        lightlevel;
    int        minx;
    int        maxx;
    // 4 패딩 바이트
    byte       top[SCREENWIDTH];
    byte       bottom[SCREENWIDTH];
} visplane_t;

// 여기에 몹시 기분 나쁜 '시계면'이 등장한다
#define MAXVISPLANES    128
visplane_t    visplanes[MAXVISPLANES];
visplane_t    *lastvisplane;
```

시계면 개념은 〈둠〉에서 가장 이해하기 힘든 부분이다. 소스 코드의 주석은 시계면의 난해한 특성을 보여주며, 심지어 이드 소프트웨어와 밀접한 관계를 맺은 사람들조차도 이 내용을 완전히 파악하지 못했음을 의미한다.

시계면은 천장 또는 바닥을 표현하는 화면 공간 영역이다. 높이, 텍스처(picnum), 조명 수준을 포함한다. 영역의 한계를 기술하기 위해 화면과 같은 폭의 배열 두 개가 있다. 영역은 X 좌표당 하나의 열이 가능한 열 집합으로 표시된다.

토막상식

엔진은 시계면을 그리기 전에 저장한다. 저장소가 부족한 경우, 엔진이 실행을 종료하고 유용한 오류 메시지와 함께 도스로 돌아갈 것이다.

```
C:\ DOOM > R_FindPlane : no more visplanes
```

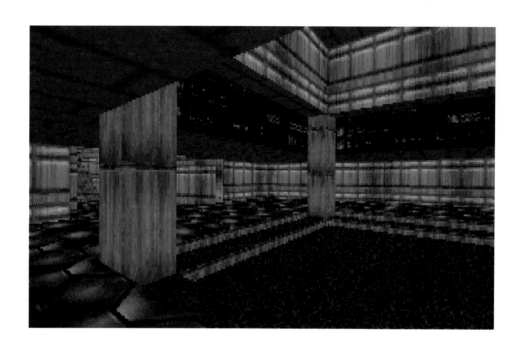

위는 최종 프레임이다. 아래는 시계면이 빠진 프레임의 현재 상태다.

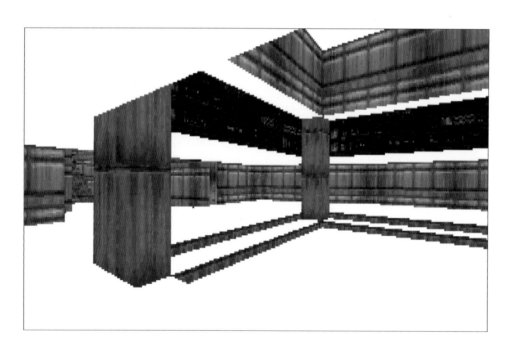

시계면은 조각과 화면 경계 사이의 화면 공간 또는 벽과 포털 사이의 수직 '간격gap'을 나타낸다. 시계면이 생성되는 방식을 더 잘 이해하기 위해 우리가 방금 연구했던 간단한 방의 예시로 되돌아가보자. 이번에는 시계면을 담은 visplanes 배열을 채우는 방법을 중점적으로 살펴보자.

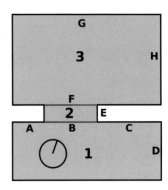

앞의 예처럼 섹터는 가까운 곳부터 먼 곳으로 렌더링되어 A, B, C, D, E, F, G, H 순서로 세그먼트가 생성된다.

벽 A를 렌더링할 때는 가로와 세로로 클리핑된다. 모든 수직 화면 공간을 사용하므로 시계면이 생성되지 않는다.

벽 C와 D가 렌더링될 때, 상황이 약간 더 흥미로워진다. 벽 C와 D는 전체 높이를 차지하지 않기 때문에(화면과 벽의 상단/하단 가장자리 사이에 간격이 있음) 두 시계면((1,2)와 (3,4))은 조각마다 만들어지고 visplanes 배열에 저장된다.

마찬가지로, 포털 B가 렌더링될 때 상단 텍스처 위와 하단 텍스처 아래에 간격이 있으므로 시계면(5와 6)이 추가된다.

벽 E는 새로운 사례다. 위와 아래의 간격이 벽과 화면 사이가 아니라 E와 포털 B의 상부와 하부 사이에 있다. 이전 경계를 감지하기 위해, 이전에 살펴본 수직으로 폐색 배열을 사용해 시계면 7과 8을 만든다.

포털 F는 또 다른 특별한 경우다. 이 시점에서는, 더 높은 천장과 더 낮은 바닥이 있는 섹터와 연결되어 있고 중간 텍스처가 없으므로 아무것도 렌더링되지 않는다. 그러나 시계면 9와 10을 생성하기 위해 가운데 부분의 좌표를 여전히 생성한다.

이 시점부터 과정이 반복된다. 벽 G를 렌더링하면 시계면 11과 12를 생성하며, 벽 H를 렌더링하면 시계면 13과 14를 생성한다.

시계면 생성 알고리즘은 상당히 간단하다. 그러나 시계면을 생성하느라 제법 많은 램을 소비한다. 이 문제를 해결하기 위해 〈둠〉은 시계면을 병합했다.

토막상식

visplane_t 구조체는 시계면마다 664바이트를 요구한다. 엔진은 시계면 128개를 위한 공간을 확보한다. 시계면에 필요한 메모리 총계는 〈둠〉 시작에 필요한 최소 램(4MB)의 2%를 차지하는 84,992바이트가 된다.

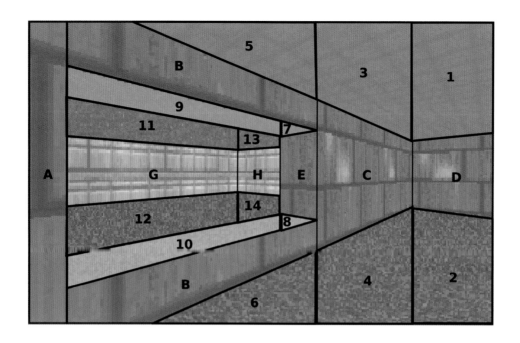

아래에서는 엔진을 수정해 벽과 평면을 단색으로 그려 병합을 보여줬다.

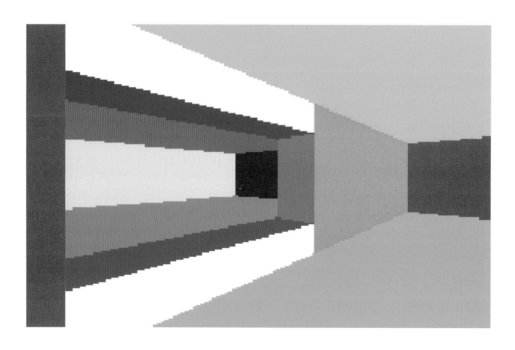

E1M1은 병합에서 이익을 얻는다. 아래 그림은 이를 명확하게 보여주기 위해 조명을 줄이지 않고 재현한 것이다.

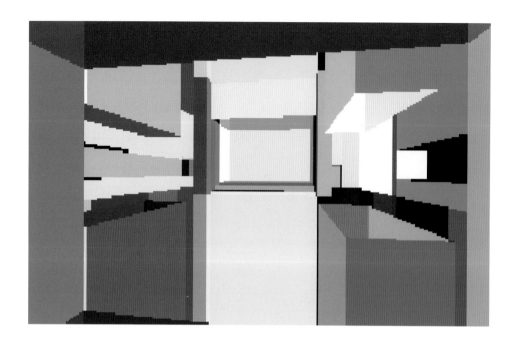

위의 그림처럼 병합이 없다면 프레임은 시계면 179개를 필요로 한다. 아래의 그림처럼 병합하면 시계면이 28개만 필요하다.

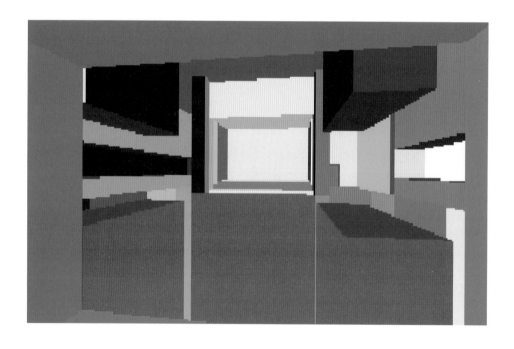

이전 페이지에서 수정된 엔진은 시계면이 수평으로 연속될 필요가 없다는 사실을 보여준다. 예를 들어, 붉은색 바닥의 시계면은 세 부분으로 구성되지만 시계면 배열에서 하나의 항목만 사용하므로 열 배열로 시계면을 표현하기 위한 현명한judicious 선택을 다시 한번 검증해준다.

두 개의 시계면을 병합하려면 몇 가지 조건이 필요하다. 병합 가능한 시계면의 높이, 조명, 텍스처가 동일해야만 한다. 심지어 이런 조건이 충족되더라도 데이터 구조가 다른 구조를 흡수할 수 있어야만 한다. 따라서 시계면이 나란히 있을 때만 병합이 가능하다. 심지어 동일 X 좌표의 아래위 픽셀 하나만 차이 나더라도 병합이 불가능하다. R_FindPlane 함수는 후보를 찾으며, 병합 가능성에 대한 테스트는 다른 곳에서 진행한다.

```c
visplane_t* R_FindPlane (fixed_t height, int picnum, int lightlevel) {
    visplane_t*    check;
    ...
    for (check=visplanes; check<lastvisplane; check++) {
        if (height == check->height &&
            picnum == check->picnum &&
            lightlevel == check->lightlevel)
                break;
    }

    if (check < lastvisplane)
        return check;

    if (lastvisplane - visplanes == MAXVISPLANES)
        I_Error ("R_FindPlane : no more visplanes");

    lastvisplane++;
    check->height = height;
    check->picnum = picnum;
    check->lightlevel = lightlevel;
    check->minx = SCREENWIDTH;
    check->maxx = -1;
    memset (check->top,0xff,sizeof(check->top));

    return check;
}
```

이전에 언급한 오버플로 점검에 주목하자. 이는 오류 수정을 위한 충분한 정보를 제공하지 않은 채 갑작스럽게 종료됨을 의미했으므로 지도 설계자가 직면하는 최악의 악몽과도 같았다. 소

스 코드가 공개될 때까지 많은 도시 전설과 이론이 유포되었다.[25]

5.12.7 평면 그리기(실제 상황)

우리는 드디어 시계면 배열을 순회하는 평면 그리기 루틴을 읽을 수 있다.

```
void R_DrawPlanes (void) {
  visplane_t *pl;
  int        light;
  int        x, stop;
  int        angle;

  for (pl = visplanes ; pl < lastvisplane ; pl++) {

    if (pl->minx > pl->maxx)
      continue;

    // 하늘 평면
    [...] // 원근법을 비활성화한 특수한 경우

    // 일반적인 평면
    ds_source = W_CacheLumpNum(firstflat + flattranslation[pl->picnum],PU_STATIC);
    planeheight = abs(pl->height-viewz);
    light = (pl->lightlevel >> LIGHTSEGSHIFT)+extralight;
    planezlight = zlight[light];

    pl->top[pl->maxx+1] = 0xff;
    pl->top[pl->minx-1] = 0xff;

    stop = pl->maxx + 1;
    for (x=pl->minx ; x<= stop ; x++)
      R_MakeSpans (x,pl->top[x-1],pl->bottom[x-1] ,
      pl->top[x],pl->bottom[x]);

    Z_ChangeTag(ds_source, PU_CACHE);
  }
}
```

----

25 리 킬로(Lee Killough)가 쓴 「The Facts about Visplane Overflows(시계면 오버플로에 대한 진실)」 참고. *https://soulsphere. org/mirrors/www.rome.ro/lee_killough/editing/visplane.shtml*

평면 텍스처 자원이 각 반복문iteration의 끝에서 해제되는 대신 메모리 관리자 절에서 설명한 PU_CACHE로 표시되는 방식에 주목하자.

열로 저장되었음에도 불구하고 시계면은 수평 범위로 변환된다. 이런 방식으로 렌더링하면 각 선이 주인공과 일정한 거리에 있기 때문에 원근감이 교정된 텍스처를 그릴 수 있다. 또한, 이런 방식은 우리가 지금까지 무시해왔던 조명 감소를 빠르게 렌더링하도록 만든다.

토막상식

128개의 시계면 제한은 메모리 예산 범위 내에서만 필요한 것이 아니라 실행 시간이 요구하는 바이기도 했다. 시계면을 병합하려고 시도할 때, 엔진은 시계면 수가 증가함에 따라 병목현상이 되는 $O(n)$ 연산을 사용한 선형 검색을 수행한다. 1997년 리 킬로는 선형 검색을 $O(1)$ 연쇄 해시 테이블로 대체해 이런 제약을 풀었다.[26]

5.12.8 조명 감소

지금까지 복잡성을 점진적으로 도입하기 위해 렌더링 파이프라인을 따라 내려가면서 조명 감소는 완전히 무시해왔다. 텍스처와 스프라이트의 텍셀 값은 있는 그대로 사용해 프레임 버퍼에 직접 쓰였다고 가정했다. 이제 라이트맵이라는 개념을 소개할 차례다.

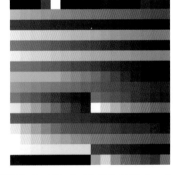

무서운 분위기를 전달하기 위해, 외계인과의 거리가 멀어질수록 색상이 검은색으로 바래게 만들었다. 지도 설계자들은 또한 방의 조명을 켜고 끌 수 있고, 필요할 경우에는 어둑하게 만들 수 있기를 원했다. 이 요구 사항에 대응하기 위해 엔진은 색의 음영을 그려야만 했다. VGA 시스템에서 팔레트에 담을 수 있는 색상은 256개로 제한되었다. 따라서 가능한 구현 방법은 컴퓨터 아티스트가 16색을 사용하게 제한하고, 개별 '주primary' 색상의 15가지 음영을 생성하기 위해 남은 240개 슬롯을 사용하는 것뿐이었다.

---

26 직전 주석과 동일함.

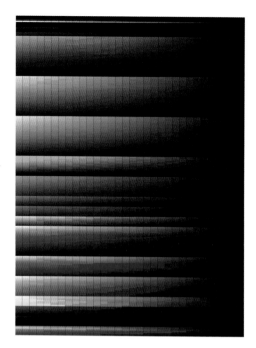

그림 5-39 COLORMAP에는 256색의 32가지 음영이 있지만 여전히 총 256색이다.

이것은 거리에 따라 빛이 약해지지 않는 야외 장면에서는 볼품없이 보였고, 아티스트의 작품에 심각한 손상을 가했다. 다시 한번 영리한 기법을 사용할 차례였다. 아티스트는 동일한 색상에 대해 16개가 아닌 32개 음영으로 애셋을 위해 전체 256색을 사용할 수 있었다. 문서상으로는 VGA 하드웨어가 지원하지 않는 *256 * 32 = 8,192*개의 색상을 의미했다.

지원하는 색상보다 더 많은 색상을 사용할 수 있도록 만드는 영리한 기법의 핵심은, 256개 항목 각각에 대한 그러데이션 근사치에 다른 255색을 사용하는 간접 '라이트 테이블light table' 사용이다. 라이트맵은 높이가 256(각 색인마다 하나)이고 너비가 32(각 셰이드마다 열 하나)이다. [그림 5-39]를 통해 가장 왼쪽 열에서 원래의 팔레트 선이 세로로 풀리는 방식을 볼 수 있다(상단에 고립된 흰색과 하단에 분홍색이 있음에 주목하자). 각 행은 동일한 256색을 사용해 검은색으로 변해가는 32개 값의 그러데이션이다. 가장 오른쪽 열은 모두 검은색이다. 이런 속임수 기법에는 한계가 있었다. 빨간색에는 효과적이지만 진홍색과 노란색에는 알맞지 않았다.

라이트맵을 사용하려면 [0 ~ 255] 사이에 있는 원래 텍셀 값 T를 가져온다. 이것이 Y 좌표가 될 것이다. 0은 가장 밝고 31은 가장 어두운 조명 값 L을 가져온다. 이것이 X 좌표가 될 것이다. 프레임 버퍼에 쓸 값은 lightmap[X][Y]이다.

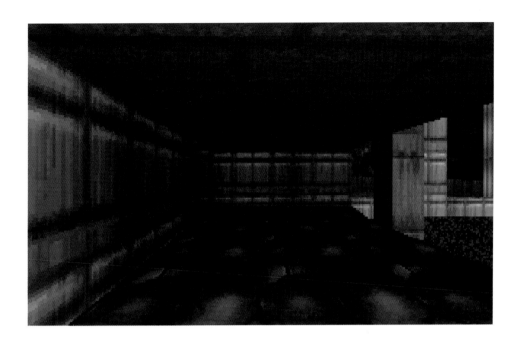

위 그림은 일반 엔진(사물 렌더링이 비활성화된 상태)을 보여준다. 아래 그림은 동일한 장면
에서 수정된 라이트맵이 없는 엔진을 보여준다.

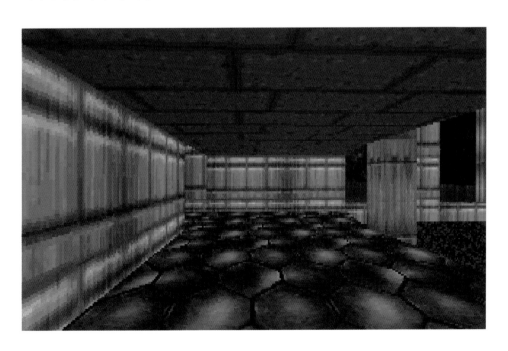

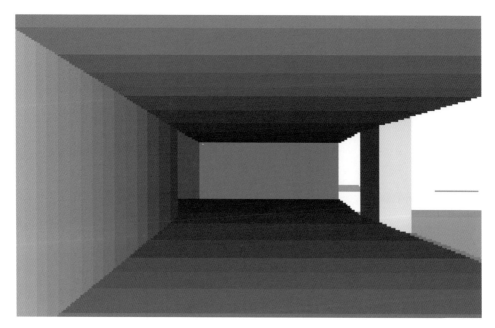

그림 5-40 라이트맵이 있지만 텍스처링이 비활성화된 앞서 그림과 동일한 장면

라이트맵의 시각적인 효과는 때때로 미묘할 수 있다. 직전 페이지의 위 그림처럼 정상 엔진 장면에서는 줄무늬가 표시되지 않는다. 직전 페이지의 아래 그림처럼 라이트맵을 모두 비활성화하면 색상이 흐려져 나타난다. 벽을 흰색(`0x04`)으로, 평면을 갈색(`0x80`)으로 렌더링해 텍스처링을 비활성화하면(그림 5-40) 라이트맵과 줄무늬가 생생하게 나타난다.

사용할 라이트맵을 계산하는 작업은 플레이어와 떨어진 거리와 섹터 조명 수준을 기반으로 하므로 비용이 제법 들어간다.

$$lightmapId = sectorLightLevel + z * diminishingFactor$$
$$color = lightmapId[textureTexel]$$

많은 시계면이 화면에 표시되는 장면에서는 심지어 적절한 라이트맵 ID를 선택하는 계산도 성능 저하performance hit를 일으켰다. 따라서 화면 공간 선/섹터 ID마다 라이트맵 ID를 추적하는 캐시 시스템을 통해 값을 계산하는 빈도를 줄였다.

엔진은 멋진 기법을 사용해 직교 표면 렌더링을 구현했다. 세계 공간 방향에 기반해 라이트맵 선택을 조정했다. 남북 벽의 경우 한 단위만큼 선택 영역의 라이트맵을 낮추므로 더 밝아졌다.

동서 벽의 경우 한 단위만큼 선택 영역의 라이트맵을 높이므로 더 어두워졌다. 다른 벽의 경우 라이트맵 지도 선택에 영향을 받지 않았다.

하늘을 렌더링하려면 섹터는 엔진이 '하늘'로 인식하는 특수한 천장 텍스처를 가져야 한다. 이 경우 높이는 0이고 라이트맵은 0이며 원근감은 비활성화되어 있다. 하늘의 각 부분은 시계면으로 저장되며 픽셀 열(colfunc을 포함하는)로 그려진다.

COLORMAP은 회색 음영 256개로 만들어진 32번째 라이트맵을 포함하고 있다. 플레이어가 무적 보너스를 얻을 때 사용된다. 시계면 렌더링 루틴의 특수 케이스에는 하늘을 처리하는 버그가 있다. 하늘은 조명 감소 없이 항상 렌더링되므로 라이트맵을 무시한다.

이런 방식은 플레이어가 외부에 있을 때 무적 보너스를 얻으면 하늘을 제외한 모든 것이 회색 음영으로 렌더링되는, 시각적으로 이상한 결과를 일으켰다.

24비트 색상을 사용하는 '더 강력한' 하드웨어 가속 시스템으로는 효과를 재현하기가 어려웠다. iOS에서 혼합된 결과로 동일한 시각적 효과에 가깝게 만들기 위해 glBlendFunc(GL_ONE_MINUS_DST_COLOR, GL_ZERO)를 사용했다.

위는 PC 버전에 등장하는 무적 효과다. 아래는 오픈GL ES의 `1.0 glBlendFunc` 함수를 통해 iOS에서 수행된 결과다.

5.12.9 마스킹된 요소 그리기

렌더링된 환경에서 남아 있는 내용은 '마스킹된' 요소다. 이 범주는 모든 스프라이트뿐만 아니라 일부 투명한 벽과 무기까지도 포함한다.

이 작업을 담당하는 함수를 **R_DrawMasked**라고 한다. 아 작업은 렌더링 파이프라인의 마지막 단계다. 앞에서 뒤로 가면서 렌더링되는 환경과 반대로 이 단계는 뒤에서 앞으로 가면서 진행된다. 투명도를 올바르게 얻는 유일한 방법이다.

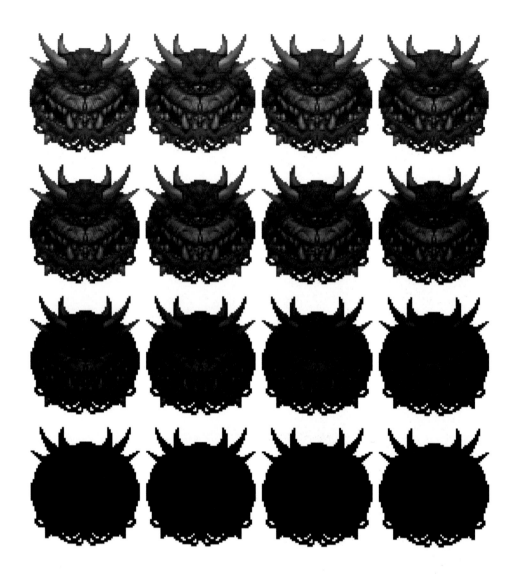

R_DrawMasked 함수로 뛰어들기에 앞서, 모든 유형의 마스킹된 요소가 포함된 간단한 방을 예로 들어 수행할 작업을 다시 살펴보겠다.

다이어그램은 벽 네 개(A, B, C, D)가 있는 방, 벽 네 개(E, F, G, H)로 만든 기둥, 투명한 벽 I, 배럴 barrel(회색), 주인공의 생성 지점(녹색)과 3개의

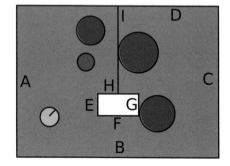

적(빨간색: 바론 오브 헬, 카코데몬, 데몬)이 있는 방을 보여준다.

〈둠〉이 렌더링한 결과는 [그림 5-41]에서 볼 수 있다. 바론이 벽 I 상단에 그려지고, 카코데몬이 벽 I에 의해 부분적으로 가려져 있으며, 데몬의 일부가 기둥 뒤에 클리핑되는 방식에 주목하자. 또한 정확성을 위해 배럴이 바론 앞에 그려져야만 한다는 점도 확인하자. 마지막으로 벽 I는 기둥에 대해 클리핑될 필요가 있다.

그림 5-41 모든 사물과 투명한 벽을 렌더링한 장면

원하는 결과를 염두에 두고 프레임 버퍼에서 렌더링된 벽과 평면이 있는 장소로 돌아가보자. 같은 방의 경우 [그림 5-42]처럼 보일 것이다.

그림 5-42 현재 프레임 버퍼에 저장된 것과 동일한 장면

[그림 5-41]에서 [그림 5-42]를 얻기 위해 마스크 가능한 목록(또한 코드에서 스프라이트로 부르는 항목)을 생성하고, 마스크를 뒤에서 앞으로 순서대로 정렬하고, 정렬된 목록을 순회하고, 각각에 대해 클리핑을 수행하고, 마지막으로 픽셀 열로 렌더링한다.

5.12.9.1 사물 목록

BSP를 순회하는 동안 사물 목록이 만들어졌다. 하위 섹터가 렌더링(R_Subsector)에 보내질 때마다 vissprite_t라는 배열에 추가되었다. 사물은 의사[pseudo] 순서에 따르므로 실제로 순서는 의미가 없다. 앞의 예에서는 자신들이 존재하는 하위 섹터에 기반해 배럴과 바론이 추가되었지만, 정확한 순서는 없었다(하위 섹터의 사물 목록에서 바론이 배럴보다 먼저 반환될 수도 있다).

5.12.9.2 클리핑 정보

클리핑 정보 또한 벽을 렌더링하는 동안 만들어졌다. 이상적으로는 깊은 버퍼가 있어야 했지만 램은 비싸고 충분히 빠르지 않았다. 해결책은 drawseg_t라는 최적화된 배열로 화면에 잠재적으로 나타날 수 있는 사물을 기록하는 것이다.

'그려진 세그먼트' 배열인 drawsegs는 다음 drawseg_t 구조체로 만들어진다.

```
typedef struct drawseg_s {
  seg_t   *curline;
  int     x1, x2;
  fixed_t scale1, scale2, scalestep;
  int     silhouette;        // 0 = 없음, 1 = 하단, 2 = 상단, 3 = 둘 다
  fixed_t bsilheight;        // 이를 초과해서 스프라이트를 클립하지 마라
  fixed_t tsilheight;        // 이에 못 미치게 스프라이트를 클립하지 마라
  // 스프라이트 클리핑을 위한 목록을 가리키는 포인터
  short   *sprtopclip;       // 인접하므로 [x1]이 첫째 값
  short   *sprbottomclip;    // 인접하므로 [x1]이 첫째 값
  short   *maskedtexturecol; // 인접하므로 [x1]이 첫째 값
} drawseg_t;

#define   MAXDRAWSEGS   256
drawseg_t   drawsegs[MAXDRAWSEGS];
```

처음에는 이해하기 쉽지 않다. 이 배열을 차폐물이 화면에 렌더링된 상황을 기록한 로그로 생각하는 편이 훨씬 더 쉽다.

- 프레임 버퍼에서 픽셀을 생성한 각 벽에 대해 drawseg_t가 추가된다.

- 포털마다 최대 두 개까지의 drawseg_t가 추가된다(하나는 상단 부분, 하나는 하단 부분으로 포털에 중간 텍스처가 없는 경우에만 해당).

- 건너뛴 마스킹된 세그먼트(그리드 I와 같은)에 대해 하나의 drawseg_t 항목이 추가되어 그려져야 마땅한 내용을 기록한다.

로그 항목은 주인공과의 거리에 따라 정렬된다(벽을 렌더링하는 동안 각 항목이 추가되었으므로). 거리는 z 값이 아니라 scale 값이다. 이 아이디어는 정확히 차폐된 사각형을 만들기 위해 각 항목에 대해 로그의 일부를 재생하는 것이다. 차폐된 사각형을 얻고 나면, 사물을 여기에 맞춰 클리핑한다. 각 drawseg_t마다 화면 공간 수평 경계(x1과 x2)와 스케일(scale1과 scale2)이 있다. 주인공과의 거리를 기준으로 각 사물에 대한 스케일 값이 생성되므로 drawsegs 배열의 어느 부분을 재생할지 알 수 있다.

각 벽의 화면 공간 수평 상단과 하단 가장자리는 모든 drawseg_t가 공유하는 배열을 가리키는 포인터 sprtopclip와 sprbottomclip에서 얻는다.

```
#define MAXOPENINGS    SCREENWIDTH*64
short                  openings[MAXOPENINGS];
short*                 lastopening;
```

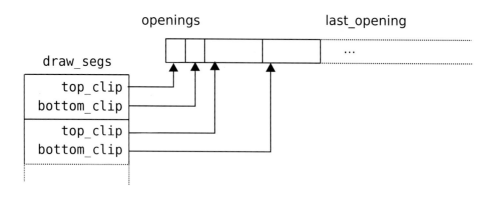

클리핑하는 방법을 알았으니, 이제 스프라이트 저장 방식을 살펴보자.

```
typedef struct vissprite_s {
  struct vissprite_s*  prev;  // 이중 연결 리스트
  struct vissprite_s*  next;
  int     x1;
  int     x2;
  fixed_t  scale;
  int      patch;
  lighttable_t*  colormap ;
} vissprite_t;

#define MAXVISSPRITES    128
vissprite_t    vissprites[MAXVISSPRITES];
vissprite_t*  vissprite_p;
vissprite_t    vsprsortedhead;
```

vissprite 항목은 스프라이트를 화면에 렌더링하기 위해 필요한 모든 것을 포함한다. 또한 화면 공간 수평 경계(x1, x2), 벽과 거리를 비교하는 배율(scale), 텍스처 ID(patch), 음영 처리에 사용할 조명 수준(colormap)을 포함한다.

prev와 next 필드에 주목하자. 비록 vissprite는 선형 배열에 저장되어 있지만, 뒤에서 앞으로 정렬될 필요가 있다. 배열 항목을 이동하는 대신, 정렬 메서드는 이중 연결 리스트만 갱신한

다. 이런 식으로 요소는 동일한 배열 위치에 유지되지만 next 포인터를 따라 정렬된 목록을 얻을 수 있다.

마지막으로, R_DrawMasked에서 스프라이트와 마스킹된 세그먼트를 랜더링하기 위해 이 모든 데이터를 사용하는 방법을 살펴보자.

```
void R_DrawMasked (void) {
  vissprite_t  *spr;
  drawseg_t    *ds;

  R_SortVisSprites ();

  // 모든 vissprites를 뒤에서 앞으로 그린다
  if (vissprite_p > vissprites) {
    for (spr= vsprsortedhead.next; spr != &vsprsortedhead;
         spr = spr->next)
      R_DrawSprite (spr);
  }

  // 마스킹된 중간 텍스처를 렌더링한다
  for (ds=ds_p-1 ; ds >= drawsegs ; ds--)
    if (ds->maskedtexturecol)
      R_RenderMaskedSegRange (ds, ds->x1, ds->x2);

  // 모든 것의 상단에 psprites를 그린다
  if (!viewangleoffset)     // 측면 뷰에 그리지 않는다
    R_DrawPlayerSprites ();
}
```

예상대로, 가시 스프라이트 목록은 주인공과의 거리를 기준으로 정렬된다(R_SortVis Sprites). 이 과정은 scale만 비교할 필요가 있으며, 배열로 데이터 복사가 일어나지 않기 때문에 속도가 빠르다. 요소를 이동하기 위해 이중 연결 리스트를 갱신할 뿐이다.

다음으로 모든 스프라이트를 뒤에서 앞으로 하나씩 렌더링한다. 이를 처리하는 메서드(R_ DrawSprite)는 drawseg 배열을 선형으로 탐색해 스프라이트 앞에 그려진 벽 조각을 찾아 이를 클리핑한다. 개별 drawseg_t의 scale과 화면 공간의 X 경계를 기준으로 탐색하므로, 빠른 연산이다.

마지막 단계는 BSP 순회 중에 건너뛴 마스킹된 세그먼트를 렌더링하는 것이다. 이 작업은 R_

RenderMaskedSegRange 함수가 수행한다.

앞서 설명한 내용(모든 스프라이트를 렌더링한 다음에 모든 마스킹된 세그먼트를 렌더링)처럼 [그림 5-41]에서 그리드가 스프라이트에 끼어들 방법은 없다. 이 문제를 해결하기 위해, drawseg_t를 차폐하기 위한 선형 탐색 과정에서 R_DrawSprite가 약간의 '편법hack'을 동원한다. 마스킹된 세그먼트를 감지하고 R_RenderMaskedSegRange를 통해 렌더링하는 것이다.

5.12.10 마스킹된 주인공 그리기

렌더링할 마지막 조각은 모든 조각 중에서도 가장 쉽다. 둠가이, 즉 주인공을 표현하는 스프라이트(psprite)는 모든 것 위에 그려진다. 여기에는 클리핑이 적용되지 않는다. 단지 주인공이 현재 서 있는 섹터가 유도하는 라이트맵을 책임지고, 걷거나 달릴 때 왼손과 오른손이 움직이기만 하면 된다. 다른 마스킹된 요소와 마찬가지로 이 스프라이트는 픽셀의 열로서 수직으로 렌더링된다.

R_DrawMasked에서 시야각 오프셋이 0인 경우에만(viewangleoffset) 주인공의 손이 그려진다는 사실을 눈치챘을지도 모르겠다. 이 기능은 이후 버전에서 비활성화되었다. v1.2까지 〈둠〉은 모니터 3개가 있는 컴퓨터 3대를 넓은 시야로 렌더링하기 위해 네트워크로 연결하는 '3화면 모드'를 지원했다.

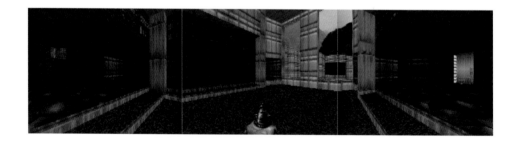

이 기능은 아마도 존 카맥이 와이드 스크린 비행 시뮬레이터를 볼 수 있는 알래스카 항공 교육 센터를 방문한 후 추가했을 가능성이 높다.[27] 이후 버전에서는 이 기능이 잘려나갔다.

---

27 자세한 내용은 다음을 참고. *http://leeland.stores.yahoo.net/earlydoomstuff.html*

다중 화면을 활성화/비활성화하기 위한 명령 줄 코드만 제거되었으며 기능 자체는 그대로 유지되었다. 〈Chocolate DOOM〉은 이 기능을 다시 활성화했고, 심지어 단일 시스템에서 '3화면 뷰'를 경험하기 위한 특수 모드도 만들었다. 이것이 바로 앞의 스크린샷을 만든 방법이다.

5.12.11 그림 형식

스프라이트는 한 번에 수직 열 하나를 기록했지만, 읽기 연산 과정에서 i486 캐시 라인을 포용하기 위한 방식으로 저장되었다. 각 스프라이트는 자체 덩어리에 저장되며, 스프라이트에서 수직 열을 기술하는 선 컬렉션을 포함한다(요컨대, 스프라이트는 시계 반대 방향으로 90도 회전하여 저장된다).

각 열(코드에서 '포스트post'라고도 부름)은 범위가 시작되는 위치에 수직 오프셋을 제공하는 1바이트, 페이로드payload 크기를 제공하는 1바이트, 마지막으로 텍셀 페이로드가 따라오는 범위span의 집합이다.

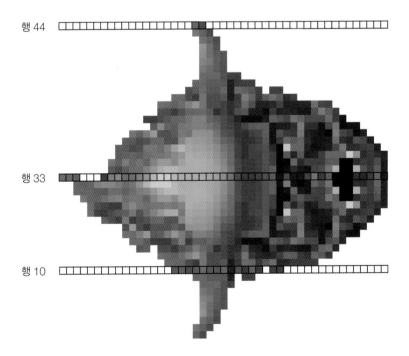

로스트 소울Lost Soul 스프라이트의 행 44는 4바이트(범위 하나, 0x13 수직 오프셋, 0x02 데이터 길이, 0x54와 0x59 두 텍셀 포함)이다. 행 33은 범위가 둘로 확장되며 48바이트를 차지하므로, 47바이트였던 '압축되지 않은uncompressed' 인코딩 체계보다 덜 선호되었다. 행 10(또한 범위가 둘)은 '압축되지 않은' 47바이트 길이보다 훨씬 적은 19바이트를 차지한다. 이 로스트 소울 스프라이트 전체는 44×47이며 2,068픽셀을 1,360바이트에 끼워 넣었기에 대략 50%의 압축률을 보였다.

5.12.12 스프라이트 종횡비

VGA 하드웨어에서 CRT 화면으로 전송될 때 프레임 버퍼가 왜곡되었다. 종횡비가 다를 경우에는 픽셀의 너비보다 높이가 길어지게 되므로, 수직으로 이미지를 늘이는 효과를 발생시켰다.

디럭스 페인트로 작업할 때는 320×200으로 설정될 수 있었기에(따라서 아티스트는 정사각형 형태의 픽셀을 보지 못했다) 이런 왜곡이 문제가 되지 않았다. 하지만, 이드가 넥스트디멘션에서 스캔한 이미지를 사용하는 방식으로 전환한 후에는 고려해야 하는 사안이 되었다.

덩어리 내용 　　　　　　　　 렌더링 후

그림 5-43 렌더링 후 왜곡된 데몬

카코데몬은 의도적으로 그려져 타원으로 렌더링되었지만, 원형으로 용량이 줄어들어 저장되었다. 초기 저작 도구 시절에는 애셋 추출기를 만든 프로그래머가 CRT 왜곡을 설명하지 않았기 때문에 덩치가 커진 괴물의 비주얼을 초래했다.[28]

덩어리 내용

렌더링 후

그림 5-44 렌더링 후 왜곡된 카코데몬

5.13 팔레트 효과

많은 약점에도 불구하고, VGA 하드웨어는 팔레트라는 정말 멋진 기능을 제공했다. 전체 화면을 특정 색상으로 서서히 사라지게 만들기 위해 단지 768바이트가 필요했다. 〈둠〉에서는 손상, 아이템 집어 들기, 방사능 복radiation suit이라는 세 가지 항목에 서서히 사라지는 효과를 사용했다. 이런 효과를 구현하기 위해 팔레트를 미리 계산해 **PLAYPAL** 덩어리에 저장했다. 총 14개의 팔레트가 있었다. 팔레트 #0이 기본값이었고 대부분의 게임 진행 과정에서 사용되었다.

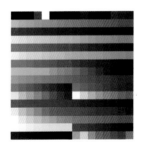

---

28 심지어 장난감 회사들도 실수를 저질렀다. 리퍼 미니어쳐(Reaper Miniature)가 만든 카코데몬 인형은 타원이 아니라 둥근 모양이었다.

팔레트 8개(#1에서 #8까지)를 사용해 손상을 강조하고 주인공이 얼마나 심하게 다쳤는지 사용자에게 알려줬다. 입은 피해량에 따라 화면을 팔레트 7개 중 하나로 전환하는 효과였다(손상이 심할수록 시작 팔레트 번호가 높음). 완전히 빨간 화면은 일반적으로 매우 나쁜 소식이었다. 더는 손상을 입지 않으면 팔레트는 0.5초마다 하나의 팔레트 단위 비율로 다시 일반(팔레트 #1)으로 돌아갔다.

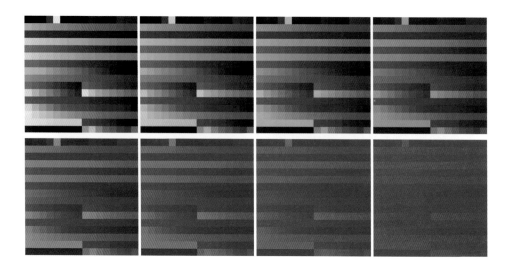

경계 조건^{off-by-one} 버그로 인해 팔레트 #1은 결코 사용되지 않았다. ST_doPaletteStuff에서 손상된 팔레트를 선택하는 코드를 잘 살펴보자. [2, 8] 범위 내의 값만 생성할 수 있었다.

```
#define    STARTREDPALS    1
#define    NUMREDPALS      8

void ST_doPaletteStuff(void) {
  int palette;
  int cnt = plyr->damagecount;
  ...
  if (cnt) {
    palette = (cnt+7)>>3;
    if (palette >= NUMREDPALS) palette = NUMREDPALS-1;
    palette += STARTREDPALS;
  } else {
    ...
  }
```

```
    byte *pal = W_CacheLumpNum (lu_palette, PU_CACHE)+palette*768;
    I_SetPalette (pal);
    ...
}
```

팔레트 #9부터 #12까지는 아이템을 집어 들 때 짧게 사용되었다.

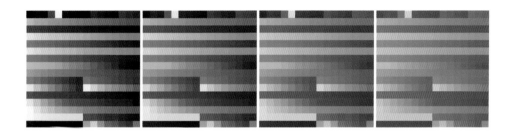

앞서 설명한 경계 조건에서의 잘못된 계산으로 인해 팔레트 #9는
결코 사용되지 않았다. 팔레트 선택자는 [9, 12] 범위가 필요했지
만 [10, 12] 범위 내에서만 값을 생성할 수 있었다.

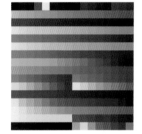

마지막 팔레트 #13은 사라지는 효과를 위한 것이 아니라, 주인공
이 방사능 복을 입고 있을 때 일시적으로 전환하여 사용되었다.

5.14 입력

입력 시스템은 장치가 하위 시스템에서 샘플링될 때 생성되는 이벤트 개념과 코어에 이런 이벤
트를 소비하는 응답자responder 개념에 따라 추상화된다. 키 입력, 조이스틱 상태, 마우스 입력은
event_t 구조체에 저장된다.

```
typedef enum {
    ev_keydown,
    ev_keyup,
    ev_mouse,
    ev_joystick
} evtype_t;
```

```
typedef struct {
    evtype_t    type;
    int         data1;      // 키/마우스/조이스틱 버튼
    int         data2;      // 마우스/조이스틱 x 움직임
    int         data3;      // 마우스/조이스틱 y 움직임
} event_t;
```

코어 시스템은 입력 시스템에 새로운 프레임이 시작되거나 게임 틱이 시작될 때 이를 통지하여, 입력을 위한 장치를 샘플링하고 이벤트를 event_t로 감싸고 콜백 함수를 사용해 코어 이벤트 버퍼에 게시할 기회를 제공했다.

함수	사용법
I_StartFrame	시각적인 프레임을 렌더링하기 전에 코어가 호출함
I_StartTick	게임 틱을 렌더링할 때 코어가 호출함
D_PostEvent	입력 시스템이 호출해서 이벤트를 코어로 보냄

그림 5-45 〈둠〉의 입력 시스템 인터페이스

이벤트는 대담하게 events로 명명된 원형 버퍼circular buffer를 통해 코어에 저장된다.

```
#define MAXEVENTS       64

event_t         events[MAXEVENTS];
int             eventhead, eventtail;  // 원형 버퍼

void D_PostEvent (event_t *ev) {
  events[eventhead] = *ev;
  eventhead = (++eventhead)&(MAXEVENTS-1);
}
```

각 게임 틱마다 이벤트 큐가 비워진다. 이벤트는 응답자가 연결된 체인으로 하나씩 전송된다.[29] 각 응답자는 이벤트 무시를 선택할 수 있었으며, 이 경우 더 아래로 전달되었다.

....

29 응답자 아키텍처는 앱킷(AppKit) 프레임워크에서 찾을 수 있는 넥스트의 NS_Responder 요소에서 영향을 받았다. 이 아키텍처는 오늘날에도 여전히 사용되는 튼튼한 설계다.

```
void D_ProcessEvents (void) {

  event_t      *ev;
  int          head = eventhead;
  int          tail = eventtail;

  for ( ; tail != head ; tail = (++tail)&(MAXEVENTS-1) ) {
    ev = &events[tail];
    if (M_Responder (ev))
      continue;           // 메뉴가 이벤트를 소비했음
    G_Responder (ev);
  }
  eventhead = eventtail;
}

boolean G_Responder (event_t *ev) {
  ...

  if (HU_Responder (ev))
      return true;        // 챗이 이벤트를 소비했음

  if (ST_Responder (ev))
      return true;        // 상태 윈도가 이벤트를 소비했음

  if (AM_Responder (ev))
      return true;        // 자동 지도가 이벤트를 소비했음

  if (F_Responder (ev))
      return true;        // 마무리가 이벤트를 소비했음

  // 3D 렌더러가 여기서 이벤트를 소비함
  ...
}
```

이벤트가 소비되면 후속 응답자에게 전달되지 않는다. 3D 렌더러는 체인에 연결된 마지막 응답자다.

i_cyber.c 파일은 사이버데몬과 아무런 관련이 없다. 이 파일 은 1992년 로지텍의 '사이버맨^{CyberMan}'이라는 흥미로운 장치를 지원하기 위해 특별히 작성된 드라이버다. 사이버맨은 6개의 자 유도를 제공하는 하이브리드 입력 장치였다. 마우스를 장착한 조이스틱으로 생각하면 쉽다. SWIFT API[30]에 대한 지원은 키보

드, 마우스, 조이스틱과 같은 이벤트를 생성하지 않고 대신 틱 명령 스트림에 직접 틱 명령을 생성하기 때문에 나중에 추가된 듯이 보인다.

내다수 응답지는 가공되지 않은 형식인 event_t로 이벤트를 소비하지만 3D 렌더러는 사용자 입력이 아니라 행위를 포함하는 ticcmd_t로 정규화한다. 이런 '명령^{command}'은 고정된 35Hz 주파수에서 실행되는 게임의 논리 스트림의 일부이므로 타임스탬프^{timestamp}가 없다.

```
// 데이터는 틱 단위로 샘플링되고(단일 사용자)
// 다른 동료들에게 전송된다(다중 사용자)
// 주로 게임 틱마다 움직임/버튼 명령에
// 내부 상태 일관성을 위한 체크썸을 더한다
typedef struct {
    char            forwardmove;    // 움직임을 위해 *2048
    char            sidemove;       // 움직임을 위해 *2048
    short           angleturn;      // 각도 델타를 위해 <<16
    short           consistancy;    // 네트워크 게임을 위한 점검
    unsigned char   chatchar;
    unsigned char   buttons;
} ticcmd_t;
```

명령 디자인 패턴은 많은 기능의 잠금을 해제한다.

3D 엔진이 명령을 사용하는 건 명백하지만 데모를 녹화할 때 디스크에 저장될 수도 있다. 나 중에 정확히 동일한 세션을 재생하기 위해 엔진으로 다시 주입될 수 있다. 이 시스템의 장점은 프레임 레이트가 다른 컴퓨터끼리도 사용자의 재생 기록을 교환할 수 있다는 것이다.

---

30 옮긴이_ 자세한 내용은 다음을 참고. *https://github.com/fragglet/swift-api*

이 기능을 사용하면 오락실 게임에서 찾을 수 있는 데모를 〈둠〉에서 사용할 수 있었다. DEMO1, DEMO2, DEMO3 덩어리는 35Hz에서 재생되는 `ticcmd_t` 스트림이다. 명령만 저장되고 게임은 결정론적deterministic이기 때문에 데모 파일은 매우 작았고 $8 \times 35 = 280$바이트/초만 소비했다.

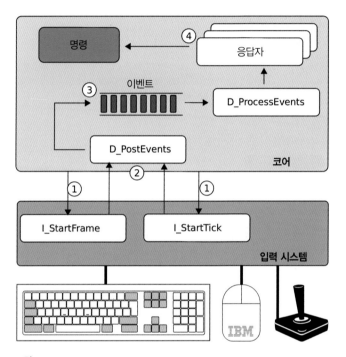

그림 5-46

이를 종합하면 ① 코어는 프레임마다 한 번 그리고 샘플 디바이스를 허용하기 위해 게임 틱마다 한 번 입력 시스템을 호출한다. ② 이벤트를 코어로 전송한다. ③ 수신된 이벤트는 원형 이벤트 버퍼에 저장된다. ④ 이벤트가 다양한 응답자에게 발송된다. 3D 렌더러가 활성화된 경우 이벤트는 `ticcmd_t`로 결합하여 소비되거나, 데모 기록의 맥락에서 디스크에 저장되거나, 네트워크로 전송될 수 있다.

데모 재생 중에 입력 시스템은 비활성화된다. `tics` 명령은 디스크에서 읽고 파이프라인에 이를 주입한다.

5.15 오디오 시스템

엔진의 다른 모든 I/O 시스템과 마찬가지로 오디오는 인터페이스 뒤에 추상화된다. 〈둠〉의 핵심적인 기대치를 충족하기 위해, 이 시스템은 사운드 효과, 음악과 타이머까지 포함하는 최소한 스무 가지 기능을 구현해야만 했다. 기능 목록을 정리하면 다음과 같다.

함수	사용법
I_StartupSound	오디오 시스템 초기화, 오디오 하드웨어 감지
I_SetChannels	채널 수와 샘플 속도 설정
I_RegisterSong	음악 덩어리를 업로드하고 ID를 반환
I_SetMusicVolume	음악 볼륨 조절
I_PlaySong	곡 재생
I_PauseSong	곡 일시 정지
I_ResumeSong	효과가 알려지지 않은 이해하기 힘든 함수
I_StopSong	아마도 이 테이블은 좋은 생각이 아닌 듯하다.
I_UnRegisterSong	I_RegisterSong으로 얻은 ID를 사용해 음악을 해제
I_GetSfxLumpNum	WAD에서 오디오 샘플을 업로드하고 ID를 반환
I_SetSfxVolume	이를 읽으면, 진정한 인간이며 진정한 영웅이다.
I_StartSound	SFX 샘플 재생을 시작함
I_StopSound	SFX 샘플 재생을 멈추고 해제함
I_SoundIsPlaying	SFX가 재생 중인지 테스트
I_UpdateSoundParams	음의 높이, 좌우 위치, 볼륨 설정
I_StartupTimer	도스에서 오디오 시스템이 인텔 8259 PIC에 훅을 걸게 만들었다. 다른 플랫폼에서는 영향을 미치지 않는다.
I_ShutdownTimer	도스에서 훅을 제거한다. 다른 플랫폼에서는 영향을 미치지 않는다.

그림 5-47 〈둠〉의 오디오 시스템 인터페이스

넥스트스텝에서 이 시스템은 타이머 기능만 구현했으므로 문제가 없었다. 그러나 PC에서는 게임 엔진에 사운드 효과와 음악이 있어야만 했다. 〈울펜슈타인 3D〉 이후 기하급수적으로 증가한 사운드 카드 시장의 분열이 한 가지 어려움으로 작용했다. 이전 게임은 단지 네 가지 유형의 사운드 카드만 있었지만, 이를 지원하기 위해 엄청난 노력이 필요했다. 2년 후 15가지가 넘는

사운드 카드가 있었으며 버그, 특징, 기술이 모두 제각각이었다.

설상가상으로 제이슨 브워호비아크가 그만둔 후로, 이드 소프트웨어는 오디오에 대한 전문 지식과 열정이 둘 다 부족한 상태였다. 이드 소프트웨어는 돈을 들여서 문제를 해결하고 DMX 라이브러리를 라이선스했다. 라이선스 비용을 받고 폴 라덱이 작성한 라이브러리는 일체형의 오디오 해법을 제공했다. 모든 주요 사운드 카드, 편리한 사운드 카드 감지 수단, 다양한 사운드와 음악 형식 지원, 모든 게임 엔진과 쉽게 통합할 수 있는 수단이 되었다. DMX는 이드의 개발 기간을 몇 달 정도 줄여줄 완벽한 해법이었다.

DMX가 제공하는 추상화 계층은 엄청난 작업이었다. 하드웨어 감지를 담당하는 함수 앞에 달린 주석은 이 문제와 씨름하는 과정에서 얼마나 많은 부담이 있었는지를 보여준다.

```
//
// PC가 짜증나는 이유, 근거 #8712
//

void I_sndArbitrateCards(void) {
...
```

사운드 시스템을 지원하는 DMX는 10개의 오디오 칩셋을 지원했다.

```
typedef enum {
  snd_none,   //
  snd_PC,     // PC 스피커
  snd_Adlib,  // 애드립
  snd_SB,     // 사운드 블라스터
  snd_PAS,    // 미디어 비전(프로 오디오 스펙트럼)
  snd_GUS,    // 그래비스 울트라사운드
  snd_MPU,    // 롤랜드 MPU -401
  snd_MPU2,
  snd_MPU3,
  snd_AWE,    // 사운드 블라스터 AWE 32
  snd_ENS,    // 엔소닉
  snd_CODEC,  // 컴팩 비즈니스 오디오
  NUM_SCARDS
} cardenum_t;
```

스레드와 프로세스를 지원하지 않는 운영체제에서 비디오와 오디오 출력을 동시에 생성하는 방법은 없어 보였다. 주의 깊은 독자라면 하드웨어 절에서 언급했던 i8259(PIC)와 i8254(PIT)라는 두 칩셋을 기억할지도 모르겠다. 둘은 엔진의 실행을 중단하고 DMX의 루틴을 호출하도록 함께 설정할 수 있었다.[31]

초기화 과정 시 DMX는 140Hz에서 PIC와 PIT가 호출할 인터럽트 핸들러로 스스로를 설치한다. DMX의 인터럽트 처리기는 엔진이 제공하는 음악과 사운드를 오디오 장치에 공급했다.

타이머에 묶여 있었기 때문에, DMX는 또한 `ticcount`라는 변수를 통해 게임 엔진의 심장박동을 담당한다. 〈둠〉의 모든 것이 스스로 페이스를 맞추기 위해 이 변수를 사용한다.

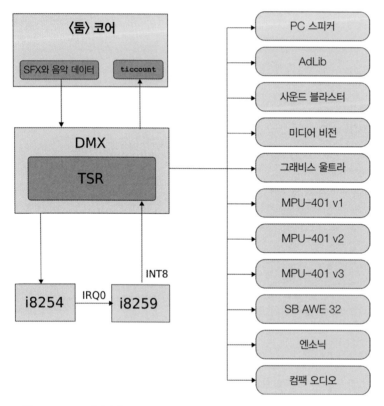

그림 5-48 DMX 아키텍처

이런 아키텍처에는 의사 동시성에 따라 실행을 수행하는 두 시스템이 있지만, 오디오의 경우

31 PIC와 PIT의 상호작용 방식은 『게임 엔진 블랙 북: 울펜슈타인 3D』에서 광범위하게 설명했다.

비디오보다 더 많은 제약이 있었다. 인터럽트가 트리거되면 DMX는 사운드 카드의 버퍼를 채우고 다시 절전 모드로 되돌아가는 데 몇 밀리초밖에 걸리지 않았다. DMX가 너무 느리면 비디오 렌더링을 지연시키거나 다른 인터럽트를 마스크할 수 있다.

이런 제약이 오디오 애셋 할당이 영역 할당자에서 특별 대우를 받는 이유를 설명한다. 오디오 시스템은 WAD 또는 메모리 할당자에 접근할 수 없기 때문에 메모리 누락을 복구할 시간이 없다. 오디오 데이터는 필요할 때마다 즉시 준비되어야만 한다.

5.15.1 오디오 데이터: 형식과 덩어리

WAD 아카이브에는 DMX에 공급할 수 있는 다섯 가지 덩어리 유형 수백 개가 포함되어 있다. DP* 덩어리는 PC 스피커 사운드 효과용, DS* 덩어리는 PCM 사운드 효과용, D_* 덩어리는 음악 트랙용이다. 또한 GENMIDI 덩어리와 DMXGUS 덩어리가 있는데, 둘에 대해서는 뒤에서 자세히 설명한다.

PC 스피커 오디오는 사운드 카드가 없는 PC를 위한 것이었다. PC 스피커는 방형파(사각파)square wave를 생성할 수 있으며 부팅 진단음을 방출했다. 1/140초마다 사각파 주파수를 변경하는 방식으로 〈둠〉은 덜 성가신 소리를 만드는 방법을 찾았다.[32] 데이터 속도는 1/140초당 1바이트이며, 설정할 사각파 주파수를 기술한다.

〈둠〉에서 사용된 디지털화된 오디오 샘플은 8비트, 11,025Hz, 모노 PCM 스트림이다. PCM은 설명이 거의 필요 없는 간단한 오디오 형식이다. 스트림의 각 바이트는 파형의 진폭을 기술하고 스피커 콘speaker cone의 위치를 나타내는 특성 시점이다. 사운드 카드는 바이트를 스피커 콘 위치를 구동하는 자석의 전압으로 변환하는데, 이는 초당 11,025회 발생한다.

음악 데이터는 표준 MIDI와 유사하지만 약간 더 간결한 형식인 MUS로 저장된다. 이 형식은 악기를 위한 채널 8개, 드럼을 위한 9번째 채널을 허용한다. MUS 형식은 각 채널에 대해 정확하게 시간이 지정된 일련의 이벤트를 기술하며, 어떤 악기가 음을 재생해야 하며 어떤 피치로 재생해야 하는지를 명시한다. MUS는 수행할 작업과 시기만 기술하고 방법은 설명하지 않는다. 각 채널은 악기의 음표를 지정한다. 악기 자체는 '악기 은행instrument bank'으로 알려진 데이터 구조의 다른 곳에 기술되어 있다.

----

32 PC 스피커는 『게임 엔진 블랙 북: 울펜슈타인 3D』에서 자세히 설명했다.

악기 은행은 GENMIDI 덩어리에 저장된다. 주파수 변조를 사용해 음악을 합성하는 OPL2 칩을 기반으로 만든 사운드블라스터 호환 사운드 카드를 대상으로 한다. 이 덩어리는 MIDI 악기 집합에서 각 악기의 음표를 재생하는 방법을 기술한다. GENMIDI에는 표준 일반 MIDI 악기 128개와 타악기 효과 47개 각각에 대한 항목이 175개 있다. 각 항목은 악기를 에뮬레이션하기 위해 채널을 설정하는 방법을 기술한다. 채널은 셀 두 개로 구성되며, 하나의 셀은 반송파로 사용되고 다른 하나는 변조기로 사용된다. 각 셀에 대해 음악가가 고조, 감쇄, 지속, 해제, 화음 유형, 파형을 선택할 수 있다. 악기 은행은 1990년대 음악가의 '비밀 소스'였으며 〈둠〉의 FM을 에뮬레이션하는 일반 MIDI 패치 집합은 특히 훌륭하다고 알려져 있다.[33]

DMXGUS 덩어리는 GENMIDI와 같은 역할을 하지만 GUS 카드를 위한 것이다. 이 덩어리는 FM 신시사이저가 아니라 GUS 드라이버와 함께 제공된 PCM 샘플로 GUS가 MUS 음표를 재생하게 했다. 이 덩어리는 메인보드에 탑재된 램 용량(256KiB, 512KiB, 768KiB, 1024KiB)에 따라 램을 할당하기 위한 특별한 규칙으로 MIDI 악기를 GUS 악기로 매핑하는 단순한 파일이다.

DMX로 너무 많은 복잡성을 다루기가 어렵다는 사실이 증명되었다. 폴 라덱이 부딪힌 몇 가지 환장할 상황은 유즈넷에 올린 게시물 중 하나[34]로 인해 수면 위로 떠올랐다.

> 모든 사운드 효과는 이제 GUS 하드웨어가 아닌 소프트웨어에서 믹싱됩니다. 이유가 뭐냐고요? 첫째, GF1 칩의 최소 준비 시간이 너무 길어서 아주 날카로운sharp 효과음에 적합하지 않습니다. 둘째, MUSIC 패치를 로드할 때 모든 GUS 메모리를 사용하기 때문에 재생할 때 사운드 효과 여덟 개 전부를 카드로 DMA해야만 했습니다. 이 기법은 그래비스가 발견하지 못한 GF1 칩의 버그를 드러냈습니다. 이 버그는 GF1 칩을 사용하는 버스와 프로그램을 멈추게 했습니다. 우회 방법은 소프트웨어에서 믹싱하고 채널 하나만 GUS로 전송해 DMA 활동을 최소로 유지하는 것입니다. 그러나 GF1은 자동 초기화 DMA를 지원할 수 없으며, 카드에서 인터리빙된 데이터를 재생하는 유일한 방법은 두 가지 음성으로 단일 패치를 가리키게 만들고 주파수를 설정하는 것이므로, GF1

---

33 프리둠(Freedoom) 문서 중 「The dark and forgotten art of GENMIDI(어둡고 잊힌 GENMIDI의 예술)」 참고.
옮긴이_ *https://github.com/freedoom/freedoom/tree/master/lumps/genmidi*

34 포럼 스레드 중 「Gravis Ultrasound—Hardware Mixing Game List(그레비스 울트라사운드 하드웨어 믹싱 게임 목록)」 참고.

에서 샘플을 부드럽게 만드는 이점을 얻지 못합니다.

유감스럽게도, 위와 같은 방법을 사용할 수밖에 없습니다. :(

– 폴 라덱

〈둠〉 개발 과정에서 라이브러리는 진화했다. 때때로 API 변경으로 버그가 발생했다. GUS 지원은 v1.666에서 망가졌다. 오디오 스펙트럼을 위한 지원 또한 망가져서, 이 카드 사용자는 (형편없는) 사운드 블라스터 에뮬레이션 지원[35]에 의지해야만 했다.

문제는 DMX 측의 API 관행이 열악했던 탓도 있었고, 이드 소프트웨어 측의 성급한 조정 탓이기도 했다. 플레이어들에게 영향을 준 하나의 주요한 버그를 제외하고는 대다수의 문제는 모두 해결되었다. 이 엔진은 원래 단음을 피하고자 임의의 피치로 소리를 내도록 정해져 있었다. 이러한 효과를 위해 DMX 함수 **SFX_PlayPatch**를 사용했다.

```
int SFX_PlayPatch (
  void      *patch,    // 재생할 패치
  int       x,         // 왼쪽 - 오른쪽 위치
  int       pitch,     // 0..128..255 -10ct ..C ..+10ct
  int       volume,    // 볼륨 크기 1..127
  int       priority   // 우선순위, 0 = 가장 낮음
);
```

초기 버전에서는 의도한 대로 작동했지만 DMX API는 호환되지 않는 방식으로 수정되었다. 알아채기 어려울 수도 있지만, **SFX_PlayPatch**의 매개변수 순서가 바뀌었다.

```
int SFX_PlayPatch (
  void      *patch,    // 재생할 패치
  int       pitch,     // 0..128..255 -10ct ..C ..+10ct
  int       x,         // 왼쪽 - 오른쪽 위치
  int       volume,    // 볼륨 크기 1..127
  int       flags,     // 플래그
  int       priority   // 우선순위, 0 = 가장 낮음
);
```

---

35 존 로메로가 유즈넷 *alt.games.doom*에 올린 글에서 볼 수 있다.

왼쪽과 오른쪽 채널 간 사운드 균형을 임의로 맞추는 대신 호출하는 쪽을 조정하지 않고 무작위 피치 기능 없이 게임을 출시했다.

```
int I_StartSound (void *data, int vol, int sep, int pitch,
    int priority) {
  ...
  return SFX_PlayPatch(data, sep, pitch, vol, 0, 100);
}
```

회고에 따르면, 게임 엔진을 오픈소스로 공개했을 때 문제가 발생했기 때문에 존 카맥은 DMX 사용을 유감스럽게 생각했다(라덱이 소스 DMX를 오픈 소스로 공개하는 것을 꺼렸는지 아니면 이드 소프트웨어가 라덱과 협상하는 것을 꺼렸는지는 알려지지 않았다).

> 〈둠〉 개발 중 우리가 저지른 가장 큰 실수는 도스 사운드 드라이버 개발을 진행하기 위해 외부 계약을 맺은 것입니다. 블랙박스 기능을 탑재했기 때문에 넥스트스텝에서 〈둠〉을 시뮬레이션하지 못했습니다. 정말 나쁘고 나쁘고 나쁜 실수였습니다. 미래의 모든 작업은 DMA 버퍼 뒤집기가 하드웨어 계층이 되도록 만들어 넥스트스텝에서 전적으로 개발될 것입니다. 또한 아마도 음악을 위해 넥스트스텝에서 MIDI를 구동할 것입니다(이는 〈퀘이크〉에서 게임 상황에 맞춰 동적으로 조율될 것입니다).
>
> – 존 카맥

*alt.games.doom*에 아카이브된 유즈넷 게시물을 여전히 찾을 수 있다. 존 로메로는 논평에서 게임 출시 날짜가 가까워질수록 라덱과 이드 소프트웨어가 관계의 어려움을 겪었음을 암시했다.[36] 어투가 친절하지는 않기 때문에, 이 글을 더 깊이 파고 싶은 독자에게만 자율 선택 사항으로 남기겠다. 딱히 추천하지는 않는다.

---

36 존 로메로가 유즈넷 *alt.games.doom*에 올린 글에서 볼 수 있다.

5.16 사운드 전파

적들이 소리에 반응하는 방식은 인공지능의 똑똑함 수준에 엄청난 영향을 미친다. 이드 소프트
웨어는 사운드 전파가 사실적인지 확인했다. 섹터에서 총알이 발사되면 플러드 필flood fill 알고
리즘이 총성을 전파했다.

```
void P_RecursiveSound (sector_t *sec, int soundblocks)
{
  int      i;
  line_t   *check;
  sector_t *other;

  // 이 섹터에 있는 모든 괴물을 깨운다
  if (sec->validcount == validcount &&
      sec->soundtraversed <= soundblocks+1)
    return ;  // 이미 전파됨
  sec->validcount = validcount;
  sec->soundtraversed = soundblocks+1;
  sec->soundtarget = soundtarget;

  for (i=0; i<sec->linecount ; i++) {
    check = sec->lines[i];
    if (! (check->flags & ML_TWOSIDED) ) // 포털?
      continue;  // 아니, 벽이므로 건너뜀
    P_LineOpening (check); // fixed_t openrange = 0 만일 문이 닫혔으면
    if (openrange <= 0)
      continue;   // 닫힌 문
    if ( sides[ check->sidenum[0] ].sector == sec)
      other = sides[ check->sidenum[1] ] .sector;
    else
      other = sides[ check->sidenum[0] ].sector;
    if (check->flags & ML_SOUNDBLOCK)
    {
      if (!soundblocks) // 사운드 차단?
        P_RecursiveSound (other, 1);
    }
    else // 다음 섹터로 전파!
      P_RecursiveSound (other, soundblocks);
  }
}
```

섹터/포털 형식은 플레이어의 섹터에서
시작해 포털(양쪽 선)을 통해 인접 섹터
로 전파(플러드 필)된다. 두 '사운드 차단
기' 선이 교차되거나 문을 마주치면 사운
드 전파가 중지된다. 레벨 E3M9에는 무
려 괴물이 38마리 존재한다. 그림에 빨간
색으로 표시된 차단기 3개로 인공지능 비
용을 줄여, 일부 괴물이 휴면 상태를 유지
하게 만든다.

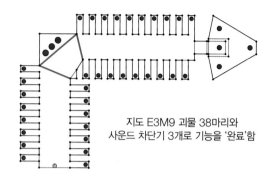

지도 E3M9 괴물 38마리와
사운드 차단기 3개로 기능을 '완료'함

P_RecursiveSound 함수가 이 레벨에 있는 모든 사물 목록을 순회하지 않으면서 '모든 괴물을
깨우는 작업'을 진행하는 방식에 주목하자. 이는 각 섹터에서 깨어날 모든 괴물을 찾기 위한 값
비싼 검색을 피하고자 사용하는 속도 강화 기법이다. 괴물은 항상 현재 섹터의 soundtarget
을 찾아 목표를 선택한다. sec->soundtarget에 값을 지정하기만 하면 sec에 있는 모든 괴물
이 자동으로 동일한 목표를 획득한다.

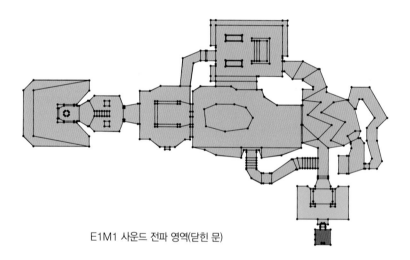

E1M1 사운드 전파 영역(닫힌 문)

5.16.0.1 매복

지도 디자이너는 플레이어를 향해 펄쩍 뛰어나오기 전까지 숨어서 기다리는 교활한 괴물을 원
했다. 이런 행동은 괴물에게 할당된 MF_AMBUSH 플래그를 통해 달성된다. 이 플래그는 괴물을
귀머거리로 만들어, 시각적 접촉이 발생하기 전까지는 플레이어를 찾지 못하게 만든다.

5.16.0.2 슈퍼 매복

사운드 전파는 슈퍼 매복super ambushing을 위해 E1M9에서 독창적으로 사용되었다. 디자이너들은 플레이어가 오각형의 중심을 가로지르자마자 지옥의 차원으로부터 순간이동한 괴물들로 둘러싸이기를 원했다.

사용 가능한 스크립트 언어가 없는 상태에서 이를 구현하는 것은 불가능에 가까웠다. 나중에 5.18절에서 볼 수 있듯이 섹션에서 괴물은 휴면 상태를 유지하고, 목표를 추적하며, 벽과 물건에 부딪힐 때 방향을 바꾸는 세 가지 행위만 가능한 상태 머신이다.

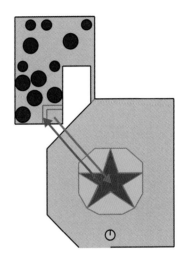

디자이너들은 이러한 효과를 달성하기 위해, 슈퍼 매복을 원하는 장소 옆에 접근할 수 없는 '괴물 풀monster pool' 방을 만들었다. 다음에 그 방을 괴물(그림에서 빨간색 원)로 가득 채웠다. 숨겨진 방의 남동쪽 모퉁이에 벽으로 보호되는 텔레포터를 배치했다.

그 후 디자이너들은 방 사이에 소리가 흐를 수 있는 아주 가느다란 관을 만들어서, '풀' 방에서 그 소리를 듣고 괴물들이 깨어나 플레이어에게 다가가도록 했다. 괴물은 플레이어의 위치(동남쪽)로 이동하는 경향이 있기에 원을 그리며 방황했다.

슈퍼 매복 덫의 마지막 조각을 보면 텔레포터 주변의 벽을 낮추기 위한 목적으로 '펜타그램pentagram'의 중앙 주위에 인계철선tripwire 4개가 설치되어 있다. 플레이어의 그곳으로 이끌기 위해 체력과 탄약이라는 유혹적인 미끼가 배치되었다.

플레이어가 '별' 방의 인계철선을 넘어가자마자 텔레포터 주변의 벽이 낮아졌고, 괴물들이 이동해 플레이어를 둘러쌌다.

토막상식

코드의 주석은 비명을 지르는 괴물이 다른 괴물을 깨운다는 동작 방식을 암시하지만 이는 사실이 아니다. 이 기능이 왜 없어져버렸는지는 알 수 없다. 버그가 너무 많았거나 동작을 위한 비용이 너무 비쌌다고 추측할 뿐이다.

존 로메로는 이 오디오 파이프에 대해 직접 설명했다.

〈울펜슈타인 3D〉에서는 여러분의 존재를 적에게 경고하기 위한 또 다른 수단으로 사운드 영역을 사용했습니다. 〈둠〉에서도 동일한 작업을 수행했지만 소리 전파의 도관으로 섹터를 사용했습니다. 이것은 게임을 무섭게 만드는 정말로 중요한 요소였습니다. 사운드는 장소를 건너 모든 곳으로 새어 나갔고 데몬에게 여러분의 존재를 알렸죠. 괴물 섹터에 경고하기 위해 섹터를 연결하는 작은 섹터 파이프를 많이 봤을지도 모르겠네요. 하지만 높은 방의 구석진 곳에 배치했기 때문에 목격하기는 쉽지 않았을 겁니다. 소리 전파에 정말 큰 주의를 기울였습니다.

— 존 로메로, 「DOOM: SCARYDARKFAST」(2013) 인터뷰

E1M9 슈퍼 매복을 위한 오디오 파이프는 천장에 숨겨져 있어 일반 엔진으로는 눈에 잘 띄지 않는다. 방은 어두운 데다 멀리 있었고, 검은색의 작은 사각형이 모호하게 혼합되어 있었다. SLADE와 같은 편집기로 지도를 열어서 아래위로 살펴보면 메커니즘이 드러난다.

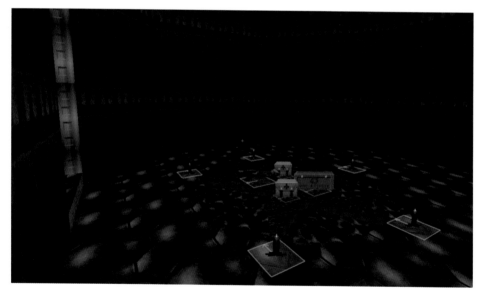

그림 5-49

[그림 5-49]에서 오디오 파이프는 오른쪽 상단에 있다.

5.17 충돌 감지

충돌 감지는 엔진 활동의 중요한 부분이다. 움직이는 개별 물체(주인공, 괴물, 발사체)는 움직이기 전에 충돌부터 확인해야만 한다. 또한 시야는 효율적인 충돌 시스템에 의해 좌우된다. 직접적인 타격을 가하는 적이라면 또한 명확한 방어선을 가졌는지 점검할 필요가 있다.

BSP를 통해 충돌을 감지할 수 있었다. 그러나 브루스 네일러가 이드 소프트웨어를 방문한 후에야 존 카맥은 이런 기법이 가능하다는 사실을 알게 되었다. 그 무렵 〈둠〉은 이미 블록맵 충돌 감지 데이터 구조체를 가진 채로 출시되었다.

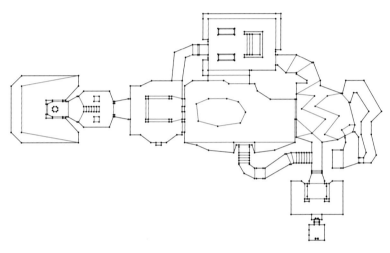

그림 5-50 E1M1 섹터와 선

넥스트스테이션에는 doombsp 전처리를 통해 생성된 지도당 하나의 블록맵이 있다. 대담한 이름을 가진 덩어리인 **BLOCKMAP**에 저장되고, 교차점을 테스트할 선의 수를 줄이기 위해 실행 시점에서 사용된다.

doombsp가 수행하는 작업은 간단하다. 지도를 128×128축 정렬 블록으로 나눈다. 이를 통해 지나가는 모든 선으로 각 블록에 대한 목록이 만들어진다. 프로세스가 끝날 때 색인은 블록맵 좌표(128×128단위)를 기반으로 구성된다. 선 하나는 여러 블록에 존재할 수 있다. 지도 E1M1의 시각화 결과를 [그림 5-51]에서 볼 수 있다.

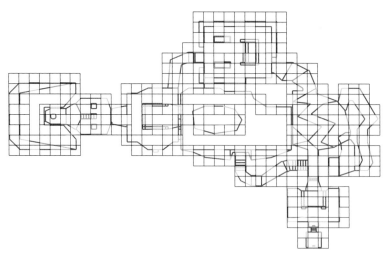

그림 5-51 블록맵을 통해 색인된 E1M1 선. 빈 블록은 그리지 않았음에 주목하자.

모든 지도 탐색은 추상 함수인 **P_PathTraverse**로 수행한다. 이 함수는 인수로 충돌을 점검하기 위한 선을 만드는 두 좌표와, 충돌이 감지되었을 때 호출하기 위한 함수 포인터를 받는다 (소위 C로 객체 지향을 위조하는 방법).

```
bool P_PathTraverse (fixed_t x1, fixed_t y1, // 출발지
                     fixed_t x2, fixed_t y2, // 목적지
                     int flags, // 대상
                     boolean (*trav) (intercept_t *));
```

P_AimLineAttack 함수(구멍 뚫기와 톱질에 사용)는 탐색 중에 선과 사물만 고려되도록 플래그 = **PT_ADDLINES¦PT_ADDTHINGS**와 함께 **P_PathTraverse**를 사용한다. 128 나누기(≫7로 최적화)를 통해 모든 지도의 블록 좌표를 쉽게 얻을 수 있다. 사물과 충돌을 감지하기 위해 위치를 변경할 때마다 블록 좌표도 매번 업데이트된다.

```
fixed_t P_AimLineAttack (mobj_t *t1, angle_t angle, fixed_t distance) {
    P_PathTraverse ( t1->x, t1->y, x2, y2,
        PT_ADDLINES¦PT_ADDTHINGS, PTR_AimTraverse );
}
```

5.18 인공지능

앞서 언급했듯이 〈둠〉에는 스크립트 언어가 없다. 인공지능은 엔진 실행 파일에 포함된 개별적의 유형을 위한 상태 머신 집합에 기반한다. 디자이너는 텍스트 파일 *multigen.txt*를 통해 적을 온전히 구성할 수 있기 때문에 C를 배울 필요가 없었다. 이 텍스트 파일은 도구(교묘하게 이름을 붙인 multigen)로 구문이 분석되고 C 소스 코드(info.h와 info.c)로 컴파일되었다.

MULTIGEN.TXT   MULTIGEN   INFO.H   INFO.C

지금 바로 손으로 작성한 상태 머신 기술 텍스트 파일로 들어가서 임프(내부적으로는 TROOP으로 알려진)를 제어하는 *multigen.txt*의 섹션을 살펴보자.

```
; Imps
$ MT_TROOP

doomednum       3001
spawnhealth     60
speed           8
painchance      200
radius          20* FRACUNIT
height          56* FRACUNIT
flags           MF_SOLID | MF_SHOOTABLE | MF_COUNTKILL
spawnstate      S_TROO_STND
seestate        S_TROO_RUN1
meleestate      S_TROO_ATK1
missilestate    S_TROO_ATK1
deathstate      S_TROO_DIE1
xdeathstate     S_TROO_XDIE1
raisestate      S_TROO_RAISE1
painstate       S_TROO_PAIN
attacksound     0
activesound     sfx_bgact
deathsound      sfx_bgdth1
seesound        sfx_bgsit1
painsound       sfx_popain
```

S_TROO_STND	TROO	A	10	A_Look	S_TROO_STND2
S_TROO_STND2	TROO	B	10	A_Look	S_TROO_STND
S_TROO_RUN1	TROO	A	3	A_Chase	S_TROO_RUN2
S_TROO_RUN2	TROO	A	3	A_Chase	S_TROO_RUN3
S_TROO_RUN3	TROO	B	3	A_Chase	S_TROO_RUN4
S_TROO_RUN4	TROO	B	3	A_Chase	S_TROO_RUN5
S_TROO_RUN5	TROO	C	3	A_Chase	S_TROO_RUN6
S_TROO_RUN6	TROO	C	3	A_Chase	S_TROO_RUN7
S_TROO_RUN7	TROO	D	3	A_Chase	S_TROO_RUN8
S_TROO_RUN8	TROO	D	3	A_Chase	S_TROO_RUN1
S_TROO_ATK1	TROO	E	8	A_FaceTarget	S_TROO_ATK2
S_TROO_ATK2	TROO	F	8	A_FaceTarget	S_TROO_ATK3
S_TROO_ATK3	TROO	G	6	A_TroopAttack	S_TROO_RUN1
S_TROO_PAIN	TROO	H	2	NULL	S_TROO_PAIN2
S_TROO_PAIN2	TROO	H	2	A_Pain	S_TROO_RUN1
S_TROO_DIE1	TROO	I	8	NULL	S_TROO_DIE2
S_TROO_DIE2	TROO	J	8	A_Scream	S_TROO_DIE3
S_TROO_DIE3	TROO	K	6	NULL	S_TROO_DIE4
S_TROO_DIE4	TROO	L	6	A_FALL	S_TROO_DIE5
S_TROO_DIE5	TROO	M	-1	NULL	S_NULL
S_TROO_XDIE1	TROO	N	5	NULL	S_TROO_XDIE2
S_TROO_XDIE2	TROO	O	5	A_XScream	S_TROO_XDIE3
S_TROO_XDIE3	TROO	P	5	NULL	S_TROO_XDIE4
S_TROO_XDIE4	TROO	Q	5	A_FALL	S_TROO_XDIE5
S_TROO_XDIE5	TROO	R	5	NULL	S_TROO_XDIE6
S_TROO_XDIE6	TROO	S	5	NULL	S_TROO_XDIE7
S_TROO_XDIE7	TROO	T	5	NULL	S_TROO_XDIE8
S_TROO_XDIE8	TROO	U	-1	NULL	S_NULL
S_TROO_RAISE1	TROO	M	8	NULL	S_TROO_RAISE2
S_TROO_RAISE2	TROO	L	8	NULL	S_TROO_RAISE3
S_TROO_RAISE3	TROO	K	6	NULL	S_TROO_RAISE4
S_TROO_RAISE4	TROO	J	6	NULL	S_TROO_RAISE5
S_TROO_RAISE5	TROO	I	6	NULL	S_TROO_RUN1

네 개의 섹션이 있다. 속성은 DoomEd id(식별자), speed(속도), height(높이), radius(반경), 상태 머신 목표의 상태 이름, 사운드 문자열, 마지막으로 거대한 액션 정의를 포함한다.

속성 목록과 사운드 이름은 따로 설명이 필요하지 않으므로, 여기에 많은 시간을 들일 필요가 없다. 더 이해하기 어려운 사항은 상태 머신을 정의하는 방법이다.

사물의 상태 머신은 엔진 내부에 정적으로 일부 정의되어 있으며(괴물이 공격할 때 직접 seestate로 이동하고, 치명적인 피해를 입으면 직접 diestate로 이동함) *multigen.txt*에 일부 정의되어 있다. 상태 정의에서 각 행은 다음 구문을 따른다.

1. 상태 이름

2. 프레임 가족

3. 프레임 ID(렌더링할 스프라이트)

4. 틱 기간(엔진은 35틱/초로 동작한다)

5. 이 상태에서 호출할 함수

6. 다음 상태

레벨에서 방금 막 생성되어 spawnstate 상태(S_TROO_STND)인 임프의 예를 들어보자. 각 게임 틱을 시뮬레이트할 때, 엔진은 해당 상태에서 수행할 작업을 찾는다. 이 경우 임프는 상태 S_TROO_STND와 S_TROO_STND2 사이를 순환할 것이다. 이 하위 상태에서 A_Look은 주인공을 찾기 위해 틱마다 호출된다. 주인공을 찾으면 엔진이 임프를 seestate(일명 S_TROO_RUN1)로 전환한다.

이 임프가 운이 좋지 않다고 가정해보면, 주인공은 빠르게 움직여 직사거리 내에서 샷건으로 임프를 명중시킨다. 이 경우 엔진은 임프를 사망 상태(S_TROO_DIE1)로 전환한다.

```
S_TROO_DIE1    TROO   I    8    NULL       S_TROO_DIE2
S_TROO_DIE2    TROO   J    8    A_Scream   S_TROO_DIE3
S_TROO_DIE3    TROO   K    6    NULL       S_TROO_DIE4
S_TROO_DIE4    TROO   L    6    A_FALL     S_TROO_DIE5
S_TROO_DIE5    TROO   M   -1    NULL       S_NULL
```

I, J, K, L, M 값이 스프라이트 이름으로 변환되는 방식에 주목하자.

TROOI0   TROOJ0   TROOK0   TROOL0   TROOM0

상태 체인을 따라가면서 임프는 다섯 단계로 사망한다.

1. 8/35초 동안 첫 번째 사망 프레임(I)을 보여준다.

2. 8/35초 동안 두 번째 사망 프레임(J)을 보여준다. deathsound를 사용해 비명을 지른다.

3. 6/35초 동안 세 번째 사망 프레임(K)을 보여준다.

4. 6/35초 동안 네 번째 사망 프레임(L)을 보여준다. 스스로를 비장애물(A_FALL)로 표시한다.

5. 다섯 번째 사망 프레임(M)을 영원히 보여준다(-1).

전체 사망 시퀀스는 8 + 8 + 6 + 6 = 24/35 = 0.68초간 지속된다. 이 임프는 운이 나빠 로켓에 맞았다는 사실에 주목하자. 충분한 타격을 받아 힘을 잃게 되면, xdeathstate(S_TROO_XDIE1) 상태로 이동해 1초 안에 사망하게 만든다.

S_TROO_XDIE1	TROO	N	5	NULL	S_TROO_XDIE2
S_TROO_XDIE2	TROO	O	5	A_XScream	S_TROO_XDIE3
S_TROO_XDIE3	TROO	P	5	NULL	S_TROO_XDIE4
S_TROO_XDIE4	TROO	Q	5	A_FALL	S_TROO_XDIE5
S_TROO_XDIE5	TROO	R	5	NULL	S_TROO_XDIE6
S_TROO_XDIE6	TROO	S	5	NULL	S_TROO_XDIE7
S_TROO_XDIE7	TROO	T	5	NULL	S_TROO_XDIE8
S_TROO_XDIE8	TROO	U	-1	NULL	S_NULL

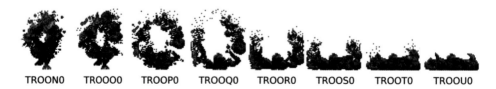

TROON0   TROOO0   TROOP0   TROOQ0   TROOR0   TROOS0   TROOT0   TROOU0

엔진은 렌더링할 때 어떤 스프라이트를 찾을지 확인하는 과정에서 규칙을 사용한다. 적이 항상 주인공과 마주 보지는 않으므로, 주인공의 위치와 상대적으로 모든 방향이 8개 범위에 속하는 양자화를 사용한다(1은 주인공을 향하고 5는 멀리 향하는 다이어그램 참고).

multigen.txt에 따르면 S_TROO_XDIE1 상태에 있을 때 엔진은 스프라이트 가족 TR00와 프레임 N을 사용해야만 한다. 방향에 따라(임프가 주인공에게 다시 돌아온다고 가정) 엔진은 TROON5를 사용해야 마땅하다. 그러나 DOOM.WAD에는 그런 스프라이트가 없으므로(폭발하는 적들이 항상 주인공을 향함) 엔진은 TROON0(0은 '항상 마주 보는 스프라이트')으로 되돌아간다.

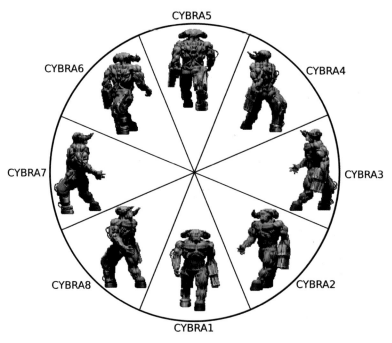

그림 5-52 사이버데몬은 '걷는' 위치 중 하나로 포즈를 취한다.

[그림 5-52]에서 사이버데몬의 프레임 중 하나를 살펴보면 아티스트에게 요구하는 엄청난 작업에 대한 좋은 아이디어를 얻을 수 있다. 애니메이션마다 평균 5프레임에 8개 상태를 곱하고, 다시 괴물의 숫자인 12를 곱해보자. 오직 괴물을 위해서만 480개에 가까운 수를 그려야 한다. 넥스트디멘션의 위력은 이 부문에서 엄청난 차이를 만들었다.

그러나 사이버데몬은 대칭된 모습으로 생기지 않았기에 극단적인 경우다. 임프의 경우 저장소는 대칭을 활용하도록 최적화된다. 엔진에 TROOA6이 필요하지만, WAD에서 찾지 못하면 반대(TROOA4)를 사용해 거울 대칭으로 그린다.

상태 목록에 **RAISE**라는 분명하지 않은 항목이 있음을 눈치챘을지도 모르겠다. 이 항목은 아크 바일이 죽은 괴물을 부활시킬 때 사용되었다. 부활 애니메이션은 사망 애니메이션을 반대로 재생했다. 힘을 잃어버리는 역방향 시퀀스는 없지만 아크 바일은 여전히 역방향으로 정상적인 죽음의 애니메이션을 사용해 힘을 잃어버린 괴물을 부활시켰다.

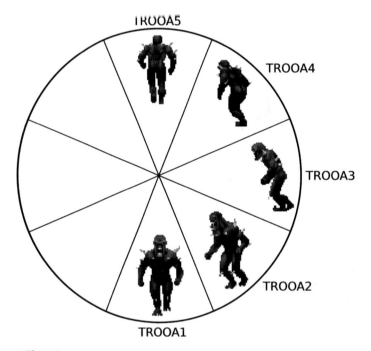

그림 5-53

적이 spawnhealth(spawnhealth의 음수를 의미하며, 임프의 경우 −60) 상태 이상의 피해를
입으면 엔진은 deathstate가 아니라 적의 폭발을 의미하는 xdeathstate 상태를 유도한다.

```c
void P_KillMobj (mobj_t *source, mobj_t *target) {
  [...]
  if (target->health < -target->info->spawnhealth
      && target->info->xdeathstate) {
    P_SetMobjState(target, target->info->xdeathstate);
  } else {
  P_SetMobjState (target, target->info->deathstate);
  }
  [...]
}
```

*multigen.txt*는 상태 머신을 담은 state_t 배열과 사물 속성을 담은 mobjinfo_t 배열을 포
함하는 엄청나게 큰 5,000줄짜리 *info.c*로 컴파일된다.

```c
typedef struct {
    spritenum_t   sprite;
    long          frame;
    long          tics;
    void          (*action)();
    statenum_t    nextstate;
    long          misc1, misc2;
} state_t;

state_t    states[NUMSTATES] = {   // = NUMSTATES = 1109
// [...]
{SPR_TROO,0,10,A_Look,S_TROO_STND2,0,0} // S_TROO_STND
{SPR_TROO,1,10,A_Look,S_TROO_STND,0,0}, // S_TROO_STND2

{SPR_TROO,0,3,A_Chase,S_TROO_RUN2,0,0}, // S_TROO_RUN1
{SPR_TROO,0,3,A_Chase,S_TROO_RUN3,0,0}, // S_TROO_RUN2
{SPR_TROO,1,3,A_Chase,S_TROO_RUN4,0,0}, // S_TROO_RUN3
{SPR_TROO,1,3,A_Chase,S_TROO_RUN5,0,0}, // S_TROO_RUN4
{SPR_TROO,2,3,A_Chase,S_TROO_RUN6,0,0}, // S_TROO_RUN5
{SPR_TROO,2,3,A_Chase,S_TROO_RUN7,0,0}, // S_TROO_RUN6
{SPR_TROO,3,3,A_Chase,S_TROO_RUN8,0,0}, // S_TROO_RUN7
```

```
{SPR_TROO,3,3,A_Chase,S_TROO_RUN1,0,0}, // S_TROO_RUN8

{SPR_TROO,4,8,A_FaceTarget,S_TROO_ATK2,0,0},  // S_TROO_ATK1
{SPR_TROO,5,8,A_FaceTarget,S_TROO_ATK3,0,0},  // S_TROO_ATK2
{SPR_TROO,6,6,A_TroopAttack,S_TROO_RUN1,0,0}, // S_TROO_ATK3
// [...]
}
```

모든 자동기계[automaton] 상태 변경을 변환 배열에서 유추할 수는 없다. 임프의 경우 변환은 *info.txt*(검은색 화살표)의 논리가 부분적으로 지시하고 게임 엔진(적색 상태로 직접)이 부분적으로 지시한다.

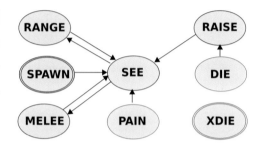

상태 다이어그램에서, 엔진이 일으킨 pain, die, xdie로의 전환은 다른 상태에서 직접 도달할 수 있는 상태로 전환될 수 있기에 표현하지 않았다.

5.18.1 최적화

괴물은 끊임없이 충돌 테스트를 요청한다. 심지어 두 프레임 애니메이션 주기가 반복되는 간단한 SPAWN 상태(괴물에게는 서 있는 스크립트가 없으므로 '제자리에서 걷는다')조차도 A_Look 함수를 호출해 주인공의 위치를 찾는다. 또한 괴물은 경로 찾기와 원거리 공격 테스트를 요구한다. 이러한 계산은 CPU에서 허용할 수 없는 수준의 부하를 준다. 충돌 탐지 속도를 높이기 위해 블록맵 구조체를 사용하더라도, 초당 35번씩 수백 개의 명령어를 만들어야 함을 의미했다.

이 문제를 해결하기 위해 다른 데이터 구조체가 doombsp와 함께 도입되었다. 각 섹터 가시성을 사전에 계산하여 불가능한 충돌인 경우 초기에 거절하도록 만들었다. 가시성 데이터는 비트 배열에 저장된다.[37] 이와 같은 데이터 집합은 크기 $num\_sectors^2/8$의 행렬로 압축되어 REJECT 덩어리에 저장된다. 실행 시점에서, 엔진은 주인공의 현재 섹터와 괴물의 섹터를 비교하여 이 괴물을 위한 전적인 시야 탐지를 잠재적으로 우회한다.

---

37 이와 같은 접근 방식은 훗날 〈퀘이크〉 엔진에 중요한 '잠재적 가시성 집합'으로 변형되었다.

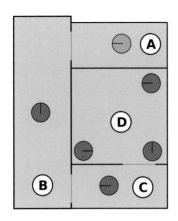

거부 테이블

	A	B	C	D
A	0	0	1	1
B	0	0	0	0
C	1	0	0	0
D	1	0	0	0

그림 5-54

[그림 5-54]는 섹터 4개로, 괴물 5마리가 포진해있고 필드 ⓐ에 주인공 1명이 있다. 엔진은 섹터 ⓑ의 괴물을 위해 값비싼 시선 계산만 실행하면 된다. 다른 괴물 4마리는 모두 값싼 조회를 통해 '거부'된다. 테이블은 시야 확인 용도로만 사용된다. 사운드가 전파하는 데 더 저렴하기 때문에 괴물은 여전히 주인공의 소음을 들을 것이다.

토막상식

'무제한' CPU 성능을 갖춘 현대적인 '노드 빌더'는 더 이상 REJECT를 구축하지 않는다.

5.19 지도의 비밀

스크립팅 시스템이 부족했음에도 불구하고, 지도는 여전히 풍부한 경험을 제공했다. 지도에는 플레이어와 상호작용하는 수많은 요소가 있었고 놀라움을 제공했다. 스위치와 인계철선으로 활성화된 문, 비밀 통로, 엘리베이터, 파쇄 벽, 함정 등이 있었다.

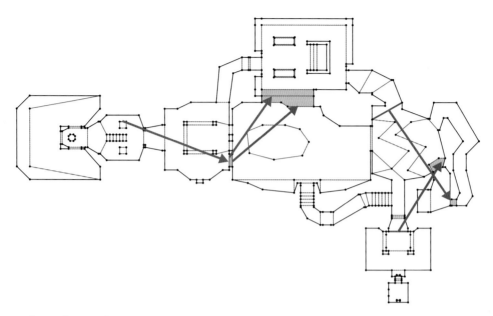

그림 5-55 〈UDOOM〉의 E1M1에는 특수선이 21개 있으며 그중 5개는 비밀 영역을 열었다.

모든 상호작용은 선의 special 속성 간의 간단한 연결을 통해 이뤄지며, 이 속성은 수행할 행위와 행위 대상 목표 섹터를 가리키는 tag 값을 지정한다.

무려 130개가 넘는 행위 유형의 목록은 인상적이다. 정상/터보/맹렬한 속도에서 열고 닫히는 문, 올라가거나 내려가는 바닥과 천장, 빠른 천장 붕괴와 상승, 계단 생성, 괴물과 함께 갇힌 잠긴 문, 조명 수준 효과, 바닥을 가장 가까운 높이와 맞추기, 텍스처 변경, 순간 이동, 비밀 출구 등이다.

목표를 지정하는 태그는 디자이너가 선택한 번호다. 디자이너는 행위의 목표로 삼기를 원하는 모든 선에 동일 번호로 태그를 지정한다. 이 시스템을 사용하면 하나의 선이 하나의 행위만 일으키지만 여러 섹터를 목표로 둘 수 있다.

토막상식

디자인된 첫 번째 지도는 주로 직교 벽과 군사 디자인을 포함했다. 〈둠〉엔진이 훨씬 더 많은 기능을 갖추도록 현실화하는 과정에는 몇 달이 걸렸다.

파란색 열쇠를 찾기 위한 E1M3의 사냥을 인식하지 못하는 사람이 있을까? 전체 지도를 통과한 후, 받침대를 지키는 낮은 수준의 두 괴물만 쉽게 물리치고 나면 최종적으로 열쇠를 찾을 수 있다.

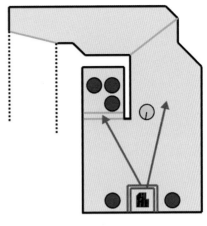

그러나 플레이어가 열쇠를 집어 들자마자 불이 꺼지고, 문이 열리고, 으르렁거리는 임프의 소리가 들린다. 플레이어가 방금 걸어들어간 곳은 함정이었고 임프는 뒤에 있다!

이 효과를 구현하기 위해 두 집합의 선을 사용했다. 첫 번째 선(파란색)은 괴물이 숨어 있던 문 섹터를 목표로 문을 연다. 두 번째 선(빨간색)은 현재 섹터를 목표로 하고 해당 조명 수준을 '매우 어둡게' 설정한다.

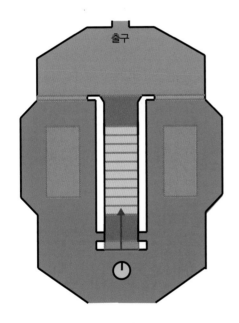

E1M3의 또 다른 흥미로운 효과는 4층으로 이어지는 출구가 있는 작은 방으로 플레이어를 인도하는 '올라가는 계단'이다. 이는 태그로 첫째 단계 섹터를 목표로 하는 'BuildStaris'(#8) 유형의 선을 지정하는 방법으로 구현되었다. 엔진은 태그를 통해 목표 섹터를 조회한 후 플러드 필 알고리즘을 사용하는 하드코딩된 EV_BuildStairs 함수가 포함되어 있다.

인접 섹터를 반복적으로 조회하고 그때마다 높이를 조금씩 더 추가한다. 계단을 꼭대기까지 올리지 않기 위해 알고리즘은 다음 섹터의 텍스처가 마지막으로 올라간 섹터와 달라질 경우 멈춘다. 이는 계단은 회색이지만 계단을 둘러싼 상단과 하단은 짙은 갈색인 이유를 설명한다.

전후 스크린샷은 다음 페이지에서 볼 수 있다.

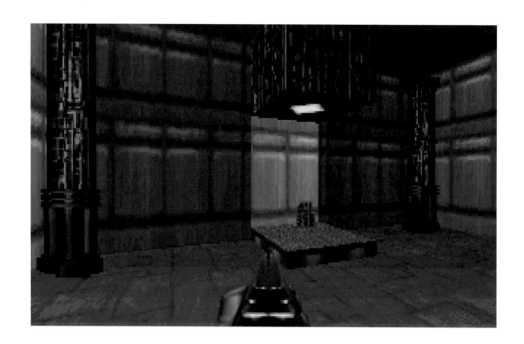

드디어 파란색 열쇠를 얻었다! 앗, 함정이었다!

위에서의 모든 계단은 동일한 높이에서 시작한다. 아래는 BuildStairs 진행 이후다.

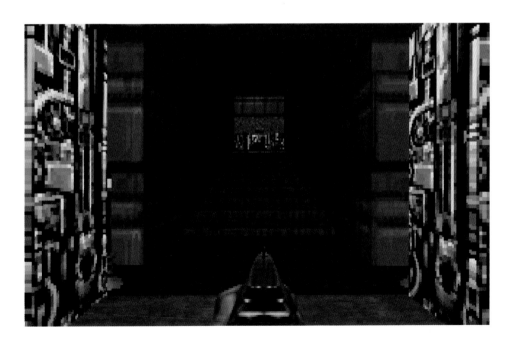

5.20 게임 틱 아키텍처

상대방과 지도 요소의 작동 방식에 대한 지식을 바탕으로 5.4절의 게임 시뮬레이션과 관련해 남겨 놓은 코드를 살펴볼 수 있다. G_Ticker는 모든 '생각 주체thinker'가 실행되는 곳이다.

```
void G_Ticker (void) {
    [...]
    switch (gamestate) {
        case GS_LEVEL:
            P_Ticker ();    // 액터(actor) 업데이트
            ST_Ticker ();   // 상태 표시줄
            AM_Ticker ();   // 자동 지도
            HU_Ticker ();   // HUD
            break;
        [...]
}
```

3D 게임 진행(P_Ticker) 함수가 핵심이다.

```
void P_Ticker (void) {
  for (int i=0; i<MAXPLAYERS ; i++)
    if (playeringame[i])
      P_PlayerThink (&players[i]); // 주인공 행동

    P_RunThinkers ();    // 괴물들
    P_UpdateSpecials (); // 평면 애니메이션, 벽 스크롤
    P_RespawnSpecials (); // 데스매치에서 다시 생성된 항목들
}
```

P_PlayerThink는 주인공이 '생각think'하는 곳이다. 이 함수는 (이미 5.14절에서 연구했던) ticccmd_t를 소비하고 주인공이 움직이고 발사하는 위치를 제어한다.

P_RunThinkers는 지도와 괴물이 생각하는 곳이다. 한 프레임을 넘어서서 발생해야만 하는 모든 것을 thinker 객체에 놓고 이중 연결 리스트에 저장한다. thinker는 함수 포인터와 함수 포인터 매개변수에 대한 일부 데이터가 있는 구조체다. 각 게임 진행 틱마다, 목록에 있는 모든 생각 주체는 생각한다. 생각 주체가 생각을 끝냈을 때 함수 포인터를 −1로 설정하고 목록에서 빠진다. 문은 감정이 없지만 그럼에도 불구하고 생각 주체임에 유의하자.

P_UpdateSpecials는 물 또는 애니메이션 벽과 같은 애니메이션 특수 텍스처를 관리한다. 또한 버튼을 누를 때 발생하는 텍스처 전환에도 쓴다.

P_RespawnSpecials는 데스매치에서 메디킷, 무기, 탄약을 다시 생성한다.

```
typedef void (*think_t) ();

typedef struct thinker_s {
    struct thinker_s  *prev, *next;
    think_t           function;
} thinker_t;
```

C에는 객체 지향 프로그래밍 능력이 없지만 엔진은 다형성 시스템을 구현하도록 관리된다. 의미론적으로, think_t 구조체는 페이로드 공간이 없는 연결 리스트 요소(thinker_t)에 저장된다.

```
typedef struct {
    thinker_t      thinker;
    floor_e        type;
    boolean        crush;
    sector_t       *sector;
    int            direction;
    int            newspecial;
    short          texture;
    fixed_t        floordestheight;
    fixed_t        speed;
} floormove_t;
```

계단을 세우기 위해 생각 주체를 만드는 EV_BuildStairs는 시스템 사용법을 보여준다.

```
void T_MoveFloor (floormove_t *floor);

int EV_BuildStairs(line_t *line,stair_e type) {
    floormove_t *floor;
    [...]
    floor = Z_Malloc (sizeof(*floor), PU_LEVSPEC, 0);
    P_AddThinker (&floor->thinker);
    floor->thinker.function = (think_t) T_MoveFloor;
    floor->direction = 1;
```

```
    floor->sector = sec;
    floor->speed = speed;
    floor->floordestheight = height;
    [...]
}
```

이것은 상당히 멋진 메커니즘이다. `thinker_t` 목록을 순회하는 동안 루프는 단순히 호출된 함수나 관련된 페이로드에 대한 지식이 없는 `thinker->function(thinker)`만 호출한다.

5.21 네트워킹

〈둠〉의 3D 렌더링은 숨 막힐 정도로 놀라웠지만, 네트워킹 기능과 데스매치는 〈둠〉을 이전과는 다른 차원으로 끌어올렸다. 대다수 사람들은 PC 두 대를 연결하고 다른 사람과 상호작용하는 능력은 들어본 적도 없을 테니 놀랄 만도 했다. 개발 초기에 게임의 이런 측면이 흥미를 불러일으킬 것은 명확했다.

다중 사용자 기능이 〈둠〉에서 간신히 작동하기 시작했던 날을 기억합니다. 다중 사용자 기능을 테스트하기 위해 사무실에는 넥스트 워크스테이션 외에 도스 컴퓨터 두 대가 설치되었습니다. IPX 네트워킹은 시스템 간에 사용자 입력을 전달하지만 오류 복구가 없었으므로 매우 취약했습니다. 그래도 두 명의 플레이어를 테스트 레벨에서 만들 수 있었고, 그들은 서로를 볼 수 있었습니다.

저는 한 컴퓨터에서 사격을 위해 좌우로 움직였고, 다른 플레이어의 권총 앞에서 둠가이 스프라이트가 옆으로 미끄러지는 모습을 다른 컴퓨터에서 어깨너머로 봤습니다. 저는 천천히 움직여 플레이어를 화면 중앙으로 가게 했고, 다른 컴퓨터 앞에 앉았습니다. "탕!", "으악!" 경련을 일으켰고. 해치웠습니다. 함박웃음이 귀에 걸렸습니다. "탕!", "탕!", "탕!", "탕!" 첫 승리를 기록하기 전까지 일관성 오류가 있었지만, 이 기술이 대박이라는 사실은 확실해 보였습니다.

– 존 카맥,「Memories Of Doom〈둠의 기억〉」(*kotaku.com*)

5.21.1 구조

대다수 최신 FPS 게임은 여러 클라이언트와 진실의 원천인 서버 하나가 있는 클라이언트/서버 네트워킹을 중심으로 설계되었다. 클라이언트는 언제든지 게임에 참여하고, 서버에 명령을 전송하고, 세계 업데이트를 수신하고, 예측을 통해 통신 대기 시간을 최소화할 수 있었다.

〈둠〉에는 중앙 서버가 없다. 모든 피어peer는 독자적인 게임 논리 사본을 돌리며, 예측을 수행하지 않고, 다른 모든 피어의 행위가 알려질 때만 게임 틱을 돌리는 방법으로 동기화한다.

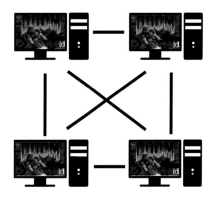

모든 피어가 다른 모든 피어에게 각각 명령을 전송해야만 하므로 상당한 통신 부하가 발생한다. 게임을 시작할 때 모든 피어가 존재해야만 한다. 기존 참여자는 떠날 수 있지만 (또한 아바타는 아무 행동도 수행하지 않은 상태로 게임에 남아 있을 수도 있지만) 새로운 참여자는 들어올 수 없다.

넥스트에서, 구현은 버클리 소켓과 단순한 UDP 시스템을 사용했다.[38] PC에서는 상황이 더 복잡했다. v1.1까지 게임 엔진은 LAN 오버 IPX를 기본으로 탑재했다. 통신을 최소화하기 위해 데이브 테일러는 IPX 패킷 노드 번호 `FF:FF:FF:FF:FF:FF`를 사용해 업데이트를 브로드캐스트broadcast하고 통신량을 줄이는 방식을 제안했다. 이런 방식은 예상대로 작동하지 않았다.

> 〈둠〉은 IPX 브로드캐스트 패킷을 사용해 사용자 간 통신했습니다. 이것은 4인 게임에서 프레임마다 4개의 브로드캐스트 패킷을 포함하므로 (제 관점에서는) 효율이 높아 보였습니다. 네트워킹에 대한 나의 지식은 내가 읽은 책 몇 권에 국한되었죠. 그렇기에 큰 네트워크를 라우터로 연결된 작은 세그먼트로 나누고, 브로드캐스트 패킷은 작은 세그먼트에 속해있다고 순진하게 이해했습니다. 결국에는 라우터를 거쳐 게임이 가능하도록 확장하리라 생각했지만, 당분간은 이 문제를 무시하기로 했습니다.

---

38 IANA(Internet Assigned Numbers Authority)는 서비스 이름과 전송 프로토콜 번호 등록 목록을 발표하는데, 여기서 UDP 포트 666이 〈둠〉을 위해 예약되어 있었다!

내가 미처 인지하지 못한 것은, 브리지^{bridge}로 연결된 IPX 네트워크로 구축된 전체 캠퍼스가 있고 캠퍼스의 모든 단일 컴퓨터에서 볼 수 있을 때까지 브로드캐스트 패킷이 많은 브리지로 전달될 수 있다는 사실이었습니다. 이러한 사이트에서 LAN으로 〈둠〉을 즐기는 모든 사람은 네트워크의 모든 컴퓨터에 영향을 미쳤습니다. 로컬 컴퓨터가 이를 원하는지 확인하기 위해 각 브로드캐스트 패킷을 검사할 필요가 있었기 때문입니다. 수십 명의 〈둠〉 사용자가 수천 개의 엔드포인트로 네트워크를 망칠 수 있었죠.

출시 다음 날, 저는 전화알림음에 깨어났습니다. 저는 잠이 덜 깬 상태에서 답했고, 제 전화번호를 알아낸 네트워크 관리자가 자신의 전체 네트워크를 제 게임이 망가뜨리고 있다고 소리를 지르며 저를 꾸짖었어요. 저는 게임 검색을 위해서만 브로드캐스트 패킷을 사용하도록 네트워크 프로토콜을 빠르게 변경했고, 게임 진행을 위해 〈둠〉 게임에 참여하는 모든 노드에서 다른 모든 노드로 유도된 패킷을 전송했습니다(결국 4명이 참여하는 게임을 위해 필요한 총 패킷 수는 3배로 늘어났습니다). 그러나 많은 관리자는 이 게임을 해서는 안 된다는 엄중한 경고는 물론이고, 원본 배포판의 문제를 처리하기 위해 자신들의 브리지에 〈둠〉 관련 규칙을 추가해야만 했습니다.

— 존 카맥, 「Memories Of Doom〈둠의 기억〉」(*kotaku.com*)

네트워크 종류가 늘어나면서, 임베디드 IPX 지원이 한계점을 보여주기 시작했다.

엔진에 더 많은 유형의 네트워크를 지원하는 대신, IPX 코드를 제거하고 네트워크 드라이버 개념을 중심으로 네트워킹을 리팩터링했다.

5.21.2 PC 네트워크 드라이버

이 모델에서 게임 엔진은 공유 메모리에 있는 `doomcom_t`(5.21.3절 참고)라는 데이터 아키텍처를 다룬다. 패킷 수신 또는 송신은 인터럽트를 통해 수행된다. 이 모든 것이 함께 작동하는 방법은 적절한 메모리 보호가 없는 시스템에서만 가능한 멋진 해킹이다.

'로더^{loader}'가 먼저 시작하고 자신을 인터럽트 핸들러로 설치한다. 그런 다음 특수 매개변수인 `-net X`를 사용해 *DOOM.EXE*를 시작한다. 여기서 X는 로더의 `doomcom_t` 변수의 램 주소다. 엔진은 글자 그대로 매개변수를 주소 형식(`((doomcom_t *) (atoi (param)))`)으로 변환하여 구조체의 필드에 접근한다. 이때부터 인터럽트 핸들러는 네트워크 드라이버의 역할을 한다.

```
C:\ DOOM > DOOM .EXE -net 54359695
```

이 시점에서 엔진은 일반적인 방식으로 통신하기 위해 필요한 모든 것을 갖추고 있다. doomcom_t을 읽거나 쓰고 인터럽트 번호를 통해 처리기를 호출한다(이 또한 doomcom_t에서 제공함).

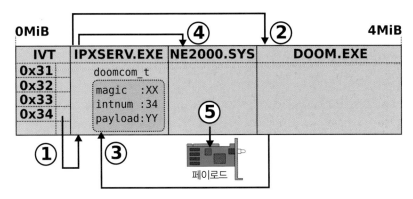

그림 5-56

[그림 5-56]가 단계가 요약되어 있다. ① *IPXSETUP.EXE*가 먼저 시작된다. 로더가 자신을 스스로 소프트웨어 인터럽트 벡터 테이블에 등록한다. ② 등록되고 나면 *IPXSETUP.EXE*는 *DOOM. EXE*를 시작하고 doomcom_t 변수의 주소를 정수로 전달한다. 추후 게임이 플레이될 동안 ③ *DOOM.EXE*는 doomcom_t payload 필드를 읽고 쓰며 intnum 필드에서 발견한 인터럽트를 통해 〈둠〉 전송을 시작한다. 이는 ④ 〈둠〉 네트워크 드라이버가 네트워크 카드 드라이버와 통신하도록 만든다. 네트워크 카드 드라이버와 물리적인 네트워크 카드 간의 실제 하드웨어 상호작용은 ⑤에서 일어난다.

네트워크 드라이버 두 개가 게임과 함께 제공된다. *IPXSETUP.EXE*는 IPX에서 노드 네 개까지 허용하며, *SERSETUP.EXE*는 직렬 케이블 또는 모뎀을 통해 사용자 두 명을 허용했다. DWANGO라는 회사는 모뎀을 통해 노드를 2개 이상 사용할 수 있도록 자체 드라이버 (*DWANGO.EXE*)를 제공했다.

5.21.3 구현

네트워크 I/O를 수행하기 위해, 네트워크 하위 시스템은 세 가지 구성 요소를 제공한다.

구성 요소	용법
I_InitNetwork	네트워크 하위 시스템을 초기화
doomcom_t doomcom	오가는 데이터를 포함해 공유되는 구조체
I_NetCmd	*Doom.com*을 기반으로 데이터를 송/수신하기 위한 네트워크 명령

그림 5-57 네트워크 하위 시스템 인터페이스

PC에서 다중 사용자 세션의 경우 네트워크 초기화는 단순히 인터럽트 처리기의 주소를 인출한다. 마지막 줄에서 **atoi** 반환값을 포인터로 형 변환하는 방식에 주목하자. 요즘의 관점에서 보면 이상할 만큼 무신경한 방식이다.

```
doomcom_t doomcom;

void I_InitNetwork (void) {
  int    i;

  i = M_CheckParm ("-net");
  if (!i) {        // 단일 사용자 게임
    doomcom = malloc (sizeof (*doomcom) );
    memset (doomcom, 0, sizeof (*doomcom) );
    netgame = false;
    doomcom->id = DOOMCOM_ID;
    doomcom->numplayers = doomcom->numnodes = 1;
    doomcom->deathmatch = false;
    doomcom->consoleplayer = 0;
    doomcom->ticdup = 1;
    doomcom->extratics = 0;
    return ;
  }

  netgame = true; // 다중 사용자 게임
  doomcom = (doomcom_t *)atoi(myargv[i+1]);
}
```

doomcom 변수에 접근하면 〈둠〉 네트워크 드라이버가 자체적으로 등록한 소프트웨어 인터럽트 번호가 포함된 intnum 필드에 접근할 수 있다. int 명령어를 통해 호출되면 카드의 네트워크 드라이버가 네트워크 데이터를 doomcom 안팎으로 복사할 수 있도록 〈둠〉에 인터럽트를 건다.

```
#define BACKUPTICS 12

typedef struct {
  unsigned checksum;        // 상위 비트 = 재전송 요청
  byte     retransmitfrom;  // NCMD_RETRANSMIT인 경우에만 유효함
  byte     starttic;
  byte     player, numtics; // player는 식별자
  ticcmd_t cmds[BACKUPTICS];
} doomdata_t;

typedef struct {
  long   id;        // 반드시 = DOOMCOM_ID(0x12345678l)
  short  intnum;    // 명령을 실행하기 위한 〈둠〉 인터럽트

  // 〈둠〉과 드라이버 사이의 통신
  short  command;    // CMD_SEND 또는 CMD_GET
  short  remotenode; // 송신할 목적지
  short  datalength; // doomdata에서 송신될 바이트 수

  // 모든 노드에 대한 공통 정보
  short  numnodes;  // 콘솔은 항상 노드 0
  short  ticdup;    // 1 = 중복 없음, 2-5 = 느린 네트워크를 위한 중복
  short  extratics; // 1 = 패킷에 백업 틱을 송신
  short  deathmatch; // 1 = 데스매치
  short  savegame;  // -1 = 새로운 게임, 0-5 = 저장된 게임 로드
  short  episode;   // 1-3
  short  map;       // 1-9
  short  skill;     // 1-5

  // 이 노드에 특화된 정보
  short  consoleplayer;
  short  numplayers;

  doomdata_t  data;  // 송신될 패킷 데이터
} doomcom_t;
```

위 필드에 대해서는 특별한 설명이 필요하지 않다. 단지, 데이터를 송수신해야 마땅한 상황을 드라이버에게 알려주는 command에 주목하자. id 필드는 〈둠〉이 유효한 네트워크 드라이버라

고 주장하는 주소를 검증하기 위해 필요하다. `ticcmd_t` 페이로드에 대해서는 5.14절에서 이미 설명했다.

고수준에서 〈둠〉의 코어는 `NetUpdate`라는 중앙 함수를 사용해 모든 I/O를 수행한다. 모든 피어에 대한 `ticcmd`를 수신할 때까지 루프에서 호출되어 메뉴만 계속 작동하는 이 함수의 작동 방식에 주목하자. 메뉴를 제외한 나머지는 실행되지 않을 것이다.

```
void TryRunTics (void) {
  int    lowtic;
  ...
  // nettics[] > gametic까지 gamtic은 실행되지 않는다
  while (lowtic < gametic) {
      NetUpdate ();
      lowtic = MAXINT;

      for (i=0; i<doomcom->numnodes ; i++)
        if (nodeingame[i] && nettics[i] < lowtic)
          lowtic = nettics[i];

      // 여기서 영원히 머물지 않는다
      if (I_GetTime ()/ticdup - enteric >= 20)
      { // 메뉴에 작업 기회를 제공한다
        M_Ticker ();
        return;
      }
    }
  ...
}
```

모든 컴퓨터가 최저 공통 프레임 레이트로 작동하기 때문에 엔진이 게임 실행을 외삽extrapolate하여 수행하기란 불가능했다. 이 문제를 완화하기 위해 엔진은 프레임 동안 `NetUpdate`를 여러 차례 호출하는 이국적인 형태의 '스레드 멀티플렉싱thread/multiplexing'을 수행한다. 일반적으로 8회 이상 호출된다.

```
void R_RenderPlayerView (player_t *player) {
  [...]
  NetUpdate ();        // 새로운 콘솔 명령을 점검한다
  R_RenderBSPNode (numnodes-1);
  NetUpdate ();        // 새로운 콘솔 명령을 점검한다
  R_DrawPlanes ();
```

```
    NetUpdate ();          // 새로운 콘솔 명령을 점검한다
    R_DrawMasked ();
    NetUpdate ();          // 새로운 콘솔 명령을 점검한다
  }
```

네트워크 매체가 패킷 전달을 보장할 것이라는 기대가 없기 때문에, 엔진은 부정적 승인을 특징으로 한다. 여기서 패킷 시퀀스 번호는 피어(즉 노드)를 기반으로 추적된다. 패킷이 수신되었지만 시퀀스 번호가 이전 패킷이 유실되었음을 나타내는 경우, 노드는 누락된 명령을 다시송신하도록 요청한다. 즉, 각 노드는 명령을 유선으로 전송하고 나면 폐기할 수 없다.

이 재전송 메커니즘은 무슨 수를 써서라도 피해야 하는 최후의 수단이었다. 이를 위해 패킷은현재 명령뿐만 아니라 마지막 명령(extratics 필드가 설정된 경우)까지도 특별히 포함했다

5.21.4 데스매니저

네트워크 게임을 설정하기 위한 명령 줄 매개변수의 복잡성을 고려한 몇 가지 도구가 제공되었다. 기존의 플레이어들은 *SETUP.EXE*를 사용할 수 있었다. 1994년 12월, 이드 소프트웨어는사용하기가 더 쉬운 *DM.EXE*(여기서 DM은 DeathManager의 줄임말)를 소개했다.

그림 5-58 데스매니저 1.2 인터페이스

오래된 데스매치 모드에서는 집어 든 무기가 사라지지 않았고, 탄약과 파워업은 결코 다시 생성되지 않았다. 1994년 7월에 등장한 '데스매치 2.0'에서 모든 아이템은 집어 들면 사라졌고 50초 후에 부활하여 다시 생기는 규칙 변경을 도입했다.

토막상식

〈둠〉은 네트워크 게임의 선구자였기에, UDP 번호(666)는 여전히 대부분의 라우터와 윈도(파일 *C:\Windows\System32\drivers\etc*)에 예약되어 있다. '공식' IPX 소켓 번호(0x869C) 또한 노벨의 '잘 알려진 정적 IPX 소켓' 테이블의 일부다.

협동 플레이도 재미있었지만(위), 피의 데스매치(다음 페이지)는 믿기 힘들 정도로 엄청났다.

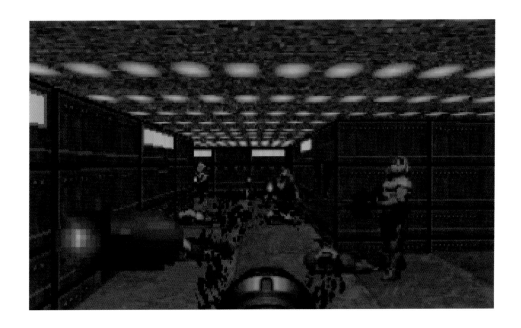

5.22 성능

성능을 평가하기 위한 편리하고 이식 가능한 방법이 있다. 고정 틱 지속 시간 아키텍처 덕분에 데모를 정확하게 기록하고 재생할 수 있었다. 프레임 건너뛰기를 비활성화하면 -timedemo는 시스템의 성능과 무관하게 렌더링 과정에서 정확히 동일한 시퀀스의 프레임을 생성했다. 벽 시간[wall-time][39]만 다르다.

〈둠〉을 위한 벤치마킹의 최적 표준은 안톤 에르틀[Anton Ertl]이 1994년 무렵에 만들었다. 이 벤치마크는 등록되지 않은 〈둠〉 셰어웨어 v1.9 버전에서의 DEMO3 재생을 포함한다.

```
C:\ DOOM > DOOM .EXE -timedemo demo3
```

지난 25년 동안 안톤은 존 로메로가 기록한 유명한 게임 세션의 수백 가지 구성[40]에 대한 측정 값을 수집해왔다. 테스트된 기계는 아미가 1200에서 코어 i5까지 범위가 다양하다. 프레임을 건너뛰지 않기 때문에 재생 시간이 다르다. 완료되면 값 두 개가 표시된다.

----

39 옮긴이_ 컴퓨터가 인지하는 시스템 시간(https://ko.wikipedia.org/wiki/시스템_시간)과 대비되어 사람이 인지하는 시간을 뜻한다.

40 자세한 내용은 다음을 참고. https://www.complang.tuwien.ac.at/misc/doombench.html

첫 번째 값인 **gametics**는 렌더링된 게임의 틱 수다. demo3의 경우, 이 값은 기록된 덩어리에서 나오기 때문에 항상 2134와 같다. 두 번째 값인 **realtics**는 모든 프레임을 렌더링하는 과정에서 소비한 벽 시간을 틱 단위로 표현한다.

초당 평균 프레임은 다음 공식으로 얻는다.

$$fps = \frac{gametics}{realtics} * 35$$

위 예시[41]에서 게임은 평균 $\frac{2134}{4268} * 35 = 17.5\text{fps}$frames per second로 실행되었다.

이 메커니즘은 다양한 구성으로 벤치마크를 실행하게 만든다. 1994년에 나온 컴퓨터를 오늘날 찾아보기는 힘들기에, 관대한 수집가인 포원 튜링Foone Turing은 친절하게도 자신의 인상 깊은 컴퓨터 수집물을 제공하고 있다. 고고학적 벤치마킹 세션의 결과는 [그림 5-59]에서 볼 수 있다.

세션의 결과는 그 시절의 어떤 하드웨어도 게임의 최대치를 끌어낼 수 없다는 사실을 보여준다. 게임 로직이 35Hz에서 실행되도록 하드코딩되어 있었기에, 35fps를 넘어서면 더는 시각적인 개선이 없었음을 기억하자. 비디오/오디오를 70fps로 렌더링 가능한 컴퓨터는 동일 게임 프레임을 두 번 렌더링할 것이다.

CPU	주파수	그래픽 카드	버스	fps
386DX	33	챙 랩스 ET3000	ISA-8	4
386DX[42]	33	시러스 로직 CL-GD5420	ISA-16	7
486SX	33	챙 랩스 ET3000	ISA-8	7
486SX	33	시러스 로직 CL-GD5420	ISA-16	11
486SX	33	다이아몬드 스텔스(챙 랩스 ET4000)	VLB	15
486DX2	66	챙 랩스 ET3000	ISA-8	8
486DX2	66	시러스 로직 CL-GD5420	ISA-16	13
486DX2	66	다이아몬드 스텔스(챙 랩스 ET4000)	VLB	24

그림 5-59 포장지에서 꺼낸 〈둠〉 셰어웨어로 진행한 벤치마크 결과

....

41 벤치마크 대상 컴퓨터는 미니PC 유니시스 CWD 4001(486DX2-66/시러스 로직-GD5424)였다.

42 참고로, 이 구성은 20fps에서 〈울펜슈타인 3D〉를 돌릴 수 있었다.

포장지에서 게임을 꺼내자마자 바로 돌리면, 최상위 컴퓨터에서도 간신히 25fps에 도달했다.[43] 세 배에 이르는 성능 강화를 낳은 버스의 중요성에 주목하자. 동일 주파수에서 486은 386 프레임 레이트의 두 배를 제공했다.

5.22.1 프로파일링

특별한 도구 없어도 내장된 명령 줄 매개변수 덕분에 엔진의 어느 부분이 CPU 사이클 소비를 일으키는지 파악할 수 있다.

매개변수 **-nodraw**는 렌더링을 완전히 건너뛴다(하지만 블릿blit은 수행함).

```
C:\ DOOM > DOOM .EXE -nodraw -timedemo demo1
2134 gametics in 82 realtics
C:\ DOOM >
```

그리기 없이, 게임의 프레임 레이트는 17fps에서 910fps로 향상되었다.

매개변수 **-noblit**은 램으로 렌더링하지만 내용을 VRAM으로 전송하지 않으며, 이는 버스 속도의 영향을 평가하기 좋은 수단이었다. 나중에 설명하겠지만, 최적화 문제로 이 매개변수는 넥스트스텝과 같은 도스 이외의 버전에서만 사용이 가능했다.

```
$ ./doom -noblit -timedemo demo1
2134 gametics in 6329 realtics
$
```

5.22.2 프로파일러로 프로파일링

성능을 시각화하는 훌륭한 방법은 불꽃 그래프flame graph다. 이 그래프는 프로그램을 실행하고, 반복적으로 인터럽트하고, 프로그램 카운터에서 시작해 스택을 풀어서 백트레이스backtrace를 생성하여 만들어진다. 이것은 데모를 재생하는 동안 수백 번 반복된다. 완료 후에는 모든 백트레이스를 수집해서 함께 병합한다.

---

43 펜티엄과 PCI 버스의 등장으로 〈둠〉은 최대 35fps가 가능했다.

이를 통해 너비가 시간의 100%를 나타내고 각 단계가 함수 호출인 트리가 생성된다. 스택 프레임 중 컴퓨터가 소비한 시간에 대해 시각적 분석을 제공한다.[44] 넥스트스텝에서는 운영체제의 멀티프로세싱 기능 덕분에 두 번째 터미널에서 **gdb**를 사용해 백트레이스를 쉽게 수집할 수 있다. 결과는 다음과 같다.

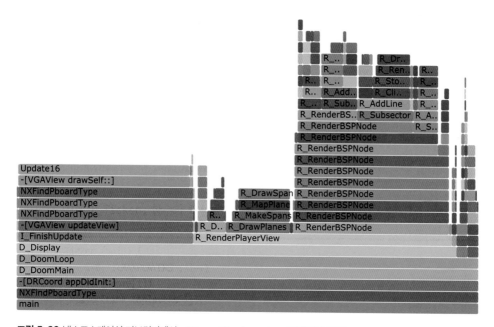

그림 5-60 넥스트스테이션 터보컬러에서 ./doom -timedemo demo1의 불꽃 그래프

명백하게도, **D_DoomLoop**이 시간의 100%를 소비하며 **D_Display**가 압도적으로 많은 시간을 차지한다.[45] 가장 오른쪽에 격리된 열인 게임플레이(**TryRunTics**)는 거의 보이지 않는다. 불꽃 그래프에서 자식이 없고 평평한 고원처럼 생긴 '메사^{mesa}'가 병목현상이 발생하는 곳이다. 이 단서를 이용하면, 프레임 버퍼 #0에서 화면으로의 블리팅(**Update16**), 시계면을 렌더링하는 수평 그리기 루틴(**R_DrawSpan**), 그리고 (덜 명확하지만) BSP 탐색 결과로 벽/스프라이트를 렌더링하는 수직 그리기 루틴(**R_RenderBSPNode**)에서 높은 비용이 발생하는 것을 확인할 수 있다.

---

44 여기서는 벽 시계 기반의 불꽃 그래프지만 CPU 사이클 기반 등 다른 유형의 그래프도 많다.

45 그러나 넥스트스텝 이식은 오디오 시스템을 구현하지 않았다는 사실을 염두에 두자.

도스는 단일 스레드 운영체제이기 때문에 불꽃 그래프 생성이 더 어렵지만 약간의 계측으로 비슷한 것을 얻을 수 있었다. 10가지 함수를 계측하는 방법으로 다음의 불꽃 그래프를 생성했다.

그림 5-61 도스에서 실행되는 〈둠〉의 불꽃 그래프

도스 불꽃 그래프는 G_Ticker에서 실행되는 인공지능이 CPU 시간을 거의 소비하지 않음을 보여준다. 오디오 루틴 S_UpdateSounds는 아주 작은 빨간색 범위처럼 거의 보이지 않으므로 부담이 적다. 사운드 효과와 음악 데이터를 .WAD에서 인출하고, 이를 오디오 카드가 사용하기 위해 램에 기록하는 것이 유일한 작업이므로 타당하다.

이상한 점이 하나 있는데, 계측했음에도 불구하고 I_FinishUpdate가 전혀 보이지 않는다는 것이다. 이는 넥스트에서 루프를 차지하는 큰 부분이었다. 도스 버전이 버스를 가로지르는 전체 프레임 버퍼를 어떻게 빨리 전송하는 걸까? 곧 밝혀지겠지만, 도스 버전은 강력한 최적화로 인해 프레임 끝에서 블릿할 필요가 없었다.

5.22.3 도스 최적화

돈을 벌기 위한 제품이었기에, 도스 버전에 특히 주의를 기울였다. 최적화 과정에서 존 카맥은 개선할 세 가지 영역을 식별했다. 한 가지는 수학 함수에 대한 것이었고, 두 가지는 3D 렌더러에 관한 것이었다.

> 제가 가끔 시도하는 연습은 게임에서 '호출 프레임으로 진입해' common->Frame(), game->frame() 또는 renderer->EndFrame()과 같은 주요 지점에서 시작하는 것입니다. 모든 기능을 단계별로 실행해 완전한 코드 커버리지를 시도해보세요.

일반적으로 호출 프레임을 끝내기 한참 전에 조금 우울해지곤 했어요. 실제로 실행되는 모든 코드를 인식하는 것이 중요하며, 이것이 성능과 안정성에 영향을 주고 있음에도 불구하고, 디버깅하는 동안에는 항상 건너뛰는 매우 큰 코드 블록을 인식하지 못하고 넘어가기가 너무나도 쉽거든요.

– 존 카맥

5.22.3.1 수학 최적화

고정 소수점 연산은 모든 곳에서 수행된다. FixedMul 함수는 소스 코드에서 124번 발견되니 프레임마다 친 번 이상 호출된다. 이 함수는 FixedDiv2와 함께 인라인 어셈블리로 최적화되었다.[46] C 버전 return ((long long) a * (long long) b) >> 16은 왓콤에서 함수 호출로 30개에 가까운 명령어를 생성했지만 어셈블리 버전은 명령어 두 개만 사용했다.

```
#ifdef __WATCOMC__
#pragma aux FixedMul =           \
    "imul ebx",                  \
    "shrd eax,edx,16"            \
    parm    [eax] [ebx]          \
    value   [eax]                \
    modify exact [eax edx]
#endif
```

5.22.3.2 프레임 버퍼 직접 접근

보다 실질적인 최적화는 계층화와 관련이 있었다. 도스에서는 코어와 비디오 시스템을 분리하는 규칙이 틀어졌다. 상태 표시줄이나 자동 지도와 같은 렌더러는 여전히 원래 설계된 대로 동작했지만, R_DrawColumn이나 R_DrawSpan과 같은 3D 그리기 함수는 VGA 뱅크에 직접 접근했다. 프레임 버퍼 #0을 우회하면 픽셀마다 읽기 하나와 쓰기 하나(더하기 버스 전송)를 피할 수 있었다. 메뉴 렌더러는 모든 것의 상단에 그릴 수 있기에, 역시 직접 VGA VRAM에 접근하는 권한이 부여되었다.

---

46 〈둠〉에는 어셈블리가 없었다. 1994년 무렵, 존 카맥은 "어셈블리 시절은 얼마 남지 않았다!"라고 선언했다. 〈퀘이크〉는 마이클 아브라시가 엄청나게 신경 쓴 슈퍼스칼라 아키텍처인 인텔 펜티엄에 의존하지 않았다.

5.22.3.3 어셈블리 렌더러 최적화

R_DrawColumn과 R_DrawSpan은 VGA 뱅크에 직접 접근할 수 있었을 뿐만 아니라 이 책에 나온 모든 기법을 활용해 화려한 어셈블리로 수작업을 거쳐 최적화되었다. *plan.asm*에서 R_DrawColumn을 살펴보면 이를 알 수 있다. 이 함수는 자체 수정 코드를 사용했다(패치된 스케일링 계수를 포함하는 예약값 **12345678h** 참조). 또한 루프를 풀어서 두 픽셀을 한 번에 처리하는 것을 볼 수 있다(jnz 명령어로 인해 i486 프리패치 큐를 비우는 것을 피함). 레지스터 eax가 텍스처 출발지에 대한 포인터로, 다시 텍셀 저장소(al), 번역된 텍셀(lightmapped) 저장소에 대한 포인터로 세 번 재사용되는 멋진 기법에 주목하자. 세로선을 그리기 위해 픽셀 당 명령어 7개를 만들어내는 이 방식은 짚고 넘어갈 만하다.

이 세 가지 최적화로 성능이 15%나 향상되었다.

```
PROC    R_DrawColumn_
  [...]. ; edi = destscreen + y *80 + x/4
  [...]   ; VGA mapmask 레지스터 설정
  [...]   ; ebp = 텍스처 델타 7:25 고정
  mov  esi,[_dc_source]      ; esi = 텍스처 출발지
  mov  ebx,[_dc_iscale]
  shl  ebx,9
  mov  eax,OFFSET patch1+2   ; 스케일링 코드 패치
  mov  [eax],ebx
  mov  eax, OFFSET patch2+2 ; 스케일링 코드 패치
  mov  [eax],ebx

  mov  ecx,ebp            ; 첫째 픽셀 계산 시작
  add  ebp,ebx           ; frac 포인터 전진
  shr  ecx,25            ; 첫째 픽셀을 위한 계산 완료
  mov  edx,ebp           ; 둘째 픽셀 계산 시작
  add  ebp,ebx           ; frac 포인터 전진
  shr  edx,25            ; 둘째 픽셀을 위한 계산 완료
  mov  eax,[_dc_colormap]
  mov  ebx,eax
  mov  al,[esi+ecx]      ; 첫째 픽셀 얻기
  mov  bl,[esi+edx]      ; 둘째 픽셀 얻기
  mov  al,[eax]          ; 첫째 픽셀 컬러 변환
  mov  bl,[ebx]          ; 둘째 픽셀 컬러 변환
doubleloop:
  mov  ecx,ebp           ; 셋째 픽셀 계산 시작
patch1:
```

```
    add   ebp,12345678h      ; frac 포인터 전진
    mov   [edi],al            ; 첫째 픽셀 쓰기
    shr   ecx,25              ; 셋째 픽셀을 위한 계산 완료
    mov   edx,ebp            ; 넷째 픽셀 계산 시작
patch2:
    add   ebp,12345678h        ; frac 포인터 전진
    mov   [edi+PLANEWIDTH],bl ; 둘째 픽셀 쓰기
    shr   edx,25              ; 넷째 픽셀을 위한 계산 완료
    mov   al,[esi+ecx]        ; 셋째 픽셀 얻기
    add   edi,PLANEWIDTH*2    ; 셋째 픽셀 목적지로 전진
    mov   bl,[esi+edx]        ; 넷째 픽셀 얻기
    dec   [loopcount]         ; 루프가 끝났는가?
    mov   al,[eax]            ; 셋째 픽셀 컬러 변환
    mov   bl,[ebx]            ; 넷째 픽셀 컬러 변환
    jnz   doubleloop
ENDP
```

5.23 성능 조율

모든 관리와 최적화에도 불구하고 대다수 플레이어는 포장지에서 게임을 꺼내자마자 10fps 이상을 얻을 수 없었다. 적절한 프레임 레이트에 도달하기 위해 두 가지 조율 메커니즘이 픽셀 수를 줄이는 과정에 도움을 줬다.

1. **높은 세부 사항**high detail/**낮은 세부 사항**low detail **전환**
2. **3D 캔버스의 크기 조정**

토막상식

이런 균형점을 조정하는 방식은 PC에만 국한되지 않았다. '약한' 슈퍼 닌텐도부터 '강한' 플레이스테이션까지 모든 콘솔 이식은 이러한 두 가지 설정을 조합해 사용했다.

5.24 높은 세부 사항/낮은 세부 사항 모드

첫 번째 튜닝 선택지는 열을 두 배로 늘이는 방법을 사용해 수평 해상도를 낮추는 것이었다. 낮은 해상도 모드에서 엔진은 두 개 열 중 하나만 렌더링하지만, 프레임 버퍼를 두 번 쓴다. 3D 렌더러가 실행 시간을 가장 많이 사용하는 방식을 고려할 때, 더 적은 수의 픽셀만 생성되고 버스로 전송할 필요가 없어졌으므로 성능이 크게 향상되었다. 다음의 표에서 성능 향상을 확인할 수 있다.

높은 세부 사항 해상도	높은 세부 사항 fps	낮은 세부 사항 해상도	낮은 세부 사항 fps
320×200	19	160×200	29
320×168	20	160×168	30
288×144	23	144×144	32
256×128	25	128×128	35
224×112	28	112×112	38
192×096	31	096×096	41
160×080	35	080×080	45
128×064	40	064×064	49
096×048	45	048×048	54

그림 5-62 높은 세부 사항과 낮은 세부 사항 모드에서 〈둠〉의 성능

위의 벤치마크는 1994년 '최상위 모델'로 간주되어왔으며, 시러스 로직 VLB 그래픽 카드가 장착된 486DX2-66 CPU를 특징으로 하는 유니시스 CWD 4001에서 실행되었다. 높은 세부 사항 대신 낮은 세부 사항 모드를 사용하면 가변적으로 20~50%만큼 성능이 향상되어 인텔 386 CPU에서 실행되는 '더 약한weaker' PC에서도 재생 가능한 프레임 레이트를 〈둠〉에 제공했다.

위 그림에서 고해상도는 320×168이다. 아래 그림에서 저해상도는 홀수 열이 복제되어 160×168로 떨어진다. 확대되지 않은 군인과 문에 대한 해상도 저하가 눈에 띄게 커 보이는 이유는 줄어든 조명과 CRT 스케일링이 시연 목적으로 비활성화되었기 때문이다. 실제 차이는 이보다 미세하다.

VGA 뱅크에 직접 접근하면 '낮은 세부 사항 모드'는 동일 픽셀 열을 두 번 쓸 필요 없이 완전히 공짜로 최적화를 달성한다. VGA 마스크가 동일 픽셀을 두 뱅크에 동시에 쓰도록 설정되어 있기 때문이다.

5.25 3D 캔버스 크기 조정

프레임 레이트를 개선하는 또 다른 선택지는 3D 캔버스의 크기를 축소하는 것이다. 사용자는 여덟 단계로 크기를 선택할 수 있는 슬라이드 막대에 접근할 수 있었다. 슬라이드 막대는 [3, 11] 범위의 값을 생성하기 위해 변수 numblocks에 영향을 주는 승수다. 값 11은 특수한 표식이며 '전체 화면'이 320×200으로 인식되도록 하드코딩되어 있었다.

```
void R_ExecuteSetViewSize (void) {
    viewwidth  = numblocks * 32;
    viewheight = (numblocks * 168/10)&~7;
}
```

누군가 모드 3에서 게임을 진행할 만큼의 불행과 용기가 있었는지, 그 여부는 알 수 없다. 아마 그 자체만으로도 업적이 되었을 것이다.

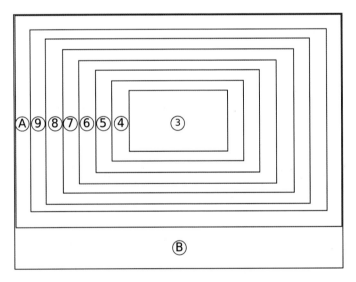

그림 5-63 3D 캔버스 구성 9가지

토막상식

이드는 기본적으로 캔버스 크기가 9인 높은 세부 사항으로 〈둠〉을 출시했다.

numblocks	너비	높이	# 픽셀	#픽셀%	fps
0×B	320	200	64,000	100	19
0×A	320	168	53,760	84	20
0×9	288	144	41,472	64	23
0×8	256	128	32,768	52	25
0×7	224	112	25,088	39	28
0×6	192	96	18,432	28	31
0×5	160	80	12,800	20	35
0×4	128	64	8,192	12	40
0×3	96	48	4,608	7	45

그림 5-64 3D 캔버스 크기 대비 성능 향상의 벤치마크[47]

이익은 세부 사항의 수준만큼 크지 않았다. 3D 캔버스 크기를 50%로 줄이면 31%의 성능 향상을 가져오지만, 이렇게 되면 보이는 영역이 너무 작아져서 가치가 없었다.

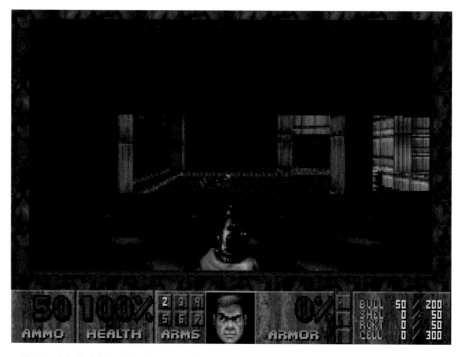

그림 5-65 〈둠〉의 패키지 기본 구성: 모드 9, 높은 세부 사항

---

47 미니PC 유니시스 CWD 4001(486DX2-66/시러스로직-GD5424, 8MiB 램)에서 벤치마크했다.

CHAPTER 6

게임 콘솔 이식

PC 버전의 성공과 놀랄 만한 판매량 증가는 콘솔 게임기 회사 경영진들이 〈둠〉을 갈망하도록 만들었다. 1994년부터 1997년까지 〈둠〉은 성공 수준이 제각기 다른 여섯 개의 주요 시스템으로 이식되었다.

당시 4년 동안 벌어진 '콘솔 전쟁'은 치열했고, 콘솔은 '비트'에 따라 세대별로 순위가 매겨졌다. 3세대 8비트 NES와 세가 마스터 시스템은 사라진지 오래였다. 닌텐도의 SNES, 세가의 제네시스, PC 엔진인 Turbografx-16을 포함한 4세대 16비트 역시나 수명을 다했다. 소니의 플레이스테이션과 세가의 새턴으로 대표되는 5세대 32비트가 등장하기 시작했고, 마케팅 담당자들은 닌텐도 64와 아타리 재규어[1]를 포함한 몇몇 시스템을 64비트 브랜드로 포장하기 시작했다. 이름을 제외하고는 시스템끼리의 성능 차이가 거의 없는 데다 소니와 마이크로소프트가 독점하고 있는 현재 상황과 비교해보면, 이 시기는 하드웨어 혁신이 풍부한 시기였다.

〈둠〉 엔진의 아키텍처는 시스템에 밀접한 하위 시스템이 있는 코어에 기반했으므로, 콘솔로 이식하는 작업이 상대적으로 쉬웠겠다고 생각할지도 모르겠다. 이런 직관은 진실과 상당히 맞닿아 있다. 제한된 자원으로 인한 설계 절충안부터 사람을 미치게 만드는 일정에 이르기까지. 모든 버전에는 독특하고 풍부한 스토리가 있었다.

기술적으로 해결해야 할 일반적인 문제는 더 작은 메모리 요구 사항을 처리하는 것이었다. PC의 최소 요구 사항은 4MiB다. 콘솔에 더 많은 램을 추가하라고 고객에게 요청하는 건 당연히

---

1 이 시기가 지나자 고객들은 전체 명명 규칙의 어리석음을 깨달았다. 비트는 곧 잊혀졌다.

불가능했다. 개발자는 때때로 원본 버전보다 8배 작은 용량인 512Kib짜리 램을 다뤄야만 했다.

두 번째 기술적 어려움은 이국적인 하드웨어를 다루는 데 있었다. PC는 하나의 '큰 쇳덩이'와 같은 CPU를 중심으로 설계되었지만, 콘솔은 다양한 프로세서의 조합으로 만들어졌다.

6.1 재규어(1994)

재규어Jaguar의 개발은 1990년 아타리가 케임브리지에 본사를 둔 플레어 테크놀로지Flare Technology에 두가지 새로운 게임 시스템을 동시에 설계하도록 의뢰하면서 시작되었다. 4세대 32비트 시스템인 팬서Panther와, 대담한 64비트 시스템인 재규어[2]였다. 3년 후, 재규어 프로젝트가 예상보다 앞선 일정으로 진행되었기에 아타리는 팬서를 포기하기로 결정했고, 1993년 11월에 64비트 재규어를 출시했다.

플레이 테크놀로지의 마틴 브레넌Martin Brennan, 벤 치즈Ben Cheese, 존 매시슨John Mathieson은 독선적인 설계 결정을 내렸다. 컨트롤러는 버튼이 18개나 됐고 프로세서는 다섯 개나 있었다.

오디오 쪽에는 일명 '제리Jerry'라는 32비트 27MHz RISC CPU가 있었다. 비디오 쪽에는 '톰Tom'이라는 32비트 27MHz RISC 칩에 프로세스 세 개(GPU, 블리터, 객체 프로세서)가 모두 포함되어 있었다. 모든 것을 조정하기 위해, 2MB짜리 램을 탑재한 16/32비트 13MHz 68000이 있었다. 이 부품들을 모두 연결하는 데이터버스는 64비트였고, 마케팅 담당자는 이 점에 주목했다.

64비트를 내세워 대담한 광고로 "숫자를 따져보세요!"라는 슬로건을 내걸었지만, 잠재 고객들은 의구심을 품었다. 존 매시슨이 인터뷰에서 어떻게 설명하든 간에, 이 기기는 (이미 많은 의

---

2   아타리는 모든 콘솔 이름을 큰 고양이를 본따 붙였다. 재규어와 팬서 외에도 1989년에 링크스(lynx, 스라소니)라는 포켓용 게임기도 있었다.

심을 산) 아타리 마케팅 부서의 기만처럼 느껴졌다. 아타리가 16비트 슈퍼 닌텐도와 세가 제네시스보다 4배 더 나은 제품을 만들 수 있다고 믿는 사람은 많지 않았다.

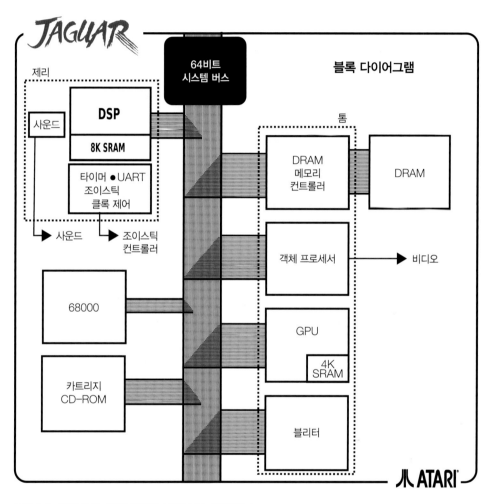

그림 6-1 재규어의 아키텍처. 균등하지 않은 버스에 주목하자.

한쪽의 신중한 구매자가 다른 쪽의 회의적인 게임 개발자들과 만났다. 프로세서 다섯 개를 가진 아키텍처는 강력했지만, 8비트 닌텐도 엔터테인먼트 시스템 또는 세가 마스터 시스템에서 제공되는 단일 프로세서를 다루는 데 익숙한 사람들에게는 무척 낯설게 느껴졌다. 재규어 프로그래밍은 많은 시간을 투자해 배워야 하는 예술이었다.

출시 시점에 제공된 제한된 게임 라이브러리로 인해 충분한 고객층이 형성되지 않았다. 낮은 판매 수치는 개발자가 재규어에 덜 투자하게끔 했고, 이는 다시 매출에 악영향을 미쳤다. 아타리는 3년이라는 수명 동안 약 100,000대를 판매했다.

기기 내부는 이와 같았다. ① 모토로라 68000, ② 2MiB 램, ③ 제리, ④ 톰, ⑤ 운영체제 ROM, ⑥ 카트리지 슬롯, ⑦ 조이스틱 포트, ⑧ AC 어댑터 잭, ⑨ DSP 포트, ⓐ 모니터(컴포지트, 컴포넌트, S 비디오) 포트, ⓑ 채널 스위치, TV 포트.

재규어는 저렴한 DRAM에서 높은 대역폭을 얻을 수 있는 64비트 메모리 인터페이스를 갖추고 있었어요. (…) 시스템이 64비트를 요구하는 경우에는 DRAM에서 데이터를 가져와 객체 프로세서가 만드는 화면도 64비트가 됩니다. 모든 3D 렌더링, 화면 지우기, 픽셀 섞기를 수행하는 블리터도 64비트입니다. 시스템이 64비트를 필요로 하지 않으면 64비트로 동작하지 않습니다. 게임 콘솔에서 64비트 주소 공간은 아무런 의미가 없었습니다! 3차원 계산과 오디오 처리는 일반적으로 64비트 숫자를 사용하지 않으므로, 이런 활용 시나리오를 고려하면 64비트 프로세서는 이점이 하나도 없었죠.

— 존 매시슨

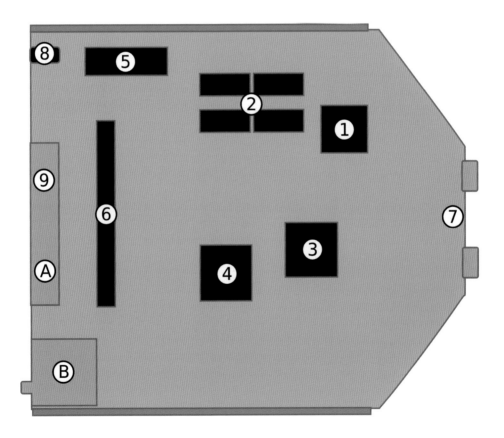

존 매시슨은 비용 관련 압력부터 아타리에게 모토로라에서 나온 CPU를 사용하도록 지시한 것까지, 하드웨어 엔지니어가 다뤄야만 하는 제약 사항에 통찰력을 제공하는 많은 인터뷰를 허락했다. 하드웨어에 관련된 개발 역시나 소프트웨어만큼 쉽지 않았다.

> 아타리는 68k 제품군 장치 사용을 원했고, 우리는 다양한 모토로라 제품군을 자세히 검토했습니다. 우리는 초기 베타 개발자 시스템을 위한 68030 버전 몇 개를 실제로 만들었고, 당분간은 68020을 사용할 예정이었습니다. 그러나 너무 비쌌어요. 또한, 모토로라 680x0 칩을 전혀 사용하지 않을 가능성도 고려했죠. 저는 항상 개발자들이 쉽게 개발할 수 있도록 일반적인 프로세서를 탑재하는 것이 중요하다고 느꼈습니다. 68k는 저렴했고 그런 느낌을 제대로 전달했어요.
>
> – 존 매시슨

6.1.1 재규어 프로그래밍

야수를 풀어주는 것은 프로세서 다섯 개가 모두 병렬로 작동하는 것을 의미했다.[3] 이론적으로 복잡했고, 실제로도 복잡했다.

> 68000은 연산의 중심이며, 컴퓨터를 초기에 시동하고 다른 모든 일을 시작한다는 관점에서 CPU일지도 모릅니다. 그러나 68000이 재규어가 발휘하는 위력의 핵심은 아닙니다. [...] 68000은 실제 일을 하지는 않지만 모든 사람에게 해야 할 일을 알려주는 관리자와 같습니다.
>
> 저는 조이스틱을 읽게 만들기만 하면 됩니다.
>
> – 존 매시슨

---

3 「JAGUAR Technical Reference Manual Tom & Jerry(재규어 기술 참조 설명서: 톰과 제리)」 참고. *https://www.hillsoft ware.com/files/atari/jaguar/jag_v8.pdf*

6.1.1.1 이론

모토로라 68000은 관리자로 사용된다. 외부 세계를 처리하고 다른 프로세서의 자원을 관리한다. 가장 높은 제어 수준을 가지며 시스템을 완벽하게 제어할 수 있다.

객체 프로세서는 TV에 연결되어 디스플레이 행 생성을 담당한다. 일반적으로 픽셀로 구성된 객체 목록(겹칠 수 있음)을 읽는다. 객체 프로세서는 기존 스프라이트 엔진의 모든 기능을 수행한다. 당시의 콘솔로는 색다른, 픽셀당 16비트 CRY$^{Cyan-Red-Yello}$ 컬러 모델이었다. 1바이트는 색상을 제공하는 사각형으로 평면화된 sRGB 큐브에서의 (X, Y) 좌표다. 다른 바이트는 총 65,536색의 밝기를 제공한다.

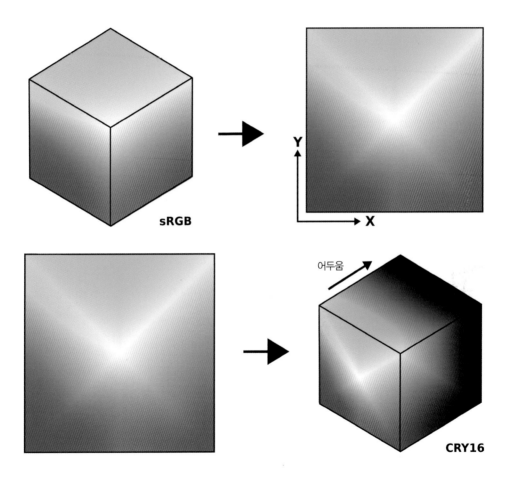

그래픽 프로세서는 일반적인 산술 함수 외에도 높은 명령어 처리량, 병렬 곱셈기, 배럴 시프터, 분할 장치가 있는 강력한 ALU를 갖춘 핵심 엔진이다. 내부 4KiB의 SRAM은 동작에 필요한 데이터뿐만 아니라 로컬 프로그램 명령어도 저장한다.

블리터는 빠른 램 블록 이동과 채우기 연산을 수행한다. 구로 셰이딩된 Z-버퍼 폴리곤을 위해 픽셀을 벗겨내거나 (Z 테스트 기반으로) 픽셀을 건너뛰는 능력도 있다. 비트맵 회전, 선 그리기, 캐릭터 칠하기, 기타 다양한 효과를 내는 능력도 있다. 톰/제리가 처리할 수 있게 SRAM에 로컬 데이터와 명령어를 로딩하는 작업을 담당했다.

DSP인 제리는 그래픽 프로세서의 쌍둥이 형제다. 더 큰 로컬 SRAM(8KiB)과 64비트 메인 버스로 이어지는 더 작은 32비트 연결은 음악과 사운드 효과를 생성하기에 완벽한 후보다. 심지어 그래픽 작업을 포함한 다른 작업을 수행하는 것은 프로그래머의 재량에 달려 있었다. 두 재규어를 연결하는 잭-링크Jag-Link가 콘솔 뒷면의 'DSP 포트'에 직접 연결되어 제리가 네트워킹을 담당하므로 융통성이 높았다.

유연한 메모리 컨트롤러 덕분에 모든 구성 요소가 모든 램(심지어 RISC CPU의 SRAM도 포함)에 접근할 수 있었다. 프로그램을 실행하는 중이라면 언제든지 모든 프로세서는 DMA 버스 마스터가 될 수 있다. 관리자라는 지위에도 불구하고, DMA 마스터 요청에서 다른 프로세서와 충돌이 일어났기 때문에 68000은 우선순위가 가장 낮아졌다. 그동안 불쾌함을 줬던 오디오 결함을 피하고자 DSP가 왕이 되었다.

6.1.1.2 실전

하드웨어에는 특히 메모리 컨트롤러 수준에서의 몇 가지 버그가 있었기 때문에 멀티태스킹을 사용하기 어려웠고, 디버그는 더욱더 어려웠다.

모토로라 68000과 톰/제리가 서로 다른 아키텍처와 다른 명령어 집합을 가지고 있다는 사실이 처음에는 분명하지 않을지도 모른다. 의도한 워크플로를 보면 모토로라는 C로 프로그래밍해야 하는 반면에 GPU/DSP RISC 경로는 훨씬 더 꼬여 있었다. 프로그래머는 먼저 새로운 명령어 집합을 배워야만 했고, 어셈블리 코드를 생성하기 위해 제공된 어셈블러를 사용했고, 마지막으로 완전한 파이프라인을 작성해 어셈블리 코드를 톰/제리에 있는 로컬 프로그램 전용 SRAM으로 실어 날라야만 했다.

6.1.2 재규어용 〈둠〉

존 카맥은 초기부터 재규어에 흥미를 보였고, 사운드와 MIDI 음악을 관리한 데이브 테일러와 함께 이식 작업을 직접 진행했다. 존 카맥이 재규어를 접한 게 처음은 아니었다.

> 저는 〈울펜슈타인 3D〉를 즉흥적으로 변환했습니다. 〈둠〉 외의 다른 게임에 재규어 하드웨어를 어떻게 적용할지 생각하고 있었고, 〈울펜슈타인 3D〉는 상당히 좋은 후보처럼 보였죠. 어느 날 오후에 프로그램을 시작했고, 틀어놓은 음악 CD가 15번 돌아갔습니다. 다음 날 아침에 다른 팀원들이 출근했을 때 저는 재규어에서 동작하는 〈울펜슈타인 3D〉 코드 초기 버전을 들고 있었습니다. 우리는 이 버전을 아타리에 보냈고, 아타리는 잠시 〈둠〉을 멈추고 〈울펜슈타인 3D〉를 빠르게 진행할 기회를 우리에게 제공했습니다.
>
> – 존 카맥, 『EDGE magazine(에지 매거진)』 인터뷰

이식 작업을 계약하고 나서 2주 만에, 존 카맥과 데이브 테일러는 아주 느린 속도로나마 동작하는 〈둠〉 이식작 초기 버전을 만들어냈다.

> **토막상식**
>
> 톰/제리가 RISC 명령어 생성 작업을 손쉽게 처리할 수 있도록, 존 카맥은 자체적으로 lcc 컴파일러 백엔드를 작성했다. 출력 결과는 수작업을 통해 최적화되었다.[4]

PC와 비교해 50% 미만의 램을 탑재한 게임기에서는 〈둠〉을 돌리기 어려웠다. 그래서 사이버 데몬과 스파이더 데몬을 잘라버렸다. 스프라이트와 텍스처 해상도를 줄였다. 더 적은 텍스처를 사용하고, 더 적은 세그먼트를 가지며, 더 적은 시계면을 만들기 위해 지도를 크게 수정했다. [그림 6-2]의 E1M1을 5.12.6절의 PC 버전과 비교해보자. 파란색 바닥 텍스처가 사라졌고, 두 단계 대신 한 단계만 있다.

3D 렌더러는 RISC에서 실행되는 작은 ASM 덩어리에 맞춰 재작성해야만 했다. 엔진 '단계'를 기반으로 실행 시점의 오버레이 9개가 SRAM 안팎으로 교대로 교체되었다.

---

4 이드 소프트웨어가 훌륭한 lcc를 사용한 마지막 순간은 아니었다. 1999년에 〈퀘이크 3〉에서 VM 바이트 코드를 생성할 때도 lcc를 사용했다.

그림 6-2

재규어의 소스 코드는 2003년 5월 송버드 프로덕션Songbird Productions의 칼 포한Carl Forhan이 공개
했다. 내부를 엿보면 메모리 크기를 어떻게 줄였는지에 대한 세부 사항이 드러난다. 예를 들어,
시계면 저장소는 128에서 64로 줄었다.

```
#define MAXVISPLANES   64
extern  visplane_t     visplanes[MAXVISPLANES];
```

게임 도중 음악 재생을 끊어버려야 하는 큰 결정도 있었다. 이는 게임 엔진을 자체적으로 처리
할 수 없었던 톰의 형편없는 성능 때문이었다. 이 문제를 해결하기 위해 충돌 탐지를 실행하는
과정에서 제리(소위 DSP)를 사용했다. 다행히도 제리는 여전히 사운드 효과를 재생하기에 충
분한 여유가 있었으며, 엔진은 20fps를 꽉 채워 유지했다.

3D 렌더링은 160×180의 해상도로 수행되었다. 상태 표시줄의 맨 아래에 60픽셀로 320×
180에 도달하도록 열을 두 배로 만들었기에 전체 해상도는 320×240이 되었다. 여러 가지 면

에서 그래픽 결과가 PC보다 좋았다. 재규어는 실제로 색상 줄무늬가 눈에 띄지 않은 상태에서 맞춤형 16비트 CRY 모드로 65,536가지 색상을 지원했다.

추가로 내부를 확인한 결과 재규어 코드는 또한 세가 32X 버전(MARS는 세가 32X의 코드 이름)의 일부 코드도 포함되어 있었다. 또한 '시뮬레이터' 모드라 불린 넥스트스텝에서 개발이 진행된 사실도 알 수 있다.

```
#ifndef JAGUAR
#ifndef MARS
#define SIMULATOR
#endif
#endif

#ifndef MARS
#define SCREENWIDTH    160
#define SCREENHEIGHT   180
#else
```

```
#define SCREENWIDTH    128
#define SCREENHEIGHT   144
#endif
```

메모리, 버스, 블리터, 비디오 프로세서의 폭은 64비트이지만 프로세서(68k와 커스텀 RISC 프로세서 2개)는 32비트였습니다.

블리터는 수평과 수직 확장을 위한 기본 텍스처 매핑을 수행할 수 있었지만, 캐싱이 없었기에 모든 픽셀이 램페이지 2개를 누락하게 했으며 64비트 버스의 1/4만 사용했습니다. 64비트 버퍼 2개는 텍스처 매핑 성능을 3배 향상합니다. 불행히도 말입니다.

재규어는 Z 버퍼와 음영 처리된 삼각형으로 64비트 버스를 더욱 잘 사용할 수 있었지만, 이것이 게임을 매력적으로 만들지는 못했습니다.

재규어는 RGB 대신, 단일 채널을 기반으로 조명 효과를 수행할 수 있는 유용한 색상 공간 옵션을 제공했습니다.

비디오 합성 엔진은 재규어 콘솔에서 가장 혁신적인 부분이었습니다. 〈울펜슈타인 3D〉의 모든 문자 표시는 블리터 대신 백엔드 스케일러로 수행되었습니다. 그럼에도 불구하고 그 한계와 실패를 겪은 경험은 내게 마이크로소프트의 (다행히도 취소된) 탤리즈먼Tailsman 프로젝트에 대항할 좋은 기회를 주었습니다.

작은 RISC 엔진은 괜찮은 프로세서였습니다. 업계 규격에 맞는 설계를 사용하지 않았다는 사실에 놀랐지만 기본적으로 정상 동작했습니다. 수정되지 않은 몇 가지 설계 위험 요인(쓰기 후 쓰기)이 존재했지만, 실제로 문제가 되는 유일한 단점은 캐시 대신 임시 메모리가 있었고 주 메모리에서 코드를 실행할 수 없다는 제약이었습니다. 〈둠〉 렌더러를 순차적으로 로드되는 오버레이 9개로 나눠야만 작동했습니다(뒤늦게 깨달았지만, 대략 세 번에 걸쳐 다르게 수행했을 것입니다).

68k는 느렸습니다. 이것이 시스템의 주요 문제였습니다. 쉬운 처리를 위해 68k에서 모든 것을 실행하고 느리게 진행하거나, 아니면 오버레이로 병렬화한 어셈블러 덩어리를 만드느라 진땀을 흘리면서 RISC 프로세서에서 뭔가를 빠르게 돌아가게 만드는 두 가지 선택이 가능했습니다.

이는 플레이스테이션 개발을 위해 큰 노력이 필요한 이유와 같았습니다. 빠른 단일 가속기^{accelerator}가 달린 단일 직렬 프로세서처럼 프로그래밍하기 위한 목적이었습니다.

재규어가 68k를 버렸고, RISC 프로세서에 동적 캐시를 제공했고, 블리터에에 자그마한 버퍼링이 있었더라면, 소니에 대항하여 치열한 전투를 치렀을지도 모르죠.

– 존 카맥, 2000년 3월 4일

6.2 32X(1994)

1994년 1월, 세가는 미묘한 위치에 있었다. 수익이 좋은 16비트 제네시스는 일본에서 약세를 보이고 있었다. 1993년에는 닌텐도의 슈퍼 패미컴 ^{FAMIly COMputer}과 NEC의 PC 엔진에 이어 매출 3위를 차지했다. 설상가상으로, 세가는 1993년 게임 콘솔 시장에 진출한 아타리의 재규어와 파나소닉의 3DO라는 새로운 두 경쟁자와 상대해야만 했다. 일본 세가^{Sega of Japan}(SOJ)는 회사의 모든 가용 자원을 32비트 새턴 프로젝트에 넣어야 마땅하다는 의견을 내세웠다.

SOJ가 새턴에 대한 연구를 진행하고 있었지만, 세가는 연구가 완료되기까지 오랜 시간이 걸릴까 두려웠다. 미국에서는 제네시스가 잘 팔리고 있었으며(1993년 말 3,200만 대) 미국 세가^{Sega of America}(SOA)는 제네시스 '부스터'를 만들 기회를 간절히 원했다.

라스베이거스에서 개최된 CES 1994 기간 동안, 당시 SOJ CEO인 나카야마 하야오^{中山 隼雄}는 SOA 임원 중 R&D 책임자 조 밀러^{Joe Miller}, 기술 책임자 마티 프란즈^{Marty Franz}, 수석 제작자 스콧 베이리스^{Scot Bayless}를 전화 회의에 소집했다.[5]

그들은 9개월 이내에 제네시스 부스터를 출시할 목표로 마스 프로젝트 진행에 대한 승인을 받았다. 놀랍게도, 그들은 목표에 도달했다. 세가 32X는 1994년 11월에 출시되었다.

---

5 「Retro Gamer(레트로 게이머)」. 이 절의 모든 인용문 또한 「Retro Gamer」 인터뷰에서 인용했다.

시판된 32X는 광고에서 강조했듯이 카트리지처럼 삽입할 수 있었다. 전체 어셈블리 위에 32X 게임이 삽입되었다. 게임은 제네시스의 7.6MHz 모토로라 68000와 3.58MHz 자일로그 Z80을 포함한 모든 것에 접근할 수 있었다.

전화 회의가 끝난 후 마티 프란즈는 작은 호텔 메모장 중 하나를 잡고 각각 자체 프레임 버퍼를 갖춘 히타치Hitachi SH2 프로세서 두 개를 그렸습니다. 사실상 여기서 32X가 시작되었습니다.

– 스콧 베이리스

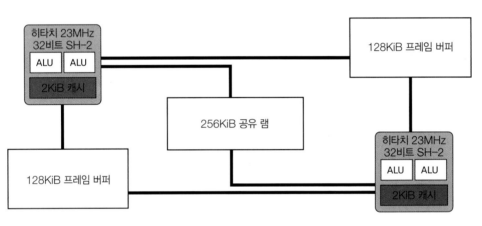

그림 6-3 메모장에 그린 다이어그램

그래픽 하위 시스템의 설계는 매우 간단했습니다. 그 당시 프로그래머가 꿈꾸던 무언가. 다른 제품과의 차별화를 위해 픽셀당 두 배 깊이로 독립적인 프레임 버퍼를 채우는 중앙 프로세서 두 개를 중심으로 구축되었습니다. 그 누구도 워크스테이션 시장 바깥에서 시도하지 않은 방식으로 3D를 수행하는 훌륭한 플랫폼이었습니다.

– 스콧 베이리스

이중으로 동작하는 SH-2 이외에도 32X에는 Q사운드에서 나온 인상적인 오디오 칩이 장착되었다. 펄스 폭 변조와 함께 추가 채널과 심지어 일상생활에서 들을 수 있는 3차원 사운드를 근사하기 위해 정규 스테레오 오디오 시그널을 만들어내는 다차원 사운드 기능을 추가했다. 그리고 테어링 현상을 피하기 위해 이중 버퍼링을 담당하고 빠르게 프레임 버퍼를 지우는 능력을 보유한 '비디오 디스플레이 프로세서video display processor(VDP)'라는 그래픽 칩도 있었다.

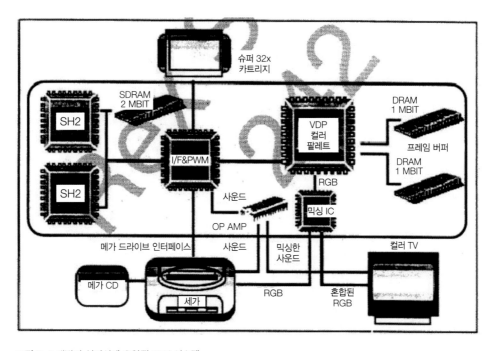

그림 6-4 개발자 설명서에 요약된 32X 시스템

설계는 SuperH CPU 두 개를 사용한 새턴과 유사했지만 철학이 달랐다.

새턴은 본질적으로 3D 공간에서 투사를 흉내 내는 방식으로 스프라이트의 네 모서리를 움직이는 능력을 갖춘 2D 시스템입니다. 하드웨어에서 렌더링을 수행하는 이점이 있었지만 렌더링 방식은 많은 문제를 야기하는 경향이 있었고, 픽셀 덮어쓰기 속도는 매우 높았죠. 전용 하드웨어의 많은 장점이 메모리 접근 일시 중지로 손실되었습니다. 반면 32X는 소프트웨어로 모든 것을 처리하지만, 큰 프레임 버퍼에 묶인 빠른 RISC 칩 두 개와 프로그래머에게 완벽한 제어권을 제공했어요.

– 스콧 베이리스

엔지니어들은 시스템에 마음을 쏟아부었고 개발자들은 출시일에 맞춰 멋진 게임 포트폴리오를 만들기 위해 놀라운 작업을 수행했다. 그 결과 32X는 1994년 말까지 665,000대가 판매되었다. 전도유망한 시작에도 불구하고, 불행하게도, 슬픈 이야기가 뒤따랐다.

『Retro Gamer』의 기자인 데미안 맥페란Damien McFerran이 요약한 이야기가 상황을 제대로 설명했다.

> 5년 동안 거둔 엄청난 상업적인 성공을 화장실 변기에 통째로 내려버리는 방법은 무엇일까?
>
> 매우 쉽다. 세가 32X와 같은 장치를 출시하면 된다.
>
> — 데미안 맥페란

32X를 망친 것은 새턴이었다. 1994년 내내 SOJ에서 32비트 시스템에 대한 작업이 계속되었다. 진도가 충분히 나갔기에 세가는 원래 일정에 훨씬 앞선 1994년 11월, 일본에서 출시하기로 했다. 이는 미국에서 출시된 32X와 동일한 달이었다.

> 당연하게도, 미국과 유럽의 소비자들 사이에서 소문이 돌기 시작했습니다. 사람들은 당연한 질문을 던지기 시작했습니다. "새턴이 몇 달 후에 나오는 데 32X를 왜 사야 하죠?" 안타깝게도 세가가 할 수 있는 최선의 대답은 다음과 같았습니다. "32X는 '과도기 장비'로서 메가 드라이브에서 새턴으로 넘어가는 다리 구실을 할 것입니다."
>
> 이런 변명은 우리를 탐욕스럽고 멍청하게 보이게 만들었으며, 1년 전이라면 상상조차 할 수 없었던 반응이 돌아왔습니다. 우리는 멋진 친구들이었으니까요.
>
> — 스콧 베이리스

이런 형편없는 출시 시점은 32X를 거의 죽음에 이르게 만들었다. 플레이스테이션은 32X 출시 직후 한 달이 지난 1994년 12월 3일에 출시되었다. 1995년 말, 32X의 재고는 개당 19.95달러로 처분되었다.

위와 같은 사실을 염두에 둔 채 이 시절로 돌아가서 인터뷰 기사를 읽어보면 쓸쓸한 느낌이 든

다. 세가는 닌텐도에 필적하는 엄청난 경쟁자였다. 세가는 5년에 걸쳐 이런 멋진 이미지를 구축해왔다.[6]

이 시점에서 회사는 실수에 실수를 거듭한 듯이 보인다. 1998년에 출시된 세가의 마지막 콘솔인 드림캐스트Dreamcast는 결국 인기를 끌었지만 판매량은 하드웨어 비즈니스를 구하기에 충분하지 않았다. 세가는 게임 프로그래밍에 집중하기 위해 하드웨어 시장을 포기했다.

일정에 맞춰 32X를 출시하기 위해 시도한 예전 시간을 되돌아보면서 스콧 베이리스는 통찰력 있는 기억을 제공했다.

> 대기열에 있던 32X 게임은 가능한 한 빨리 상자에 꽉꽉 담겼으며, 이는 상상할 수 있는 모든 방법으로 모서리를 크게 깎음을 의미했습니다. 처음부터 이런 게임의 디자인은 시간 압박 때문에 의도적으로 보수적인 성향을 보였습니다. 심지어 출시될 무렵에는 훨씬 더 보수적이었습니다. 하드웨어 능력을 보여주기 위한 어떤 행위도 하지 않았습니다.
>
> – 스콧 베이리스

세가 회사의 문화에 뿌리를 둔 더 깊은 문제는 나중에 저지른 실수가 이해되도록 만든다.

> 32X는 다음 두 가지 면에서 훌륭한 사례 연구입니다.
>
> 첫째, 메시지입니다. 마케팅 분야에서는 가치 제안의 수립이 핵심입니다. 심지어 서두른 모든 하드웨어와 늦게 나온 소프트웨어로도, 32X가 실제로 가치가 있다는 사실을 세가가 사람들에게 확신시킬 수 있었다면, 성공의 기회가 있었을지도 모릅니다. 그러나 우리는 결코 그렇게 하지 않았죠. 우리는 32X의 독특한 가치를 누구에게도 설명하지 않았습니다. 결과는 정확히 여러분이 기대하는 바와 일치합니다. 우리가 차린 밥상을 소니가 먹어버렸죠.
>
> 둘째, 정직입니다. 법적인 의미나 대중의 상식이 아니라 내부적인 정직 말입니다. 제가 1998년에 마이크로소프트에 도착했던 첫날, 임원 오리엔테이션 브리핑에 참석한 상황을 기억합니다. 우리

---

6 1993년, 세가는 MTV에서 가장 큰 광고주였다.

를 만난 부사장은 이렇게 말하더군요. "여러분 모두에게 요구하는 한 가지는 여러분의 생각을 솔직하게 말하라는 것입니다." 바로 이런 태도가 마이크로소프트를 20년 넘게 활기차고 건강하며 성공적으로 유지한 이유입니다. 대조적으로 세가는 이런 인정사정없는 정직이 부족했습니다. 누구도 다른 사람의 감정을 상하게 만들고 싶지 않았습니다. 모두가 32X와 새턴이 성능 면에서 뒤쳐진다는 사실을 알고 있었지만, 아무도 기꺼이 '아니오'라고 말하지 않았습니다. 하드웨어뿐만이 아니었습니다. 같은 기간 동안 세가는 가장 이상한 게임 중 일부를 발표했습니다. 게임에는 엄청난 결함이 있었습니다. 완전히 연결에 실패한 게임이었죠. 그러나 모든 사람은 웃으며 "어이쿠, 참 훌륭하지 않습니까?"라고 말했어요. 이 모든 것을 분명히 말할 수는 없었지만 당시의 저는 뭔가가 잘못되어가고 있다는 것을 직관적으로 느꼈습니다. 우리는 길을 잃고 있었습니다.

– 스콧 베이리스

6.2.1 32X용 〈둠〉

재규어로의 이식이 역작이라면, 심지어 덜 강력한 시스템에서 동일한 위업을 반복하는 것은 기적이나 다름없었다. 다시 한번 존 카맥은 이 프로젝트에 직접 참여했다.

저는 이드 소프트웨어의 존 카맥과 일하면서 몇 주를 보냈고, 〈둠〉을 이식하려고 시도하면서 레드우드 시티의 건물에 글자 그대로 진을 쳤습니다. 그야말로 미친 듯이 일했고 제시간에 끝내기 위해 여전히 레벨의 3분의 1을 쳐내야만 했습니다.

모든 일이 진행 중일 때, 세가의 누구도 기꺼이 다음과 같이 말하지 않았다는 사실이 지금의 저를 흥미롭게 만듭니다. "잠깐만요, 우리가 무엇을 하고 있습니까? 왜 멈추지 않습니까?" 세가는 1994년 봄에 32X를 죽였어야 마땅했지만 우리는 그렇게 하지 못했습니다. 우리는 언덕을 폭풍처럼 달렸고, 정상에 도착해서야 잘못된 언덕이라는 사실을 깨달았습니다.

지금 되돌아보면 이런 아둔함이 하드웨어 회사로서 세가의 신뢰성을 끝장낸 시작이라고 말하고 싶습니다.

– 스콧 베이리스

게임을 32X의 512KiB 램에 맞추려면 심지어 재규어 버전보다 더 많은 기능을 잘라내야만 했다. 또 다른 적인 스펙터를 제거했다. 주인공을 마주 보는 괴물을 제외하고 괴물의 추가 자세도 제거되었다. 더는 서로를 향해 마주칠 수 없었기 때문에 괴물끼리의 내분도 제거되었다. 게임 저장 기능도 없었다. 그 대신 시작 레벨을 수동으로 선택할 수 있었다. 카트리지에는 크게 편집된 지도 17개가 들어갈 공간만이 있었다. 어느 누구에게도 BFG 9000이 없었기 때문에 이 무기를 사용할 수 없었다(그러나 속임수 코드를 사용해 얻을 수는 있었다).

또한 성능에 심각한 문제가 있었다. 심지어 쌍둥이 SuperH를 사용하더라도 원본 해상도로 렌더링할 수 없었다.

> 저는 32X가 좋았습니다. 기본적으로 적당한 32비트 프로세서(SH2) 두 개와 프레임 버퍼 하나였으므로 PC처럼 프로그래밍했지만 PC에서 주류로 자리 잡기 훨씬 전에 SMP를 사용했습니다. 심지어 386에 비해서도 여전히 상당히 떨어지는 성능을 보였으므로 해상도는 낮았습니다.
>
> — 존 카맥

그림 6-5 E1M1의 전설적인 입구 홀

[그림 6-5]를 주목하자. 재규어와 같이 램 소비를 제한하기 위해 E1M1의 파란색 바닥 텍스처를 갈색으로 바꿔야만 했다. 또한 생성된 시계면의 수를 줄이기 위해 계단 수도 줄였다.

게임은 320×224라는 해상도에 맞춰 동작했으나, CPU가 힘겨워했다. 따라서 활성 창은 128×144(행을 두 배로 하면 256×144에 도달)로 줄였고, 상태 표시줄과 갈색 테두리/배경을 위해 100픽셀을 남겼다. 이와 같은 모든 타협으로 프레임 레이트는 15~20fps[7]에 도달했고 쾌적한 사용자 경험을 제공했다.

토막상식

세가는 모든 프로젝트 이름을 태양계의 행성 이름을 따서 지었다. 새턴과 마스 이외에, 다른 두 가지가 알려져 있다. 넵튠은 1995년 가을에 세가가 출시할 예정이었던 투인원two-in-one 제네시스와 32X 콘솔이었다. 잠재적인 경쟁자가 되기 위해 새턴과 비슷한 가격을 책정했는데, 새턴을 향한 마케팅을 희석할 수 있다는 내부적인 두려움으로 넵튠 출시가 취소되었다. 주피터는 CD 드라이브가 없는 버전의 새턴이었다는 소문이 있다.

---

7 디지털 파운드리 유튜브 채널의 〈DF Retro: Doom – Every Console Port Tested and Analysed〉(DF 레트로: 둠 – 모든 콘솔 이식을 테스트하고 분석함)〉 영상을 참고. *https://www.youtube.com/watch?v=784MUbDoLjQ*

지도의 복잡성이 크게 줄어들었다. 앞의 사진과 같이 E1M1의 메인 룸에서 많은 텍스처가 제거되었다(5.12.6절의 PC 버전과 비교해보자). 아래 사진처럼 E1M3의 '구덩이'는 평평해졌다.

6.3 슈퍼 닌텐도(1995)

슈퍼 닌텐도 엔터테인먼트 시스템은 1990년에 일
본에서, 1991년에 미국과 유럽에서 출시되었다.
슈퍼 닌텐도는 8비트 NES의 16비트 후속 제품이었다. 일본에서 슈퍼 패미컴은 즉각적인 성공을 거뒀고 몇 시간 만에 30만 대가 매진되었다. 엄청난 열풍으로 인해 정부는 추가적인 소동을 피할 목적으로, 닌텐도에게 주말 동안 추가 제품을 출시하라고 요청했다.

닌텐도는 게임의 품질을 보장하기 위해 가혹한 시스템을 구축했다. 퍼블리셔들에게 매년 게임 다섯 개만을 허용한 것이다. 이 규칙이 확실히 시행되도록 하기 위해, 닌텐도에서만 카트리지를 생산하도록 허용했다. 퍼블리셔는 반드시 닌텐도에서 카트리지를 구입해야만 했다. 모든 사람을 대상으로 규칙 준수를 강제하고 게임 복제를 막기 위해, SNS는 게임 시작에 앞서 CIC 잠금 칩을 찾았다. 이 잠금 칩은 SNES가 수명이 다한 후에야 깨지는 강력한 메커니즘이었다.

1999년에 단종되기 전까지 9년 동안 〈슈퍼 마리오 월드Super Mario World〉, 〈젤다 3Zelda III〉, 〈마리오 카트Mario Kart〉, 〈F-ZERO〉, 〈슈퍼 메트로이드Super Metroid〉, 〈동키콩 컨트리Donkey Kong Country〉와 같은 중요하고 상업적으로 성공한 게임을 포함해 총 721개의 게임이 출시되었다. 5천만 대에 가까운 판매량을 기록한 이 게임기는 논란의 여지 없이 소매점 판매와 통신 판매 양쪽 면에서 역대급으로 인기 있는[8] 콘솔 중 하나다.

그림 6-6 닌텐도의 슈퍼 패미컴

기술적인 관점에서 SNES는 2D에서 뛰어났다. 16비트 65C816 3.58MHz CPU는 128KiB 램을 사용할 수 있었다. 이 CPU는 256×240 해상도에서 256색을 사용해 큰 스프라이트를 조작할 목적으로 64KB 램을 장착한 화면 처리 장치picture processing unit(PPU)를 조종했다. 오디오 측면에서 SNES는 8비트 소니 SPC700과 전용 SRAM 64K를 갖춘 16비트 DSP라는 강력한 콤비를 갖췄다.

인상적인 2D 스프라이트 엔진과 특히 '모드 7' 능력에도 불구하고 SNES는 3D 계산과 같은 산술 집약적인 연산에서 어려움을 겪었다. 닌텐도는 게임에서 3D가 차세대 혁신이 될 것이라는 사실을 생생하게 알고 있었고, 실현을 위해 고군분투하고 있었다. 운명적으로, 영국의 소규모 회사가 이 문제에 대한 해법을 들고 있었다.

----

8 돈 라이싱어(Don Reisinger)의 기사 「The SNES is the greatest console of all time(SNES는 역대급으로 가장 위대한 콘솔이었다)」 참고. https://www.cnet.com/news/the-snes-is-the-greatest-console-of-all-time/

6.3.1 아르고넛 게임스

1982년에 제즈 산Jez San은 C64, 아타리 ST, 아미가 컴퓨터에서 배타적으로 일하는 고독한 게임 개발자였다. 자신의 작품을 팔기 위해 제즈는 회사가 필요했다. 자신의 이름(J.San)과 이아손과 아르고넛이라는 신화적인 이야기 사이에서 유사성을 본 제즈는 회사 이름을 아르고넛 게임스Argonaut Games라고 명명했다.

제즈의 벤처 기업은 1인 프로젝트를 벗어나 성장하고 있었다. 1990년까지 제즈는 런던 사무실에서 인재를 모았고 닌텐도의 1989년 휴대용 게임기인 게임보이Game Boy에 관심을 갖게 되었다. 팀은 불가능하다고 여겨지던 두 가지 업적을 달성했다. 제즈 팀에는 3D 와이어 프레임 엔진이 있었고 이를 게임보이에 설치하기 위해 팀은 CIC 보호 기능을 깨뜨렸다.

> 화면 상단에서 닌텐도 로고가 떨어지고 화면 중앙에 닿으면, 부트 로더가 그것이 올바른 장소에 있는지 점검할 겁니다.
>
> 롬에 단어가 올바르게 배치된 경우에만 게임이 시작됩니다. 닌텐도의 허가 없이 게임을 제작하려는 사람은 라이선스가 없는 상표에 '닌텐도'라는 단어를 사용한다고 주장할 수 있으므로 닌텐도는 상표 침해로 이 사람을 고소할 수 있습니다. 우리는 저항과 축전기(대략 1센트짜리 부품)만 있으면 보호 기능을 깰 수 있음을 알아냈습니다. 시스템은 '닌텐도'라는 단어를 두 번 읽습니다. 첫 번째는 부팅할 때 화면에 인쇄하기 위해, 두 번째는 게임 카트리지를 시작하기에 앞서 올바른지 확인하기 위해서죠. 그들이 '닌텐도'를 처음 읽었을 때 우리는 '아르고넛'을 반환했으므로, 화면에 닌텐도 대신 아르고넛이 나오게 되는 이런 설계는 치명적인 실수였습니다. 두 번째 검사에서는 저항과 축전기가 작동했으므로 올바른 단어 '닌텐도'가 그곳에 있고 게임이 완벽하게 부팅되었습니다.
>
> – 제즈 산[10]

CES 1990에서 제즈가 해킹된 카트리지로 닌텐도 부스에서 시연한 결과는 교토 본사까지 보내졌다. 당시 제즈는 몰랐지만, 이보다 더 타이밍이 좋을 수는 없었다. 그 무렵 일본에서는 닌텐도를 출시하자마자 우수한 기술을 선보일 목적으로 슈퍼 패미컴 타이틀을 제작하고 있었다.

---

9 「Born slippy: the making of Star Fox(본 슬리피: 〈스타폭스〉 만들기)」 기사를 위한 데미안 맥페란과의 인터뷰 참고 https://www.eurogamer.net/articles/2013-07-04-born-slippy-the-making-of-star-fox

〈슈퍼 마리오 월드〉는 초기 단계였지만 비행 시뮬레이터인 〈파일럿윙즈Pilotwings〉는 조금 더 진보해 있었다.

〈파일럿윙즈〉에서 지형을 시뮬레이션하기 위해 SNES PPU의 모드 7(회전, 확대축소, 전단과 같은 아핀 변환 기능)을 HDMA 모드와 함께 사용했다. 비행기는 여전히 2D 손으로 그린 스프라이트였다. 스프라이트는 카메라가 비행기 주위에서 부드럽게 회전하는 것을 방해했기에, 제작자인 미야모토 시게루宮本 茂를 괴롭혔다(양자화된 스프라이트는 들쭉날쭉했다).

당시 닌텐도는 외부인이나 외국인과 거래한 전적이 없었다. 이번만은 닌텐도가 예외를 허용했다. 제즈는 3D 작업을 마친 딜런 커스버트Dylan Cuthbert와 함께 교토 본사로 날아갔다.

당시 제즈는 23세, 딜런은 18세였다. 어린 두 사람은 미야모토 시게루를 포함한 닌텐도의 모든 부사장을 만났다. 닌텐도는 〈슈퍼 마리오〉 시리즈부터 〈파일럿윙즈〉까지 모든 기밀을 보여줬다. 그런 다음 그들에게 평면을 다면 폴리곤 객체로 그리는 방법이 있는지 물었다.

> 저는 닌텐도 사람들에게 3D에서 SNES를 더 좋게 만들기 위해 우리에게 몇 가지 하드웨어 설계를 맡기지 않는 이상 이보다 더 좋게 만들 수는 없다고 말했습니다. 심지어 제가 이전에 하드웨어를 한 번도 만들어 본 적이 없는데도 불구하고 닌텐도 사람들은 '예'라고 말하더니 백만 달러를 저에게 건넸습니다.
>
> – 제즈 산

제즈는 '10배'의 성능 향상을 대담하게 약속했고, 닌텐도는 자신들의 게임을 위해 설계된 특수 하드웨어를 얻기 위해 제안을 받아들였다. 〈파일럿윙즈〉는 슈퍼 패미컴 출시를 위해 스프라이트 비행기를 탑재해 출고되었지만, 나중에 출시될 '슈퍼 FX' 칩은 마케팅 목적으로 닌텐도가 소매를 걷어 올린 다른 프로젝트를 위해 사용되었다.

그 프로젝트의 이름은 〈스타폭스Star Fox〉였다.

6.3.1.1 〈스타폭스〉

하드웨어뿐만 아니라 게임을 위한 3D 엔진까지 만들기 위해 아르고넛 게임스에 재정 지원을 하는 동안, 닌텐도는 모든 게임 디자인과 관련한 결정을 내렸다. 제즈 산은 때를 놓치지 않고 자신이 알고 있는 최고의 영국인 인재를 고용하고 계약을 맺었다.

하드웨어의 경우 플레어 테크놀로지(아타리 재규어를 설계한 동일 회사)에 연락했다. 벤 치즈Ben Cheese, 롭 매콜리Rob Macaulay, 제임스 헤이크윌James Hakewill의 프로젝트에는 'MARIO Mathematical Argonaut Rotation I/O'라는 코드명이 붙었다. 설계를 끝낸 결과물이 너무나도 강력해서, 그들은 슈퍼 NES에 '단지 이 칩을 포함하는 상자'라는 꼬리표를 농담삼아 붙였다. 콘솔을 변경할 방법이 없었기에, 칩은 개별 신형 게임 카트리지에 납땜해서 붙였고 이는 권장소비자가격을 엄청나게 높였다.

> 우리는 누구도 하드웨어 설계에서 시도하지 않았던 방식으로 슈퍼 FX 칩을 설계했습니다. 우리는 소프트웨어를 먼저 구축하고 소프트웨어를 최대한 최적으로 실행하도록 독자적인 명령어 집합을 설계했습니다. 누구도 이렇게 하지 않았어요! 3D 칩을 설계하는 대신 실제로 수학과 픽셀 렌더링 기능을 갖춘 완전한 RISC 마이크로프로세서를 설계했으며 나머지는 소프트웨어로 실행했습니다. 세계 최초의 그래픽 처리 장치였으며 우리는 이를 증명할 특허를 보유하게 되었습니다.
>
> – 제즈 산

엔진을 위해 칼 그레이엄Carl Graham과 피트 워너스Pete Warnes는 런던 본사에서 근무했고 딜런 커스버트, 크리스터 움벨Krister Wombell, 자일스 고다드Giles Goddard(나중에 콜린 리드Colin Reed가 합류함)는 미야모토 팀과의 긴밀한 협력을 위해 교토 닌텐도 사무소로 이주했다.

이 프로젝트는 중대하고 상업적이며 공학적인 성공을 거뒀다. 〈스타폭스〉는 1993년 2월 21일에 출시되어 전 세계적으로 4백만 개가 팔렸다.

두 회사 사이의 평화는 이후 씁쓸하게 깨졌다. 닌텐도는 닌텐도 64의 출시에 영향을 미칠까 두려워 대히트작의 후속 작품인 〈스타폭스 2〉를 갑작스럽게 취소했다. 이미 아르고넛 게임스가 작업을 거의 완료한 시점이었으며, 〈스타폭스 2〉는 1996년으로 출시 일정이 잡혀 있었다. 아르고넛은 화가 났고, 닌텐도와의 관계는 틀어졌다. 닌텐도는 이후 고다드와 움벨을 데려갔다. 딜런 커스버트도 합류하려 했지만 계약의 비경쟁 조항으로 인해 그렇게 할 수 없었다. 딜런은 아르고넛에서 맡은 직책을 내려놓고 플레이스테이션에서 일하기 위해 소니에 합류했다.

PS1을 위해 계획 중이었던 플랫폼 게임으로 아르고넛이 〈요시Yoshi〉[10] 시리즈를 사용하는 것을 닌텐도가 거부했을 때 결별은 마무리되었다. 아르고넛은 〈요시〉를 〈크록: 고보스의 전설Croc: Legend of the Gobbos〉로 대체했다. 닌텐도는 나중에 〈크록: 고보스의 전설〉에서 영감을 얻은 메커니즘을 갖춘 〈슈퍼 마리오 64Super Mario 64〉를 출시했으며 1년 만에 〈크록: 고보스의 전설〉을 이겼다.

---

10 옮긴이_ 다음을 참고 https://ko.wikipedia.org/wiki/요시_시리즈

MARIO 칩의 설계는 단순했다. 512바이트 i-캐시가 탑재되었고 10.74MHz로 실행되는 16비트 RISC 프로세서를 기반으로 했다. 수학에 최적화된 자체 명령어 집합과 픽셀 이동에 최적화된 자체 프레임 버퍼가 있다. 명령의 동작 모드는 프레임 버퍼를 대상으로 렌더링하여 DMA를 통해 SNES 램으로 주기적으로 데이터를 전송하는 것이었다. 보고된 바에 따르면 〈스타폭스〉의 경우 약 15fps를 의미하는 초당 76,458개 폴리곤을 렌더링하는 능력이 있었다.

〈스타폭스〉의 경이로운 성공을 목격한 후 다른 스튜디오들도 이 기술에 관심을 갖게 되었다. 칩은 21.48MHz에서 작동할 수 있도록 개정되었으며 'GSU Graphics Support Unit'로 이름이 변경되었다. 1세대 GSU는 〈더트 레이서 Dirt Racer〉, 〈더트 트랙스 FX Dirt Trax FX〉, 〈스턴트 레이스 FX Stunt Race FX〉, 〈보텍스 Vortex〉 등 네 가지 게임을 지원했다.

2세대 GSU는 지원되는 롬과 프레임 버퍼의 크기를 늘리기 위해 여분의 핀을 버스에 납땜한 21.48MHz에서 실행되는 동일 프로세서였으며 〈둠〉, 〈슈퍼 마리오 월드 2: 요시 아일랜드 Super Mario World 2: Yoshi's Island〉, 〈윈터 골드 Winter Gold〉 등 세 개의 게임에 사용되었다.

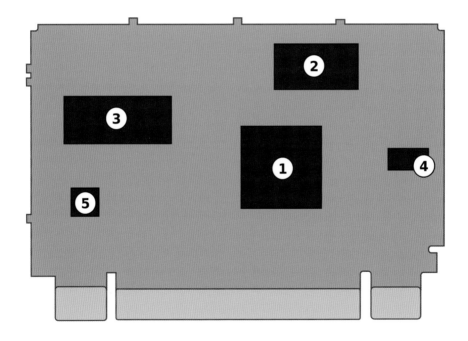

〈둠〉 카트리지를 열면 앞서 설명한 모든 구성 요소가 드러난다. ① 16비트 GSU-2, ② GSU가 쓰는 512KiB 프레임 버퍼, ③ 코드와 애셋이 저장되는 2MiB 롬, ④ 헥스 인버터, ⑤ 복사 방지 CIC 칩.

> '10배'라는 수치는 너무 지나친 약속이었습니다. 우리는 그것이 실제로 가능한지조차 알지 못했습니다.
>
> 그러나 결국에는 지나친 약속을 넘어서는 멋진 성과를 얻었습니다. 3D 그래픽 성능을 실제로는 무려 40배나 빠르게 만들었습니다. 3D 수학과 같은 일부 영역에서는 100배 더 빠릅니다. 3D 수학과 벡터 그래픽뿐만 아니라 스프라이트 회전과 확대 및 축소도 가능했습니다. 닌텐도가 〈슈퍼 마리오 월드 2: 요시의 섬〉과 같이 자신의 게임에 실제로 원했던 기능이었습니다.
>
> – 제즈 산

토막상식

몇몇 열정적인 팬들은 SNES 카탈로그에 나온 모든 791가지 게임을 수집했다. 선반에 일렬로 꽂힌 게임 카트리지는 인상적이다. 6미터 떨어진 지점에서 〈둠〉 카트리지를 구분할 수 있다. 여태까지 표준 회색이 아닌 다른 색으로 만들게 허락을 받은 게임은 세 개뿐이었다. 〈둠〉과 〈맥시멈 카니지Maximum Carnage〉는 붉은색, 〈킬러 인스팅트Killer Instinct〉는 검정색이었다.

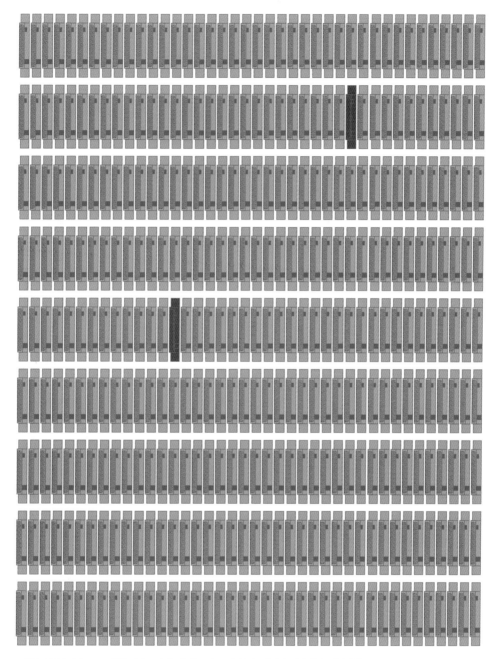

그림 6-7 SNES 721 게임 라이브러리. 젤다는 따로 서 있다. 젤다가 지배하기 때문이다.

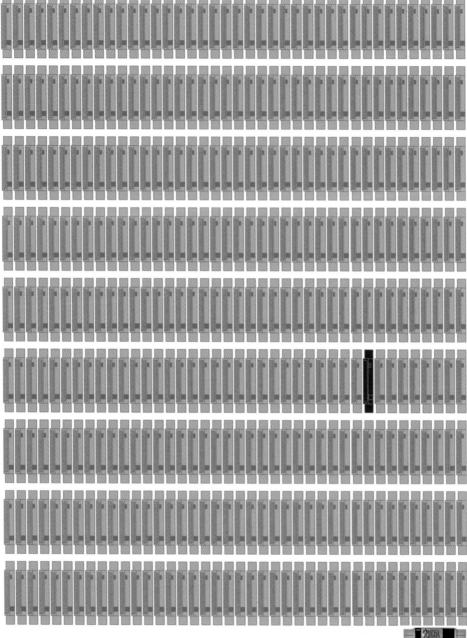

6.3.2 슈퍼 닌텐도용 〈둠〉

SNES에서 〈둠〉은 랜디 린든^{Randy Linden}이라는 한 남자의 천재성과 결심 덕분에 가능해졌다. 랜디는 이 게임을 존경했기에 더 많은 플레이어가 즐길 수 있도록 대량 판매되는 기계에 이식하기로 했다. 랜디는 PC나 콘솔 버전의 소스 코드나 애셋에 결코 접근하지 않았다. 랜디는 맨땅에서 시작했다.

애셋을 가져오기 위해, *.WAD* 덩어리 배치를 자세히 설명한 매슈 펠^{Matthew Fell}의 「The Unofficial Doom Specs」를 이용할 수 있었다. 스프라이트, 텍스처, 음악, 음향 효과, 지도는 *DOOM.WAD*에서 추출되었다. 엔진은 이와는 완전히 다른 이야기다.

> 〈둠〉은 정말 획기적인 게임이었습니다. 저는 PC가 없는 플레이어들도 이 멋진 게임을 할 수 있도록 만들고 싶었죠. SNES에서 동작하는 〈둠〉은 제가 달성 가능하다고 생각한 프로그래밍 과제 중의 하나였습니다.
>
> 프로젝트를 독립적으로 시작해 완전히 작동하는 프로토타입^{prototype}을 완성했을 때 스컬프처드 소프트웨어^{Sculptured Software}에 가져가서 시연했습니다. 스컬프처드 소프트웨어의 많은 사람이 게임을 마치도록 도와주었기에 계획한 대로 휴일에 맞춰 출시할 수 있었습니다.
>
> 몇 가지 이유로 개발이 어려웠으며, 특히 당시에는 슈퍼 FX 칩을 위한 개발 시스템이 없었습니다. 저는 심지어 게임 자체 작업을 시작하기도 전에 완전한 도구 집합(어셈블러, 링커, 디버거)을 작성해야 했습니다.
>
> 개발 하드웨어는 해킹된 〈스타폭스〉 카트리지(슈퍼 FX 칩을 포함하고 있었기에)와 SNES 포트/아미가의 병렬 포트에 둘 다에 연결된 수정된 게임 컨트롤러였습니다. 코드 다운로드, 중단점 설정, 메모리 검사 등을 위해 둘 사이의 통신에 직렬 프로토콜을 사용했습니다.
>
> 더 많은 레벨을 바랐지만, 최대 용량의 롬을 사용했음에도 불구하고 여유 용량이 없었습니다. 단지 16바이트의 여유 공간이 있었던 기억이 흐릿하게 나네요. 아무튼 사용 가능한 공간이 없었습니다! 그러나 슈퍼스코프, 마우스, XBand 모뎀에 대한 지원을 포함시켰습니다! – 네, 실제로 온라인에서 누군가와 대결할 수 있었죠!
>
> – 랜디 린든, *gamingreinvented.com*과의 인터뷰

랜디 린든은 나중에 훨씬 인상적인 리버스 엔지니어링^{reverse engineering} 프로젝트를 진행했다. 1999년에 랜디는 Bleem!이라는 상용 플레이스테이션 에뮬레이터를 공동으로 개발했다. 당시 소니는 여전히 콘솔을 제작하고 판매하고 있었기에 이 움직임은 돌풍을 일으켰다.

이 버전에서 주목할 만한 내용은 엔진 능력과 제약으로 인해 랜디가 여느 콘솔 이식과는 다른 접근 방법을 사용해야만 했다는 사실이다.

그림 6-8 E1M1 지도의 시작 화면

600KiB 램만 있음에도 불구하고, [그림 6-8]에서 (비록 단색이지만) 푸른색 바닥이 남겨진 것을 볼 수 있다. 형상이 어떻게 변경되지 않았는지[11]에 주목하면서 보면, E1M1의 시작 방에는 원래 계단이 빠짐없이 존재한다(5.12.6절의 PC와 [그림 6-2]의 재규어와 비교해보자).

....
11 랜디는 DoomEd나 doombsp에 접근하지 않았기 때문에 형상을 변경하는 데 엄청난 어려움을 겪었을 것이다.

랜디가 붙인 이름처럼 리얼리티 엔진은 PC 지도 형상을 처리할 수 있었지만, 채우기 성능이나 텍스처 샘플링에 문제가 있었기에 천장과 바닥의 텍스처는 완전히 삭제되었다.

그림 6-9 E1M1 야외의 독이 든 연못

위의 스크린샷을 보면 창이 실제로는 전체 화면으로 보이지 않는다. 이 문제가 〈둠〉에만 한정되지 않았던 이유는 〈스타폭스〉, 〈스타폭스 2〉를 포함하여 슈퍼 FX를 사용하는 모든 게임이 활성 영역 크기를 줄여야만 했기 때문이었다. 전체 화면 렌더링을 수행할 수준까지 DMA 전송을 허용하지 않는 SNES의 제한된 대역폭 때문일 가능성이 높다.[12]

기본 256×224 해상도에서 실제로 216×176만 그려졌으며, 3D 캔버스의 경우 216×144(상태 표시 막대를 위한 32행 제외)로 줄어들어 그려졌다. 복제된 세로 행과 함께 리얼리티 엔진은 108×144로 렌더링했다. 이 낮은 해상도에서도 평균 프레임 레이트는 약 10fps였는데, 이는 놀라운 성과였다. '낮은' 프레임 레이트는 플레이어가 〈둠〉을 즐기는 것을 방해할 만큼 심각하지 않았다. 랜디 린든에 따르면 이 게임은 매우 잘 팔렸다.

---

12 *anthrofox.org*와 같은 몇몇은 슈퍼 FX가 192개를 초과하는 행을 렌더링할 수 없다고 이론적으로 정리했다.

그림 6-10 E1M3. 바닥에 보이는 디더링dithering에 주목하자.

놀랍게도, 리얼리티는 [그림 6-10]에서 큰 바닥의 '음영'이 보여주듯이 디더링 기법을 활용해 벽과 바닥 양쪽에서 소멸되는 조명을 구현할 수 있었다.

순전히 램으로 인해 희생된 기능 목록 중에서, 스프라이트 해상도가 너무 낮아져서 종종 (고해상도에서 렌더링된 주인공의 무기와 비교해보면) 인식하기가 어려웠다. 주인공과 마주보는 포즈 외의 모든 것이 제거되었고, 괴물끼리의 내전도 제거되었으며, 소리 전파도 없었다(괴물은 시각적 접촉에 의해서만 깨어났다). 대다수 SFX가 잘려나갔고, 모든 괴물이 내는 소리가 임프의 소리와 동일해졌다.

토막상식

닌텐도는 원래 SNES 게임에서 피를 허용하지 않았다. 〈둠〉이 나올 무렵에 오락 소프트웨어 등급 위원회Entertainment Software Rating Board (ESRB)가 등장했다. 모퉁이 구석구석에서 발견되는 피의 양과 살점 조각을 감안할 때, 〈둠〉 SNES는 M등급[13]을 받아도 충분히 납득 가능했다.

---

13 옮긴이_ Mature의 M을 딴 등급으로 17세 이상에 적합한 성인용 게임을 뜻한다.

6.4 플레이스테이션(1995)

플레이스테이션^{PlayStation}의 역사는 1988년, 닌텐도가 소니와 협력해 SNES를 위한 CD-ROM 리더 추가 기능을 제작하며 시작되었다. 계약 조건에 따라 소니는 플랫폼을 위해 독자적으로 '슈퍼 디스크' 형식을 개발하고 통제할 수 있었다. 닌텐도 측에서는 이례적인 두 번의 양보였다.

소니가 '플레이스테이션'이라는 합작회사를 발표했을 때 이 프로젝트는 CES 1991을 목표로 진전되고 있었다. 다음날 같은 행사에서 닌텐도는 소니 대신 필립스와 훨씬 유리한 조건으로 파트너를 맺었다는, 소니 입장에서는 충격적인 발표를 해버렸다. 공개적인 망신을 당한 소니는 즉각 아이디어를 거부한 세가의 이사회에 의존하려고 시도했다. 2013년 당시 인터뷰에서 세가 CEO인 톰 칼린스케^{Tom Kalinske}는 이사회의 결론을 기억했다.

> 어리석은 기대였다. 소니는 하드웨어를 만드는 방법을 모른다. 소니는 소프트웨어를 만드는 방법도 모른다. 대체 우리가 소니와 함께해야 하는 이유가 무엇인가?

세가는 틀리지 않았다. 소니는 게임 경험이 거의 없었다. 소니는 하드웨어와 소프트웨어 둘 다에 관심이 없었고, 대부분의 참여를 구타라기 겐^{久夛良木 健}이라는 한 사람에게 크게 의존하고 있었다. 겐의 딸이 닌텐도 패미컴을 가지고 노는 것을 목격한 이후로 겐은 소니의 시장 진입을 옹호하고 있었다. 겐은 심지어 소니 VP의 조언에 맞서 SNES를 위해 닌텐도의 오디오 칩(SPC700)을 설계하기도 했다.

소니의 다른 경영진들이 이를 위험한 도박으로 간주했음에도 불구하고, 겐은 소니 CEO인 오가 노리오^{大賀 典雄}의 지원을 받았다. 1992년 6월 겐은 완전히 처음부터[14] 게임 시스템을 구축하라는 승인을 받았다. 나중에 '플레이스테이션의 아버지'라고 불리게 되는 겐이 회고하기를, 경영진을 달래기 위해 자신은 재정적으로 분리된 소니 뮤직으로 옮기게 되었지만, '플레이스테이션'이 될 시스템 작업에 착수할 수 있었다.

---

14 『PLAYSTATION ANTHOLOGY(플레이스테이션 작품집)』(Geeks-Line, 2017) 참고. *https://www.geeksline-publishing.com/home/20-playstation-anthology-collector-edition-9791093752334.html*

원래 2D 스프라이트 그래픽 또는 3D 폴리곤 그래픽 중 어디에 초점을 맞춰야 할지, 아키텍처에 대한 불확실성이 있었다. 그러나 1993년 10월 일본 오락실 게임으로 세가가 출시한 〈버추어 파이터Virtua Fighter〉의 성공으로 모든 의심이 사라졌다.[15] 플레이스테이션은 3D를 향해 걷고 있었다.

이 프로젝트는 2년 후에 소니 컴퓨터 엔터테인먼트를 만들었고, 1994년 12월 3일에 일본 출시를 통해 정상에 올랐다. 출시 첫 날 10만 대, 6개월 후 2백만 대, 결국에는 총 2억 2천만 대를 판매함으로써 즉각적인 성공을 거뒀다.

그림 6-11 소니 플레이스테이션

6.4.0.1 성공의 열쇠

수많은 좋은 선택 중에서 소니는 개발자의 피드백에 귀를 기울였고, 1~2MiB으로 램을 올렸다. 개발 주기가 쉽고, 외부 기술 지원과 함께 온라인에서 다운로드할 수 있고, 도구가 자주 업데이트되는 개발자 중심의 태도를 취했다. CD 형식은 게임 가격을 낮추게 했고, 개발자들은 소니로부터 카트리지를 구매할 필요가 없었다.

더 중요한 사실은, 소니는 닌텐도와 세가처럼 개발자를 검열하지 않았다는 사실이다. 무엇보다

---

15 「How Virtua Fighter Saved PlayStation's Bacon(〈버추어 파이터〉가 플레이스테이션의 이익을 구한 방법)」 참고. *https://www.wired.com/2012/09/how-virtua-fighter-saved-playstations-bacon/*

도 로열티가 낮아서 수익성이 향상되었다.[16] 카리스토 게이밍의 CEO는 나중에 "플레이스테이션이 우리를 자유롭게 해주었다"고 증언했다.

소니의 뜻밖의 행운은 플레이스테이션의 SDK를 프로그래머의 꿈으로 만든 싸이큐Psy-Q를 획득한 것이었다. 사이그노시스Sygnosis는 아타리 ST, 아미가, SNES에서 작업하던 영국의 게임 회사다. 소니는 이 회사를 1993년 초반에 샀으며, 출시 시점에서 플레이스테이션을 홍보하기 위한 그 당시 여전히 비밀스런 게임인 〈와이프아웃Wipeout〉과 〈디스트럭션 더비Destruction Derby〉 제작을 맡겼다.

그때까지 소니는 소니 NEWS MW.2 워크스테이션[17]을 기반으로 플레이스테이션의 개발을 계획했다. 이 워크스테이션은 MIPS R4000을 기반으로 하며 소니에서 제조한 거대하고 실험적인 장비였다. 사이그노시스는 특히 SN 시스템즈라는 회사가 만든 균형 잡힌 도구인 싸이큐의 개발 경험과 비교할 때, 이 솔루션을 싫어했다.

1993년 크리스마스 무렵에, SN 시스템즈의 공동소유자인 앤디 베버리지Andy Beveridge와 마틴 데이Martin Day는 "싸이큐를 여기서 실행시켜라!"라는 요청과 함께 MW.2를 받았다. 두 사람은 24시간 내내 작업했으며 GNU 툴체인(cc 컴파일러, ld 링커, 라이브러리 빌더 ar, gdb 디버거)을 소니의 MW.2 박스에 연결된 PC로 관리하도록 이식했고, 1994년 초반 CES 라스베이거스에서 시연했다.

소니는 이 제품을 마음에 들어 했으며 즉시 700개에 이르는 개발 키트를 주문했다. 1994년 봄의 막바지에 개발 키트 하드웨어는 SCSI 드라이브에 연결된 (DTL-H2000라는) ISA 카드 두 개로 축소되었으므로 테스트를 위해 CD를 구울 필요가 없었다.

---

16 닌텐도의 로열티는 때로는 최대 20%였다.
17 『The development system(개발 시스템)』, 『Next Generation(넥스트 제너레이션)』, 1995년 6월

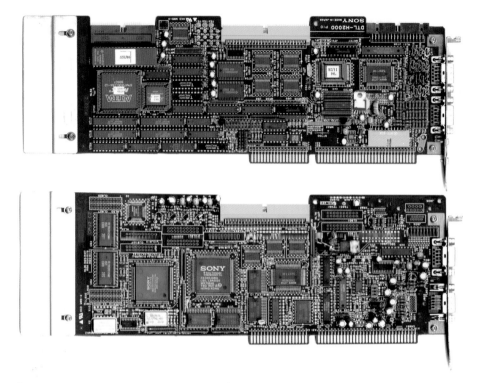

그림 6-12 DTL-H2000 2x ISA 카드 개발 키트. SCSI HDD와 CD-ROM 버너는 표시되지 않음

PC를 활용하면 개발자가 되기 위한 재정 비용을 크게 절감할 수 있을 뿐만 아니라 대다수 개발자가 이미 윈도에 익숙했기 때문에 진입 장벽을 낮췄다.

1993년 9월부터 1995년 6월까지 전 세계 라이선스 사용자 500명이 소니의 꿈의 기계[18]에 자신의 게임을 출시할 기회를 놓치지 않았다. 개발자는 플레이스테이션과 해당 개발 키트를 모두 구입했다.

플레이스테이션 프로그래밍은 믿을 수 없을 정도로 즐거운 경험이었다. 대다수 프로그래밍은 C로 수행되었고 필요한 경우 수작업 어셈블리를 허용했다. 싸이큐는 컴파일러 드라이버를 제공했는데, *.c/.obj* 파일 목록을 가져와 한 번의 키 입력으로 플레이스테이션 실행 파일을 출력할 수 있었다.

플레이스테이션 프로그래밍 철학은 개발자가 여러 시스템으로 저글링을 하도록 만들지 않

---

18 「Sony's PlayStation game plan(소니의 플레이스테이션 게임 계획)」, 「Next Generation」, 1995년 6월

는 것이었다. 예를 들어 1MiB 비디오 프레임 버퍼는 프로그래머가 직접 접근할 수 없었으며, GPU에 대한 위임은 필수 사항이었다. 플레이스테이션 개발자 도구에서 가져온 샘플을 보면 프로그래머의 부담을 덜기 위해 얼마나 주의를 기울였는지 알 수 있다.

> CPU는 전용 하드웨어에 출력 위치와 데이터를 전송하는 시작 주소 등, 최소한의 정보를 제공하는 작업에만 관여했습니다. 데이터는 DMA 컨트롤러를 통해 전송되고 GPU에 의해 소비됩니다. 이와 같은 병렬처리의 결과로 CPU는 거의 모든 시간을 그리기 명령 목록 작성에만 전념할 수 있었죠.
>
> – 「Start Up Guide(스타트업 가이드)」, 「NET YAROZE(넷 야로즈)」[20]

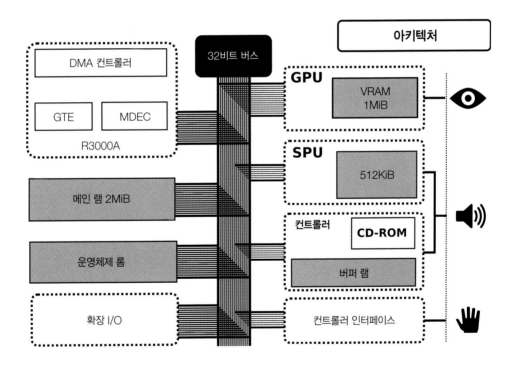

19 옮긴이_ 자세한 사항은 다음을 참고. http://www.psxdev.net/downloads/Net%20Yaroze%20Official%20-%20Startup%20Book.pdf

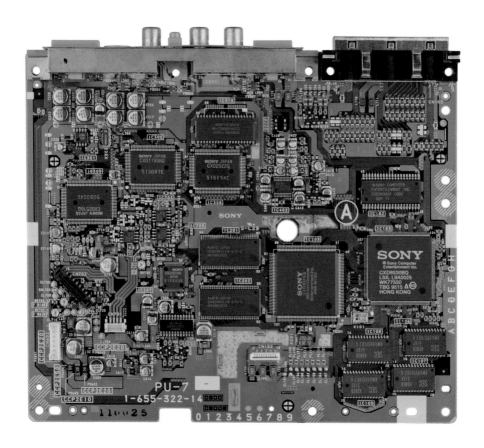

플레이스테이션을 열고 메인보드를 살펴보면 15개 이상의 칩이 보인다.[20]

① 4KiB i-캐시와 1KiB d-캐시를 장착한 32비트 33MHz R3000 CPU(30MIPS). 88MIPS GTE[Geometry Transfer Engine] DMA 컨트롤러, 소니의 80MIPS MDEC 비디오 압축 해제 하드웨어를 포함, ② 운영체제 롬, ③ GPU, ④ 2MiB 램, ⑤ 1MiB VRAM, ⑥ DSP, ⑦ 512KiB DSP 램, ⑧ CD 컨트롤러: CD ROM-XA 변환기(최대 동시 오디오 스트림 8개와 믹싱된 오디오와 CD 데이터 스트림 허용)와 소량의 버퍼 램을 포함, ⑨ CD 드라이브 DSP, ⓐ 16비트 비디오 디지털 변환기, ⓑ TV에 연결된 비디오 디코더(NTSC 또는 PAL)와 인코더.

---

20 「Inside the Playstation(플레이스테이션 내부)」, 『Next Generation』, 1995년 6월

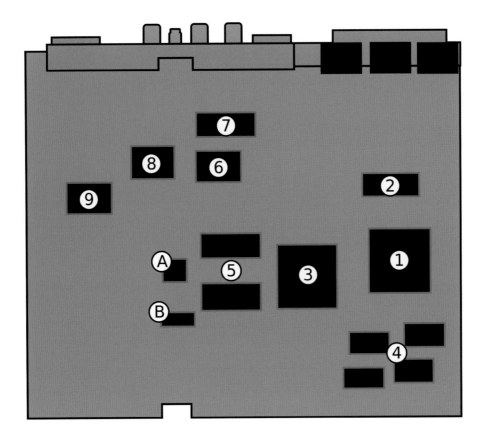

처음에는 개발자를 설득하여 플레이스테이션 개발에 참여하도록 만드는 것이 어려웠다. 1993년 10월 28일, 소니는 게임 퍼블리셔 60곳을 대표하는 개발자 300명을 모아 순회에 나섰다. 소니는 실시간으로 제어 가능한 T-렉스 공룡을 특징으로 하는 '공룡 데모Dino Demo'[21]를 시연했다.

시연은 512×256의 해상도에서 초당 50프레임으로 실행되었다. 프레임당 폴리곤을 대략 1,800개 처리하고 프레임당 폴리곤을 최대 1,300개 그렸다. 1993년에 출시된 〈쥬라기 공원 Jurassic Park〉은 기념비적인 공학적 성과로서 여전히 사람들의 기억에 남아 있다. 게임 커뮤니티에 숨 막히는 광경이 빠르게 퍼져나갔고 SDK 주문은 하늘을 치솟았다.

....
21 『PLAYSTATION ANTHOLOGY』 참고

6.4.1 플레이스테이션용 〈둠〉

〈둠〉은 윌리엄스 엔터테인먼트Williams Entertainment가 플레이스테이션으로 포팅했다. 디자이너 셋과 프로그래머 둘, 총 다섯 명으로 구성된 팀이 엔진을 이식하고, 애셋을 변경하고, 모든 것이 '오직' 3MiB의 램으로만 작동하게 만드는 데 1년이 채 걸리지 않았다. 이는 심지어 PC 버전을 능가하는 몇몇 측면으로 인해 최고의 콘솔 이식 제품이라고 여겨지고 있다.

맨땅에서 작업을 시작하지는 않았다. 이 팀은 재규어 버전의 작업, 특히 더 적은 텍스처와 벽을 사용하는 단순화된 지도 작업을 활용했다.

> 그래픽이 축소되었습니다. 텍스처 크기가 줄었고 스프라이트, 괴물, 무기 크기가 줄었습니다. […] 때로는 애니메이션에서 프레임이 잘렸습니다.
>
> — 해리 티슬리Harry Teasley

제한이 아타리의 콘솔만큼 과격할 필요는 없었다. CD-ROM 용량 덕분에 지도 59가지(〈둠〉에서 33가지, 〈둠 2〉에서 26가지)가 출시되었다. 느린 접근 시간과 제한된 양의 램을 보상하기 위해 각 지도는 독자적인 WAD 아카이브에 저장되었다. 반면에 아크 바일을 제외한 대부분의 괴물이 존재했다.

> 아크 바일은 다른 괴물보다 2배 더 많은 애니메이션 프레임을 가지고 있었으며 플레이스테이션에서 완전히 다룰 수 없었습니다. 아크 바일의 공격을 다룰 수 없었고 부활 능력도 다룰 수 없었습니다. 아크 바일은 가능한 용량에 비해 너무 컸습니다.
>
> — 해리 티슬리, *doomworld.com* 인터뷰

놀랍게도, PC 버전보다 개선된 점이 있었다.

작은 공간에서 잔향을 표현하는 과정에서 SPUsound processing unit 프로세서 덕분에 사운드가 개선되었다. 프레데터와 같이 '희미하게 만드는' 반투명을 위조한 스펙터는 감산 블렌딩으로 변환되었다. 음악은 CD 표준(44KHz, 16비트, 스테레오)으로 향상되었다.

가장 인상적인 추가 기능은 섹터에 컬러를 추가하고 모든 텍스처를 50/50 블렌딩하는 방식으로 달성한 16비트 컬러 조명이었다. 몇몇 상황에서는 이런 기능이 게임 메커니즘을 개선하기 위해 사용되었는데, 다음 페이지에서 볼 수 있듯이 빨간색 조명은 빨간색 키를 요구하는 문을 나타냈다. 환영을 완성하기 위해 주인공의 손이 이에 맞춰 채색되었다.

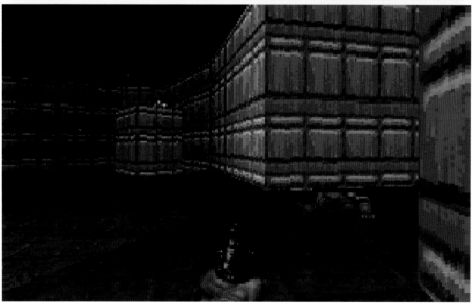

애니메이션이 적용된 하늘과 같이 미묘한 추가 사항도 있었다. 다음 스크린샷에서 주인공은 지옥에 있으며, 하늘은 화려한 불꽃 효과를 포함한다.

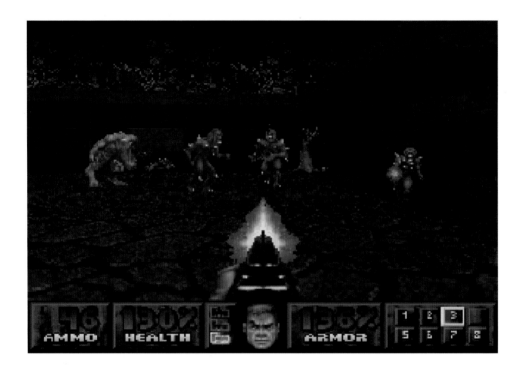

많은 측면에서 플레이스테이션 이식은 소프트웨어 렌더링에 비해 씁쓸하면서도 달콤한 하드웨어 렌더링을 포함했다.

하드웨어 가속은 적은 코드로 많은 폴리곤과 텍스처 매핑된 모델로 복잡한 세계를 만들 수 있게 했다. 빼기 연산으로 블렌딩된 나이트메어 스펙터와 같은 새로운 효과가 배경에 추가되었다.

한편, 혁신적인 속임수를 허용하는 소프트웨어 렌더링의 자유는 더이상 달성할 수 없었다. 대표적인 예는 충격이 발생했을 때의 붉은색 팔레트 이동인데, 플레이스테이션 버전에서는 수행할 수 없기에 제거되었다. 샘플링 시스템을 개선하기 위해 스프라이트와 텍스처가 2차원의 힘을 빌려야만 했다는 다른 예도 있다. 좌표 (u, v)에서 64×64 텍스처 탐색은 (u << 6) + v)으로 최적화될 수 있음이 바로 그 예다.

이의 경우에는 극도의 씁쓸함을 느꼈다. 기술적인 어려움이 너무 커서 팀의 몇몇 개발자는 실현 가능성을 의심했다.

저는 닌텐도 64와 플레이스테이션 버전에서 아론 실러^{Aaron Seeler}와 함께 일했습니다. 소니와 닌텐도는 개발자에게 하드웨어 레지스터 문서를 전달하는 대신 API에 쓰도록 강요했기 때문에 'CPU에 직접' 쓰지 않은 첫 번째 버전이었습니다. 특히 SGI 문화가 개발자를 방해했죠. 하지만, 닌텐도가 결국 양보했습니다.

플레이스테이션 개발에 관한 재미있는 이야기가 있습니다. 완전 하드웨어 가속이 가능했기 때문에, 아론과 저는 삼각형으로 세상을 렌더링하는 다른 엔진 아키텍처를 만들었습니다. 하위 픽셀이 정확하고 원근법이 정확한 렌더링(SGI가 영향을 미침)을 제공하는 N64에서는 훌륭하게 작동했습니다. 그러나 플레이스테이션에는 정수 좌표, 아핀 텍스처 매핑이 있었고 큰 벽과 바닥의 삼각형은 끔찍하게 보였습니다.

– 존 카맥

아핀 텍스처 매핑은 원근감을 고려하지 않고 화면 공간에서 텍스처 매핑을 수행하는 과정이다. *doomworld.com*의 사용자 롤리(Lollie) 덕분에 우리는 〈둠〉이 부적절한 텍스처처럼 보이는 상황을 파악할 수 있다.

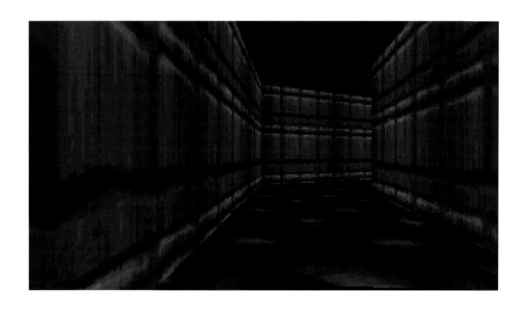

왼쪽 벽에 그려진 검은색의 가느다란 조각에 집중하자. 지면과 평행하지 않으며 오히려 지그재그처럼 오르락내리락하는 듯이 보이므로 문제가 되었다.

뭔가 잘못되었음을 느낄 수 있지만 무엇인지는 확실하지 않았다. 왜곡이 있지만, 5.12.5절에서 본 것과 정확히 일치하지는 않는다. PC에서는 직접 사각형을 그릴 수 있었던 반면에 플레이스테이션의 GPU는 삼각형만 처리할 수 있다는 것이 큰 차이점이었다.

사각형을 그릴 수 있는 능력이 없다면, 개발자는 모든 것을 삼각형으로 표현해야만 했다. 벽을 그리기 위해, 개발자는 두 삼각형이 서로 맞닿게 배치해야만 했다.

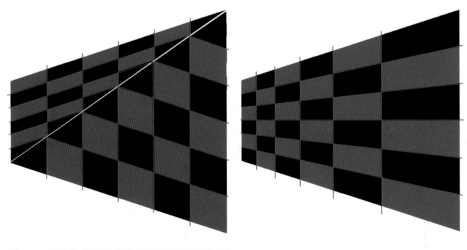

그림 6-13 왼쪽의 아핀 텍스처와 오른쪽의 원근법 텍스처

[그림 6-13]에서 왼쪽 벽은 플레이스테이션이 삼각형 두 개를 받아 관찰자 시점으로부터 거리를 고려하지 않고 화면 공간에 아핀 텍스처 작업을 수행했다. 결론적으로 의도하던 결과인 오른쪽 벽과 매우 다르게 보였다.

이 삼각형을 래스터화하기 위해 GPU는 선택의 여지가 없다. 주사선 알고리즘을 사용하는 것이 유일한 방법이었다. 이 과정은 선의 평행을 유지하지만 유쾌하지 못한 '지그재그'를 일으키게 했고, 두 삼각형 사이의 '합'이 맞지 않게 보인다.

[그림 6-14]에서 벽의 각도가 증가함에 따라 시각적인 결과물이 나빠진다. 또한 오른쪽 열에서 각 정사각형의 너비는 항상 일정하므로 왼쪽 열에서 보여지는 원근감이 교정된 올바른 너비 감소와 대조적인 아핀 텍스처 작업의 문제점이 은연중에 드러난다.

그림 6-14 원근감이 교정된 올바른 텍스처(왼쪽)와 아핀 텍스처 매핑(오른쪽)

소니는 이 문제를 제대로 인식하고 있었으나, 제조 비용의 부담으로 인해 플레이스테이션에 원근감 교정 하드웨어를 탑재하지 못하게 막았다(또한 소니에게는 닌텐도 64에 깊은 영향을 미친 SGI와 같은 강력한 컴퓨터 그래픽 경험을 보유한 파트너가 없었다). 플레이스테이션 개발자 매뉴얼이 권장하는 문제 완화 방법은 삼각형을 더 많은 삼각형으로 세분화하는 것이었다.

이런 방식은 문제를 회피하는 것처럼 들릴지도 모르지만, 플레이스테이션은 그 시간 동안 다소 많은 수의 삼각형을 처리할 수 있으므로 나쁜 제안은 아니었다. 그러나 만족스러운 시각적 결과를 얻으려면 삼각형의 수가 아주 많아야만 했다.

삼각형 두 개(나눠지지 않음) · 삼각형 두 개(나눠지지 않음), 격자선 보임

삼각형 800개 · 삼각형 800개, 격자선 보임

이런 시점 문제로 인해 윌리엄스 엔터테인먼트, 존, 해리는 큰 문제를 겪었고 스트레스에 시달렸다.

아론은 우리가 함께 작업한 프로젝트에 대해 항상 큰 스트레스를 받았으며, 이와 같은 계획의 참담한 실패는 그에게 프로젝트 실패에 대한 공포감을 안겨주어 더욱 전전긍긍하도록 만들었습니다. 저는 어깨를 으쓱하며 다음과 같이 말했습니다. "모든 것을 백업할게요(그 당시 소스 코드 제어 시스템이 없었습니다!). 우리는 이제부터 완전히 다른 뭔가를 진행할 것입니다."

우리는 PC 어셈블리 코드와 마찬가지로 하드웨어가 행과 열이 한 픽셀 폭인 삼각형을 렌더링하게 마무리했고, 이 방법은 잘 동작했습니다. 나중에 알았지만 더 일반적인 플레이스테이션 접근법은 두 축에서 테셀레이션tessellation을 이용하는 것이었지만, 저는 〈둠〉이 그 당시 대다수 플레이스테이션 게임보다 덜 '자글자글wiggly'하게 느껴진다는 사실에 기뻤습니다.

— 존 카맥

세계 공간 삼각형에서 화면 공간 픽셀 폭 삼각형으로 전환하는 기법이 핵심이었다. 엔진은 30Hz에서 동작했고 게임 로직은 15Hz에서 동작했다. 그래픽 결과는 PC 버전과 정확히 같았다. 256×240[22]의 해상도에서 실행되는 이 엔진은 대부분의 경우에 초당 20~30프레임이라는 인상적인 성능을 유지했다.

플레이스테이션용 〈둠〉은 평단과 게이머 양쪽에서 성공을 거뒀다.

> 플레이스테이션 버전은 32X, 재규어, 특히 슈퍼 NES에 대한 이전 노력을 부끄럽게 만드는 데 성공했습니다.
>
> – 『Next Generation』, 1995년

심지어 이드 소프트웨어의 직원들조차도 이식 품질을 보증하기 위해 도움을 제의했다.

> 이것은 최고의 〈둠〉입니다!

토막상식

주인공이 큰 피해를 입어 불구가 되면, 상태 표시줄의 주인공 머리에도 피가 줄줄 흘렀다. 닌텐도에서는 겪지 못했던 새로운 경험이었다!

---

22 게임에서 사용된 가장 낮은 해상도 중 하나다. 심지어 〈리지 레이서〉도 더 높은 해상도로 렌더링했다.

6.5 3DO(1996)

3DO는 일렉트로닉 아츠와 애플의 전 직원인 트립 호킨스Trip Hawkins가 1991년에 설립했다. 하드웨어를 실제로 생산할 수단이 없다면, 목표는 기계가 아닌 표준을 개발하는 것이었다. 3DO는 게임기 사양을 라이선스로 제공했다. 수수료를 대가로 잠재적인 제조업체는 R&D 비용을 상당히 절감할 수 있는 청사진을 받았다. 이 회사의 비즈니스 모델은 각 콘솔과 판매된 각 게임에 대한 로열티를 획득하는 것이었다. JVC가 엄청나게 성공적인 VHS 카세트 시스템으로 이를 성공시켰기에 미친 아이디어라는 평가에서 벗어날 수 있었다.

소니는 플레이스테이션 프로젝트를 위해 이를 살짝 고려했다. 일본 회사는 프로토타입을 보기 위해 심지어 샌머테이오San Mateo 사무소를 방문했지만 결국 거절했다. 다른 여러 회사(삼성Samsung, 도시바Toshiba, AT&T)에서는 3DO를 구축할 권리를 얻었지만 아무것도 만들지 않았다.

마지막으로 1993년 10월, 파나소닉Panasonic, 금성사Goldstar, 산요SANYO는 각각 파나소닉 3DO GZ-1, 금성 3DO, 산요 TRY 3DO라는 자체 게임기를 출시했다. 나중에 크리에이티브는 PC에 연결할 수 있는 ISA 카드를 출시했다.

그림 6-15 3DO 사양의 파나소닉 FZ-1 구현

이 기계의 사양은 원래 1989년에 데이브 니들^{Dave Needle}과 RJ 미칼^{RJ Mical}이 식당의 냅킨에 작성했다. [23]

CES 1992 기간에 3DO의 개념과 사양은 즉각적인 돌풍을 일으켰다. 3DO는 5세대 32비트 시대의 첫 번째 주자였으며 이에 필적할 만큼 강력한 게임기는 시장에 없었다.

> 3DO는 심장으로 ARM60 RISC 프로세서를 사용했고 강력한 사용자 정의 그래픽 칩 두 개와 애니메이션 프로세서 한 개를 가지고 있었습니다. 또한 3Mb 램과 멀티 태스킹 운영체제를 탑재하고 있었죠. 콘솔로는 독특하게, 개발자들은 하드웨어가 아닌 운영체제를 위한 게임을 만들었고 하위 호환성을 보장했습니다.
>
> – 『Retro Gamer』

3DO는 사실 게임을 넘어선 더 큰 계획이 있었다. CD 형식 덕분에, VCR을 대체하고 인터넷을 통해 영화 스트리밍을 가능하게 하려는 야망을 품고 있었다.

그러나 상황은 험악해졌다. 1993년 2월, 와이어드 매거진은 「3DO: Hip or Hype?(3DO: 유행인가 과장 광고인가?)」[24] 라는 전면 기사를 실어, 모험의 생존 가능성에 대한 우려를 불러일으켰다.

문제 중 하나는 비즈니스 모델이었다. 수익을 내려면, 3DO는 각 콘솔과 각 게임이 팔릴 때마다 돈을 벌어야만 했다. 이는 손해 보는 가격으로 게임기를 판 다음, 게임을 팔아 간격을 메꾸는 세가와 닌텐도와는 반대되는 전략이었다. 이로 인해 3DO의 권장소비자가격은 699달러까지 치솟았고 결국 시장에서 가장 비싼 콘솔이 되었다. [25] 그에 비해, 플레이스테이션의 출시 가격은 299달러로 3DO의 절반에도 미치지 않았다. 곧바로, 3DO는 '비싼 놈'이라는 악명을 얻었다. [26]

---

23 「Ahead of its time(시대를 앞서)」, 『Retro Gamer』
24 옮긴이_ 자세한 내용은 다음을 참고. https://www.wired.com/1993/02/3do-2/
25 거의 같은 가격이었던 네오지오를 제외하고, SDO는 대다수 플레이어들에게 꿈으로 남았다.
26 가격은 출시 직후 바로 낮아졌지만 이러한 악명이 이미 자리 잡은 후였다.

3DO를 망친 다른 측면은 게임 라이브러리였다. 출시 당시 가능했던 게임은 〈크래시 앤 번Crash 'n' Burn〉 외 품질 낮은 게임 여섯 개로 다소 작았다. 마지막 순간까지 이뤄진 펌웨어firmware 변경과 개발 키트 수정은 출시 대비를 위한 게임 스튜디오의 노력에 걸림돌이 되었다.

역설적으로 3DO는 CD-ROM이라는 미디어로 인해 어려움을 겪었다. 이전보다 150배 이상 큰 용량(650MiB 대 4MiB)으로 게임 스튜디오는 길게 픽셀화된 영화 같은 스토리 장면과 경계 선상에 놓인 인터랙티브 영화를 실험했는데, 전혀 재미가 없었다.

1994년 후반, 품질이 떨어지는 게임이 쏟아져 나오고 플레이스테이션까지 출시되며 회복에 대한 희망은 완전히 사라졌다. 1995년까지 70만 대 미만의 콘솔이 판매되면서 표준은 동력을 잃었다. 표준은 제작자인 3DO에 이어 곧바로 사망했다.

그림 6-16 3DO 파나소닉 모델 'FZ-10 R.E.A.L' 시스템 보드

파나소닉, 금성, 산요는 모두 독자적인 메인보드를 설계했지만 모든 3DO의 기능은 동일했다. 가장 인기 있는 모델인 'FZ-10'을 열면 칩이 17개 나왔다.

칩

① 50MHz CEL 엔진 클리오, ② 50MHz CEL 엔진 마담, ③ 2MiB 램, ④ 1MiB VRAM(프레임 버퍼), ⑤ 12.5MHz ARM60 메인 CPU, ⑥ 코너 엔진(50MHz 수학 보조 프로세서), ⑦ 1MiB 운영체제 롬, ⑧ 디지털 비디오 인코더(25MHz VDLP), ⑨ 32KiB 배터리 지원 SRAM, ⓐ ARM CPU 32KiB SRAM, ⓑ DSP(16비트, 25MHz), ⓒ CD 시그널 처리 LSI, ⓓ CD-ROM 컨트롤러 MN1882410, ⓔ CD-ROM 펌웨어, 모두 50MiB/s와 36 DMA 채널을 통해 연결된다.

연결

ⓕ 게임 패드, ⓖ 확장 포트, ⓗ 컴포지트/S-비디오 포트, ⓘ RF 출력 잭.

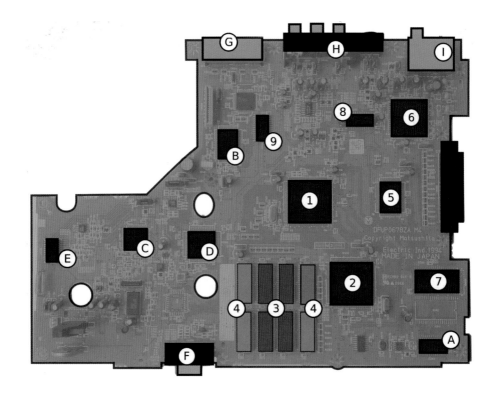

3DO 개발자는 ARM 프로세서를 위해 수작업으로 만든 어셈블리를 제외하고 하드웨어에 직접 접근할 수 없었다.

> 3DO 하드웨어용 레지스터 집합에 대한 문서를 받은 적이 결코 없었습니다. 리버스 엔지니어링을 사용해 I/O 포트를 얻을 수 있었지만, 3DO는 운영체제를 우회한 사실을 발견하면 게임이 거부될 것이라고 말했습니다.
>
> — 리베카 앤 하이네먼Rebecca Ann Heineman

3DO용 가속기 애드온으로 시작된 M2 프로젝트는 3DO 2가 될 수 있는 시스템으로 변모했다. 새로운 3D와 비디오 렌더링 기술과 함께 듀얼 파워PC 602 프로세서가 포함되있다. M2 프로젝트는 완료되지 않았다.

___

토막상식

M2 머신을 추측하면서, 개발자는 3DO 2를 위한 그래픽을 향상하기 위해 게임에 커닝 코드를 숨겼다. 〈둠〉에서 '위, 오른쪽, L, 위, 오른쪽, 오른쪽, R, A, 왼쪽'을 차례로 누르면, 활성 윈도의 크기를 전체 화면 크기까지 늘릴 수 있었다.

___

6.5.1 3DO 프로그래밍

그래픽 프로그래밍은 클리오와 마담 칩으로 구동되는 3DO의 'CEL 엔진'을 통해 수행되었으며, 여기서 CEL은 '스프라이트'를 지칭하는 멋진 이름이다. 각 CEL은 관련된 세 벡터인 HD, VD, HDD로 화면에 그려질 수 있다. 이 모두를 함께 사용하면 프로그래머 설명서에 나와 있듯이 확대/축소, 회전, 기울이기, 그리고 심지어 '원근법'까지 수행할 수 있었다. 또한 CEL 엔진은 여러 CEL을 동시에 처리할 수 있었다.

HD와 VD가 수평/수직 벡터를 설정한다는 사실은 명백하지만, 차동 벡터 HDD는 추가적인 설명이 필요하다. 매뉴얼에서 설명하는 방법은 다음과 같았다.

고정된 HDX와 HDY 값이 CEL의 수평 오프셋을 설정하고 VDX와 VDY 값이 CEL의 수직 오프셋을 설정하면 결과는 항상 엄격한 평행사변형이 됩니다. 모든 행 모서리는 모든 열 모서리와 마찬가지로 평행합니다. 평행사변형의 크기와 각도를 변경하더라도 행 가장자리가 수렴 또는 발산하는 원근감 효과를 얻을 수 없습니다. 원근감을 추가하기 위해 프로젝터는 HDDX와 HDDY 오프셋 쌍을 사용합니다. HDDX와 HDDY는 각 행 가장자리의 시작 부분에서 지정된 양만큼 HDX와 HDY 값을 변경합니다. 행 가장자리를 계산할 때, HDDX를 HDX에, HDDY를 HDY에 더합니다. 그다음 새로운 HDX와 HDY 값을 사용해 다음 행 가장자리를 계산합니다. HDDX와 HDDY는 행 경사와 행 가장자리에서 가장자리로 가는 픽셀 여분을 변경할 수 있었고, 수렴하거나 발산하는 행 가장자리를 만들 수 있었습니다.[29]

– 「3DO Programmer Guide(3DO 프로그래머 가이드)」

① 정상, ② 회전, ③ 원근감(올바르지 않음), ④ 확대와 함께 기울임.

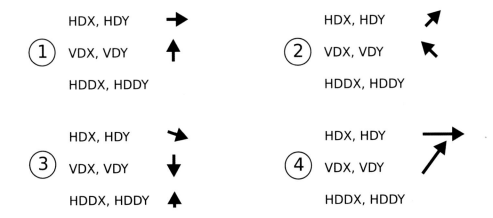

27 이것은 아타리 링스에서 스프라이트 비틀기를 위해 사용된 메커니즘과 동일하다. RJ 미칼과 데이브 니들이 링스도 설계했기 때문에 당연했다.

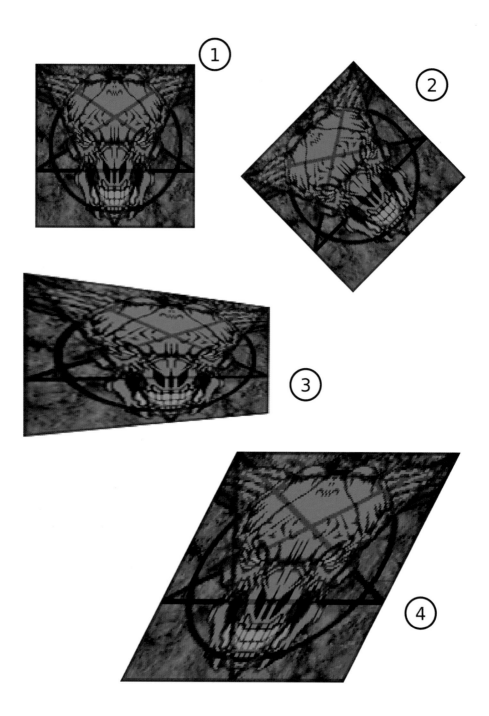

6.5.2 3DO용 〈둠〉

콘솔의 사양을 감안할 때 3DO는 〈둠〉을 위한 최고의 콘솔 호스트가 될만한 잠재력이 있었다. 재규어 버전이 성공적이라는 평가를 받았으므로, 램이 더 많고 그래픽 하드웨어가 우수한 3DO가 결과적으로 플레이어와 퍼블리셔 모두를 행복하게 만들었다는 설명이 논리적으로 들린다. 아, 하지만 말도 안 되는 사건들 속에서, 출시된 제품은 원작의 대학살이었고 결국 누구나 인정하는 최악의 콘솔 버전으로 받아들여졌다.

1995년 1월, 250,000달러와 1995년 크리스마스 이전에 배포할 의무를 지고 아트 데이터 인터랙티브Art Data Interactive (ADI)는 3DO에서 〈둠〉을 돌릴 권리를 획득했다. ADI의 임원들에게 〈둠〉 이식은 '돈을 인쇄하는 라이선스'처럼 느껴졌다. 새로운 무기, 새로운 괴물, 새로운 지도, 풀 모션 비디오full motion video (FMV) 시퀀스 등 많은 기능을 언론과 약속했다.

그림 6-17 FMV 촬영 세트(리베카 앤 하이네먼이 공개한 사진)

게임 개발 경험이 있는 회사에 프로젝트의 하청을 맡겼다. ADI는 이식 비용이 생각보다 훨씬 비싸다는 사실을 깨닫게 되었다. 합의한 내용에 따르면 비용은 백만 달러, 개발 기간은 1년이 될 것이었다.

1995년 7월까지 하청 업체와의 관계가 회복하지 못할 정도로 악화되었다.[28] ADI는 1995년 10월, 출시 예정일이 눈앞에 닥치자 이전에 〈울펜슈타인 3D〉를 3DO로 이식하는 작업을 수행했던 계약자에게 연락했다. 이 프로젝트를 받아들인 가난한 영혼의 이름은 로직웨어Logicware의 리베카 앤 하이네먼이었다.

프로젝트를 수주한 리베카는 이드 소프트웨어와 계약을 맺으며 받은 소스 코드를 달라고 요청했다. 아무것도 오지 않았다. 결국 리베카는 플로피 디스크를 받았다. 디스크 안에는 컴파일된 이진 파일인 *DOOM.EXE*와 *DOOM.WAD*가 담긴 상용 버전이 전부였다! 리베카는 ADI에 소스 코드가 무엇이며, 이진 파일에서 작업을 시작하지 못하는 이유를 ADI에 설명해야만 했다. 몇 주 동안 고군분투한 후, 마침내 리베카는 자신에게 재규어 버전의 소스 코드를 보내준 존 카맥에게 이메일을 보냈다.

최종 버전에 도달하기까지의 10주 동안, 리베카는 영웅적으로 일했고 데드라인을 가까스로 맞췄다. 하지만 최종 제품은 막대한 피해를 입었다.

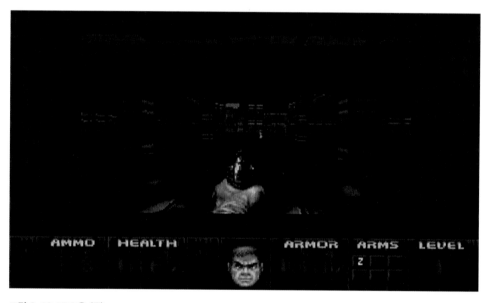

그림 6-18 3DO용 〈둠〉

....
28 맷 갠더(Matt Gander)의 「The unfortunate tale of 3DO DOOM(불행한 3DO 둠 이야기)」 참고. *https://www.gamesasylum.com/2016/05/17/the-unfortunate-tale-of-3do-doom/*

CEL 엔진은 벽(플레이스테이션과 같은 1픽셀 너비 열)을 렌더링하기 위해 활용되었다. 그러나 버그로 인해 리베카는 소프트웨어에서 평면을 렌더링해야만 했다. 음악 재생용 오디오 드라이버를 쓸 시간이 없었기 때문에 PC 버전을 녹음해 (기타리스트였던) ADI의 CEO에게 보냈다. 음악을 재녹음하기 위해 밴드가 고용되었다. 그들의 커버 음악은 CD에서 직접 재생되었다.

성능은 끔찍했다. 결과를 본 이드 소프트웨어는 활성 창 크기를 전체 화면에서 화면의 1/3로 줄일 것을 요구했다. 심지어 이런 조정에도 불구하고 프레임 레이트는 여전히 절망적인 한 자릿수였다.

ADI는 라이선스와 제조 비용으로 150,000달러라는 가격에 3DO에서 50,000개를 주문했었다. 회사가 바라는 유일한 희망은 비용을 만회하기 위해 모든 제품을 팔아 치우는 것이었다. 사용자 수가 250,000명으로 추정되고 AAA 게임 타이틀이 10,000에서 20,000부 사이 판매되던 당시 상황을 고려할 때, 이것은 엄청난 도박이었다. 불행하지만 당연한 결과로 플레이어들은 이 게임을 싫어했고, 게임 언론은 이 게임을 물어뜯었고, ADI는 곧 파산했다.

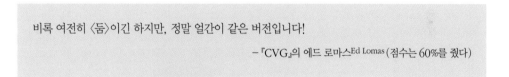

비록 여전히 〈둠〉이긴 하지만, 정말 얼간이 같은 버전입니다!

－『CVG』의 에드 로마스Ed Lomas (점수는 60%를 줬다)

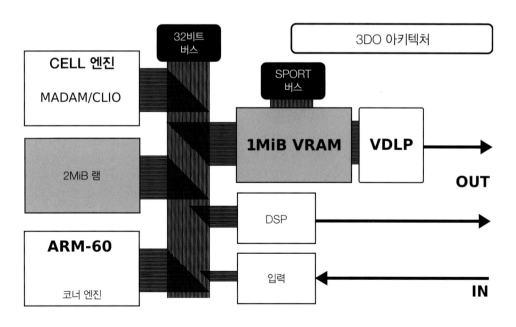

이전 페이지의 3DO 하드웨어 다이어그램을 살펴보면, 리베카가 프로젝트를 위해 더 많은 시간을 할애하지 못했다는 아쉬움이 우리를 애석하게 만든다.

저는 프로젝트를 제안받았을 때 이식 상태에 대해 잘못 알고 있었습니다. 새로운 레벨, 무기, 기능을 가진 버전이 있었고, 시장 출시를 위해 '다듬기'와 최적화만이 남았다고 들었죠. 이 버전에 대해 다양한 요청을 한 다음에, 저는 알게 되었습니다. 문서 따위는 없고, 게임 하나를 특정 플랫폼에서 다른 플랫폼으로 이식하기 위해 필요한 모든 것은 단지 코드를 컴파일하는 것이며, 무기 추가는 그림에 물감 한 방울을 떨어뜨리는 것만큼이나 단순하다는, 아주 잘못된 생각을 ADI가 품고 있었다는 사실을요.

3DO에 있는 제 친구들은 1995년 크리스마스 무렵에는 〈둠〉이 플랫폼에서 돌아가기를 간절히 바라고 있었고(저는 1995년 8월에 이 작업을 받았으며, 10월 중순에는 골든 마스터 버전이 나왔습니다), 저는 글자 그대로 제 사무실에서 살았습니다. 낮잠을 자기 위해서만 휴식을 취하며 이식 작업을 완료했습니다.

음악 드라이버를 이식할 시간이 없는 관계로 음악을 다시 만들기 위해 ADI가 밴드를 고용했기에 제가 해야 했던 모든 작업은 스트리밍 오디오 기능을 호출해 음악을 재생하는 것이었습니다. 이는 훌륭한 판단이었습니다. 그래픽은 활기를 잃었지만, 음악은 극찬을 받았거든요.

3DO의 운영체제는 앱을 돌리고 제거하는 방식으로 설계되어 있었으며, 메모리 누수로 인한 엄청난 버그가 존재했습니다. 시작 과정에서 로직웨어와 이드 소프트웨어 로고를 로드하고 싶었지만, 메모리 누수가 일어났습니다. 이를 해결하기 위해 저는 앱 두 개를 만들어 하나는 3DO 로고를 그리고 다른 하나는 로직웨어 로고를 그렸죠. 실행되고 나면 두 앱은 메모리에서 제거되었고 메모리 손실 없이 메인 게임을 실행할 수 있었습니다.

일렉트로닉 아츠가 게임을 배급할 것이었기 때문에 데이터에는 일렉트로닉 아츠 로고도 있었습니다. 하지만 거래는 무산되었습니다.

수직 벽은 CEL 엔진을 사용해 가느다란 조각으로 그렸습니다. 그러나 CEL 엔진은 3D 원근법을 처리할 수 없으므로, 바닥과 천장은 소프트웨어 렌더링으로 그려야 했죠. 제 구현이 텍스처 테어링을 일으켰기 때문에 CEL 엔진을 사용하기 위해 코드를 변환할 시간이 부족했습니다.

> 3DO가 ANSI C 컴파일러와 함께 제공한 파일에는 버그가 있어서 제가 직접 저만의 *string.h* 라
> 이브러리를 작성해야만 했습니다! *string.h*라고요!? 어떻게 그렇게 망가뜨릴 수 있을까요!?!?!
> 3DO가 그렇게 했습니다! 저는 ARM 6 어셈블리에 필요한 모든 함수를 직접 작성하느라 하루를
> 보냈습니다.
>
> – 리베카 앤 하이네먼

6.6 새턴(1997)

세가 새턴^{Sega Saturn}의 개발은 1992년 6월, 인기가 많지만 오래
된 제네시스의 대체품을 만들겠다는 목적으로 시작되었다.[29]
그 무렵, 제네시스는 3천만 대가 넘게 팔렸으며, 15~25살 연
령대에서 '멋진' 이미지를 구축했다. 여러 훌륭한 게임과 대규
모 TV 광고 캠페인이 만들어낸 이미지였다. 세가에게 새턴은
최소한 전작에 버금가야 할 의무를 진 엄청난 사업 프로젝트
였다.

2년 동안의 노력 끝에 세가는 1994년 6월 도쿄 토이 쇼^{Tokyo Toy Show}에서 새턴 시제품을 시연했
다. 세가는 미처 알지 못했다. 새턴은 32X보다 훨씬 더 큰 피해를 입히고, 세가 인터내셔널의
이미지를 망치고, 판매량도 저조할 운명이었다.

개발 과정에서 세가는 히타치^{Hitachi}와 파트너십을 맺고 필요에 맞는 새로운 CPU를 개발했다.
이 합작회사는 1993년 말 새턴을 위한 기반으로써 이중 구성 형태로 사용된 'SuperH RISC 엔
진'(일명 SH-2)이라는 결실을 맺었다.

그래픽 측면에서는 VDP 하나가 대다수 작업을 수행한다. 그러나 플레이스테이션의 기능을 분
석한 보고서를 본 세가는 시스템의 2D 성능과 텍스처 매핑을 개선하기 위해 두 번째 VDP를
추가했다.

---

29 블레이크 J. 해리스(Blake J. Harris)의 『Console Wars(콘솔 전쟁)』(Dey Street Books, 2015) 참고. *https://www.amazon.com/
Console-Wars-Nintendo-Defined-Generation/dp/0062276700*

세가는 공포의 플레이스테이션이 출시되기에 앞서 새턴을 출시할 수 있었고, 일본 내 판매는 〈데이토나 USA^{Daytona USA}〉와 특히 인지도가 높았던 〈버추어 파이터〉와 같은 게임들과 함께 처음에는 유망했다. 초기의 성공은 당시 일본에서 단연코 가장 인기 있는 아케이드 게임이었던 〈버추어 파이터〉 덕분이었다.

소니를 무찌르는 것은 큰 대가를 치뤘고, 결과는 급박해 보였다. 1995년 로스앤젤레스에서 열린 E3에서 세가의 CEO 톰 칼린스케는 새턴이 바로 같은 날에 출시될 것이라고 발표했다. 심지어 공급 업체조차도 이를 알지 못했고 콘솔은 급격히 품절되었다. 또한 서두른 결과로, 출시 당시에 가능한 게임이 6개뿐이었다는 것이다. 완벽한 주력 게임이 될 수 있었던 〈팬저 드래군 Panzer Dragoon〉은 마감 일자를 놓쳤다. [30]

게임 콘솔은 프로그래밍도 너무 어려웠다. 3DO와 유사한 방식으로 3D를 달성했다. 프로그래머는 2D 사각형을 다뤄야만 했는데, 2D 사각형은 화면 공간에서 왜곡되어 원근법을 흉내 내기에 좋지 않았다. 노력한다고 해결될 문제가 아니었고, 하드웨어가 복잡했다.

> 현재 우리는 마스터 SH2만 사용하고 있으며, 슬레이브 SH2는 우리가 방법을 알아낼 때 사용될 것입니다.
>
> – 믹 웨스트^{Mick West}, 새턴 개발 저널

---

30 「The Making Of... Panzer Dragoon Saga(팬저 드래군 사가의 제작)」, *nowgamer.com*.

전 세계적으로 이 플랫폼은 미지근한 반응만을 얻었다. 그리고 야수는 풀려났다.

출시 2주 후, 플레이스테이션은 〈리지 레이서Ridge Racer〉를 공표했고 전 세계를 강타했다.[31] 새 턴(399달러)이 플레이스테이션(299달러)보다 비싼 데다 당장은 더 좋아 보였지만, 〈리지 레이서〉와 나란히 놓을 때 〈데이토나 USA〉와 같은 게임은 노골적인 문제가 있었다. 낮은 프레임 레이트, 폴리곤 팝인 현상, 레터 박스 화면 등은 사용자에게 자비를 구걸했다. 설상가상으로 1996년 6월, 닌텐도 64라는 또 다른 경쟁자가 시장에 나타났다.

이후 몇 가지 좋은 게임이 출시되었지만 피해가 컸다. 더 많은 문제가 계속 제기되었다. 복제 방지 기능은 초기에 해킹되었다. 일렉트로닉 아츠는 플랫폼에서 인기가 많았던 EA 스포츠EA Sports의 게임 출시를 거부했다. 엑스박스Xbox와 플레이스테이션 2PlayStation 2가 출시되면서 세가는 기술적으로 열세였다. 32X와 새턴의 연이은 실패로 세가는 몇 년 동안 돈을 날렸다. 2001년 말, 파산 직전에 세가는 하드웨어 사업을 중단하고 성공적인 〈버추어〉 게임 시리즈 생산에 집중하기로 결정했다. 역설적으로 세가의 마지막 콘솔인 드림캐스트는 프로그래머와 플레이어 모두에게 높이 평가되었다.

6.6.1 새턴 프로그래밍

새턴 프로그래밍은 어려웠다. 프로그래머 매뉴얼은 데이터 흐름을 이해하기 위해 반복적으로 읽어야 하는 두꺼운 매뉴얼 8권으로 나누어졌다. [그림 6-19]에 나온 다이어그램은 여덟 개 칩을 조정하기 위해 필요한 엄청난 노력을 보여준다.

주 프로그래밍은 2.0MB짜리 공유 램에 연결된 SH-2 프로세서 두 개를 통해 수행된다. SH-2 하나를 마스터로 간주하며 다른 하나를 슬레이브로 간주한다.[32] 공통 구성에서 슬레이브는 병렬 작업을 위한 도우미로 사용된다. 두 칩 간의 통신(무엇을 수행할지 알려주기 위함)은 따분한 인터럽트 시스템을 통해 이뤄져야만 했다. 정적 변수static variable와 전역 변수global variable를 다루기 위해, 게임 콘솔 프로그래머는 낯선 개념인 뮤텍스mutex와 세마포어semaphore를 다뤄야만 했다. 두 CPU는 동일 버스에 있었기에, 시스템에서 램과 주변 장치 모두에 접근할 필요가 있으면 한쪽이 다른 쪽을 위해 기다려야만 했다. 병목현상에 영향을 적게 미치는 공유된 통합

---

31 플레이스테이션은 새턴보다 3배나 많이 팔렸다.
32 옮긴이_ 최근에는 마스터/슬레이브 대신 메인/세컨드리 등 중립적인 용어로 바꿔 쓰는 게 권장된다.

4KiB 캐시를 통해 문제를 최소화하려는 시도가 진행되었다.

오디오는 사운드 프로세서(모토로라 68000)와 연계된 세가 커스텀 사운드 프로세서^{Saturn} custom sound processor(SCSP)를 통해 수행되었다. SCSP는 전용 512KiB 램에서 사운드 믹싱을 수행하도록 구성되었으며, 사운드 프로세서가 처리된 결과를 가져갔다. 이런 조합은 악기를 조합하고, PCM 사운드를 재생하고, 3D 효과/왜곡을 수행할 수 있는 강력한 시스템을 만들었다. 이 칩은 또한 사용자의 제어 입력을 폴링^{polling}하고 이를 SH-2 두 개가 폴링하는 내부 레지스터에 저장했다.

그래픽 프로그래밍은 VDP1과 VDP2라는 칩 두 개를 통해 수행되었다. VDP1은 하드웨어 가속 쿼드^{quad} 렌더러였다. 2D 게임처럼 스프라이트를 렌더링할 때는 매우 효율적이지만, 3D 게임처럼 텍스처를 확대하거나 축소할 때는 그리 효율적이지 않은 포워드 텍스처 매핑을 사용하는 특성이 있었다. 일단 VDP2에서 선택된 대상 레이어를 렌더링하고, 우선순위와 투명도 설정에 따라 합성해 TV로 전송한다. 두 칩이 병렬로 작동한다는 사실에 주목하자. VDP1이 다음 프레임에서 작업하는 동안 VDP2는 이전 프레임을 마무리했다.

SH-1 프로세서와 연계되어 동작하는 드라이버를 통해 CD-ROM에 접근했다. 2배속 장치는 150KiB/s로 읽을 수 있었지만 평균 접근 시간은 300ms였다. 이를 보완하기 위해, SH-1은 데이터를 512KiB 버퍼에 저장했다. 최악의 접근 시간을 기준으로, 프로그래머들은 사전에 데이터를 요청하라는 지시를 받았다.

이 모든 구성 요소를 제어하고 시스템 간에 데이터를 전송하기 위해 시스템 제어 유닛^{system} control unit이라는 7번째 칩이 DMA 컨트롤러, DSP, 버스 컨트롤러 역할을 했다. DSP는 행렬 변환을 수행하고 결과를 VDP 램에 직접 쓸 수 있었다.

토막상식

프로그래머 매뉴얼을 자세히 읽어보면 각 구성 요소가 어떻게든 다른 구성 요소의 램과 상호작용할 수 있었음을 알 수 있다. 이것은 디버깅을 매우 어렵게 만들었다.

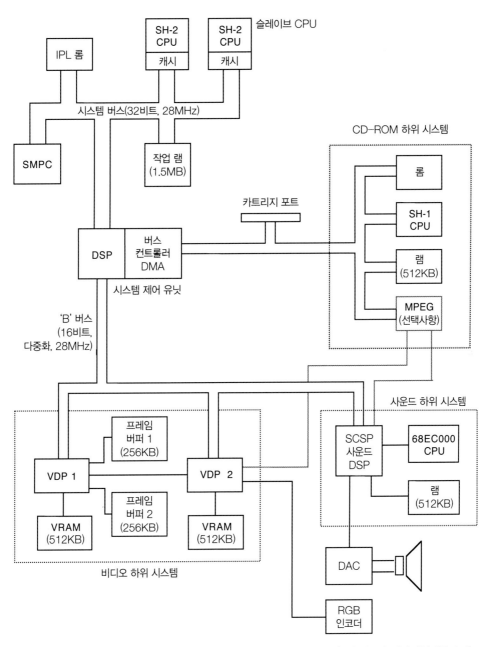

그림 6-19「Sega manual: Introduction to Saturn Game Development(세가 매뉴얼: 새턴 게임 개발 소개)」, 1994년 4월

그림 6-20 세가 새턴 메인보드

세가 새턴을 열고 메인보드를 살펴보면 거의 스무 개에 이르는 칩을 볼 수 있다.

① 32비트 28.6MHz SH-2, ② 32비트 28.6MHz SH-2, ③ VDP2, ④ YMF292, 일명 SCSP^{Saturn Custom Sound Processor}, ⑤ 시스템 제어 유닛 DSP 수학 보조프로세서 @14.31818MHz, ⑥ BIOS, ⑦ SMPC^{System Management Peripheral Control}, ⑧ 모토로라 68CE00, ⑨ 32KiB 배터리 지원 SRAM, ⓐ 4MiB 램(2MB 램 + 1.5MB VRAM + 540KiB 오디오 램), ⓑ VDP1, ⓒ 히타치 CD-ROM I/O 데이터 컨트롤러, ⓓ 64k 내부 롬이 있는 32비트 20MHz SH1 마이크로 컨트롤러, ⓔ 컨트롤러 단자 2개, ⓕ A/V OUT 소켓, ⓖ 세가 통신 소켓, ⓗ 카트리지 슬롯(〈엑스맨 vs. 스트리트 파이터^{X-Men vs. Street Fighter}〉용), ⓘ CD-ROM 커넥터.

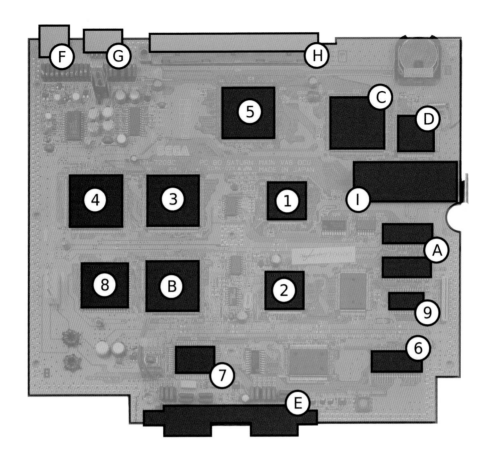

여러 문제들과 시기적절하지 않았던 출시에도 불구하고, 새턴에게 무슨 일이 일어났는지 목격하고 이를 실패로 취급하는 상황은 씁쓸한 기분을 남긴다. 4년 동안 이 플랫폼은 〈레이디언트 실버건Radiant Silvergun〉, 〈그란디아Grandia〉, 〈세가 랠리 챔피언십Sega Rally Championship〉, 〈버추어 파이터 2Virtua Fighter 2〉, 〈팬저 드래군 사가Panzer Dragoon Saga〉, 〈가디언 히어로즈Guardian Heroes〉, 〈나이츠 인투 드림즈NiGHTS into Dreams〉, 〈팬저 드래군 2 츠바이Panzer Dragoon II Zwei〉, 〈버추어캅Virtua Cop〉과 같은 놀라운 기술과 즐거운 게임을 제공했다. 불행히도 〈둠〉은 이 목록에 속하지 않았다.

수년간의 기다림 끝에, 〈둠〉은 마침내 새턴에 도착했습니다. 불행하게도, 숨이 턱 막힐 만큼 나쁜 변환이었지만요.

— 『Sega Saturn Magazine(세가 새턴 매거진)』 1997년 2월 16일

6.6.2 새턴용 〈둠〉

새턴으로의 〈둠〉 이식은 레이지 소프트웨어^{Rage Software}가 아주 빠듯한 일정에 맞춰 수행했다. 엔진의 그래픽 부분은 VDP1이 사각형을 세 개의 독립적인 레이어(바닥과 천장 레이어, 벽과 사물 레이어, 상태 표시줄 레이어)에 쓰는 작업을 통해 이뤄졌고, VDP2에서 합쳐져 TV로 전송되었다. 결과로 나온 프레임 레이트는 다른 이식에 비해 탁월했지만 원근감이 교정된 텍스처 처리가 부족하여 짐 배글리^{Jim Bagley}의 계획을 방해했다.

> 프로젝트를 시작할 때 이드 소프트웨어의 승인을 받기 위해 데모를 진행해야 했습니다. 저는 WAD 파일에서 모든 레벨, 오디오, 텍스처를 추출하는 작업으로 시작했고, 독자적인 새턴 버전을 만든 다음, 3D 하드웨어를 사용해 작동하는 초기 버전의 렌더러를 만들었습니다. 데모를 보내고 며칠 후 존 카맥에게 전화가 왔는데, 그는 제게 어떤 상황에서도 3D 하드웨어를 사용해 화면을 그릴 수 없다고 규정했습니다. 저는 PC처럼 프로세서를 사용해야만 했어요. 다행스럽게도 저는 도전을 즐기는 사람이죠. SH2 두 개를 사용해 PC처럼 화면을 렌더링하고 68000을 사용해 두 SH2를 모두 조정하는 정말 즐거운 프로젝트였습니다.
>
> 하지만 이로 인해 게임은 큰 타격을 입었고 프레임 레이트도 아주 안 좋았습니다.
>
> – 짐 배글리, 『Retro Gamer』

2014년에 카맥은 이를 재검토했다.

> 저는 아핀 텍스트 수영³⁵과 적분 쿼드 꼭짓점^{integral quad vert}을 싫어했어요. 실험을 좀 해야 했는데 말이죠.
>
> – 존 카맥

결국, VDP1 하드웨어 가속 60fps 가능 엔진이 출시되었다.

---

33 옮긴이_ 아핀 변환 과정에서 일그러지는 형상을 뜻한다.

시간의 제약으로 인해 짐은 렌더러를 플레이스테이션과 같은 픽셀 폭 삼각형으로 작동하도록 변경할 시간이 없었다. 출시할 때, 게임은 20fps에 도달하는 프레임 레이트를 유지했지만 281×235라는 전체 화면 해상도에서는 한 자릿수로 떨어졌다. 낮은 프레임 레이트를 보상하기 위해 짐 배글리는 모든 움직임을 늦추기로 했고, 이는 게임 커뮤니티를 격분하게 만든 비극의 시작이었다.

토막상식

급박한 일정으로 인해 발생한 또 다른 문제는 모든 사운드 효과가 왼쪽으로 치우치는 오디오 시스템의 버그였다. 양쪽 스피커에서 사운드를 들으려면 모노로 재생해야만 했다.[34]

---

34 디지털 파운드리의 동영상 〈Every Console Port Tested and Analysed(모든 콘솔 이식을 테스트하고 분석함)〉을 참고. https://www.youtube.com/watch?v=784MUbDoLjQ

위의 스크린샷에서 E1M1이 다른 콘솔 버전과 동일한지 확인하자(모든 것이 재규어 초기 작업을 기반으로 한다). 하지만 상태 표시줄은 변화를 환영했다.

프로젝트가 '무릎 꿇게' 만든 요인은 (컴퓨팅 비용의 대부분을 차지하는) 벽, 천장, 바닥 렌더링은 SH-2를 통해 소프트웨어로 렌더링되고 상태 표시줄과 물건(예를 들어, 괴물과 투명 부분이 존재하는 벽)은 VDP1을 통해 하드웨어 가속으로 렌더링했다는 것이다.[35] 레이어 3개가 모두 준비될 때, VDP2는 TV를 향해 레이어 3개를 합성했고, VDP1은 다음 프레임을 렌더링하기 시작했다.

반투명도는 세부 사항이 콘솔의 복잡성을 입증하는 독특한 방식으로 수행되었다. VDP1과 VDP2는 출발지와 목적지를 동일하게 혼합하는 용어인 '반투명half-transparency' 처리 능력이 있었다. 그러나 VDP1은 15비트 색상으로만 투명도를 지원하는 반면 VDP2는 인덱스 모드에서만 투명도를 지원했다. 결과적으로 각각의 스프라이트를 투명하게 만들거나 혹은 VDP2 배경 레이어에 대해서는 투명한 배경을 만들 수 있었지만, 둘 다를 수행하는 것은 불가능했다.

이런 제한은 스펙터를 렌더링하는 과정에서 큰 문제가 되었다. VDP1이 스펙터 픽셀을 반투명으로 표시한 경우, 해당 픽셀은 배경 레이어 위에 올바르게 렌더링되었다. 그러나 스펙터는 또한 그들의 뒤에 서 있을지도 모르는 다른 스프라이트를 '삼키게' 만들어 부적절한 장면을 생성했다.[36]

세가 디자이너는 VDP의 한계를 잘 알고 있었다. 이 문제를 완화하기 위해, VDP1이 불투명하게 렌더링한 '메시mesh' 스프라이트 개념을 도입했지만, 다른 픽셀은 마찬가지였다.

----

35 이전 주석과 동일함.

36 맷 그리어(Matt Greer)의 「The Sega Saturn and Transparency(세가 새턴과 투명도)」 참고. *https://www.mattgreer.org/articles/sega-saturn-and-transparency/*

그림 6-21 메시로 렌더링된 스펙터

픽셀 단위 스크린샷, 특히 다음 페이지의 확대된 스크린샷은 첫눈에 불완전하고 조잡해 보일 수 있다. 그러나 컴포지트 인터리빙 디스플레이 시스템을 염두에 둔다면 모든 것이 함께 혼합된 형태로 끝남을 알 수 있다. 시각적 결과가 눈에 띄게 설득력이 있었음에도 불구하고, 이 마술 같은 기법은 'HD' 시대에 살아남지 못했다.

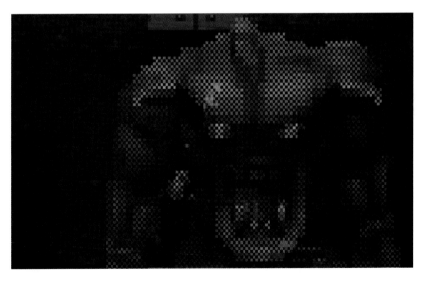

그림 6-22 스펙터에서 건너뛴 픽셀을 표시하기 위해 확대된 동일 장면

CHAPTER 7

에필로그

이 책은 〈둠〉이 출시된 1993년 12월 10일로부터 정확히 25년이 지난 2018년 12월 10일에 출간되었다.[1] 그 기간에 〈둠〉의 세계가 '번성했다'고 말한다면, 이것은 매우 절제된 표현일 것이다.

〈둠〉은 비평가와 플레이어 모두에게 사랑을 받았고, 엄청난 성공을 거뒀다. 고작 9달러짜리 게임으로 하루에 10만 달러를 벌어들였다. 샌디 피터슨에 따르면 〈둠〉은 처음 1년 동안 2백만 개가 팔렸다. 전문가들은 출시 후 1999년까지 약 2~3백만 개가 팔렸다고 추정한다. 심지어 1995년에는 〈둠〉이 마이크로소프트의 윈도우 운영체제보다 더 많은 컴퓨터에 설치되었다고 추측된다.

후속작인 〈둠 2〉는 1994년에 출시되었다. 후속작 역시 좋은 평가를 받았고 판매 기대치를 초과 달성했다. 60만 개가 넘는 물량이 상점에 출하되었지만, 한 달 안에 모두 품절될 정도의 인기를 누렸다. 〈둠 2〉는 1994년 미국에서 가장 많이 팔린 컴퓨터 게임이다. 1996년에는 역대 10위에 올랐으며, 그 해에만 미국에서 약 32만 개가 팔려 1,260만 달러를 벌어들였다.

이드 소프트웨어는 〈둠 3〉가 출시된 2004년 8월 이전까지의 몇 년 동안, 〈퀘이크〉 시리즈를 개발하기 위해 휴식을 취했다. 동적인 그림자 등의 기술력을 갖춘 게임플레이는 공포 분위기에 어울리게 느려졌다. 〈퀘이크〉 역시나 비평가의 호평을 받았으며, 이드의 또 다른 성공작이 되었다. 2년 동안 76만 개가 판매되었고 매출은 총 3,240만 달러에 이르렀다. 2007년까지 이 게

---

1 옮긴이_ 원서 출간일을 일컫는다.

임은 350만 개가 넘게 팔렸고, 결국 이드의 가장 성공적인 프로젝트가 되었다.

〈둠 4〉 개발은 2007년에 시작되었지만 몇 년 동안이나 불확실한 상태로 남아 있었다. 혼란스러운 개발 프로세스와 취소에 대한 소문이 떠돈 후, 이드 소프트웨어는 2016년에 〈둠〉(시리즈 첫 제목과 동일한)을 출시했다. 빠른 속도와 혁신적인 게임 메커니즘으로 귀환하여 많은 칭찬을 받았다. 2016년 5월에는 50만 개가 팔렸고, 미국에서 두 번째로 많이 팔린 소매 게임이 되었다. 이 책이 쓰인 시점인 2017년 7월까지 〈둠〉은 200만 개가 넘게 팔렸다.

1993년 이후 〈둠〉 팀은 수년에 걸쳐 흩어졌지만, 그럼에도 불구하고 그 프로젝트의 유산과 지위는 각자의 경력에 영원히 남았다. 〈둠〉이 나오기 전에 존 로메로는 애퍼지의 스콧 밀러Scott Miller와 조지 브루사드George Broussard 정도의 성공에 도달하고자 하는 자신의 야망을 여기저기 말하고 다녔다. 소문에 따르면 존 카맥에게 다음과 같이 말했다고 한다.

> 우리가 똥차ass car를 모는 동안 저들은 쩌는bad-ass car 차를 몰고 있어. 박살내버릴 시간이야!

〈둠〉 이후, 똥차는 없었다. 로메로의 페라리 테스타로사(엔진에 COM 포트를 연결해서 개조한)와 존 카맥의 페라리 F-40은 게임과 프로그래밍 양쪽 세계에서 악명이 높았다.

판매량과 명성 차원을 넘어, 1997년 12월 23일 소스 코드를 공개하며 〈둠〉은 새로운 차원의 문을 열었다. 수백 개의 모딩 버전이 뒤따라 나왔고 일부는 오늘날에도 활발히 개발되고 있다. 일부만 예로 들면 이렇다. 〈LinuxDoom〉, 〈DOOM 95〉, 〈DosDoom〉, 〈Chocolate Doom〉, 〈ZDoom〉, 〈BOOM〉, 〈EDGE〉, 〈Doom Legacy〉, 〈Doom Retro〉, 〈Crispy Doom〉, 〈Doomsday Engine〉, 〈GZDoom〉, 〈csDoom〉, 〈MBF〉, 〈PrBoom〉, 〈3DGE〉, 〈Risen3D〉, 〈QZDoom〉, 〈Skulltag〉, 〈ZDaemon〉, 〈Odamex〉, 〈SMMU〉, 〈PrBoom+〉, 〈Zandronum〉, 〈Eternity Engine〉 등. 유명한 버전만 꼽아도 이 정도다.

개인적인 메모

〈둠〉은 내 마음속에서 특별한 자리를 차지한다. 자바밖에 모르는 토론토 거주 24세 이민자였던 내게 〈둠〉은 C를 배우고 기술을 구축하기 위한 코드 기반이 되어주었다. 또한 코드 수준은 내가 평소에 도달하고 싶었던 품질에 부합했다. 내가 이드 소프트웨어를 '이드 소프트웨어 대학교'라고 부르며 감사를 보내는 이유도 여기에 있다. 결국 〈둠〉으로 공부한 C 실력 덕분에 구글에서 일하게 되었기 때문이다. 과거의 나로서는 상상하지도 못했던 것들이다.

『게임 엔진 블랙 북』이라는 책 제목은 마이클 아브라시에 대한 존경의 표시다. 마이클 아브라시의 『그래픽 프로그래밍 블랙 북』을 통해 나는 〈퀘이크〉에서 가장 어려운 부분의 자물쇠를 풀었다. 마이클 아브라시의 책에 내가 정말 좋아하는 문장이 있다. 이 문장 덕분에 살아남고자 노력했으며, 지금까지도 내게 큰 영감을 주고 있다. 어쩌면 여러분도 이 문장에서 영감을 발견할지 모른다. 나를 인도했던 것과 같은 방식으로 여러분을 인도할 것이니까.

> 사랑하는 일에 임하고, 가능한 한 최선의 노력을 다한다면, 결국에는 좋은 일이 생길 겁니다. 쉽거나 빠르지 않다고 해도, 끝까지 버틴다면 좋은 일은 반드시 다가오는 법이니까요.
>
> – 마이클 아브라시

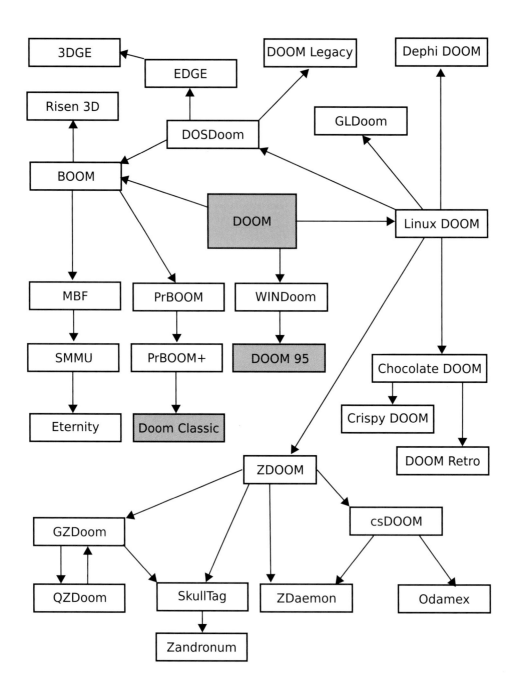

버그

A.1 몇 가지 버그

〈둠〉은 컴파일러와 시스템 일곱 개를 사용하는 개발 프로세스 덕분에 안정성이 높다고 알려져 있다. 그럼에도 불구하고 몇 가지 버그가 있는 상태로 출시되었다.

A.1.1 충돌 감지 결함

콜린 핍스Colin Phipps가 작성한 기사인 「hooting Through Things(사물 사이로 쏘기)」에서 희귀한 충돌 감지 결함이 처음으로 밝혀졌다.

> 괴물이 코앞까지 다가왔습니다. 당신은 곧바로 괴물에게 총을 쐈지만 괴물은 멀쩡합니다. 운이 나쁘다면 괴물이 당신을 죽일 것입니다. 그러나 당신은 확실하게 괴물을 겨눴고, 너무나도 가까워서 놓쳤을 리가 없었죠. 총알을 조금 떨어진 곳으로 쏘는 체인건이 이유인 것 같습니다. 아마도 게임은 고등학교 기하학에 실패한 많은 사람이 작성했을 것입니다. 또는 흥분해서 당신이 진짜로 괴물을 놓쳤을지도 모르죠. 어느 누구도 완벽하지 않으니까요.
>
> 물론 좋은 소식이 있습니다. 당신이 지더라도 도구를 탓할 수 있습니다.
>
> – 콜린 핍스

스파이더 마스터 마인드(128유닛)와 같은 몇몇 적은 주인공(16유닛)보다 거의 10배나 더 크다. 우리가 [그림 5-51]에서 봤듯이, 〈둠〉은 블록맵을 사용해 사물과 벽과 교차 감지 속도를 높인다. 어떤 사물이 블록의 가장자리에 있고 주인공이 약간 운이 좋지 않으면, 명중해야 마땅한 상황에서도 총알이 빗나갈 수 있었다.

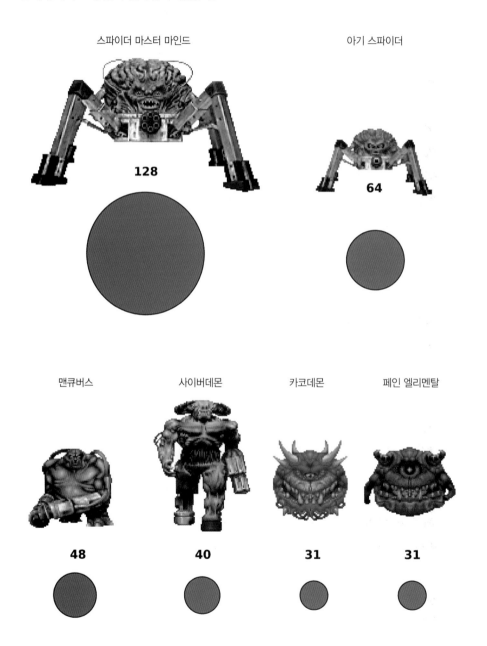

데몬 30

스펙터 30

바론 오브 헬 24

헬 나이트 24

아크 바일 20

레버넌트 20

체인거너 20

임프 20

트루퍼 20

서전트 20

로스트 소울 16

주인공 16

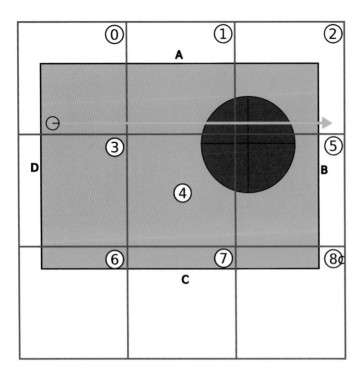

복도에서 스파이더 데몬을 놓칠 수도 있다. 위의 단일 방 지도에서, 왼쪽에 있는 초록색 주인공이 오른쪽에 있는 128유닛의 붉은색 적(아마도 스파이더 데몬)을 향해 발사하고 있다. 파란색 격자는 블록맵의 정렬을 나타낸다.

총알의 선과 괴물의 반경이 분명히 겹친다. 따라서 명중해야 마땅하다. 그러나 〈둠〉 엔진은 블록맵 0, 1, 2의 내용만 검사할 것이며, 벽 D, A, B만 사용하여 테스트하는 결과를 낳는다. 적이 블록 5에 있고 총알이 교차하지 않기 때문에 명중이라고 인식되지 않는다.

이 버그는 아주 큰 괴물에만 국한되지 않았다. 주인공과 얼마나 가까운지, 블록맵이 어떻게 정렬되는지에 따라 모든 적에 대해 유사한 상황이 발생할 수 있었다.

A.1.2 점액 흔적

점액 흔적은 두 벽 사이에 수평 스크린 공간 간격이 있을 때 발생한다. 시계면은 공간 사이에서 '누출leak'되어 그래픽 결함을 일으켰다. 이것은 개발 과정에서 알려진 문제였으나, 마감일이 촉

박했고 아주 드물게 발생했기 때문에 결국 수정되지 않았다. 존 카맥은 doombsp 소스 코드가 공개될 때 이것을 언급했다.

4픽셀 너비의 열을 무작위로 그려 원래 예상되는 상태보다 바닥과 천장 영역을 더 흘러나오게 만드는 버그가 하나 존재합니다. E1M1의 지그재그 입구에서 선반 위에 임프가 서 있는 모습을 볼 때 종종 이를 목격할 수 있습니다. 통로의 오른쪽으로 몇 픽셀 너비의 점액이 흐릅니다. 그 장소를 찾기 위해서는 마우스로 살짝 왔다 갔다 할 필요가 있습니다. 누군가가 이런 현상을 추적하면 저에게 알려주세요.

— 존 카맥

어디를 봐야 하는지 알고 있을 경우, 문제는 실제로 4픽셀보다 더 넓을 수도 있다.

이와 같은 특정 점액 흔적 예시는 doombsp를 통해 지도가 분할될 때 제한된 정수의 정밀도와 결합한 엔진의 시계면 추론 시스템이 낳은 결과였다.

다시 한번 예를 들어보자. 이전의 두 스크린샷은 게임의 바로 첫 번째 지도인 E1M1에서 녹색 액체로 둘러싸인 지그재그 구간을 찍은 것이다. 언뜻 보기에는 특별히 이상한 것이 없지만, 이 진 분할 과정에서 조각나는 방식을 살펴볼 때 흥미로운 특수 사례가 등장한다.

선 A가 분할 선으로 선택되었다. 선 A가 선 B와 G를 교차할 때 세그먼트 두 개가 B1, B2, G1, G2로 생성된다. 생성된 새로운 꼭짓점은 빨간색으로 표시된다. 선 C와 E(또는 F?)는 명확하지 않다. 좀 더 자세히 들여다봐야 한다.

꼭짓점 3을 확대하면 정수 좌표 사이에 분할 선이 F를 교차하는 것을 볼 수 있다. 지도 꼭짓점 좌표는 정수로 저장되므로 분할이 불가능하다. 오차가 작으므로 doombsp는 꼭짓점을 마치 분할 선에 정확하게 위치하는 것처럼 처리한다.

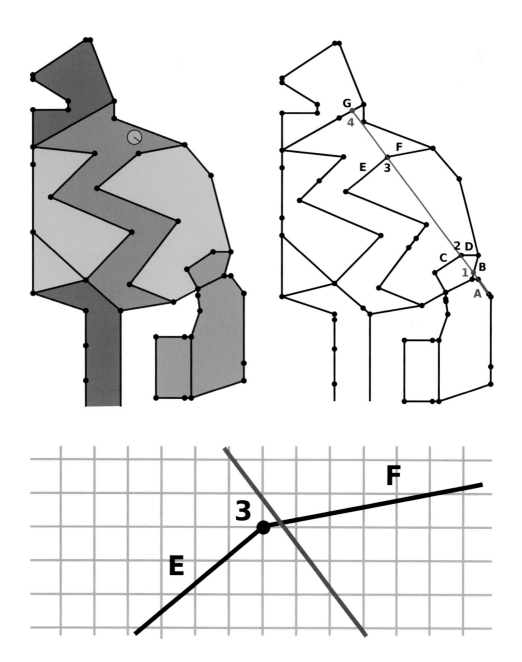

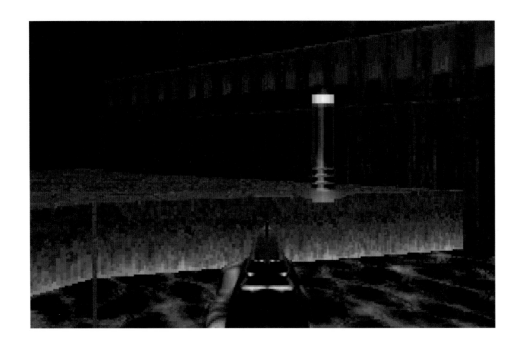

방금 살펴본 동일한 분할 선을 따라 주인공을 배치하되 반대 방향으로 향하게 해보자(벽이 적으므로 장면이 더 단순하다). 주인공은 렌더링 오류가 발생한 세그먼트 E와 F에 매우 가깝다. 또한 배경에는 선 G가 분할된 세그먼트 G1과 G2가 있다.

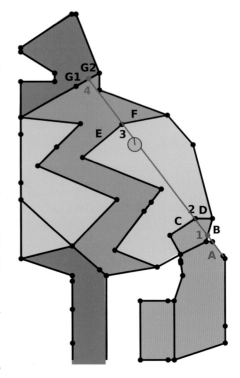

프레임은 빈 캔버스로 시작한다. 포털 E가 먼저 렌더링된다. 상단 텍스처나 중간 텍스처가 없지만, 하단 텍스처는 있다(이어지는 페이지에 녹색 오버레이로 표시됨). 하단 텍스처를 렌더링함에 따라, 화면 영역 아래는 바닥 시계면 E-VP(분홍색 오버레이로 표시됨)로 추론된다. 그런 다음 엔진은 BSP를 계속해서 따라 내려가고 G1을 렌더링한다.

G1의 하단 텍스처는 빨간색으로 렌더링된다. 아

래 위치한 모든 것은 바닥으로 추론되므로 시계면 G1-VP가 생성된다. 렌더링 버그로 인해 시계면은 화면 맨 아래까지 계속 진행된다. BSP가 올바르게 분할된 경우 화면 공간에서 F1이 G1보다 먼저 렌더링되며, 시계면이 화면 영역에서 부적절하게 흘러넘치는 상황을 방지한다.

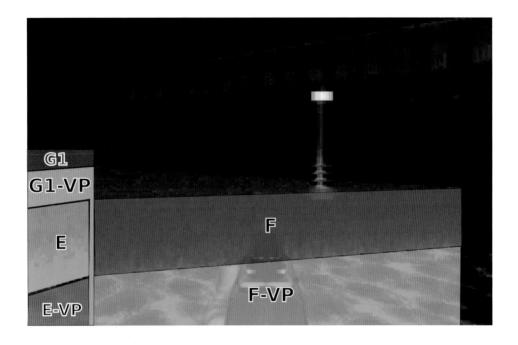

여기서부터 손상이 발생한다. 엔진은 BSP의 반대쪽을 렌더링하고 F에 도달하며, G1이 설정한 수직 경계에 대해 클리핑되어 파란색으로 그려진다. F 아래 영역은 바닥으로 추론되어 시계면 F-VP(청록색)가 생성된다.[1]

A.2 자폭하는 배럴

〈둠〉의 괴물들은 서로 싸울 수 있었다. 아군의 총격이 전투 중에 일어나면, 피해를 입은 괴물은 주인공을 공격하는 대신 자동으로 자신을 공격한 괴물에게 앙갚음하려고 한다. 이것을 괴물 내전이라고 한다.

------

1   엔진은 실제로 E-VP와 F-VP를 병합하지만 설명을 위해 이를 생략한다.

자폭하는 배럴과 관련된 재미있는 특수 내전 사례가 있다. 배럴이 손상될 때, 엔진은 어떤 실체가 이를 책임지는지를 '기억한다'. 배럴이 실제로 폭발할 때, 피해의 근원은 모든 피해를 입은 실체에 전달되므로 그들이 보복에 나설 수 있게 만든다.

일어날 수 있는 일은 괴물이 배럴을 폭발시켜 이 과정에서 폭발에 의한 피해를 입는 것이었다. 이 경우 근접 공격을 하는 괴물(카코데몬, 임프, 헬 나이트)은 '갈기갈기 찢길tear themselves apart' 것이지만, 원거리에서 공격할 수 있는 괴물은 미친 듯이 날뛰며 무작위로 총을 발사하게 되며, 이는 추가적인 괴물 내전을 유발할 가능성이 있었다.

점 점 점

B.1 점을 향한 기다림

1994년 PC에서 〈둠〉을 해본 모든 사람에게 가장 짜증나는 부분은 아마 게임 로딩을 기다리는 지루함이었을 것이다. 특히 신비로운 R_Init은 영원한 시간이 걸리는 단계처럼 보였다.[1] 점으로 만든 즉흥 진행 표시 막대는 게임이 로딩되고 있음을 플레이어에게 알려주었고, 단지 참고 기다리는 수밖에 없었다. 사람들은 점이 오른쪽으로 나아가는 단순한 모습을 보느라 수백만 시간을 소비했다. 아마 R_Init이 실제로 뒤에서 무엇을 했는지 추측하느라 더 많은 시간을 소비했을지도 모르겠다.

```
R_Init : Init refresh daemon [.........................]
```

소스 코드에 접근하면, 점 대신 현재 단계에서 수행된 작업과 일치하는 '라벨'을 출력하도록 엔진을 변경할 수 있었다. 레벨에는 총 11개의 단계가 있음이 밝혀졌다.

```
R_Init : Init refresh daemon [00000123333333333333456789A]
```

단계 00000은 R_InitTextures에 대응한다. 간결함을 유지하기 위해 이 책의 3D 렌더러 절에서는 언급하지 않은 이 함수는 텍스처를 패치로 구성한다. 공간을 절약하기 위해 텍스처는 식별자를 통해 모든 패치를 참조한다. 이런 방식은 반복적인 패턴으로 만든 텍스처의 경우

---

[1] 실제로는, HDD 속도에 따라 15초에서 30초 정도 소요되었다.

에 특히 강력하다. 이 단계에서 차원과 같은 모든 텍스처 속성과 패치 정의가 램으로 로드된다 (단, 텍셀은 .WAD에 남아 있음). 데이터양과 Z_Malloc 메모리 할당량으로 인해 비용이 가장 많이 드는 단계다.

이 단계의 첫 번째 작업은 모든 패치 이름을 포함하는 PNAME이라는 덩어리를 여는 것이다. 나타나는 순서대로 패치 이름과 ID가 매핑된다.

처리 시간의 대부분을 차지하는 두 번째 작업은 TEXTURE1과 TEXTURE2 덩어리를 여는 것이다. 여기에는 모든 텍스처 항목이 들어 있다. 각 항목에는 패치 좌표와 오프셋과 함께 이름과 패치 ID 목록이 들어 있다.

단계 1은 R_InitTextures가 반환할 때를 보여주는 단순 표식이다.

단계 2는 R_InitFlats에 대응한다. 평평한 텍스처를 둘러싼 표식인 덩어리 F_START와 F_END를 찾는다. 평평한 텍스처 수만 검색해서 평평한 텍스처 배열의 적절한 malloc을 수행할 수 있다.

단계 333333333333은 단계 00000과 유사하지만 이번에는 스프라이트 덩어리와 관련이 있다. 함수 R_InitSpriteLumps는 덩어리 S_START와 S_END를 찾아 WAD에 있는 모든 스프라이트의 너비와 수평 오프셋을 가져와 해당 데이터를 스프라이트 배열에 저장한다. 이 과정에서 스프라이트 64개마다 점을 출력한다. 이것은 많은 I/O를 수행했기 때문에 R_Init(R_InitTextures를 다음으로)에서 두 번째로 느린 단계였다.

단계 4는 R_InitSpriteLump의 끝을 표시하는 간단한 표식이다.

단계 5 역시나 단계 00000, 1, 2, 333333333333, 4를 포함하는 R_InitData의 끝을 표시하는 표식이다.

단계 6은 접선^{tangent} 조회 테이블을 생성하는 R_InitPointToAngle 함수에 대응한다. 미리 계산되어 tables.c에 저장되기 때문에 지금은 비어있는 함수다.

단계 7은 finetangent와 finesine 조회 테이블을 작성하기 위해 사용된 R_InitTables 함수에 대응한다. 접선 조회 테이블과 마찬가지로 이들은 tables.c에 미리 계산되어 실행 파일에 합쳐진다.

단계 8은 R_InitPlanes 함수에 대응하며 아무것도 수행하지 않는다. 점을 낭비한다.

단계 9는 R_InitLightTables 함수에 대응하고 라이트맵을 구현하기 위해 사용된 zlight 테이블을 초기화한다.

단계 A는 정적 skyflatnum을 초기화하는 R_InitSkyMap 함수에 대응한다.

B.2 리로드 핵

기나긴 시작 시간은 게임 개발 과정에서도 큰 문제로 여겨졌다. 심지어 디자이너가 지도의 기하학적인 구조에 변경을 가하지 않은 경우에도(따라서 doombsp를 실행할 필요가 없었음에도), 결과를 보기 위해서는 여전히 30초가 걸렸다. 창의성의 흐름을 깨뜨리지 않기 위해 엔진에는 '리로드 핵reload hack'이 제공되었다.

물결표(~)를 사용하여 WAD 경로의 접두사를 지정하면, 엔진은 모든 레벨 시작 시점에서 WAD를 다시 로드하도록 설정되었다.

```
C:\> doom2 .exe -file ~ mycustom.wad
```

이런 기능으로 아티스트와 디자이너는 작업 결과를 즉시 볼 수 있었다.

넥스트스테이션 터보컬러

2018년 현재, 넥스트의 공장에서 마지막 컴퓨터가 나온지도 25년이 흘렀다. 작동하는 검은색 하드웨어를 찾는 것조차도 몹시 어려운 일이 되었다.

이 책은 역사적 사실을 정확하게 기술하려 노력했기에, 실제로 작동하는 넥스트스테이션 터보 컬러를 찾는 작업이 무엇보다 중요했다. 가장 먼저 그 시대의 개발 상황을 문서화하는 동시에 전체 게임 파이프라인이 동작하는 상황을 직접 목격하고 싶었기 때문이다. 한 열정적이고 헌신 적인 프로그래머가 'Previous'라는 아름다운 에뮬레이터를 만들긴 했지만, 성능 수치가 정확 하지는 않았다.

나는 이베이eBay에서 노다지를 발견했고 내가 원했던 구성을 정확히 찾았다. 컴퓨터는 작동 중 이었지만, SCSI 하드 드라이브가 곧 죽을 것 같은 징조인 딸각거리는 소리를 내고 있었다. 또 한 메가디스플레이의 색상은 바랬고 23kg라는 무게로 인해 이동이 자유롭지 않았다.[1]

블랙홀 사의 소유자이자 설립자인 롭 블레신Rob Blessin 덕분에 비슷한 접근 시간을 제공하는 SD 카드 SCSI2SD로 HDD를 교체할 수 있었다. 넥스트의 희귀한 SOGsync on green와 호환되는 모 니터를 찾기 어려웠지만, *www.nextcomputers.org*의 멋진 사람들 덕분에 나는 흠잡을 곳 없 이 작동하는 NEC 멀티싱크 1980SX를 소개받았다.

---

1 모니터 제어 보드에 축전기를 교체하는 방법으로 쉽게 수리할 수 있었지만, 무게 문제는 해결하지 못했다.

컴퓨터 팬이 '위잉'거리는 소리를 듣는 느낌은 어떤 단어로도 표현할 수 없다. *Doom.app*, DoomEd, doombsp가 완벽하게 컴파일된다. 이 넥스트스테이션 터보컬러(시리얼 번호 #ABC0053943)를 보고 있자니 삶의 활력이 생긴다. 비록 이 컴퓨터가 (잡스의 바람대로) 암을 치료하지는 못했지만, 그래도 수많은 개발자에게 행복을 줬다.

C.1 게임 개발

이어지는 두 페이지에서 일반적인 개발자 데스크톱 설정을 다시 복원했다. 넥스트 엔지니어들이 디스플레이 포스트스크립트에 구멍을 뚫고 '느린' 컴포지터를 우회하기 위해 제공한 전용 라이브러리인 *libinterceptor.a*를 활용하는 '인터셉터 VGA 콘솔'에 주목하자.

그림 C-1 넥스트스텝 개발 설정(화면 왼쪽 부분)

1120×832라는 메가디스플레이 해상도는 너무 높아서 이드 소프트웨어는 게임 윈도를 위해 2배의 소프트웨어 확대 기능을 구현해야만 했다. 이 기능이 없다면, 〈둠〉의 윈도는 픽셀이 거의 보이지 않는 작은 우표처럼 보였다.

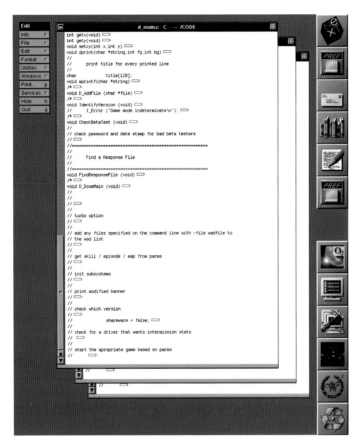

그림 C-2 넥스트스텝 개발 설정(화면 오른쪽 부분)

C.2 맵 컴파일

〈둠〉과 〈둠 2〉의 각 레벨에 대한 **doombsp** 실행 시간 벤치마크 결과는 다음과 같다.[2]

----

2 2015년 4월 22일 존 로메로가 공개한 .*map* 파일을 기반으로 테스트했다.

지도	doombsp 실행 시간(초)	지도	doombsp 실행 시간(초)
E1M1	8.2	MAP01	6.1
E1M2	32.0	MAP02	6.6
E1M3	26.2	MAP03	8.7
E1M4	18.4	MAP04	8.5
E1M5	19.9	MAP05	17.6
E1M6	44.0	MAP06	25.0
E1M7	22.3	MAP07	1.9
E1M8	6.9	MAP08	15.2
E1M9	15.4	MAP09	16.3
E2M1	6.0	MAP10	34.0
E2M2	55.4	MAP11	15.7
E2M3	19.6	MAP12	15.2
E2M4	36.0	MAP13	31.5
E2M5	46.8	MAP14	44.7
E2M6	32.5	MAP15	66.0
E2M7	60.8	MAP16	16.2
E2M8	2.5	MAP17	36.2
E2M9	1.5	MAP18	17.2
E3M1	2.5	MAP19	45.8
E3M2	9.2	MAP20	29.2
E3M3	38.1	MAP21	5.7
E3M4	23.7	MAP22	9.4
E3M5	34.5	MAP23	7.5
E3M6	22.5	MAP24	30.5
E3M7	23.4	MAP25	21.1
E3M8	1.9	MAP26	18.8
E3M9	8.9	MAP27	26.2
		MAP28	19.6
		MAP29	45.8
		MAP30	1.0
		MAP31	16.4
		MAP32	2.7
		MAP33	6.6
		MAP34	9.3
		MAP35	0.3

C.3 게임 실행

넥스트스테이션 터보컬러에서 실행하는 경우, 놀랍게도 프레임 레이트가 형편없이 떨어졌다.

모드	해상도	높은 세부 사항 fps	낮은 세부 사항 fps
B	320×200	9	13
A	320×168	9	14
9	288×144	11	15
8	256×128	12	16
7	224×112	13	17
6	192×096	15	19
5	160×080	17	20
4	128×064	19	22
3	096×048	21	23

그림 C-3 넥스트스테이션 터보컬러의 프레임 레이트

개발 중에 사용된 2배 확대 기능으로 게임을 실행하면 더욱 악화된다. 이 모드에서는 동일한 수의 픽셀이 프레임 버퍼에 기록되지만 4배 더 많은 데이터가 버스를 통해 전송되어야만 한다.

모드	해상도	높은 세부 사항 fps	낮은 세부 사항 fps
B	640×400	6	8
A	640×336	6	8
9	576×288	7	9
8	512×256	8	9
7	448×224	8	10
6	384×192	9	10
5	320×160	9	10
4	256×128	10	11
3	192×096	11	11

그림 C-4 넥스트스테이션 터보컬러에서 2배 확대된 프레임 레이트

해상도나 세부 사항 수준을 낮추는 것이 도스 버전만큼 도움이 되지는 않았다. 넥스트에서는 비디오 시스템이 다르게 구현되었기 때문이다.

넥스트스텝 구현에서는 I_UpdateNoBlit에서 오는 업데이트 시그널을 무시하고, 프레임 버퍼 #0의 전체 내용을 NSWindow에 블릿하는 I_FinishUpdate로 모든 작업을 몰아서 지연되게 만들었다. 독자적인 더티박스 최적화가 없었고, 도스처럼 하드웨어에 직접 접근할 수도 없었다.

낮은 세부 사항 모드는 넥스트스텝에서 제대로 구현되지 않았다. 컴퓨터는 열의 절반만 기록하지만 VGA 뱅크 마스크처럼 열을 복제할 시스템이 없었다. 결과적으로 NSWindow의 왼쪽 부분만 업데이트되었다.

C.4 프레임 버퍼 비왜곡

넥스트스테이션에는 색상 공간이 선형이고 픽셀이 '정사각형'인 '깨끗한' 비디오 시스템이 장착되어 있었다(프레임 버퍼는 메가디스플레이 모니터와 종횡비가 동일했다). 결과적으로 〈둠〉의 프레임 버퍼 #0은 윈도우 시스템으로 표현될 때 왜곡 문제를 겪지 않았다.

320×200[3] '인터셉터 VGA 콘솔' NSWindow는 320×240으로 확장되지 않으므로 수직으로 찌그러져 보였다. 넥스트스텝의 시작 화면(그림 C-5)이 도스 버전(그림 C-6) 옆에 표시될 때 특히 눈에 띄었다.

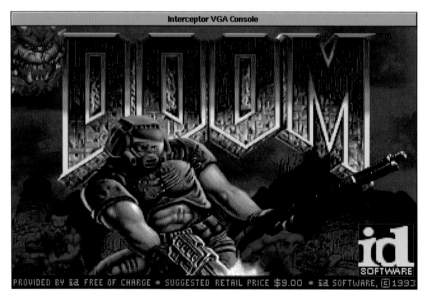

그림 C-5 넥스트스텝용 〈둠〉. 콘텐츠가 수직으로 찌그러져 보인다

3　320×200은 활성 영역만의 크기로, 제목 표시줄은 포함되지 않는다.

〈둠〉의 많은 이식작에서 종횡비가 잘못되었다. 마이크로소프트 윈도우 95 그래픽 드라이버에 부하가 적게 걸린다는 사실을 보여주기 위해 만들어진 〈DOOM 95〉는 유죄였다. 기본 설정에서 320×200 창은 〈둠〉의 핵심 프레임 버퍼를 직접 매핑한다. 결과적으로 적은 짧고 뚱뚱해 보였고 로켓 폭발은 타원형이었으며 다른 모든 것이 왜곡되었다.

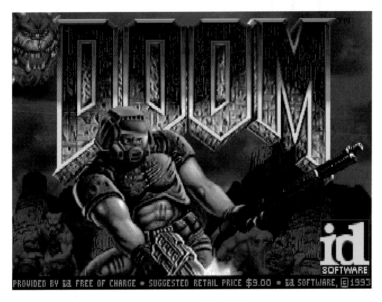

그림 C-6 1993년 PC 모니터에 표시된 4:3 종횡비의 〈둠〉

보도자료

1993년 1월, 〈둠〉 개발이 시작되었다는 사실이 보도자료를 통해 대중에게 공유되었다. 인상적인 그래픽 기능, 다중 사용자 모드, 그리고 〈둠〉이 '오픈 게임'으로 만들어질 거라는 약속의 목록이 대중에게 따뜻하게 받아들여졌다.

이드 소프트웨어

1515 N. 타운 이스트 가 138-297, 메스키트, TX 75150

즉시 배포

연락처: 제이 윌버

팩스: 1-214-686-9288

이메일: *jay@idsoftware.com* (NeXTMail O.K.)

익명 FTP: *ftp.uwp.edu* (*/pub/msdos/games/id*)

CIS: 72600,1333

PC에서 〈둠〉을 공개한 이드 소프트웨어

혁신적인 프로그래밍과 고급 디자인으로 위대한 게임 경험을 만든다!

1993년 1월 1일 텍사스주 댈러스 – PC 프로그래밍의 또 다른 기술 혁명을 예고하며, 이드 소프트웨어의 〈둠〉은 386SX 이상의 컴퓨터에서만 가능하다고 간주되던 것들의 한계를 극복하겠다고 약속했습니다. 이드 소프트웨어는 1993년 3분기에 PC용 〈둠〉을 출시할 계획이며, 윈도우, 윈도우 NT용 버전도 계획 중이며, 넥스트용 버전도 추후 출시할 예정입니다.

〈둠〉에서 당신은 차원 사이의 전쟁 한복판에 내던져진 병사가 됩니다! 과학 연구 시설에 배치된 당신의 하루는 서류 작업의 지루함으로 가득 차 있습니다. 그러나 오늘만큼은 좀 다릅니다. 악마들의 물결이 기지 전체에 퍼졌고, 악마들은 눈에 띄는 모든 사람을 죽였거든요. 무릎까지 쌓인 시체들의 사이에서, 당신의 의무는 분명해 보입니다. 당신은 적을 모두 무찌르고 그들이 어디에서 왔는지를 알아내야만 합니다. 진실을 알게 되면, 현실 감각은 산산조각이 날지도 모르겠네요!

〈둠〉의 첫 번째 에피소드는 셰어웨어입니다. 판매 버전을 구매하면 두 개의 다음 에피소드를 받게 되는데, 다른 차원으로 이동하며 불길과 시체가 지옥의 지평선을 가득 채웁니다. 기관총, 미사일 발사기, 신비한 초자연적 무기로 지옥의 습격에 맞서십시오. 살아남기 위해 싸우며 두 우주의 운명을 결정하십시오! 당신이 성공한다면 인류의 영웅이 될 겁니다. 실패한다면 인류의 파멸만이 남겠죠.

이 게임은 최대 4명까지 참가할 수 있습니다. 그곳에서 그들은 침입한 괴물을 물리치기 위해 협력하거나 경쟁할 수 있습니다. 〈둠〉은 심장을 쿵쿵 뛰게 만드는 액션과 흥분을 유지하면서 이드의 전작 〈울펜슈타인 3D〉보다 훨씬 활동적인 환경을 자랑합니다. 〈둠〉은 환상적인 텍스처 매핑 환경, 눈을 비비게 만드는 기술적인 역작, 다중 사용자 옵션, 386 이상에서 부드러운 게임플레이를 제공합니다.

이드의 기술 책임자인 존 카맥은 〈둠〉에 대해 매우 흥분하고 있습니다. 〈울펜슈타인 3D〉는 〈둠〉과 비교하자면 원시적입니다. 우리는 〈둠〉을 올바른 방식으로 만들고 있습니다. 〈둠〉 엔진이 뛰어난 프레임 레이트로 성능을 발휘할 수 있도록 통찰력을 발휘했고 훌륭한 최적화 기술을 사용했습니다. 이 게임은 386SX에서 잘 작동하고 486/33에서는 초당 35프레임이 나오며 화면의 넓은 영역에 대해 세부 사항을 빠뜨리지 않은 완전한 텍스처 매핑이 가능합니다. 이는 현재 시점에서 가장 빠른 텍스처 매핑입니다.

게임 잡지를 구독하지 않는 사람들을 위해 추가 설명을 하자면, 텍스처 매핑이란 3D 미로의 벽에 온전히 그려진 예술 작품을 배치할 수 있도록 만드는 기술입니다. 다른 기술과 결합해, 〈울펜슈타인 3D〉에서는 사람들이 멀미가 난다며 불만을 제기할 만큼 텍스처 매핑이 현실적으로 보였습니다. 〈둠〉에서는 더욱 현실적인 환경이 펼쳐질 겁니다. 마음의 준비를 단단히 하십시오.

〈둠〉 광고문

〈둠〉(386SX, VGA, 2MB 필요). 이드 소프트웨어의 〈둠〉은 우주의 안전한 해안에서 끔찍한 지옥에 이르는 실시간, 3차원, 256색, 완전히 텍스처 매핑된 다중 사용자 전투입니다! 혼란과 죽음에 골몰한 지옥 같은 괴물과의 전쟁을 시작해봅시다! 당신의 친구가 모든 것을 물어뜯는 모습을 보세요! 직접 싹쓸이해버리세요! 당신이 물어뜯지 않으면, 당신을 물어뜯을 괴물이 차고 넘칩니다!

방아쇠 뒤에 가장 안전한 곳이 있습니다.

〈둠〉의 다양한 기능에 대한 개요는 다음과 같습니다.

텍스처 매핑 환경

〈둠〉은 오늘날 PC에서 가장 현실적인 환경을 제공합니다. 벽, 바닥, 천장에 완전한 그림과 스캔된 텍스처를 렌더링하는 과정인 텍스처 매핑은 세상을 훨씬 더 현실감 있게 만들고, 사람들이 게임에 더 깊이 빠져들게 만듭니다. 〈둠〉의 텍스처 매핑은 빠르고 정확하며 빈틈이 없습니다. 바닥과 천장을 텍스처로 매핑하는 능력은 〈울펜슈타인 3D〉 때보다 크게 개선되었습니다. 게임 아트를 5배 더 빠르게 생성하는 고급 그래픽 개발 신기술을 사용해 이드 소프트웨어는 '최첨단state-of-the-art'에 새로운 의미를 부여합니다.

직각이 아닌 벽

〈울펜슈타인 3D〉의 벽은 항상 90도이고, 두께는 항상 8피트였습니다. 〈둠〉의 벽은 각도와 두께에 제한이 없습니다. 벽에는 투시 영역, 모양 변경, 애니메이션 효과가 있습니다. 이런 효과는 더 자연스러운 레벨 구성을 가능하게 만들었습니다. 종이에 그릴 수 있는 모든 것을 게임에서도 똑같이 볼 수 있습니다.

조명 감소/조명 위치

현실감을 더하는 또 다른 기능은 조명 감소입니다. 거리가 멀어지면 주변 환경도 어두워집니다. 이것은 영역을 거대하게 보이게 만들며 사용자 경험을 강화합니다. 조명 위치를 사용하여 램프와 조명이 복도를 비추고, 폭발 영역을 밝게 비추고, 주변의 물건을 살짝만 드러낼 수 있습니다. 이 두 가지 기능이 게임을 현실감 있게 만듭니다.

가변 높이 바닥과 천장

바닥과 천장은 모든 높이가 가능합니다. 계단, 기둥, 제단, 낮은 복도, 높은 동굴을 허용해 방과 복도에 다양성을 더합니다.

환경 애니메이션과 모핑morphing

〈둠〉에서 벽은 움직이고 변형될 수 있으며, 활동적이면서 때로는 적대적인 환경을 제공합니다. 당신 뒤에서 방이 닫힐 수 있고, 천장이 무너져 당신을 덮칠 수도 있습니다. 〈둠〉에서 확실한 것은 아무것도 없습니다.

이를 위해 이드는 벽, 정보 터미널, 접속 스테이션 등에 애니메이션 메시지를 표시하는 기능을 추가했습니다. 환경은 당신에게 영향을 줄 수 있으며, 당신도 환경에 영향을 줄 수 있습니다. 벽을 쏘면 벽이 손상되어 손상된 채로 남아 있을 겁니다. 이것은 현실감을 더할 뿐만 아니라 헨젤과 그레텔의 빵 부스러기처럼 경로를 표시하기 위한 거친 방법을 제공합니다.

팔레트 변환

각 생물과 벽에는 게임 팔레트로 변환되는 자체 팔레트가 있습니다. 팔레트 색상을 변경하면 다양한 색상의 괴물, 다양한 무기를 든 주인공, 애니메이션 조명, 괴물 또는 숨겨진 출구를 표시하는 적외선 센서, 괴물 손상 나타내기 등의 다양한 효과를 얻을 수 있습니다.

다중 사용자

로컬 네트워크를 통해 최대 4명이 게임을 즐길 수 있고, 모뎀 또는 직렬 링크를 통해 2명이 함께 게임을 즐길 수 있습니다. 네트워크 환경에서 다른 플레이어를 볼 수 있으며 특정 상황에서는 해당 플레이어의 시점으로 전환할 수도 있습니다. 이 기능은 〈둠〉을 매우 강력한 협동 게임으로 만들고 소프트웨어 산업에 획기적인 이정표를 제공할 겁니다.

둠은 LAN과 모뎀의 성능을 최대로 활용하는 최초의 게임입니다. 〈둠〉이 1993년의 전 세계 비즈니스 생산성 저하의 가장 큰 원인이 될 것이라고 자부합니다.

부드럽고 빈틈없는 게임플레이

〈둠〉의 환경은 무섭지만 게임을 진행하는 플레이어는 편안함을 느낄 겁니다. 플레이어가 가장 원활하게 제어할 수 있도록 개발 과정에서 큰 노력을 기울였습니다. 또한 프레임 레이트가 높기 때문에, 〈둠〉 이전의 대다수 3D 게임에서 느린 움직임으로 방해 받았던 문제가 해결되었습니다.

플레이어는 원하는 대로 방에서 방으로 부드럽게 움직이고, 방향을 틀고, 행동할 수 있습니다. 386SX에서 게임은 잘 실행될 것이며 486/33에서는 일반 모드 프레임 레이트가 영화나 TV보다 훨씬 더 빠를 겁니다. 이것은 게임 몰입을 위해 가장 중요하고 또 즐거운 측면입니다.

오픈 게임

우리의 마지막 히트작인 〈울펜슈타인 3D〉가 공개되었을 때, 대중은 거의 즉각적으로 집에서 제작한 엄청난 유틸리티(지도 편집기, 사운드 편집기 등)로 응답했습니다. 이드 소프트웨어의 파일 형식 또는 게임 레이아웃에 대한 도움 없이는 불가능한 일이었습니다. 〈둠〉은 오픈 게임으로 출시될 것입니다. 파일 형식과 기술 노트가 이를 원하는 누구에게나 제공될 겁니다. 게임 애호가들은 자신의 지도 편집기부터 통신이나 네트워크 드라이버에 이르기까지, 그게 무엇이든 쉽게 작성하고 공유할 수 있을 겁니다.

〈둠〉은 1993년 3분기에 출시될 예정입니다.

소스 코드 출시 노트

1997년 12월, 대망의 〈둠〉 엔진 소스 코드가 공개되었다. 존 카맥은 이를 기념하며 몇 마디를 남겼다.

마침내 이곳에 다다랐네요. 비영리 목적으로 〈둠〉의 소스 코드를 배포합니다. 이 코드가 동작하려면 실제 〈둠〉 데이터가 필요합니다. 〈둠〉의 사본을 소유하지 않은 경우에는 소프트웨어 상점에서 구입할 수 있습니다.

프로젝트를 정리하고 실제로 작동하는지 확인해준 베른트 크라이마이어에게 감사를 전합니다. 장시간 방치된 프로젝트는 금방 썩기 마련입니다. 누군가 다시 시작하려면 큰 노력이 필요합니다.

나쁜 소식이 있다면, 이 코드는 리눅스에서만 컴파일되고 실행됩니다. 저작권이 있는 사운드 라이브러리를 사용했기에 도스 코드를 공개할 수 없었습니다. 와우, 이건 실수였습니다. 지금 자체적인 사운드 코드를 작성하고 있거든요. 솔직히 말하자면, 마이크로소프트가 윈도우에서 했던 이식이 어떻게 됐는지를 알지 못합니다.

코드는 여전히 이식성이 뛰어나므로 어떤 플랫폼으로든 간단하게 이식할 수 있습니다.

아주 오래전에 이 코드를 작성했기에, 돌이켜보면 바보 같은 것들도 많이 있지만(클리핑에 극좌표를 사용했던 게 떠오르네요), 전반적으로 이 코드들은 여전히 실험과 구축을 위한 유용한 기반이 되어줄 겁니다.

기본 렌더링 개념의 경우, 밴드당 고정된 조명 셰이딩을 사용하는 상수 Z의 수평선과 수직선은 아주 정확했지만, 다시 고민하면 원래의 코드보다 매우 개선된 코드를 구현할 수 있었습니다. 벽에서 바닥, 스프라이트에 이르는 렌더링 방식을 정보 수집을 위해 BSP 트리의 앞에서 뒤로 한 번만 쫓아가는 형태로 줄일 수 있으며, 트리를 백업하는 도중에 하위 섹터의 모든 내용을 그릴 수 있습니다. 바닥과 천장을 단순히 벽 사이 틈새가 아닌 폴리곤으로 취급해야 하며, 스프라이트 빌보드를 하위 섹터 조각으로 클리핑할 필요가 있어 귀찮을 수도 있겠지만, 이는 옳은 길입니다.

되돌아보자면, 움직임과 시선 점검이 제가 저지른 가장 큰 실수 중 하나입니다. 그것은 몇 가지 실패 사례가 있는 지저분한 코드이며 제 눈앞에는 훨씬 더 간단하고 빠른 해법이 있었습니다. 사물 렌더링에 BSP 트리를 사용했지만, 당시에는 BSP 트리를 환경 테스트에도 사용할 수 있음을 깨닫지 못했습니다. 시선 테스트를 BSP 선 클리핑으로 교체하기는 매우 쉽습니다. 움직임을 위해 방대한 데이터를 훑는 작업은 다소 어려워졌으며, 다면체의 모서리 경사로 〈퀘이크〉와 〈퀘이크 2〉에서 직면했던 많은 문제에 대처할 수 있습니다.

몇 가지 프로젝트 아이디어는 다음과 같습니다.

- 선호하는 운영체제로 〈둠〉을 이식하십시오.

- 투명도, 아래위로 훑어보기, 경사 등과 같은 몇몇 렌더링 기능을 추가하십시오.

- 무기, 점프, 몸통 숙이기, 비행 등의 게임 기능을 추가하십시오.

- 패킷 서버 기반의 인터넷 게임을 제작하십시오.

- 클라이언트/서버 기반의 인터넷 게임을 제작하십시오.

- 3D 가속 버전을 수행하십시오. 최신 하드웨어(빠른 펜티엄 + 3DFX)에서는 심지어 머리를 쓸 필요조차 없겠네요. 전체 레벨을 그려 합리적인 속도를 얻을 수 있으니까요. 한 번의 노력으로 60fps를 쉽게 유지할 수 있습니다(〈둠〉의 35Hz 타임 기반에는 몇 가지 문제가 있습니다만…). 가장 큰 문제는 두 텍스처 크기가 거듭제곱이 아니라는 점과 여러 텍스처로 구성된 벽일 것입니다.

얼마나 많은 사람이 〈둠〉의 소스 코드를 가지고 놀지 짐작하는 건 어렵네요. 하지만 중요한 프로젝트가 이뤄진다면 커뮤니티 협력 수준을 보며 멋지다고 느낄 겁니다. 대다수의 초기 프로젝트가 거칠게 해킹될 것이라는 사실을 알고 있습니다. 내년 즈음에, 여러 플랫폼에서 개선되고 이전 버전과 호환이 가능하도록 조율된 〈둠〉의 최종 릴리스를 보게 되면 무척 기쁠 것 같네요.

즐거운 시간을 보내기 바라며.

존 카맥

1997년 12월 23일

doombsp 출시 노트

1994년 5월, doombsp의 소스 코드가 배포되었다. 다른 릴리스와 마찬가지로 존 카맥은 간단한 메모를 작성했다.

〈둠〉에 사용된 이진 공간 분할기의 소스 코드는 이제 *ftp.uwp.edu:/incoming/id/doombsp.zip*[1]에서 내려받을 수 있습니다.

요점은 소스 코드에 오브젝티브-C 구조가 몇 개 포함되어 있으므로 도스로 이식하기 위해서는 수행할 작업이 조금 있습니다. 유일한 장애물은 컬렉션 객체를 바꾸는 작업입니다. 대부분은 평이한 C 작업입니다.

이 코드는 작성된 다음 확장되었지만, 진화하지는 않았습니다. 아마 세상에서 가장 깨끗한 코드는 아닐 겁니다. 제발, 제발, 제발 이에 대한 지원을 요청하지 마세요. 이미 너무 많은 시간을 들였거든요.

지도 편집기가 WAD 파일에서는 작동하지 않습니다. 파일의 ASCII 텍스트 표현을 저장한 다음 doombsp를 시작해 텍스트를 WAD 파일로 가공했습니다. E1M1의 입력과 출력을 포함시켰으므로 이식 작업을 검증할 수 있습니다.

---

1 옮긴이_ 현재 저 사이트는 없어졌으므로 다음의 링크를 참고한다. *https://github.com/fragglet/RomeroDoomDump/tree/master/doom-maps/doombsp*

프로그램 두 개를 사용해 넥스트스텝에서 작업을 분리할 수 있었지만 도스 편집기로 작업하는 사람들은 bsp 코드 버전을 편집기에 직접 통합하기를 원할지도 모르겠습니다.

다른 사람들이 사용할 새로운 〈둠〉 지도를 작성하는 경우, 생성한 WAD 파일의 이름에 일반적인 'IWAD' 대신 'PWAD' 식별자를 적용하는 방식을 환영합니다. 이렇게 하면 〈둠〉은 사용자에게 수정된 버전을 돌리고 있다고 알려줄 것이고 기술 지원이 제공되지 않을 것입니다.

다른 사람에게 배포할 지도 편집기를 작성하는 경우에는 제이 윌버(*jayw@idsoftware.com*)에게 상표 사용권 등에 대한 라이선스를 얻는 방법을 문의하세요. 돈과 관련된 문제가 아니라, 그저 몇 가지 법적인 문제일 뿐이니 걱정하지 마세요.

그런데, 4픽셀 너비의 열을 무작위로 그려 원래 예상되는 상태보다 바닥과 천장 영역을 더 흘러나오게 만드는 버그가 하나 존재합니다. E1M1의 지그재그 입구에서 선반 위에 임프가 서 있는 모습을 볼 때 종종 이를 목격할 수 있습니다. 통로의 오른쪽으로 몇 픽셀 너비의 점액이 흐릅니다. 그 장소를 찾기 위해서는 마우스로 살짝 왔다 갔다 할 필요가 있습니다. 누군가가 이런 현상을 추적하면 저에게 알려주세요.

즐거운 시간을 보내기 바라며.

존 카맥
이드 소프트웨어

〈둠〉 생존자의 전략과 비밀

1994년 조너선 멘도사의 『DOOM Survivor's Strategies & Secrets』[1] 출판을 위해 이드 소프트웨어의 세 구성원은 자신의 전문 분야에 대한 에세이를 작성했다. 존 카맥은 엔진에 대해, 샌디 피터슨은 지도 디자인에 대해, 케빈 클라우드는 컴퓨터 아트에 관해 썼다. 조너선 멘도사의 승인으로 이곳에 내용을 전재한다.

G.1 엔진 (존 카맥)

G.1.1 목표

빠른 속도

〈둠〉은 인터랙티브 게임이므로 최소한 10fps 이상의 속도로 재생해야 마땅하다. 우리의 대상 고객은 386/33보다 빠른 컴퓨터를 보유한 사람들이다. 선택 가능한 세부 사항과 화면 크기를 사용하면 속도가 느린 컴퓨터라고 할지라도 시각적 충실도를 희생해 괜찮은 속도를 얻을 수 있다. 고성능 컴퓨터로 가면, 빠른 펜티엄 컴퓨터는 대다수 상황에서 최대 속도인 35fps로 〈둠〉을 실행할 수 있다.

---

1 옮긴이_ 이하 내용의 원문은 다음을 참고. *https://archive.org/details/officialdoomsurv00mend/*

자유로운 형태의 기하학적인 구조

모든 직전 게임은 '타일 기반'으로, 이는 세계가 미리 만들어진 데이터에서 선택된 고정 크기 블록으로 나누어져 있음을 의미한다. 타일 기반 세계의 장점은 단순한 타일을 여러 번 반복하는 방법으로 빠르고 쉽게 만들 수 있다는 것이다. 그러나 독특한 영역이나 각진 복도를 가진 레벨을 만들려면 수천 개의 작은 기하학 타일이 필요할 수 있다. 우리는 블록 기반 세계에 제약을 받지 않고 레벨을 디자인할 수 있는 능력을 원했다.

무한한 시야 거리

대다수 3D 게임은 특정 거리 내의 물체만이 그려진다. 이것은 렌더링 알고리즘을 단순화하지만, 시야의 수평선이 급속도로 희미해지거나(〈울티마 언더월드〉와 〈새도캐스터〉) 또는 원거리에서 점으로 보이다 점점 커지는 대신 물체가 시야에 갑자기 들어오는 바람에 당황하게 만드는(대다수 비행 시뮬레이터와 자동차 게임) 문제를 야기했다.

G.1.2 구현

〈둠〉 프로그래밍 작업을 덩치가 거의 비슷한 네 가지 부분으로 나눌 수 있다.

- 게임 세계의 환경을 그리기 위한 렌더링 엔진 개발
- 게임용 데이터를 만드는 데 사용되는 유틸리티 개발
- 게임 세상에서 사물의 상호작용을 지배하는 세계 모델 개발
- 새로운 상황이 발생할 경우 코드 조율과 수정

핵심 게임 코드는 C 코드 30,000줄 미만으로 구성된다. 도스 버전에는 어셈블리어로 만든 세 개의 함수(수평 텍스처 맵, 수직 늘이기, 조이스틱 읽기)가 존재한다. 사운드 코드는 외부 계약 개발자가 개발했다. 거의 모든 프로그래밍 작업을 위해 넥스트스텝 시스템을 활용했다는 것이 개발 전략의 핵심이다. 도스에서 작업했다면 제약이 있었을지도 모르는, 상당히 풍부한 작업을 가능하게 만들었다.

이 게임은 넥스트스텝의 윈도에서 쉽게 디버깅하거나 도스에서 전체 화면으로 실행되도록 재컴파일할 수 있게 구성되었다. 실제로 렌더링 엔진은 주로 집에 있는 흑백 넥스트스테이션에서 개발되었다. 그래픽은 그레이스케일grayscale, 8비트 컬러 또는 12단계 두 색 컬러(넥스트스테이

션 전용 컬러)로 그릴 수 있게 구성했다. PC 화면 크기에 국한되지 않고 어떤 해상도에서도 새로 고침이 가능하다. 이식 가능한 코드 개발이라는 원칙을 도입함으로써 더 나은 게임 아키텍처에 대한 통찰력을 얻었다.

나는 보통 게임 렌더링 엔진을 속도, 기능, 이미지 충실도라는 세 축으로 분류한다. 속도는 뷰 윈도 크기와 프레임 레이트 사이의 관계다. 기능은 90도 벽 지원, 경사 바닥, 가변 조명, 시야 높이 변동 등 세계 모델에 대한 제약 사항을 다룬다. 충실도는 텍스처 매핑의 정확성, 속도 향상을 위해 수행된 모든 조작, 에일리어싱 제거 등을 포함한다.

우리의 게임 디자인은 목표 플랫폼에서 게임 속도를 선택하는 작업부터 시작하여 가능한 많은 기능과 높은 충실도를 얻으려 시도한다. 〈둠〉의 세계 형상은 벽, 평면 바닥, 천장 높이를 나타내는 2차원 선 배열로 제한된다. 〈둠〉은 경사진 바닥, 겹치는 통로, 기울어진 벽을 그릴 수 없다. 시점에는 앞/뒤, 왼쪽/오른쪽, 위/아래, 시계 방향/반시계 방향의 네 가지 자유 축이 있다. 네 방향의 축은 예를 들어 건축 체험 프로그램에서는 중요한 제약 사항일지도 모르지만, 게임 디자인 분야에서는 엄청난 자유도를 제공했다. 〈둠 2〉의 작업이 진행됨에 따라 이런 기능을 활용할 수 있는 새로운 방법을 계속 찾고 있다. 나는 〈둠〉 엔진의 충실도를 자랑스럽게 생각한다. 텍스처 매핑은 하위 픽셀 정확도를 자랑하며 거리에 따라 절충되지 않는다.

〈둠〉에 부과된 기하학적인 제약 때문에, 숨겨진 표면 제거 문제는 벽만 다루는 2차원 문제로 줄일 수 있다. 벽을 적절히 그린 다음, 남은 공간에 바닥과 천장을 채웠다. 이것은 임의의 3차원 렌더링 체계보다 훨씬 더 빨랐다. 숨겨진 표면 제거를 위해 〈둠〉이 사용한 핵심 알고리즘은 2차원 BSP 트리 탐색이다. 지도를 그린 다음에, 선을 그룹지어 섹터로 묶고, 재귀적으로 전체 지도를 볼록한 영역으로 나누는 독자적인 유틸리티에 넘긴다. 이와 같은 선행 작업에는 시간이 오래 걸리지만, 게임 실행 시간에 드는 계산 작업을 줄일 수 있다. 이런 방식을 택할 경우 게임 도중에 세계를 구성하는 선의 종단점을 조정할 수 없다는 단점이 있다. 그래서 〈둠〉에는 회전문이 없다.

우리에게는 게임 디자이너가 거의 1년 동안 매일 사용한 지도 편집기가 있다. 따라서 생산성을 높이기 위해 큰 노력을 기울였다. DoomEd는 세계를 구축하고 수정하기 위해 만든 넥스트스텝 애플리케이션이다. DoomEd는 하향식 관점에서 세계의 기하 구조를 디자인하고 벽, 바닥과 천장에 매핑할 그래픽을 선택할 수 있다.

게임 세계 모델은 처음부터 네트워킹을 지원하기 위해 개발되었다. 세계의 각 객체는 보너스 아이템, 괴물, 네트워크 플레이어 모두에서 동일한 루틴을 통해 처리된다. 총알 목표와 추적 호출과 같은 몇몇 세계 유틸리티 루틴은 실제로 3D 렌더링 루틴보다 훨씬 더 어렵다.

전체 프로젝트의 조율은 즐거운 게임을 만들기 위한 가장 중요한 단계다. 애니메이션 타이밍, 사운드 효과의 피치 또는 폭발하는 몸체의 움직임과 같은 미묘한 요소는 모두 사용자의 게임 경험에 영향을 미친다. 적절한 조율에는 오랜 시간이 걸리고 많은 테스트가 필요하지만 세부 사항은 정말 중요하다. 우리는 〈둠〉에서 흥미로운 시너지 효과를 경험했다. 이동, 전투, 환경과 관련된 여러 가지의 게임 요소가 서로를 보완해 게임이 원래보다 더 좋아졌다는 사실이 드러났다. 게임 디자인의 정상적인 과정은 영광스러운 비전에서 시작해 프로젝트가 진행됨에 따라 느리게 찢기고 천천히 현실이 된다. 원래 계획이 크게 변경되고 일부 기능이 사라졌지만 최종 제품은 초기의 기대를 넘어섰다.

G.1.2.1 나중에 든 생각

〈둠〉은 내가 작업하면서 끝까지 자랑스러웠던 첫 번째 프로젝트다. 〈울펜슈타인 3D〉는 출시 시점까지도 만족하지 못했고, 〈섀도캐스터〉 엔진 구현은 실망스러웠기 때문이다. 몇 가지 결함을 목격하긴 했지만, 여전히 〈둠〉 작업에 만족한다. 새롭게 살린 코드에는 해결되기가 쉽지 않을 버그가 몇 가지 있다. 때때로 화면 상단에서 하단으로 1픽셀 너비의 열이 늘어나는 모습을 볼 것이다. 이것은 두 종단점이 거의 동일한 극좌표의 편각으로 변형된 선을 그린 결과다. 열의 축척을 계산하는 고정 소수점 산술은 때때로 오버플로 현상이 발생하므로 열은 정상 높이의 최대 64배까지 커진다. 또한 바닥이나 천장을 거의 수직으로 자르면 때때로 오류를 보여준다.

지도 분할기에는 반올림 오류가 있기 때문에 선의 픽셀 크기 세그먼트가 먼저 등장하는 바닥과 천장 텍스처의 좁은 곳에서 잘못된 순서로 그려진다. 몇몇 그림은 게임 물체의 실제 너비보다 넓게 그려지므로 스프라이트 조각이 특정 상황에서 벽을 뚫고 보일 가능성도 있다. 저수준의 인텔 아키텍처에 더 많은 관심을 기울여 〈둠〉을 약 15% 더 빠르게 만들었다. 우리는 〈둠〉을 개발하는 동안 많은 것을 배웠으며 다음 프로젝트에서 해야 할 새로운 일이 많다. 앞으로도 관심을 갖고 지켜봐주기를 바란다!

G.2 지도 디자인 (샌디 피터슨)

〈둠〉의 레벨은 한 사람이 설계한 것이 아니다. 존 로메로는 1.8단계를 제외하고 에피소드 1 'Knee-Deep in the Dead(무릎까지 죽음에 잠겨)'의 모든 레벨을 처음부터 만들었다. 남은 모든 레벨은 혼자서 또는 다른 사람의 초기 작업을 더 세련된 형태로 변환하는 방식으로 내가 수행했다. 다음 단락은 남은 레벨에 기여한 사람들의 이름을 언급한다.

괴물 배치를 포함하고, 벽 텍스처를 바로잡고, 수많은 작은 세부 사항을 변경하는 등. 톰 홀과 숀 그린(한 명은 전직 이드 소프트웨어 기여자, 다른 한 명은 여전히 이드 소프트웨어에 남아 있다)이 레벨에 상당히 많은 변화를 가했지만, 기본 아키텍처는 변경되지 않은 상태로 남아 있다.

〈둠〉의 통찰력 있는 플레이어라면 각 디자이너가 만든 레벨 사이에서 뚜렷한 성격 차이를 감지할 수도 있다고 믿는다. 톰 홀과 숀 그린의 경우, 이러한 차이가 살짝 흐릿해졌을지도 모른다. 레벨을 과할 정도로 편집하는 바람에, 두 사람의 독특한 스타일이 내 스타일과 어느 정도 합쳐졌기 때문이다.

존 로메로의 특별한 광기는 멈출 수 없는 괴물 무리가 플레이어 주변에 넘쳐나고, 다음에는 어떤 공포가 닥쳐올지 숙고하게끔 오랜 시간 팽팽한 침묵을 플레이어에게 수놓을 때 느껴졌다. 존 로메로는 종종 괴물을 멀리 떨어진 유리한 지점에 배치했는데, 이곳에서 괴물들은 비교적 안전한 상태에서 플레이어를 저격할 수 있었다. 존 로메로의 레벨은 특별히 유리한 지점, 교활한 비밀 영역, 다단계 액션으로 가득 차 있다.

존 로메로는 플레이어의 아드레날린이 흐르도록 하기 위해 항상 악몽 같은 피바다로 레벨을 시작했다. 맹공격에서 살아남은 후에야 휴식을 취하고 다음에 갈 곳을 결정할 수 있었다. 존 로메로의 또 다른 경향은 레벨을 선형으로 만드는 것이다. 여기저기에 존재하는 비밀 통로를 알아내지 못했다면 존 로메로가 규정한 순서대로 레벨을 거쳐야만 했다.

내가 직접 만든 레벨은, 존 로메로의 가끔 발생하는 한바탕 공포와는 달리 등장하는 괴물을 지속적으로 조금씩 플레이어에게 제공했다. 따라서 존 로메로의 극악무도한 비밀 터널과 플랫폼 대신, 나는 부비트랩과 올가미로 플레이어를 공격하곤 했다. 전형적인 예는 E2M6에 존재하는 잘못 들어서게 만드는 출구였다. 출구처럼 보이고 출구 같은 냄새가 나지만 실제로는 출구가 아니었다.

나의 레벨은 플레이어가 혼자 남겨진 상태에서 조용히 시작되었다. 일반적으로 모서리 근처에 한두 마리의 괴물이 있었지만 존 로메로의 레벨처럼 군침을 삼키는 괴물 무리는 없었다. 내가 만든 몇몇 레벨은 상당히 선형적이지만(예를 들어 E3M1 또는 E3M4), E3M2, E2M5, E3M6 과 같은 다른 레벨은 플레이어가 원하는 곳 어디나 탐사할 수 있도록 넓게 개방된 상태로 두었다. 일부 플레이어들은 이런 유형의 자유 형식 경험을 정말로 좋아했지만, 어떤 플레이어들은 올바른 방향을 찾을 때까지 길을 잃고 혼란스러워했다.

플레이어를 위한 레벨을 디자인하는 동안에는 언제나 다음 세 가지 사항을 명심해야만 한다.

1. 어떻게 보이는가?
2. 재미있는가?
3. 정리하는 것을 기억했는가?

G.2.1 어떻게 보이는가?

내가 배우기 어려워했던 부분은 레벨 디자인이었다. 내가 일하고 또 일해야만 하는 동안 존 로메로는 자연스럽게 이를 터득한 듯이 보였다. 기본적인 문제는 〈둠〉을 위한 멋진 방을 디자인하기 위해 건축 관점으로 생각해야만 했다는 사실이다. 즉, 지도에서 선으로 이뤄진 집합이 아닌 공간 측면에서 방을 바라봐야 했다. 방에 애니메이션과 색상을 제공하기 위해 사용되는 정확한 벽 텍스처는 종종 방에 존재하는 실제 구조 구성 요소의 보조 역할을 했다. 몇몇 방은 정말 매우 좋아 보였고, 다른 방은 색상과 구조에도 불구하고 인상적이지 않았다. 예를 들어, 우리는 E1M4의 대형 입구 홀에 대해 만족하지 못했다. 그럴싸했고 재미있는 게임이 펼쳐졌지만, 왜인지 활기가 없어 보였다. 지붕에 열린 구멍을 만들고, 회의실 장식을 변경했지만, 완전히 고치지는 못했다. 결국, 우리는 고만고만한 게임이 가능하다고 결정했고 이를 그대로 두고 다른 사안으로 넘어갔다.

〈둠〉의 초기 디자인에서는 꼬여버린 작은 미로가 발생하곤 했다. 게임 테스트가 시작되면서, 우리는 이런 작은 미로들이 그다지 재미없다는 사실을 발견했고 대다수가 버려졌다(몇 가지 예외가 있는데, 대부분 톰 홀의 예전 레벨에 존재했다). 심지어 남아 있는 작은 미로도 대부분 변경되거나, 단순화된 형태로 남거나, 밀실공포증과 두려움을 느끼게 만들 목적으로 제공되었다(E1M4의 훌륭한 최종 미로, E3M3의 위층 미로, E3M7의 용암 미로를 확인해보자).

G.2.2 재미있는가?

당연한 말이지만 게임을 보기 좋게 만드는 것보다 더 중요한 것은 재미다. 재미있는 게임을 즐길 수 없다면, 얼마나 잘 보이는지는 크게 중요하지 않다. 내게 레벨의 재미를 주는 것은 초기 전체 계획과 지속적인 게임 테스트의 조합이었다.

나는 레벨을 처음 만들 때 나는 그 레벨의 전반적인 주제, 즉 플레이어가 레벨에서 얻으리라 기대하는 것이 무엇인지를 열심히 생각했다. 예를 들어, E3M5에서는 플레이어들에게 대칭적이고 이해하기 쉬운 구조를 통해 신전이나 사원에 대한 환상을 주고 싶었다. 처음 이 레벨에 들어선 플레이어들은 순간이동, 풀려난 괴물 등으로 혼란스럽다. 하지만 곧 레벨의 전체 구조를 이해하고 쉽게 게임을 풀어갈 수 있었다. 일단 플레이어들이 배치를 이해하고 나면, 과학적이고 합리적인 방식으로 E3M5에 접근할 수 있다. 거대한 성당 레벨이 주는 감성과 괴물을 죽이는 자신의 행위 사이에서 흥미로운 대조가 발생했다.

이와 달리 E3M1의 목표는 단순히 지옥에서 기다리고 있는 경이로움으로 플레이어들을 압도하는 것이었다. 레벨은 시작부터 불길하고 무서운 이미지로 가득 차 있었고, 붉게 물든 하늘 아래에는 임프가 쫓아왔다. 탈출구처럼 보이는 문을 여니 카코데몬이 풀려났다. 샷건을 얻을 수 있는 장소로 이어지는 다리가 무너지는 등 난관은 계속된다. 플레이어는 레벨을 돌아다니며 불길하고 이상한 광경과 공포를 계속해서 마주하고 (합리적으로 구성된 에피소드 1과 2의 레벨과 비교할 때) 이는 지옥의 본성을 빠르게 가르쳐주었다.

일단 테마를 다 짜고 나서, 레벨의 작은 영역을 완성했고, 그 후 재빠르게 게임 테스트를 진행했다. 효과가 있고 괜찮아 보인다면 다음 영역을 완성하고 완성된 두 영역을 함께 테스트했다. 전체 레벨이 끝날 때까지 이 작업을 계속 반복했다.

G.2.3 정리하는 것을 기억했는가?

레벨이 좋아 보이고 게임이 제대로 동작한다고 해도 아직 완성된 것은 아니다. 이제 모든 것을 정리하고 확인할 차례다. 플레이어에게 충분한 탄약과 무기가 있는가? 보너스 아이템은 어떤가? 플레이어들은 무기와 보너스를 기대하며, 어려움이 닥치면 쉽게 그만둔다. 비밀 영역 표시는 했는가? 플레이어들을 즐겁게 만들기 위한 충분한 함정과 속임수를 배치했는가?

연민을 자아낼 만큼의 작은 세부 사항을 다룬 후에는 더 깊이 조사해야만 한다. 영리한 플레이어들이 전체 레벨의 모든 행동을 우회할 방법이 있을까? 그렇다면 그래도 괜찮을까? 당신이 똑똑하다면 E3M6의 거의 모든 부분을 건너뛸 수 있지만 많은 무기와 재미있는 전투를 놓칠 수도 있다. 앞의 레벨과 어떻게 어울리게 할까? B 레벨의 시작 방에 외로운 카코데몬이 한 마리 있고 A의 출구 방에서 로켓 발사기를 집어 올릴 기회가 주어지더라도 큰 문제는 없다. 반면에 로켓 발사기가 레벨 A의 맨 처음에 있는 경우 로켓을 조심스럽게 들고 있어야만 레벨 B에서 사용할 수 있어야 한다. 다시 말해, 당신은 인색함에 대한 보상을 받아야 마땅하다.

최종 레벨이 완료되면 몇 번 더 게임을 해보고 결함과 실수를 찾은 다음(나는 많은 실수를 찾았다) 진부한 변명과 함께 전달한다. 이드 소프트웨어의 다른 멍청이들 말이다.[2] 그들은 나의 불쌍한 걸음마 레벨에서의 끔찍한 잘못들을 빠르게 찾아냈고, 내가 해당 영역에 쌓아놓은 결함이 드러날 때 팀원들의 고약한 논평이나 비웃음을 피하기 위해 최대한 빨리 문제를 해결하곤 했다. 내가 씁쓸해 보이는 데에는 다 이유가 있다.

G.3 컴퓨터 아트 (케빈 클라우드)

게임에서, 좋은 컴퓨터 아트는 보통 '아름다운 렌더링 또는 세부 사항'으로 언급되고는 한다. 그 이유는 대다수의 좋은 컴퓨터 아트가 마치 손으로 꼼꼼하게 그린 듯 보이기 때문이다. 하지만 유감스럽게도, 아름답게 렌더링된 세계는 현실보다는 종종 무대처럼 보인다. 우리는 〈둠〉을 통해 아름다운 세상이 아니라 더럽고 현실적이고 어두운 세상을 창조하고 싶었다. 〈둠〉에는 아름다운 것이 없었다. 우리는 무섭고 어두운 것들을 〈둠〉 세계에 전달하기를 원했다.

의도한 효과를 달성하기 위해 스캔한 이미지와 손으로 렌더링한 이미지를 조합했다. 존 카맥은 비디오 이미지를 캡처해 PC 그래픽 형식으로 변환하는 퍼지 펌퍼 팔레트 숍Fuzzy Pumper Palette Shop이라는 프로그램을 만들었다. 그런 다음 이미지를 PC 미술 애플리케이션에 직접 로드해 재미있는 그래픽을 위해 필요한 모든 것(즉, 편집, 크기 조정, 색상 지정, 결합)을 수행할 수 있었다. 전반적인 효과가 다소 왜곡되어 있었지만 그게 바로 〈둠〉이다.

〈둠〉의 등장인물들은 다양한 방법(손으로 그린, 스캔한 점토 모델, 마지막으로 인조 고무와 금속 모델)을 사용해 만들었다. 〈울펜슈타인 3D〉를 작업할 때, 우리는 등장인물의 모든 애니메

---

2 옮긴이_ 원래 단어는 id-iot로 이드(id) 소프트웨어에 iot를 붙인 형태다.

이션에 대해 회전된 뷰를 생성하는 과정에서 좌절을 느꼈다. 대다수의 등장인물은 정면을 그리기는 쉬웠지만 45도 회전한 모습을 그리는 건 조금 복잡했다. 작은 나무 마네킹과 점토 500g를 사용해 모델을 직접 만들기 시작했다. 완벽한 기법은 아니었지만 우리가 일반적으로 그리지 않는 자세로도 등장인물의 형태를 잡을 수 있었다.

프로젝트가 끝나갈 무렵, 우리는 두 발 달린 동물이 아닌 괴물을 만들고 싶었다. 우리는 얼굴에 체인건이 내장되어 있으며 두뇌가 큰 생물체에 대한 아이디어를 얻었고 괴물의 몸통에는 다리가 네 개 달린 금속 기계에 큰 금속 고리 여러 개가 붙어 있으면 좋겠다고 구상했다. 우리는 이 괴물을 점토를 사용해 만들 수 없었다. 그때 그레그 펀차츠와 연락이 닿았다.

그레그 펀차츠는 모델 작성에 대한 광범위한 배경지식을 보유하고 있었다. 〈나이트메어〉와 〈로보캅〉 등 영화의 클래식 세트를 작업하면서 그레그 펀차츠는 모델을 만들기 위해 필요한 도구와 재능을 키웠다. 몇 주 안에 그레그 펀차츠는 우리의 스케치를 완전히 움직일 수 있는 괴물로 만들었다. 결과물은 잘 작동했다. 비록 셰어웨어 버전의 〈둠〉은 그레그 펀차츠의 작품 중 하나만 사용했지만, 판매 버전은 그레그 펀차츠의 재능을 완전히 활용할 것이다.

데이브 테일러와의 인터뷰

데이브 테일러는 2017년 6월, 인터뷰에 친절히 응했다.

Q: 이드 소프트웨어에 합류한 1993년, 당신은 몇 살이었나요?

A: 그때 저는 24살이었어요. 1993년 초여름에 세가용 〈울펜슈타인 3D〉 이식을 위해 세가 제네시스 기술 문서를 공부하기 시작했고, 여름이 끝날 무렵에는 〈둠〉에 배정되었습니다.

Q: 이드 소프트웨어에서 어떻게 일하게 되었습니까? 당시 이드에 주력 개발자는 없었지만, 〈위험한 데이브Dangerous Dave〉와 〈울펜슈타인 3D〉 게임이 이미 성공한 후였으니 개발자 자리를 놓고 경쟁이 치열했을 것 같은데요.

A: 저는 텍사스 대학교의 오스틴 캠퍼스에서 전기공학을 공부했으며, 플로피에 담긴 초기 전자 게임 잡지인 『Game Bytes(게임 바이트)』의 기자로 일했습니다. 〈울펜슈타인 3D〉가 나온 후 인터뷰를 위해 이드 소프트웨어의 전체 팀과 통화를 했습니다. 친절한 제이의 목소리와, 기술적인 질문에 대해 정말로 제대로 답해준 존 카맥의 목소리를 들었죠. 대학원 연구실로 가기 직전의 여름에 저는 존에게 이메일을 보내 면접을 볼 수 있겠냐고 물었습니다.

유닉스 워크스테이션에서 비밀리에 3 대 3 다중 사용자 게임을 개발하는 IEEE를 위해, 저는 IEEE 전산 전국 프로그래밍 대회라는 매우 야심 찬 프로그래밍 경연 대회를 조직했습니다. 이 대회에는 스탠퍼드, MIT, 버클리, 캘리포니아 공과대학교 등 명문대를 대표하는 프로그래머 세 명으로 구성된 16개 팀이 참가했습니다. 사람을 대신해 AI가 게임을 하게 만들기 위해 대략 16시간 동안 작업했습니다.

마지막에는 선수 3명으로 구성된 16개 팀(총 48명) 모두가 데스매치를 펼치는 시범경기를 열었습니다.

저는 이드의 나머지 팀원보다 유닉스와 네트워크 코드 경험이 더 많았지만 게임 개발에는 정말 초짜였습니다. 〈둠〉은 저의 첫 상업 게임이었거든요.

Q: 당신이 합류했을 때 〈둠〉이 어느 정도 진행되어 있었습니까?

A: 핵심 3D 게임플레이 창이 존재했고, 거의 모든 그림이 있었고, 단일 사용자 게임이 거의 완성되어 있었습니다. 저는 사운드 코드/효과, 자동 지도, 상태 표시줄, 화면 지우기, 레벨 전환과 커닝 코드를 통합했습니다.

Q: 누구에게 보고했으며 무엇을 작업해야 할지 어떻게 알았습니까?

A: 저는 존 카맥에게 보고했지만 관리가 쉽지 않은 스타일이라, 종종 알아서 내 일을 하곤 했습니다.

Q: 당신 책상에서 넥스트 워크스테이션을 봤습니다. 넥스트는 어떤 작업을 위해 사용했습니까?

A: 우리는 넥스트를 사용해 전체 게임을 만들었으며, 넥스트에서 레벨 편집기를 실행했습니다. 도스 3.3이 우리의 목표 운영체제였고 도스는 완벽한 운영체제가 아니었기에(사운드와 비디오 드라이버는 물론이고 디버거도 없었으니) 디버그하기가 매우 어려웠습니다. 넥스트스텝은 훨씬 더 빠르고 쉽게 작업을 반복할 수 있었습니다.

Q: 당신은 아이릭스, AIX, 솔라리스^{Solaris}, 리눅스용 이식 버전을 작성했습니다. 〈둠〉과 〈퀘이크〉 양쪽 작업을 모두 수행했습니까?

A: 〈둠〉은 당연히 모두 수행했습니다. 나중에 작업한 〈퀘이크〉는 리눅스용은 확실히 진행했지만 다른 운영체제는 기억이 안 나네요.

Q: 어떤 편집기를 사용하여 어떻게 컴파일했습니까?

A: 코드 편집 과정에서 vi를 사용했습니다. 당신이 생각하듯이 *Makefile*을 만들고 바로

make를 입력했습니다.

Q: 아이릭스, AIX, 솔라리스에서 작동하는 방식을 자세히 설명해주시겠습니까?

A: 리눅스의 기본 코드를 작성하고 보니(집에 리눅스가 있었거든요) 다른 유닉스 플랫폼도 이와 상당히 유사했어요. AIX, 아이릭스, 솔라리스는 어느 정도 낯설었지만, 유닉스의 변종이었기에 여전히 결이 비슷했죠. 그리고 〈둠〉으로 이식된 버전을 제공하면 워크스테이션을 무료로 사용할 수 있다는 사실을 깨달았습니다. :)

Q: 당신은 모든 운영체제에서 사운드 시스템을 작동하게 만들었습니까?

A: 사운드 코드를 독자적인 서버로 분리했습니다. 파일 자체를 로드한 다음, 게임은 소켓을 통해 사운드 재생을 시작하고 볼륨과 음의 높이 등을 갱신하도록 했죠. 리눅스 코드도 결국 최적화되었습니다. 리눅스는 프레임 버퍼에 직접 접근이 가능하도록 확장된 XFree86 개발자와 저를 연결해줬고, 그런 다음 리눅스는 〈퀘이크〉에서 사운드 카드의 DMA 버퍼에 직접 접근하고 현재 DMA 전송 위치를 더 조밀한 덩어리로 내릴 수 있게 빠른 접근 방법을 제공했습니다.

저는 아이릭스에서 사운드가 제대로 작동한다는 사실과, 〈둠〉을 위해 영화 산업계에서 CG/VFX 종사자들과 함께 일했던 이유는 아이릭스 지원 때문이었다는 사실을 알고 있습니다. AIX와 솔라리스에서 작업했는지 아닌지는 기억이 나질 않아요. 당시 사운드는 썬 마이크로시스템과 IBM의 우선순위가 아니었습니다.

Q: 소문에 의하면 당신은 바닥에서 잠을 잤고 동료들이 당신 몸을 테이프로 바닥에 붙였다고 하던데요, 흔한 일이었습니까?

A: 저는 자주 바닥에서 잠들곤 했습니다. 하루는 팀원들이 소파를 가져와서 편안한지 한번 자보라고 했는데, 깨어나 보니 팀원들이 제 몸을 소파에 테이프로 감아뒀더군요. 테이프가 한동안 떨어지지 않았습니다.

Q: 이드 소프트웨어를 언제 떠났나요?

A: qtest1이 출시된 직후였으니, 1996년 초였겠네요.

Q: 떠나는 것은 용기를 필요로 하는 결정입니다. 떠나지 않았다면 더 많은 돈을 벌 수 있었고요. 저는 당신이 자신의 게임을 만드는 꿈을 꿨다고 가정하고 묻겠습니다. 초기에 이드 소프트웨어를 떠난 것에 대해 후회하십니까?

A: 사실, 전 그다지 용감하지 않아요. 고용 당시에 저는 이드 소프트웨어의 주식을 얻을 수 있을지 질문했고, 6개월이라는 수습 기간이 지난 후, 제게 더 많은 주식을 주지 않기로 결정했다는 이야기를 들었습니다. 그 이유는 직전 몇몇 직원들에게 주식 부여가 잘 먹히지 않았고, 떠난 사람들을 위한 값비싼 매입/매도 합의가 있었기 때문이라더군요. 이 말을 듣고 저는 부업으로 저 자신의 게임 회사에 투자할 수 있냐고 물었고, 3D 분야가 아니고 제가 직접 회사에서 코딩을 하지 않는다면 가능하다는 대답을 들었습니다. 저는 크랙 닷 컴^{Crack} dot com에 투자했고, 〈어뷰즈^{Abuse}〉를 만들었습니다. 출시 후에 이드의 보너스 수표에서 번 돈 보다 훨씬 많은 돈이 들어왔습니다(크랙 닷 컴은 매우 관대한 조건을 제시했거든요). 크랙 닷 컴을 위한 작업에 관심이 커지기 시작했죠. 〈퀘이크〉는 제게 괴물도 적게 나오고 공감대가 덜한 테마를 가진 우울한 〈둠〉처럼 느껴졌고, 이러한 생각으로 인해 코딩에도 흥미를 잃었습니다. 작업 속도도 엄청 느려졌고요. 카맥은 이 사실을 인지했고, 〈퀘이크〉가 출시된 후 곧바로 갈라서는 것이 낫겠다고 말했죠. 저는 qtest1이 출시된 후 떠나겠다고 반박했습니다.

맞는 말입니다. 떠나지 않았다면 더 많은 돈을 벌 수 있었을지도 모르죠. 하지만 제가 떠나기로 했을 때, 저는 성취감을 느끼지 못하는 상태였고 이는 제 작업에도 영향을 미쳤습니다. 저는 돈에 환장하지 않았거든요. 중요하게 생각하는 것과 돈을 항상 연관시키지는 않는 편이라서요.

Q: 이드 소프트웨어에서 일한 시간을 되돌아보면 기분이 어떻습니까?

A: 사실, 별로 되돌아보지 않아요. 제 마음은 언제나 현재의 제가 이상하다고 여기는 충분히 먼 미래에 있거든요. 되돌아간다고 해도 달라지는 게 없으니까요. 저는 지속적인 계정을 유지하는 〈네트렉^{Netrek}〉과 같은 네트워크 게임으로 게임 애호가들의 관심을 돌리려고 노력했으며, 무관심에 부딪혔던 상황을 기억합니다. 저는 블로그의 선구자인 .plan 파일을 사용하기 시작했고, 다른 것들보다 IRC^{Internet Relay Chatting}에 더 많은 시간을 할애했습니다. 유닉스 이식에 대한 저의 끌림은 대체로 시간 낭비였지만, 이드 친구들은 제게 매우 관대했습니다.

Q: 이드 소프트웨어 팀원들과 여전히 연락하나요?

A: 음, 존 카맥과 가끔 이메일을 주고받는 정도입니다.

데이브 테일러는 2013년 *blankmaninc.com*과 인터뷰를 했다. "왜 이드 소프트웨어를 떠났습니까?"라는 질문에 대한 답변이 매우 재밌어서 이 책에도 전재한다.

이유야 다양하죠. 존 카맥이 게임 업계에서 최고의 코더 중 하나라는 사실은 상식과도 같았고요. 솔직하게 말하자면, 저 자신이 너무 보잘것없다고 느껴졌어요. 저는 전기공학 학위를 받았고, 우리 과에서 가장 유능한 코더였는데 말이죠. 아무리 열심히 일해도 존만큼 인상적인 코드를 뽑아낼 수 없었고, 존은 이미 환상적으로 단축한 시간을 더욱 앞당기는 듯이 보였죠. 의기소침해진 저는 사기가 꺾였습니다. 존의 놀라운 코드를 따라잡기 위한 헛된 시도를 하느라 열심히 밀어붙이던 저에게는 결국 번아웃이 와버렸고 한동안 절뚝거리게 되었습니다. 존과 나의 사이에는 패턴이 존재했습니다. 존이 제게 "이봐, 이것 좀 봐"라고 말하면, 저는 존을 따라 사무실로 들어갔고, 존은 컴퓨터 공학에서 다루기 힘든 문제에 대한 우아한 해결책을 보여주면서 자신의 의자에서 펄쩍펄쩍 뛰었습니다. 하지만 제가 존에게 "이봐, 이것 좀 봐"라고 말할 때는요. 어떤 문제를 알아내기 위해 존의 도움이 필요하다는 사실을 깨달았을 때였습니다.

랜디 린든과의 인터뷰

Q: SNES를 개발했을 때 몇 살이었나요? 자신을 소개해주세요.

A: 〈둠/FX^{Doom/FX}〉는 1995년에 출시되었으며 저는 25살이었습니다. 캘리포니아 샌디에고에서 프로그램을 만들었지만, 저는 사실 온타리오주 토론토에서 태어나고 자란 캐나다 사람입니다. 제가 만든 첫 프로그램이 출시된 게 아마 열세 살 때였을 거예요. 다음은 제가 작업한 내용 목록입니다.

- 〈버블스^{Bubbles}〉: 코모도어 64를 위한 〈센티피드^{Centipede}〉 스타일 게임이었습니다.

- 64 에뮬레이터: 코모도어 64를 에뮬레이트하는 아미가 프로그램입니다.

- 〈드래곤스 레어^{Dragon's Lair}〉: 또 다른 아미가 프로그램으로 홈 컴퓨터에서 동작하는 전체 화면 전체 컬러 애니메이션 게임입니다. 이 게임은 게임 진행 과정에서 여섯 장의 플로피 디스크로 데이터를 실시간 스트리밍하는 첫 게임이었습니다!

- 〈둠〉: 영국의 아르고넛 소프트웨어가 설계한 슈퍼 FX RISC 프로세서(일명 'GSU2A')용으로 설계된 게임 엔진에서 실행되는 슈퍼 닌텐도용 인기 '2-½D' FPS 버전입니다. SNES를 위한 〈둠〉은 마우스와 라이트 건을 포함한 대다수 SNES 하드웨어 액세서리와 함께 작동하는 아주 극소수의 게임 중 하나였습니다. 또한 XBAND 하드웨어 모뎀을 지원했으며 SNES에서 두 명이 일대일로 붙을 수 있는 희귀한 온라인 게임 중 하나이기도 합니다. SNES에서 아미가 기반 툴체인으로 두 조이스틱 포트에 연결된 직렬 기반 인터페이스를 통해 CPU와 통신하기 위해 수정된(즉 해킹된) 〈스타폭스〉 카트리지를 사용하는 맞춤형 개발 시스템(어셈블러, 링커, 디버거 등)을 구축했습니다. 개발 과정에서 GSU2A를 위한 닌텐도의 공식 하드웨어 개발 시스템에 대한 지원을 나중에 추가한 이유는 그 시점에서 어떤 게임도 하드웨어 개발 시스템의 사용을 위해 '수정'될 수 있도록 출시되지 않았기 때문입니다(〈스타폭

스)는 GSU2A의 클록 주파수의 절반으로 동작하는 원본 GSU를 사용했고 다른 하드웨어 변경과 개선 과정에서 메모리를 적게 탑재했습니다).

- Bleem!: 플레이스테이션 게임을 위한 PC 기반 에뮬레이터이며 x86용입니다. 플레이스테이션 소프트웨어와 하드웨어를 리버스 엔지니어링했으며, 저는 게임 논리에 대한 실행 시간 최적화 재컴파일러를 작성하고 고해상도나 3D 그래픽 카드 지원과 같은 PC 향상 기능을 추가했습니다.

- 드림캐스트용 Bleem!: 세가 드림캐스트를 위해 SH4에서 작성된 플레이스테이션 에뮬레이터였습니다. 저는 Bleem!과 드림캐스트용 Bleem!을 위해 개발한 기술과 기법의 유일한 발명자로 특허를 4개나 받았습니다!

- 〈사이보그〉: 고속 3D FPS로 한 명 또는 두 명 분할 화면 게임은 물론이고 다양한 게임 모드에서 여덟 명까지 다중 사용자 온라인 기능을 제공합니다. 〈퀘이크〉와 상당히 유사하다고 생각하면 됩니다. 이 게임은 VR 지원, 인앱 구매, 업적과 리더 보드, 여러 중재 기관을 위한 광고, 온라인에서 최대 여덟 명까지 지원하는 다중 사용자 인터넷 게임을 구글에서 아마존까지 여러 플랫폼에서 실행할 수 있습니다. 이 게임은 ARM 어셈블리, 네이티브 C/C++, 자바로 작성되었으며 전체 패키지(코드, 데이터, 그래픽, 사운드, 음악)는 8MB입니다(이것은 요즘 게임/앱의 단일 그래픽 텍스처보다 작습니다!). 엔진은 안드로이드 API 17 〈젤리빈Jellybean〉에서 동작하는 오래된 장치나 (아마존 파이어 TV 스틱과 같은) 저성능 하드웨어를 포함한 광범위한 장치를 최대한 지원하도록 상당한 수준으로 최적화되었습니다.

Q: GSU-2가 전체 화면을 렌더링할 수 없었던 듯이 보입니다. 온라인에서 몇 가지 이론을 읽었습니다. 일부는 프로세서를 192라인으로 제한하는 하드웨어 제약 사항을 언급합니다. 일부는 DMA와 관련된 대역폭 문제(GSU RAM에서 읽기 위한)를 언급합니다. 이에 대해 당신은 더 많은 통찰력이 있습니까?

A: 아시다시피 슈퍼 NES(SNES)는 각 문자의 이미지를 정의하는 '글꼴'과 화면의 각 위치에 표시할 문자를 지정하는 '지도'를 사용하는 문자 기반 그래픽 아키텍처였습니다.

실제로 '슈퍼/FX'(일명 GSUGraphics Support Unit)는 빠른 전용 하드웨어와 그래픽 처리를 위해 최적화된 (이를 위해 주의 깊게 설계된) 명령어 집합의 조합을 사용해 SNES에서 비트맵 에뮬레이션이 가능하도록 만들었습니다.

GSU는 제즈 산과 아르고넛 소프트웨어가 설계한 진정으로 믿을 수 없는 RISC 전용 칩이었습니다. 여러 가지 이유로 인해 제가 가장 좋아하는 하드웨어 아키텍처 중 하나였죠. 특히 명령 코드opcode의 우아함과 단순함은 강력하고 효율적이며 전체적인 설계는 ARM 프로세서의 아키텍처와 매우 비슷했어요(ARM은 제가 선호하는 다른 하드웨어 시스템 중 하나입니다).

그건 그렇고, 저는 GSU에 대한 제즈의 의견에 100000% 동의합니다. 정말 맞는 말입니다!

〈스타폭스〉에 사용된 원래 GSU는 10.74MHz에서, 〈둠/FX〉에 사용된 GSU/2A는 21.48MHz에서 실행되었습니다.

모든 표준 ALU 연산(더하기, 빼기, XOR 등)과 다양한 빠른 곱셈 연산, 다중 메모리 로드/저장 연산(롬 또는 램 기반), 'LOOP' 명령과 'PLOT' 명령을 지원했습니다. 코드는 롬, 램 또는 온보드 512바이트 캐시(〈둠/FX〉가 광범위하게 사용한)에서 실행될 수 있었습니다.

GSU를 정말 특별하게 만든 것은 큰 레지스터 집합(65816과 비교해 16개 범용 레지스터)에 출발지 레지스터('FROM')과 목적지 레지스터('TO') 또는 'WITH'를 사용해 동일 레지스터에 작동하게 만드는 'FROM/TO/WITH' 접두어가 붙은 명령 코드였습니다. 이런 연산 유형은 (특히 ARM 아키텍처에서 볼 수 있듯이) 요즘에는 아주 보편적이지만, 그 당시에는 독특하고 강력했습니다!

대역폭은 저에게 결코 문제가 되지 않았습니다. 다음은 두 가지 예입니다.

1. 'PLOT' 명령어는 'X', 'Y' 좌표와 'COLOR'를 사용해 에뮬레이트된 비트맵에 기록하며 한 번에 단일 픽셀을 업데이트할 수 있습니다. 저는 PLOT 명령어가 얼마나 빠르게 동작하는지 측정하는 코드를 작성했고, 기반 메모리가 여전히 효율적인 문자 기반 배열이므로, 매번 새로운 글자 '행'(8픽셀 너비)을 PLOT할 때마다 하드웨어가 글자의 메모리(기본적으로 256컬러 '평면'을 형성하는 8바이트)에서 내부 캐시로 가져왔기에 동일 글자 행에 대한 연속적인 PLOT 작업을 훨씬 더 빨리 수행한다는 사실을 발견했습니다.

   〈둠/FX〉에서 처음으로 '새 행new line'을 기록할 때 여러 픽셀을 '미리 기록pre-writing'하기 위해 이런 지식을 사용했습니다. 실제로 한 번에 단일 픽셀 하나를 PLOT하는 대신, 저는 동일 색상을 사용해 여러 픽셀을 기록했기에, 하드웨어는 내부 '글자 행character line' 캐시를 빠르게 갱신하고 올바른 개별 색상으로 동일 픽셀을 고속(일반적으로 픽셀당 1클록)으로 덮어썼습니다.

2. GSU는 SNES 65816보다 훨씬 더 빠르게 실행되었습니다. 게임의 대다수(95%)는 모두 GSU 코드입니다. 65816은 기본적으로 메모리를 업데이트하고 화면을 전환하고 조이스틱을 읽는 등 다양한 인터럽트를 기다리며 멈춰 있습니다. 그러나 인터럽트를 처리하지 않는 동안 65816은 거의 빈둥거리는idle 상태입니다!

GSU에는 네 가지 렌더링 높이(128, 160, 192픽셀)와 스프라이트에 대한 'OBJ' 모드와 함께 픽셀 '깊이'를 위한 세 가지 선택 사항(4, 16 또는 256색)이 있습니다.

〈둠/FX〉는 192픽셀/256컬러 모드를 사용했습니다.

대다수 사람이 모르는 사실이 하나 있습니다. 〈둠/FX〉가 제조를 위해 두 번째로 값비싼 카트리지였던 이유는 GSU/2A, 가장 큰 롬(2MB), 사용 가능한 램 구성, 맞춤형 빨간색 플라스틱 카트리지를 포함했기 때문입니다. 유일하게 누락된 사양은 배터리 백업이었습니다!

Q: 「The Unofficial Doom Specs」를 사용해 모든 애셋을 추출했다는 추측이 많습니다. 맞나요?

A: 저는 〈둠〉의 데이터 형식을 리버스 엔지니어링하기 위해 다양한 온라인 지원을 활용했습니다. 모든 사람의 엄청난 작업이 없었다면 〈둠/FX〉을 시간 내에 개발하지 못했을 겁니다!

Q: 리얼리티 엔진을 한 줄로 설명할 수 있습니까? 당신이 BSP를 사용했다고 추측했는데, 또한 시계면과 동등한 것을 만들었습니까?

A: 리얼리티 엔진은 기본적으로 거의 모두 GSU 코드로 작성된 고도로 맞춤화된 2-½D 게임 엔진입니다. 모든 코드는 작은 블록에서 실행되도록 설계되어 고속으로 동작하는 GSU의 내부 캐시에 맞아떨어집니다. 이 아키텍처는 2D BSP, 섹터, 세그먼트 등을 사용한다는 점에서 〈둠〉과 유사합니다. 그릴 대상을 파악하기 위해 필요한 처리를 최소화하는 몇 가지 최적화가 있었죠.

Q: 이드 소프트웨어로부터 도움을 받았나요?

A: 그래픽, 텍스처, 움직임, 적 등 전반적으로 동작하는 프로토타입을 갖췄을 때 게임을 스컬프처드 소프트웨어에 가져가 시연했습니다. 하드웨어에서 실행 중인 게임을 본 사람들에게는 분명히 〈둠〉이었습니다.

이드 소프트웨어에는 몇 주 후에 게임을 시연했고, 비록 초기 버전이었지만 '개념 증명proof of concept'이나 전형적인 프로토타입보다 훨씬 더 진행된 상태였기에 이드 소프트웨어의 도움을 받을 내용이 많지 않았습니다.

물론, 게임을 출시할 수 있기 전까지 해야 할 일은 많았습니다. 예를 들면, 사운드, 음악, 나머지 레벨, 테스트 등요. 스컬프처드 소프트웨어의 여러 사람의 도움 덕분에 마침내 게임을 완성할 수 있었죠.

Q: 툴체인을 구축하는 데 얼마나 걸렸습니까? 그 후 게임 코드를 작성하는 데는 얼마나 걸렸나요?

A: 제 기억이 맞는다면, 게임은 얼추 8개월 만에 개발되었습니다. 게임, 그래픽, 사운드, 데이터를 만드는 데 사용된 여러 도구가 있었습니다.

저는 어셈블러, 링커, 소스 수준 디버거 등을 포함해 제가 작성한 전용 개발 시스템을 사용해 코드를 개발했습니다. 이 개발 시스템(NES, SNES 등)으로 여러 프로젝트를 진행해왔으며, 시스템 구축에 여러 해가 걸렸습니다. 그러나 슈퍼 FX에 대한 지원을 추가하는 작업은 몇 주밖에 걸리지 않았습니다. 저는 또한 몇 가지 도구와 유틸리티를 작성해 PC 게임에서 원본 애셋을 추출해 리얼리티 엔진을 위해 최적화된 형식으로 변환했습니다. 사운드와 음악은 스컬프처드 소프트웨어에서 만든 툴체인을 사용했으므로 제가 해야만 했던 모든 작업은 처리를 위한 적절한 형식으로 추출된 애셋을 변환하는 것이었습니다.

Q: 퍼블리셔와 어떻게 연락이 닿았습니까? 스컬프처드 소프트웨어에서 승인하기 전에 다른 여러 퍼블리셔와 접촉을 시도했었나요?

A: 스컬프처드 소프트웨어는 제가 고려한 유일한 퍼블리셔였습니다. 몇 년 동안 스컬프처드 소프트웨어에서 일했고, 회사의 많은 사람을 알고 있으니까요. 모두 훌륭하고요!

Q: 그 당시 닌텐도의 '폭력 금지, 피 금지' 정책을 준수하기 어려웠나요?

A: 닌텐도 작업은 믿기 어려울 만큼 쉬웠습니다. 요구 사항이 적고 변경도 적은 데다, 일반적으로 제출 프로세스가 쉬웠거든요.

Q: 이 게임이나 당신 인생의 일부를 되돌아보면서 다시 언급하고 싶은 내용이 있나요? 몇몇 사람들은 오늘날 프로그래밍이 더 복잡하다고 한탄하지만 저는 심지어 프로그래밍 매뉴얼을 얻는 것조차도 당시에는 더 힘들었다고 느끼거든요.

A: 제 의견을 말씀드리자면, 요즘 프로그램은 옛날과는 매우 다릅니다.

SNES와 같은 단일 하드웨어를 위해 뭔가를 작성하는 작업은 훨씬 더 쉬워졌으며, 게임에만 집중해 성능 향상에 시간을 쓸 수 있습니다.

코모도어 64, 아미가, 세가 드림캐스트도 마찬가지입니다. 각각 오늘날에는 훨씬 수행하기 힘든 방식으로 두드러진 뭔가를 만들 기회를 제공하는 고유한 기술적인 측면과 발전이 있었습니다.

이와 비교할 때 안드로이드 앱 작성은 여러 가지 이유로 엄청난 양의 작업이며, 그중 많은 부분이 개발자의 통제 범위를 벗어납니다.

(그래픽, 사운드, 입력 장치까지 고려하면 지원하거나 지원하지 않는 다양한 차이점과 함께) 상당히 많은 하드웨어가 있으며, 운영체제에도 여러 버전이 있습니다(각각 고유의 '특별한 동작 방식', 제약, 차이점, 변경 사항이 있습니다). 구글이 파이어베이스나 구글 플레이와 같은 환상적이고 종합적인 구성 요소를 제공하지만, 잦은 업데이트와 변경과 차이점은 단지 앱을 현행화하는 과정에만 엄청난 시간과 간접 비용을 요구합니다.

요즘 다수의 안드로이드 장치에서 동작하는 단순한 앱을 만드는 작업은 거의 고통이 없으며 심지어 쉽기까지 합니다. 하지만 여러 다양한 장치에서 독특한 측면을 이용하는 뭔가를 작성하려면 많은 시간과 자원이 필요합니다. 저는 비슷한 게임, 비슷한 앱이 너무 많은 이유가 무엇인지 생각했습니다. 당연하게도 많은 게임은 독특합니다. 하지만 과거보다는 덜 독특합니다. 우리는 〈로드 러너Lode Runner〉, 〈아컨Archon〉, 〈소드 오브 소단Sword of Sodan〉을 더는 볼 수 없습니다.

최근 다운로드 용량만 1G가 넘어가는 FPS를 친구가 추천해주더군요! 그 후에도 게임은 업데이트, 자원, 심지어 게임을 진행하기 위해 끊임없는 인터넷 연결을 요구했죠. 8K 프로그램과 5메가의 데이터만으로 동작하던 아미가의 〈드래곤스 레어〉에서 크게 발전했음을 몸소 느꼈죠.

Q: GSU-2의 작동 방식에 대한 추가 정보가 있을까요?

A: 기본적으로 GSU는 자체 램에 비트맵을 생성한 다음 화면 표시를 위해 SNES PPU로 전송합니다. 저는 화면 테어링과 화면 표시 결함을 피하기 위해 전체 화면에 해당하는 데이터를 만들어 이를 PPU를 적시에 전송할 수 있을 만큼 충분한 클록 주기와 램이 없다고 생각합니다. 한 번에 장치 하나가 GSU 램에 접근할 수는 있지만 둘 다는 불가능했습니다. 따라서 데이터를 GSU 램에 생성한 다음에 SNES 쪽 PPU로 전송해 화면에 표시할 수 있게 만들어야만 했어요. 전송 중에 SNES 쪽은 램에 접근할 수 있고 GSU는 접근할 수 없으므로 GSU를 사용해 더 많은 데이터를 생성하기 전에 전송이 완료될 때까지 기다려야만 합니다. 하지만 GSU는 내부 램에 접근하지 않고서도 여전히 다른 많은 작업을 수행할 수 있으며, 〈둠/FX〉는 이 기능을 광범위하게 사용했습니다. 롬도 마찬가지였죠. 한 번에 장치 하나만(즉 GSU 또는 SNES 중 하나) 롬에 접근할 수 있습니다.

Q: 〈둠〉 SNES 개발 과정에서 겪은 에피소드가 있다면 알려주시겠어요?

A: **1.** 일찍이 스컬프처드 소프트웨어의 개발자는 기본 레벨 세트를 수정했습니다(사물 배치 등과 같은 정말 멋진 변경 사항 추가). 그리고 새로운 레벨을 이드 소프트웨어가 확인한 다음에 이드 소프트웨어는 기본적으로 게임이 원본과 최대한 동일하기를 원했습니다. 따라서 우리는 결국 모든 변경 사항을 되돌리고 최대한 적은 수정을 통해 원본 레벨을 유지했습니다.

이드 소프트웨어가 한 가지는 양보했어요. 자동 회전 오버헤드 지도를 유지할 수 있게 허락했죠.

2. 엔진에는 여러 가지의 구성 가능한 선택 사양이 있습니다. 많은 선택 사양이 최종 게임에서는 사용되지 않았습니다. 몇 가지 예는 다음과 같습니다.

(a) 벽을 단일 픽셀로 그릴 수 있고 두 배로 늘릴 수는 없었지만 합리적인 프레임 레이트를 위한 클록 주기가 충분하지 않았습니다.

(a) 바닥을 단일 또는 이중 픽셀로 그릴 수도 있지만 텍스처를 저장할 롬이 충분하지 않고 대신 색상/디더링을 사용하는 편이 훨씬 빨랐습니다.

3. 다음에서 볼 수 있듯이 화면을 생성하는 타이밍과 논리는 매우 복잡했습니다.

GSU와 PPU에서 사용할 수 있는 램 용량이 제한되어 있기 때문에 저는 기본적으로 '1/3'로 화면을 생성했어요.

SNES 쪽 'PPU'는 '픽셀 처리 장치'입니다. 기본적으로 메모리에서 가져와 가져와서 화면에 표시하는 하드웨어의 일부입니다.

각 '1/3'은 기본적으로 다음 세 가지 '단계'를 거쳐 생성됩니다.

(a) 필요한 모든 데이터 산출

(b) GSU 램으로 그래픽 출력 생성

(c) GSU 램을 PPU로 전송

완전한 게임 프레임 두 개를 저장하기에는 PPU 메모리가 충분하지 않았습니다(하나는 현재 게임 프레임용이고 다른 하나는 다음 게임 프레임용).

이 문제를 해결하기 위해 SNES 쪽 PPU 메모리를 5개 '부분portion'으로 나누었습니다. 화면에 출력하기 위해 PPU가 해당 데이터에 접근해야만 하기에 이 중 3개는 (명백히) 단일 프레임을 표시하는 데 필요합니다.

남아 있는 두 부분은 다음 게임 프레임의 첫 번째와 두 번째 1/3을 저장하는 곳입니다. 하지만 마지막 세 번째는 어떻습니까?

다음 게임 프레임의 마지막 1/3은 PPU가 현재 게임 프레임을 보여주기 위해 여전히 사용하고 있는 활성 1/3 중 하나를 겹쳐 쓰기 위해 전송되므로 훨씬 더 복잡합니다!

GSU가 마지막 1/3의 생성을 끝내고 나면 PPU가 '공통common' 1/3이 사용하는 영역을 보여주지 않게 막으며 래스터가 화면의 해당 영역에 접근하기 전에 마지막 부분을 덮어 쓰게 보증하는 래스터 인터럽트를 기다립니다.

최종 전송이 완료된 후에는 새로운 게임 프레임을 표시하기 위해 PPU가 사용하는 다섯 부분을 재구성하고, 전체 프로세스를 다시 시작하기 위해 다음 게임 프레임을 현재 사용 가능한 두 개의 부분에 생성했으며, 앞서 설명한 동일한 방식으로 마지막 1/3을 갱신합니다.

물론 게임이 60fps로 실행 중이라면 모든 것을 실행 중에 즉시 생성할 수 있으며 이 모든 복잡한 코드가 필요하지 않습니다!

비슷한 이유로 사운드도 조금 까다로웠지만 크게 복잡하지는 않았습니다. 모든 사운드 효과를 위한 충분한 램이 없었기 때문에, 예를 들어 무기를 전환한다면 무기 사운드가 동적으로 적용되었습니다. 즉, '무기 변경' 애니메이션이 실행되는 동안 무기를 위한 사운드 데이터를 전송할 시간은 충분하지만 SPU에는 한 번에 하나의 무기 사운드만 들어 있었습니다.

4. 대다수 그래픽(텍스처, 사물 등)은 내부적으로 압축된 상태로 저장되고 그리는 동안 압축이 해제되었습니다.

메모리 요구량을 줄이는 간단한 인코딩을 사용했는데, GSU가 충분히 빨랐기 때문에 처리 주기와 저장소 사이의 균형을 알맞게 맞췄습니다.

오픈GL 대 다이렉트3D.plan

1990년대에 존 카맥의 *.plan* 파일은 유명했다. 카맥이 작업하는 버그와 기능 목록으로 업데이트가 시작되었고, 각각은 블로그 게시물로 변형되었다. 카맥이 작성한 수많은 글 중에서 가장 유명한 글을 뽑자면, 의심할 여지가 없다. 1996년 12월에 그 시절 경쟁자였던 두 가지 그래픽 프로그래밍 API, 오픈GL^OpenGL과 다이렉트3D^Direct3D에 대해 비교한 글이다.

{-}

존 카맥의 1996년 12월 23일.plan

{-}

오픈GL 대 다이렉트3D

나는 이번에 연재하는 *.plan* 파일을 통해 내게 매우 중요한 문제인 3D API를 살펴보고, 독단적이고 열정적이고 즉흥적인 방식으로 의견을 공유할 것이다. 이 주제에 대한 나의 의견이 어떻냐는 질문을 충분히 많이 받았기에 이제는 공식적인 발표를 할 시점이다. 각설하고, 1996년 12월 현재 내 주장은 다음과 같다.

이드에서 보낼 남은 시간 동안 〈퀘이크 2〉를 작업 중이지만, 사실 대부분의 노력은 차세대 게임 기술 개발에 중점을 두고 있다. 이 신기술은 2000년 이후부터 이드와 기타 회사에서 사용될 것이므로 나는 매우 중요한 몇 가지 장기적인 결정을 내릴 수밖에 없었다.

윈도우 32에는 실행 가능한 두 가지 경쟁자가 있다. 게임 API용으로 새로 설계된 다이렉트3D 직접 모드immediate mode(IM)와 SGI가 개발한 워크스테이션 그래픽 API인 오픈GL이다. 마이크로소프트는 두 가지 모두를 지원하지만, 다이렉트3D가 게임을 위한 진정한 솔루션으로 전파되어 왔다.

지금까지 대략 6개월 동안, 나는 오픈GL을 사용해왔으며 API 설계에 깊은 인상을 받았다. 특히 오픈GL은 사용하기가 정말 쉽다. 한 달 전에 나는 〈퀘이크〉를 오픈GL로 이식했다. 이식 작업은 매우 즐거운 경험이었다. 오래 걸리지 않았고 코드는 깨끗하고 단순했으며 새로운 연구 아이디어를 빠르게 시험해 볼 수 있는 훌륭한 테스트베드를 제공했다.

나는 API를 배우면서 공정한 비교를 위해 〈gl퀘이크〉를 다이렉트3D IM으로도 이식하기 시작했다.

글쎄, 나는 다이렉트3D에 대해 충분히 배웠다. 나는 이식을 마무리하지 않을 것이다. 세상에는 내 시간을 투자해야 할 더 바람직한 일들이 많으니까.

내년에 2세대 카드를 판매할 공급 업체들이 오픈GL을 지원하기를 간절히 바란다. 이런 일이 일찍 발생하지 않고 〈gl퀘이크〉가 실행되지 않으면서도 능력이 뛰어난 카드가 있다면 사과한다. 그러나 나는 앞으로 몇 년 동안 우리에게 영향을 미칠 사항들에 대해 약간의 영향력이라도 발휘하겠다는 희망을 품고 세상의 작은 구석에 서 있는 중이다.

다이렉트3D IM은 엄청나게 망가진 API다. 다이렉트3D는 중요한 이점을 제공하지 않는 데다, 상당한 골칫거리를 달고 있으며, 이를 사용하는 프로그래머에게 큰 고통을 안긴다. 다이렉트3D가 적합한 세분화된 시장은 없다고 생각한다. 오픈GL은 〈퀘이크〉에서 오토데스크 소프트이미지Autodesk Softimage에 이르기까지 모든 것을 위해 잘 작동하는 듯이 보인다. 다이렉트3D가 존재해야 하는 그럴듯하고 기술적인 이유는, 전혀 없다.

다이렉트3D IM는 앞으로 새로운 버전을 갱신할 때마다 덜 나쁜 상태가 되겠지만, 이것은 형편없이 탄생한 API의 지저분한 진화를 통해 전체 개발 커뮤니티를 빙빙 돌아서 끌고 갈 기회일 뿐이다.

최선의 상황은 이렇다. 마이크로소프트는 오픈GL을 다이렉트-X(아마도 다이렉트-GL 또는 다른 이름으로 부를 것이다)와 통합하고 다이렉트3D 유지 모드를 GL 위에 이식하며 모든 사람에게 다이렉트3D 직접 모드에 대한 모든 정보를 잊어버리도록 지시한다. 프로그래머에게는 좋은 API가 하나만 있고, 업체에는 작성해야 할 드라이버가 하나만 있다. 세상은 더 좋은 곳으로 변할 것이다.

조금 다듬어 보면 다음과 같다.

오픈GL은 공통 확장을 가진 오픈GL 1.0 또는 오픈GL 1.1이다. 오픈GL 1.0의 기능에는 몇 가지 구멍이 있다.

다이렉트3D는 다이렉트3D 직접 모드다. 다이렉트3D 유지 모드는 별도의 문제다. 유지 모드는 존재해야 하는 납득할 만한 이유가 있다. 모델 세부 정보를 로드하고 폴리곤 세부 정보에 세심한 주의를 기울이지 않고 부지런하게 돌아가게 만드는 API를 확보하는 것은 좋다. 프로그래머는 유지 모드를 직접 모드보다 최소한 10배 이상 사용할 것이다. 반면, 실제로 새로운 수준으로 나아가는 세계적인 수준의 응용프로그램은 직접 모드 그래픽 API에서 수행될 것이다. 다이렉트3D 유지 모드는 심지어 실제로 다이렉트3D 직접 모드에 연결될 필요도 없다. 대신 오픈GL 코드를 내보내도록 구현할 수 있다.

나는 특히 소프트웨어 전용 다이렉트3D 또는 오픈GL 구현에 대해서는 신경 쓰지 않는다. 진지하게 연구한 것은 아니지만, 다이렉트3D는 원래 소프트웨어 렌더링용으로 설계되었으며 상당한 최적화 노력이 집중되어 있기 때문에 실제로 우위에 서 있다고 생각한다. 코스모GL이 경쟁자가 되기 위해 노력하고 있지만, 노력하는 방향이 잘못되었다고 느낀다. 최소공배수를 지원하기 위해 소프트웨어 래스터라이저rasterizer가 여전히 존재할 것이지만 조만간 모든 게임 개발은 하드웨어 래스터화를 목표로 할 것이므로 여기에 노력을 집중하는 게 올바른 방향이다.

게임 개발자에게 3D API의 주요 중요성은 새롭게 등장하고 있는 다양한 3D 하드웨어에 대한 인터페이스다. 목표 시장의 90% 이상을 차지하는 비슷한 하드웨어의 호환 라인이 하나만 있다면, 나는 심지어 상업적인 용도로 개발된 3D API를 원치 않을 것이며, 순수한 소프트웨어 체계와 마찬가지로 해당 하드웨어에서 직접 동작하는 코드를 작성할 것이다. 나는 여전히 연구와 도구 개발을 위한 3D API를 원하지만 주류 솔루션이 아니더라도 문제가 되지는 않을 것이다.

가까운 미래에 3D 가속기 시장이 상당히 세분화될 것으로 예상되므로 각 하드웨어 브랜드에 대한 개별 드라이버를 사용해 작성할 API가 필요하다. 오픈GL은 수년 동안 하드웨어에 중점을 두고 워크스테이션 시장에서 발전해왔다. 우리는 오픈GL이 300달러 퍼미디어 카드에서 250,000달러짜리 인피니티 리얼리티 시스템까지 확장될 수 있다는 증거를 가지고 있다.

게임 지향 PC 3D 하드웨어는 모두 기본적으로 작년에 등장했다. PC 세계의 정신없이 서두르는 특성으로 인해 우리는 첫 번째로 등장한 그다지 좋지 못한 API와 드라이버 모델에 고착되고 있는지도 모른다.

API에서 중요한 사항은 기능, 성능, 드라이버 적용 범위, 사용 편의성이다.

두 API 모두 중요한 기능을 다룬다. 이에 대한 논쟁은 없어야 마땅하다. 오픈GL은 내가 사용하지 않을(또는 하드웨어에서 지원할 가능성이 없는) 몇 가지 난해한 추가 기능을 지원한다. 다이렉트3D에는 오픈GL로 이동되었으면 좋겠다고 생각하는 몇 가지 멋진 기능(각 꼭짓점에서 반사 혼합, 색상 키 투명도, 클리핑 힌트 없음)이 존재하며 이들은 확장 문제와 관련이 있다. 오픈GL은 드라이버로 확장할 수 있지만 다이렉트3D는 드라이버와 API 사이에 계층을 추가하기 때문에 다이렉트3D를 확장할 수 있는 유일한 주체는 마이크로소프트다.

성능에 대한 나의 결론은 적어도 몇 년 동안 제대로 작성된 오픈GL과 다이렉트3D 드라이버 사이의 성능 차이가 10% 미만으로 크지 않다는 것이다. 중간 구조를 만들 필요가 없기 때문에 오픈GL이 최고급 하드웨어로 더 잘 확장된다는 몇 가지 주장이 있지만, 다이렉트3D에서 작은 하위 캐시 크기의 실행 버퍼를 사용하면 상당히 유사한 결과를 얻을 수 있다(아니면 다이렉트3D에 딱 적합한 복잡한 하드웨어를 구축하거나. 으윽!). 다른 측면에서 다이렉트3D의 꼭짓점 풀이 기하학적으로 묶인 응용프로그램의 작업을 줄여준다는 주장도 있지만 오픈GL에서도 꼭짓점 배열로 동일한 작업을 수행할 수 있다.

현재까지, 소비자 수준의 보드에는 오픈GL보다 다이렉트3D를 지원하는 드라이버가 더 많다. 우리는 이런 상황이 바뀌기를 바란다. 심각한 문제는 다이렉트3D 적합성 테스트가 없고 문서가 매우 열악해 기존 드라이버의 기능이 균일하지 않다는 사실이다. 오픈GL에는 확립된 적합성 테스트 집합이 있으므로 정확한 작동 방식에 대한 논란은 없다. 오픈GL은 작성할 수 있는 두 가지 수준의 드라이버인 미니 클라이언트 드라이버(MCD)와 설치 가능한 클라이언트 드라이버(ICD)를 제공한다. MCD는 하드웨어 래스터화 기능을 간단하고 강력하게 공개하는 것이다. ICD는 기본적으로 API를 완전히 대체하므로 하드웨어가 추가 부하없이 오픈GL을 가속하거나 특정 부분을 확장할 수 있다.

오픈GL이 다이렉트3D를 압도하는 가장 큰 이유는 사용 편의성과 관련이 있다. 오픈GL은 사용하기 쉽고 실험하기 즐겁다. 다이렉트3D는 아니다(으흠). 한 페이지짜리 코드로 샘플 오픈GL 프로그램을 작성할 수 있다. 다이렉트3D는 모든 경우에서 최악의 인터페이스를 선택해왔다고 생각한다. COM, 함수로 전달되는 확장 가능한 구조체, 실행 버퍼 등. 이런 선택 중 일부는 향후에 API가 우아하게 확장될 수 있게 만들어졌다. 하지만, 지금에도 그리고 앞으로도 고통스럽게 강제해야만 성장 가능한 API에 어느 누가 관심이라도 있을까? 한 줄짜리 오픈GL 코드로 하는 작업은 다이렉트3D를 사용할 경우 구조체를 할당하고, 크기를 설정하고, 뭔가를 채우고, COM 루틴을 호출하고, 결과를 추출하기 위해 절반 페이지에 걸친 코드 작성을 요구한다.

사용 편의성이 정말로 중요하다. 절반의 노력으로 뭔가를 프로그래밍 할 수 있다면 더 일찍 출시하거나 더 많은 접근 방법을 탐색할 수 있다. 깨끗하고 읽기 쉬운 코딩 인터페이스는 또한 버그를 쉽게 찾고 예방하게 만든다.

오픈GL의 인터페이스는 절차적이다. 꼭짓점 데이터를 전달하고 기본 요소를 명세하기 위해 gl 함수를 호출해 연산을 수행한다.

```
glBegin (GL_TRIANGLES);
glVertex (0,0,0);
glVertex (1,1,0);
glVertex (2,0,0);
glEnd ();
```

다이렉트3D의 인터페이스는 실행 버퍼로 되어 있다. 꼭짓점 데이터와 명령어를 포함하는 구조체를 만들고 단일 호출로 전체 내용을 전달한다. 표면적으로 이것은 많은 프로시저 호출 부하를 없애기 때문에 다이렉트3D의 효율성 향상으로 이어지는 듯이 보인다. 현실로 돌아오면, 이런 작업은 엄청나게 고통스럽다.

```
v = &buffer.vertexes[0];
v->x = 0; v->y = 0; v->z = 0;
v++;
v->x = 1; v->y = 1; v->z = 0;
v++;
v->x = 2; v->y = 0; v->z = 0;
c = &buffer.commands;
c->operation = DRAW_TRIANGLE;
c->vertexes[0] = 0;
c->vertexes[1] = 1;
c->vertexes[2] = 2;
IssueExecuteBuffer (buffer);
```

실제로 여기서 내가 실행 버퍼를 잠그고, 빌드하고, 수행할 목적으로 완전한 코드를 포함했다면, 다이렉트3D가 나빠 보이도록 병적으로 편향된 사례를 선택했다고 생각할 것이다.

실제로 단일 삼각형으로 실행 버퍼를 만들지 않으면 성능이 끔찍한 수준으로 떨어질 것이다. 단일 명령 호출로 많은 작업을 다이렉트3D에 전달할 수 있도록 큰 배치 명령을 작성한다는 아이디어다.

이에 대한 문제는 '크고 많음'과 관련해 최적의 정의는 사용 중인 하드웨어에 따라 다르지만, 애플리케이션 프로그래머가 드라이버에 결정을 맡기는 대신 모든 하드웨어 상황에 가장 적합한 것이 무엇인지 직접 알아내야만 한다는 데 있다.

매크로를 사용해 몇 가지 복잡한 작업을 처리할 수 있지만 고유한 문제가 발생한다. 내가 알고 있는 다이렉트3D를 일반적으로 쓸만하게 만드는 유일한 방법은 명령을 하나 이상의 실행 버퍼로 버퍼링하고 필요할 때 플러시하는 자체적인 절차를 따라 인터페이스를 만드는 것이다.

오픈GL을 사용하면 간단하고 직관적인 코드로 작업할 수 있다. 보증을 받은 경우 최대 성능을 위해 디스플레이 목록 또는 꼭짓점 배열로 변환할 수 있다(비록 일반적으로 차이는 크지 않지만). 이는 C로 모든 개발을 마친 후에 중요한 함수를 어셈블리어로 변환하는 것과 같이 작업을 수행하는 올바른 방법이다.

다이렉트3D를 사용하면 처음부터 모든 것을 고통스럽게 수행해야만 한다. 어셈블리어로 완전한 프로그램을 작성하거나, 여러 차례 더 오래 걸리거나, 알고리즘 개선의 기회를 놓치는 경우를 생각해보자. 그렇게 고생하고 나서 심지어 속력도 더 빨라지지 않았다는 사실을 발견한다면 기분이 어떻겠는가.

나는 앞으로 몇 년 동안 매일 3D API로 프로그래밍할 것이다. 나는 방해가 되지 않고 나를 도와줄 뭔가를 원한다.

존 카맥

이드 소프트웨어

집필 후기

2017년 10월부터 2018년 7월까지, 이 책을 집필하는 데 몇 달이 걸렸다. 그런 다음 2018년 10월부터 2018년 11월까지는 교정지를 읽느라 또 3개월을 보냈다. 매우 고된 날들이었다.

저녁과 주말에도 일했지만, 오전 7시부터 오전 9시까지의 시간대를 선호했다. 본문은 서브라임 텍스트 3.0 편집기를 사용해 LaTex으로 작성했으며 pdflatex으로 컴파일했다. *.pdf*는 단일 명령으로 만들 수 있다.

```
pdflatex -o book .pdf book .tex
```

컴파일 시간을 향상시키기 위해 subfile 명령을 모아 *book.tex* 파일 하나를 만들었다. 책의 어느 절을 작업하는지에 따라 컴파일이 필요하지 않은 행은 주석 처리하곤 했다. 이를 통해 빌드 시간을 몇 분에서 몇 초로 줄였고, LaTeX으로 작업하는 일이 수월해졌다.

그림은 잉크스케이프Inkscape를 사용해 만들었다. *.svg*로 저장되고 *.eps*로 변환해 pdflatex 컴파일러에서 멋지게 결합했다. 스크린샷은 어도비 포토샵 CC로 정리했다. 사용된 글꼴은 도널드 커누스Donald Knuth의 '컴퓨터 모던 산 세리프Computer Modern Sans Serif' 10pt다.

설명	값
파일 수	880개
.tex 파일 수	95개
.png 파일 수	561개
.svg 파일 수	102개
빌드 시간(300dpi)	2분 20초
최종 PDF 크기(300dpi)	387,054,465바이트
빌드 시간(150dpi)	47초
최종 PDF 크기(150dpi)	89,060,075바이트

INDEX

INDEX

INDEX